동전 오영 전집

3면 기자의 취재

3편 기자의 취재
―일제강점기 기사―

5

오기영 지음
전집 편찬위원회 엮음

동여울 모시는사람들

머리말

　동전 오기영은 1928년 3월부터 동아일보 평양 특파기자로 문필활동을 시작했다. 18세 때인 1926년에 동아일보 배천 지국 수습사원으로 입사했다는 발령 사고(社告)가 있지만 기자로 일했다는 것인지 지국 업무를 맡아본 것인지 구체적인 설명이 없다. 당시 동아일보사는 부산, 평양, 신의주에만 정식으로 특파기자를 파견했고, 지국 기자라는 것이 기명으로 기사를 쓰긴 하지만 동아일보사가 고용한 기자는 아니었고 해당 지국에서 신문 배포와 판매를 겸하면서 동시에 통신원 역할을 겸하는 데 불과했다. 어쨌든 그의 나이 스무 살부터 정식 기자로서 본격적인 활동을 개시했다.

　그가 기자로 활약한 곳이 평양이고, 그 기간이 1928년부터 1935년 사이였다는 점에 무엇보다 주목해야 한다. 평양은 일제강점기에 조선 제2의 상공도시라는 명성이 따라다녔고, 조선시대 이래 한반도 북쪽의 정치적, 경제적, 사회적, 문화적 중심지였다. 평양은 서선(西鮮)과 북선(北鮮) 지방의 문물 집산지이자 국경 너머의 정보들이 집결하는 장소였고, 또 식민지기에 일제 당국자들에게는 이른바 서선·북선 지방 식민통치의 중심지였다. 그리고 그가 활동을 시작한 1928년은 그 해 여름 그가 황해도 모처의 신간회 지회 창립대회에서 축사를 했다가 한여름을 해주 감옥에서 지낸 데서 알 수 있듯이 이른바 민족협동전선 운동이 고양된 때이고, 1929년에 발발한 세계

대공황 전야였다. 다른 한편으로 1931년 일제의 만주 침략이 본격화하면서 식민지 조선에도 전쟁의 그림자가 서서히 드리우고, 전시 공업화가 시동을 걸면서 일제의 억압과 착취, 그리고 통제가 점차 강화되던 시기였다.

동전은 1929년 4월부터 1930년 2월까지 신의주 지국에서 일했는데, 그 시기를 포함하여 1928년부터 1930년까지 3년 사이에 그의 기자 시절 어느 때보다 많은 연재기사를 쏟아낸다. 1928년에 「통계상으로 본 평남 농업상황」 3회, 「평양 유일의 시혜기관 위걸수용소(痿乞收容所)와 보육원, 재단법인으로 신청하기까지」 4회, 「우리의 희망하는 상공계 통일기관 평양 상번회 발기를 듣고」 8회, 1929년에 「전조선 모범농촌 조사」 4회, 「세간에 주목 끄는 용천 쟁의 진상」 7회, 「고해순례, 광부 생활조사」 10회, 「압록강상 2천리」 14회, 1930년에 「평양 고무쟁의 진상」 7회, 「주요도시 순회좌담: 평양」 6회, 「황해수리조합은 당연히 해산하라」 3회, 「강서대관」 2회를 연재했다. 제목들에서 알 수 있듯이 책상 위의 조사, 연구로 이루어진 것도 있고, 평양 사회의 현안 취재도 있으며, 또 현장을 방문하여 장기간 체류하면서 엮어낸 르포도 있다.

이 연재기사 제목들은 그가 기자 활동 초기에 정력적으로 현장을 누비며 현장보고 기사를 썼고, 또 평양을 비롯하여 관서지방의 사회·경제적 조건과 환경을 조사하고 돌아다녔던 것을 그대로 보여준다. 취재의 주요 대상은 농촌사회와 농민운동, 광부, 걸인, 불구자, 국경지역과 임부(林夫), 노동자와 노동운동, 수리조합, 상번회 등이었다. 즉, 그는 기자 초년기에 민초들의 삶의 현장을 직접 방문하여 민중의 생활실태를 몸으로 체득하는 한편 일제의 식민지 착취와 억압이 발현되는 구체적 양상과 그것이 조선인 사회를 어떻게 변모시켜 가는지를 치밀하게 조사했다. 그리고 그가 모범농촌 조사나 평양의 조선인 상공인들의 조직화에 앞장선 것에서 보듯이 단순히 '3면 기자'로서 사회 · 경제 현상을 취재한 데에서 한 발 나아가 조선인들의 사회 · 경제적 지위를 개선할 수 있는 현실적 방안을 나름대로 모색했음을 보여준다.

2019년 4월
편찬위원장 정용욱

3면 기자의 취재
—일제강점기 기사—

3면 기자의 취재
—일제강점기 기사—

일러두기

- □ 이 책은 『동전 오기영 전집』 제5권으로 오기영이 생전에 작성했던 각종 신문과 잡지 기사를 발굴하여 엮은 것입니다.
- ○ 식민지기 동아일보, 조선일보, 중외일보 등의 신문과 동광, 별건곤, 신동아, 철필 등 잡지 기사 중 '오기영, 동전, 동전생, 무호정인, 오생(吳生)' 등 오기영의 본명과 호, 또는 필명으로 작성된 기사는 모두 실었습니다. 오기영이 평양과 신의주에서 근무하던 기간 중에 '평양 일기자', '평양 특파원', '신의주 일기자' 명의의 송고나 전보, 전화 통화 기사 역시 모두 수록했습니다. 신의주는 모르겠으나 평양에는 오기영 외에 지국장과 기자 한 명이 더 근무했기 때문에 '평양 일기자' 명의의 기사 가운데에는 오기영이 작성하지 않은 기사도 포함되었을 가능성이 없지 않으나, 수록된 기사는 대부분의 경우 앞뒤에 작성된 다른 기사 또는 오기영이 잡지에 게재했던 글들을 통해서 필자가 오기영임을 고증할 수 있었습니다.
- ○ 목차와 본문 내 제목은 '기사 제목, (필명으로 표기된 경우) 필명, 신문·잡지 명, 날짜' 순으로 표기하였고, 원고 게재 순서는 날짜순으로 하는 것을 원칙으로 했으나 동일 주제가 신문과 잡지에 반복될 때는 예외적으로 이어서 편집했습니다.
  - ─ 본문에 나오는 일부 기사 내용 중 □□□□ 표시가 있는 경우 식민지 시기의 검열로 원문 확인이 불가능한 사항이어서 그대로 나타냈습니다.
- ○ 세로쓰기를 가로쓰기로 바꾸었고, 당시의 주요 어법과 단어는 그대로 살리는 것을 원칙으로 하면서 현대식 화법(주로 띄어쓰기 및 맞춤법)에 맞게 편집하였습니다.
  - ─ 명백한 오자와 탈자, 문맥상의 오류는 부분적으로 손질하였습니다.
  - ─ 한자로 표기되어 있는 단어는 전면적으로 한글로 바꾸되, 뜻이 전달되기 어려운 경우에는 괄호 속에 한자를 병기하였습니다.
- ○ 신문 기사상에 두 줄 이상의 소제목은 'ㅣ' 표시로 이어쓰기 했습니다.
- ○ 당시에 쓰이던 인명과 지명, 나라 이름은 원문 그대로 살리면서 나라 이름과 지명의 경우 한자식 표기 뒤의 ( ) 안에 현대 표기 나라이름이나 지명을 실었고, 외래어 일부는 현대 표기법으로 맞춤법을 변경했습니다.
- ○ 중요한 사건과 인명 등에 간략한 주석을 달았습니다.
  - ─ 주석의 출처는 한국민족문화대백과사전, 두산백과, 한국근현대사사전, 한국민속문학사전, 브리태니커 백과사전, 위키피디아, 종교학대사전, 한국향토문화전자대전 등입니다.

통계상으로 본 평남 농업 상황(1~3)

— 평양 일기자,《동아일보》, 1928. 8. 20.~22.

⟨1⟩ 1928. 8. 20.

우리 조선 사람의 살림에서 모든 방면에 정확한 통계 숫자를 일반이 보편적으로 알 길이 없고 또는 지시하여 알게 하는 기관이 없는 것이 일대 유감이면 유감이요 손실이면 손실이다. 과거는 어떠하던지 금후로는 통계 방면에 깊은 주의를 가하여야 하겠다. 이제 평안남도의 농업 통계부터 적어 볼까 한다. 그러나 통계라면 만들고자 하는 그 방면에 실지 조사를 하지 아니하면 도저히 그 의(宜)를 얻을 수 없는 바인데, 여러 가지의 사정으로 그와 같이 실지 답사를 하지 못하고 일찍이 관변에서 조사한 바에 준거하여 불충분하나마 안상(案上) 설계로 각 방면으로 자료를 수집하여 대강 적어 볼까 한다.(이다음의 조사표는 소화 원년도 조사표에 의한 것)

평안남도로 말하면 총면적이 150만 5,186정보요, 총인구가 124만 5,934인인데, 이제 이 면적에서 경지면적이 얼마나 되며 그중에서 전답의 구분이 어찌 되었으며 이 인구에서 농업자가 얼마나 되며 그중에서 조선 사람과 외국 사람의 구별이며 자작과 소작의 구분을 숫자로써 표시하고 따라서 2부 14군의 통계를 개별적으로 열거코자 한다.

가. 농가 호수와 농업자 인구

평안남도의 농가 호수와 농업인구를 조사하면 호수 총계가 16만 8,505
호, 인구가 89만 4,613인인데, 다시 국적별로 말하면 조선인 137,951호
892,661인, 일본인 228호 839인, 중국인 325호 1,112인, 기타 외국인 1호 1
인 그런즉 총인구 124만 5,934인에 대하여 농업자 구수(口數) 보합(步合)은
100분지 71.8이다.

그런데 부군(府郡)별로 말하면,[1]

평양부: 농가 호수는 470호요, 농가 인구는 1,867인인데, 국적별은 아래
와 같다.

조선인	360호	1,471인
일본인	67호	291인
중국인	43호	105인

총인구 11만 4,371인에 대하여 농가 인구 보합은 100분의 1.6이다.

진남포부: 농가 호수는 98호, 농업자 인구는 399인 중에,

조선인	33호	132인
일본인	70호	291인
중국인	11호	52인

총인구 28,706인에 대한 백분비(百分比)는 1.4이다.

대동군: 농가 호수는 30,636호 농업자 인구는 159,515인데, 국적별은 아

---

1) 표 안의 숫자와 해설 기사 간 합계와 백분비가 일치하지 않는 경우가 있으나, 실제를 파악할 수 없
어 그대로 표시한다.

14 | 동전 오기영 전집 5권

래와 같다.

조선인	22,952호	117,203인
일본인	20호	69인
중국인	164호	664인
기타 외국인	1호	1인

총인구 159,515인에 대한 백분비는 73.5이다.

순천군: 농가 호수는 15,324호요 농업 인구는 80,701인인데, 국적별은 아래와 같다.

조선인	15,318호	80,683인[2]
일본인	4호	13인[3]
중국인	2호	5인

총인구 93,842인에 대한 백분비는 86.0이다.

맹산군: 농가 호수는 7,550호요 농업자 인구는 44,091인인데, 국적별은 아래와 같다.

조선인	6,856호	37,993인
중국인	1호	3인

총인구 44,091인에 대한 백분비는 90.0 이다.

양덕군: 농가 호수는 5,956호 농업자 인구는 37,993인[4]인데, 국적별은 아

---

2) 원문에는 80,6839인으로 오기되어 있다.
3) 원문에는 13호로 오기되어 있다.
4) 37,996인의 오기인 것으로 추정된다.

래와 같다.

조선인	5,955호	37,993인
중국인	1호	3인

총인구 41,878에 대한 백분비는 90.7이다.

성천군: 농가 호수는 12,463호요 농업자 인구는 65,060인인데, 국적별은
아래와 같다.

조선인	12,460호	65,055인
일본인	1호	1인
중국인	2호	4인

총인구 83,779인에 대한 백분비는 77.7이다.

강동군: 농가 호수는 7,630호요 농업자 인구는 41,305인인데, 국적별은
아래와 같다.

조선인	7,622호	41,272인

총인구 54,531인에 대한 백분비는 75.7이다.

중화군: 농가 호수는 15,052호요 농업자 인구는 78,093인인데, 국적별은
아래와 같다.

조선인	15,045호	78,071인[5]
일본인	3호	9인
중국인	4호	13인

총인구 90,394인에 대한 백분비는 86.4이다.

---

5) 원문에는 90,394인으로 표기되어 있어 오기로 보이므로 편집 중 정정하였다.

용강군: 농가 호수는 16,730호요 농업자 인구는 71,677인인데, 국적별은 아래와 같다.

| 조선인 | 16,599호 | 71,350인 |

총인구 95,559인에 대한 백분비는 75.0이다.

강서군: 농가 호수는 16,397호요 농업 인구는 85,614인인데, 국적별은 아래와 같다.

조선인	16,394호	85,601인
중국인	3호	13인

총인구 99,202인에 대한 백분비는 86.3이다.

평원군: 농가 호수는 15,913호요 농업자 인구는 84,732인인데, 국적별은 아래와 같다.

조선인	15,903호	84,707인
일본인	6호	16인
중국인	4호	9인

총인구 110,960인에 대한 백분비는 76.4이다.

안주군: 농가 호수는 10,912호요 농업자 인구는 66,662인인데, 국적별은 아래와 같다.

조선인	10,895호	66,580인
일본인	12호	56인
중국인	5호	26인

총인구 83,024인에 대한 백분비는 80.3이다.

개천군: 농가 호수는 7,758호요 농업자 인구는 42,586인인데, 국적별은 아래와 같다.

조선인	7,754호	42,571인
일본인	1호	4인
중국인	3호	11인

총인구 51,245인에 대한 백분비는 83.1이다.

덕천군: 농가 호수는 7,992호요 농업자 인구는 43,775인인데, 국적별은 아래와 같다.

조선인	7,891호	43,771인
중국인	1호	4인

총인구 53,949인에 대한 백분비는 81.2이다.

영원군: 농가 호수는 5,915호요 농업자 인구는 37,231인인데, 국적별은 아래와 같다.

조선인	5,914호	37,226인
중국인	1호	5인

총인구 40,688인에 대한 백분비는 91.4이다.

이상 열거된 숫자를 보아서 평안남도의 주요 업종이 무엇이며 외국인이 농촌까지 포분(布分)되는 상황을 알 터이다. (계속)

〈2〉1928. 8. 21

나. 경지면적

어제는 농업자의 수를 열거하였는데 이제는 경지면적과 전답 및 화전의 구분을 아래와 같이 열거하려 한다. 평안남도의 경지면적 총계가 39만 5,860정보(町步) 중 밭이 32만 9,553정보요 논이 6만 6,307정보이며, 그 외 화전이 1만 8,228정보인데 자작농과 소작농의 경지면적 구별은 아래와 같다.

	밭	논
자작	177,503.8정보	24,241.3정보
소작	152,048.9정보	42,066.2정보
화전	18,227.9정보	

자작농 경지면적과 소작농 경지면적 및 화전농 경지면적을 총경지면적에 대비하면

	밭	논
자작	53.9/100	36.6/100
소작	46.1/100	63.4/100

이제 다시 세별하여 경지면적에 대한 농가 1호당 경지면적의 백분비는 2.35/100정보요, 농업인구 1인당 경지면적의 백분비는 0.44/100정보인데, 평안남도 총면적 1,505,186정보에 대한 경지면적의 백분비는 26.3/100정보요, 각 부군별은 별표와 같다.

부군 별	자작농지 전답 구분(정보)		1호당 면적 백분비	부군 별	자작농지 전답 구분(정보)		1호당 면적 백분비
평양	밭	14.3	0.89	진남포	밭	121.4	1.87
	논	-			논	6.5	
대동	밭	27,577.1	2.47	순천	밭	16,978.8	2.37
	논	2,734.5			논	771.1	
맹산	밭	9,301.3	2.31	양덕	밭	8,164.3	2.18
	논	168.7			논	176.8	
성천	밭	15,428.0	2.04	강동	밭	8,722.0	2.65
	논	128.8			논	122.4	
중화	밭	17,428.5	2.22	용강	밭	14,711.1	1.89
	논	1,039.8			논	4,498.6	
강서	밭	14,092.8	2.19	평원	밭	16,445.0	2.80
	논	3,270.5			논	7,706.4	
안주	밭	5,367.4	2.22	개천	밭	7,911.2	2.03
	논	2,933.1			논	386.0	
덕천	밭	8,954.1	2.03	영원	밭	6,276.5	1.51
	논	236.8			논	61.5	

부군 별	소작농지 전답 구분(정보)		1호당 면적 백분비	부군 별	소작농지 전답 구분(정보)		1호당 면적 백분비
평양	밭	27.3	0.02	진남포	밭	36.8	0.46
	논	-			논	18.7	
대동	밭	23,035.6	0.49	순천	밭	17,731.8	0.45
	논	3,904.8			화전	4,384.4	
					논	896.4	
맹산	밭	6,284.1	0.40	양덕	밭	5,544.1	0.34
	화전	1,133.1			화전	542.3	
	논	169.5			논	97.8	
성천	밭	9,777.3	0.39	강동	밭	11,230.0	0.49
	화전	6,083.2			화전	841.1	
	논	75.5			논	121.2	

부군 별	소작농지 전답 구분(정보)		1호당 면적 백분비	부군 별	소작농지 전답 구분(정보)		1호당 면적 백분비
중화	밭	3,267.1	0.43	용강	밭	8,781.6	0.44
	화전	108.0					
	논	1,714.9			논	3,579.5	
강서	밭	11,762.1	0.42	평원	밭	16,713.4	0.63
	논	6,774.1			논	12,887.0	
안주	밭	11,447.2	0.46	개천	밭	8,269.3	0.41
	화전	674			화전	1,134.5	
	논	10,859.1			논	728.2	
덕천	밭	6,606.1	0.37	영원	밭	2,527.1	0.24
	화전	3,291.9			화전	2,642.0	
	논	185.3			논	54.2	

〈3〉 1928. 8. 22

다. 농업자 종별

평안남도의 농업자로서 대지주, 중지주, 소지주(자작), 자작 겸 소작, 순소작, 화전민의 구분을 세별하면 아래와 같다.

대지주	2,534	중지주	9,189
자작	34,460	자작 겸 소작	63,641
순소작	53,352	화전민	5,329
계		168,505	

연래에 대중소 지주의 변천과 자작, 자작 겸 소작, 순소작 또는 화전민의 증감 관계를 소구(溯究)하여 평남의 농업 상태를 추지(推知)할 수 있는데, 이제 10년 전 상태와 오늘날의 것을 대조하면 아래와 같다.

	대정 5년 조사	소화 원년 조사		대정 5년 조사	소화 원년 조사
대지주	1,572	2,534	중지주	2,838	8,189
자작	40,077	34,460	자작 겸 소작	77,469	63,641
순소작	44,144	53,352	화전민	-	5,329

　대중지주는 증가이고 소지주(자작), 자작 겸 소작민은 감퇴되었으며, 순소작은 증가이고, 화전민은 대격증의 상태이다.

　전일에 말한 농업인구에 대하여 국적별로 일일이 표한 바 있으나, 외국인 농업인구가 연래에 증가되는가 감퇴되는가의 조사가 누락되었기에 이제 다시 아래와 같이 열거함.

	대정 원년 조사	소화 원년 조사
일본인	351	839
지나인(중국인)	438	1,112

　이것을 보면 농업에도 해마다 외국인이 증가되는 것을 알 바이다.

　수일을 연속하여 숫자상 표시로 열거한 바 있었지만, 그와 같은 숫자가 증명하는 것을 보아 평안남도의 농업 상태가 증진에 있는가 쇠퇴에 있는가 일고찰을 요하는 점이다.

　물론 우리 조선 전반의 농촌이 피폐하고 쇠퇴한 것을 일반이 규호(叫呼)하고 논평하는 금일에 어찌 홀로 평안남도에만 증진됨을 바라리오. 그러나 비교적 분배가 평균하다 하고 민지(民知)가 보통이라고 세인이 칭하는 평안남도인 만큼 타도에 비해서는 쇠퇴의 도수(度數)가 좀 적으리라고 생각하기 쉬울 터인데, 이제 조사를 보면 증가하여야만 할 것은 감퇴하였고 감퇴하여야만 할 것은 증가가 되어(예를 들면 화전민과 소작인 등은 증가하였고, 자작, 자작 겸 소작인 등은 감퇴함) 소호(小毫)도 증가된 것을 볼 수 없으니 우리 농촌 상태의 감퇴는 일철동궤(一轍同軌)이다.

이제 다시 쇠퇴되는 원인을 연구할 것 같으면, 첫째는 대세적이요, 둘째는 필연적이다. 대세적이라 함은 현 자본주의하에서 소작인은 지주계급에게 겸병(兼倂)되고 소지주는 대지주에게 겸병되어, 대지주는 나날이 늘고 소지주는 나날이 감소되어 전일의 소지주가 금일의 소작인이 되고 금일의 소작인이 명일에 화전민이 되게 되어 소지주 계급은 몰락되어서 결국 소작인이나 화전민이 되고 마는 현상에 처하였으니, 어찌 한두 사람의 힘으로써 방지할 수 있으리요.

필연적이라 함은 근일(近日)에는 공연히 인기(人氣)가 도시로 집중되어 농촌의 생활을 기염(忌厭)하고, 가급적으로 도시 생활을 취하고자 하는 영향이 많아서 자기 소유의 토지로 1년지계나 할 만한 이는 전부 도시로 모여들어서 도시 생활화하노라고 한 해 두 해에 소유 토지를 방매하여서 중지주는 대지주에게, 소지주는 중지주에게 겸병되므로 중소지주 계급은 점점 몰락되고 마는 것이며, 또는 근년 교육 제도가 도시에만 치중되었으므로 각기 자제 교육을 위하여 그 교육비 충당으로 인하여 약간의 여유가 있는 이는 도시로 이사를 해 와서 도시 생활을 하게 되므로 생활은 향상해지고 소유는 축소해지며 그렇지 못한 이는 자기가 아무리 근검 역작(力作)하여서 학비를 댄다 하더라도 결국은 소유를 팔게 되고, 또 하나는 각지에 수리 사업이 많이 생김으로 인하여 소지주 계급에서는 장래 몽리는 고사하고 현재 조합비 판출(辦出)에 감내치 못하여 그 소유 토지를 헐가로 방매하고 결국은 소작인 계급으로 돌아가고 마는 것이며, 또 하나는 외국인 농업 인구가 해마다 증가되는 것 또한 원인이다.

그 원인의 대책에 대하여 등한시하고 무가내하(無可奈何)의 탄식이나 하고 말까, 그렇지 않으면 방지할 것은 방지하고 개선할 것은 개선하여야 할까. 두 가지 중 하나를 취하지 않으면 우리의 생은 민멸(泯滅)하고 말 것이다. 그러나 대세적인 자본주의하에 발생되는 그것은 금일의 제도에서는 어떠한 단안(斷案)을 내릴 수 없는 정세임을 고사하고, 필연적으로 되는 농촌의 현실을 기염하고 도시 생활을 취하고자 하는 것이라든지 또는 소유 토지를 다 팔아 없게 하면서도 자제 교육비를 판출하는 등의 일은 우리가 깊이 연구하고 주저할 일이다. 좀 더 노골적으로 말하면 공연히 문화 생활에 취하여 자기 생산 이외의 생활비를 쓰면서 도시 생활을 동경하는 심리부터 버려야 하겠고, 자기의 힘에 미치지 못하는 전문학교 대학 교육에 감취(甘醉)하여 전 가족이 빈궁화하는 일을 반려하여야 하겠다. 우리 조선은 금일에 대학자를 요구하는 것보다 건전한 인격자를 요구한다. 인격자는 전문학교 대학교에서만 생기는 것이 아니라는 것도 생각하고, 또는 한두 사람의 큰 학식보다 전 가족의 생활이 더욱 심절(深切)하다는 것을 깊게 각오하여야 할 것이다.

오늘날 지도 계급에 있는 이들이 흔히는 농촌 사업이니 농촌 계발이니 하고 붓으로 혀로 많이 떠들지마는 농민 계급에서는 하등의 효과를 주지 못한다. 이때는 실제 농민화하여 농민으로 더불어 벗이 되고 같이 일할 일꾼을 양성하여야 되겠고, 따라서 농촌으로 많이 헤어져 가야 하겠다. 또는 신교육 받은 사람들로서 농촌으로 가기를, 즉 자기의 고향으로 가기를 기피하고 쓸데없이 일거리 없는 도시에서 급료 생활을 하려 하는 경향을 버리고 일 많은 농촌으로 돌아가기를 시작하자. [종(終)]

한해 감수(旱害 減收)가 9할 3푼(九割 三分)

─《동아일보》, 1928. 10. 20.

혹심한 배천 지방

황해도의 이번 봄가뭄도 타도에 비해 낫다고 할 수 없는 바, 전도에서 가장 피해가 막심한 지방이 연백군 일원으로 그중에서 더욱 심한 곳은 배천 지방이라 한다. 배천 지방은 원래 토지가 비옥하고 수리의 편의도 없지 않아 근래에 그다지 막심한 재난을 겪어 오지 않았던 바이지만, 올해는 의외로 그 피해가 막심하여 이번 봄의 모내기는 겨우 3할밖에 되지 못하였고 나머지 전날의 비옥한 농토는 그대로 잡초만 무성하였을 뿐이다. 1할 가량은 메밀을 대신 재배했으나 성숙기의 강우로 그 역시 시원한 수확을 볼 수 없게 되어 추수기를 앞두고 예상되는 수확고는 겨우 7푼에 불과하고 9할 3푼의 수확 감소를 면치 못한다. 해당 지방민의 9할이 농민인 만큼 앞으로 혹한을 놓고 이들의 생계는 실로 상상할 바도 못 된다. 배천 지방에서 근래 이미 살려야 살 길을 얻지 못하고 북간도로 떠난 가호 수가 적지 않았던 바, 수확이 전무할 것을 짐작하여 벌써부터 간도행 유이민이 나날이 증가함으로 보아 이번 가을에 유리걸식하는 궁핍한 농민이 얼마나 많을 것인지 짐작하는 것은 어렵지 않다.

당상(堂上)과 홍규(紅閨)의 몽리인(夢裡人)
일조(一朝)에 하반(河畔) 표착시(漂着屍)

—《동아일보》, 1928. 11. 3.

아무것도 모르고 기다리던 가족들
시체 되어 돌아올 줄은 더욱 몰라
강서 해상 참극 진상

　강서군 장안면 안석리 황해 해안에서 어선 한 척이 전복되어 타고 있던 어부 24명이 하나도 살아나지 못하고 모두 죽었다 함은 이미 보도한 바와 같다. 원래 이 부근에서는 대개 어업자들로서 조난되던 당일에도 동민 송병기(26) 외 23명이 배 한 척을 가지고 해안에 나아가 조개잡이를 하던 중, 그 전날에 일어났던 폭풍으로 인하여 거친 파도가 일어나는 중에 8명 이상을 태울 수 없는 작은 배에 24명이나 탔던 관계로 때마침 밀려드는 조류 때문에 물결이 더욱 사나워지자 배가 전복되어 버렸다. 물결도 심하였고 대부분 헤엄을 칠 줄 모르기 때문에 하나도 헤여 나오지 못하고 몰살당했다. 그러나 이곳은 동리와 10리나 떨어져 있기 때문에 가족들도 알지 못하고 늦도록 돌아오지 않음을 걱정하면서 그 밤을 지내고 이튿날 새벽 두시 경에야 해안까지 나갔던 우정국이, 시신이 되어 강변에 널브러져 있던 사람들을 발견하고 동리로 들어가 알려 비로소 조난한 줄 알았다. 가족 70여 명이 해안까지 좇아 나아가 본즉 조난한 사람 중 한 명만 조수에 밀려나가고 그 밖의 시신 23구는 조수가 빠져나간 뒤에 그대로 모래 바닥에 있는 대로 넘어져 있었다. 이를 본 가족들은 각기 집안사람의 시신을 붙들고 목놓아 통곡을 하여 새벽 강변은 울음바다로 변했다.

조풍(潮風)도 슬픈 서해안
창파(蒼波)도 벽혈(碧血)인 듯

—《동아일보》, 1928. 11. 4.

갑자기 생긴 스물네 무덤 I 곡성에 잠긴 한동네 12호

나(특파원)는 2일 오전 9시까지 쏟아지는 폭우로 인해 함종(咸從)에서 한 걸음도 더 나아가지 못하다가 9시경에 비가 좀 멈추는 듯해서 폭풍을 무릅쓰고 현장으로 향했다. 장안면 봉황리에 당도하여 11호 조난자들의 가족을 방문하였는데, 대개는 그 전날인 지난달 31일에 장례를 치르고 가장 작은 집 속에 누워 있는 최응두(50)와 그의 아들 최택현(18) 2명의 시신만 아직까지 널감이 준비가 되지 않아 장례를 지내지 못하고 있다. 평양에서 신문기자가 위문차 왔다는 소문이 동리에 퍼지자 울음에 쌓여 있던 이 동리에서는 새로운 울음소리가 높아졌다. 동리 사람이 전부 조난자들과 친척 관계가 있는 만큼 사람마다 비통한 얼굴로 아직까지 놀란 가슴을 진정치 못하고 당황하고 있음을 목도하고, 안석리를 거쳐 참사가 일어난 황해안에 이르렀다. 맹렬한 바닷바람에 사람이 중심을 잃을 만큼 심하며 뛰노는 파도는 지난 일을 알은체하지 않고, 떠도는 갈매기도 다른 때와 다를 것 없이 24명의 생명을 삼켜 버린 이 바다는 자연 그대로 평범할 뿐이니, 이 바다에서 24명이 몰살당했다고 생각하면 한 번 더 모골이 송연하다.

평양 유일의 시혜기관
위걸수용소(痿乞收容所)와 보육원
재단법인으로 신청하기까지(상~하의 하, 전 4회)
— 평양 일기자,《동아일보》, 1928. 11. 16.~19.

〈상〉 1928. 11. 16.

두 다리가 없이 행보에 부자유한 사람
부모 없이 방황하는 아동을 무료 양육

사람으로서 가장 불행한 사람이라면 무엇보다도 먼저 그 신체가 불구일 것이요, 둘째는 부모를 모르는 것일 것입니다. 평양에는 이 두 가지의 불행한 인생의 유일의 시혜기관이 있으니 위걸수용소(痿乞收容所)가 그 하나요, 또 하나는 보육원(고아원)이다. 불구자 중에도 두 다리가 없어 행보에 자유가 없는 사람이 가장 불행한 불구자라 할 것이나, 전 조선을 통하여 이들의 구호기관이라고는 평양에 위걸수용소가 있을 뿐이니, 보육원에 대해서는 전자에 보도된 일도 있지만 오늘날 '내'가 존재할 뿐이요 '나'에게 충실할 뿐인 이 세상에서 과연 들으려야 듣기 어려운 미담이 있으니, 한 청년의 뜨거운 인정으로 오늘날 평양에서 무의무탁한 고아 백여 명이 광명의 길을 밟았고, 이 기관은 발전에 발전을 가하여 방금 재단법인을 수속 중에 있다하니 '종자' 한 알이 썩을 때는 몇 백 배의 '거둠'이 있는 것이다. 오늘에 이르기까지 이 두 기관의 경로를 소개함도 도로(徒勞)가 아닐 줄 알아 이 붓을 드는 것이다.

노동도 못 하는 위인

불구자 중에도 행보가 자유롭지 못하고 기어다니는 앉은뱅이는 아무러한 노동을 못하는 것은 물론 다리를 쓰지 못하는 반면에 팔은 완전한가 하면 그도 그렇지 못하여 여의하게 운동을 할 수 없기 때문에, 자래(自來)로 이들은 집집마다 부엌문 밑에 매달려 한술의 밥을 빌고 한푼 돈의 동정을 구하는 것 외에는 살아가는 아무 방도가 없었다.

작년 10월 노광윤, 강유문 두 사람이 이들의 참상을 생각하여 뜻있는 이의 동정을 빌려 상수리 한쪽에 위걸수용소를 설치하고 9명의 위걸을 수용하기는 바야흐로 추위가 닥쳐 오는 10월 하순이었다고 한다. 당시 부내의 실직자에게 직업을 소개하여 주며 그들의 구호를 목적으로 하여 생긴 이래 유명무실로 지내 오던 기성 구제회(救濟會)에서 5칸짜리 집 한 채를 얻고 회원을 모집하여 회원이 지출하는 회비 일체 및 5원과 일반의 일시금 동정으로써 오늘날에 이른 것이다.

주초대(酒草代)를 절약 창립

당초에 위걸수용소를 설립할 때에는 먼저 주초 절약 위걸구제회를 창립하고 회원을 광구(廣求)하여 회원 각자가 주초대를 절약해 가지고 위걸 구제에 충용하자는 것이 동 회 창립의 취지였다 하며, 회원은 매월 1원 이상을 납부함으로써 1개월의 회원권을 받는 것이었다고 한다. 현재 회원 수는 50여 명에 달하나 매월 회비를 납입치 못하는 경우도 많을 뿐 아니라 중도에 탈회하는 이가 많아서 월수입은 46, 47원에 불과하여 그밖에 그동안 평양부 공직자 간의 50원을 위시하여 일반의 동정으로 일시금의 수입이 있어 왔으나 항상 경비는 부족하여 지난 5월까지에는 마침내 90여 원의 채무가 생겼다고 한다.

곤란 중 과중한 채무

이 채무 90여 원도 청산하고 새로이 다소간의 경비도 좀 얻어 볼 겸하여 지난 5월 중순 경성에서 모 극단을 초청하여다가 위걸 동정 연주회를 개최하였으나, 성적이 극히 불량하여 90원의 채무를 갚기는커녕 혹 떼러다 붙이는 셈으로 순전히 손해금 400여 원이 났다. 어찌할 도리가 없어서 회원 중 채원혁 씨와 노광윤 씨가 이 손해금 400여 원을 부담하였는데, 결국 이 400원으로써 경비에 충용하였던들 극단을 불러오지 않고 또한 부내 모 관주(館主)의 주머니를 불려 주지 않고 위걸에 유익하였을 것이라고 한다. 이리하여 채무 90원은 그대로 있고, 다시 두 분 회원은 이 400여 원을 부담할 수밖에 없이 되었다.

〈중〉 1928. 11. 17.

매월에 60원 경비

그러면 이들 위걸을 위하여 매월 경비는 얼마나 드는가. 현재 수용 인원이 9명으로 경비의 명세를 들면, 조 28두 25원 20전, 팥 5두 5원 50전, 시초(柴草)(겨울을 포함하여 월평균) 7원, 반찬대 4원 50전, 잡비(물, 석유, 기타) 5원, 회비 징수원 수당 13원, 합 60원은 매월 가져야 하나, 여기에 피복비, 가옥

수선비 등을 가산하면 1년에 800원은 가져야 하겠는데, 회비, 일시 동정금 수입 등으로는 이것이 부족되는 것이라 한다. 평양부 당국으로서도 이 사업에 찬성은 하지마는… 할 뿐이다. 작년도에 평양부에서 100원, 평안남도에서 200원, 총독부에서 500원 하여 연 800원의 보조가 있도록 하겠다고 하였으나 예산이 없었기 때문에 내년도 예산에나 편입하도록 노력하겠다는 소식이 있어서 동 구제회에서는 앞으로 이 원조를 바랄 뿐이라 한다.

사회의 일고(一顧)를 갈망

이에 대하여 동소 설립자의 한 사람으로서 가장 많이 노력을 경주하는 노광윤 씨를 방문하매 "현재는 9명밖에 수용되어 있지 못합니다. 그러나 평양에서는 다시 이런 걸인을 노상에서 볼 수 없게 된 것도 사실입니다. 앞으로 1만 5천 원 가량의 재단이나 하나 얻고 당국으로서도 성의 있는 경제

수용소에서 보호받는 사람들

적 후원이 있다면 현재보다 썩 대규모로 할 수도 있겠으며, 평양뿐 아니라 타지에서 유리하는 위걸에게까지도 안정함을 줄 수 있겠습니다. 이제 겨우 1년밖에 안 되었습니다만 그동안에도 퍽이나 많은 고난을 겪었습니다. 이제 나는 귀보(貴報)를 통하여 평양 사회로서 이 사업에 일고(一顧)를 간망할 뿐입니다."

〈하의 상〉 1928. 11. 18.

자기 살을 베어 병든 아해를 살리고
이래서 모인 동정금으로 보육원 창립

보육원 생긴 동기

회고하건대 7년 전의 일이다. 기홀(紀忽)병원 한구석에는 간장병(肝臟病)으로 네 번이나 대수술을 행하고 피골이 상접하여 누명(縷命)의 회생을 바라고 신음하는 청년 한 명이 누워 있었다. 이는 누구였는가? 이 청년이야말로 오늘날 재단법인을 수속 중에 있는 평양보육원의 터를 잡아놓고 그 길을 닦아 놓은 개척자요, 이 보육원을 거쳐 광명의 길을 밟은 100여 명 고아의 자부(慈父)가 아니냐? 당시 그는 기미운동에 영어의 몸이 되어 철창생활에 부대끼던 끝에 간장병이 걸려 가출옥을 하여가지고 병석에서 신음하는 몸이 된 강서 출생의 당년 24세의 김병선 군이 아니냐? 그는 끊길락 말락 하는 자기 생명의 위험을 느끼면서도 좌우에 신음하는 다른 병자를 간곡히 위로하여 주는 그렇게도 자애 깊고 다정다한(多情多恨)한 청년으로서 그의 위무(慰撫)에 감격의 눈물을 흘린 병자가 또한 적지 아니하였다.

살 베어 인명을 구조

그때 바로 김 군의 옆 자리에는 13세 가량의 어린 환자 한 명이 누워 있었다. 그는 매일 의사에게 자기 병을 고쳐 달라고 애원하였다. 그러나 의사는 인육을 할부(割附)하는 외에는 전쾌(全快)할 도리가 없다고 한번 선언한 뒤로는 갱무이언(更無二言)이었다. 어린 환자는 운다! 김 군도 따라 울었다. 자기 생명도 죽어 가건만 죽어 가는 다른 생명을 위하여 그는 같이 울었다. 그때에 김 군은 어떠한 생각이 일어났는지 돌연 의사 면회를 청하였다. 그리하여 사람의 살을 베어 붙이면 어린 환자의 생명을 구할 수 있다는 확답을 의사에게 들은 뒤에 그는 자기 살을 베어서 어린 환자를 구해 달라고 요구하였다. 과연 얼마나 고귀하고 뜨거운 지정이냐?

의사를 도리어 타매(打罵)

그러나 의사는 듣지 않았다. 그대의 생명이 위태하거늘 어찌 남의 생명을 생각하느냐는 이 세상 사람의 가장 당연한 이유로써 김 군의 요구를 거절하였다. 재삼 요구하였으나 끝내 듣지 않으니 그는 사람의 목숨을 구할 도리가 있음에도 불구하고 구하지 않는다 하여 분개해서 의사를 타매한 결과, 마침내 김 군의 살을 베어 소아(小兒)를 치료하기로 결정되어 김 군의 좌우 둔육을 손바닥만큼씩 두 조각을 떼어내어 어린 환자에게 이부(移附)하게 되었다.

병든 몸 더욱 침중(沈重)해

과연! 어린아이는 이로 인하여 재생의 길이 열렸다. 그러나 김 군은 그 여독으로 병은 더욱 침중하여졌다고 한다. 그 사실이 당시 각 신문을 통하여 널리 보도되자 뜻있는 이는 주머니를 기울여 그 치료비로 의연(義捐)이 답지하였다.

그 돈이 150여 원이라고 한다. 여기에는 하늘도 그를 도왔다. 또한 그의 재생을 빌지 않을 야차(夜叉)가 어디 있었으랴?

병석에 의연금 답지

점차로 그의 건강은 회복되어서 웬만큼 출입할 수 있는 정도에 이르렀을 때다. 그는 자기의 치료를 위하여 답지한 의연금 중에 백여 원을 들고 조만식[6] 씨 등 유지 4, 5인을 역방하여 이 돈을 뜻있게 쓸 방도를 묻고 또

보육원 전경

---

6) 조만식(曺晩植, 1883-1950): 독립운동가, 정치가. 평양 숭실중학교에 입학하며 기독교도가 되었다. 일본 메이지대학을 졸업하고, 오산학교에서 근무하였으며, 3·1운동에 참여하여 옥고를 치렀다. 조선물산장려회 회장으로 물산장려운동에 앞장섰다. 평양 관서체육회 회장, 신간회 평양지회장, 1932년 조선일보사 사장 등을 지내며 평양의 민족운동을 주도하는 구심점 역할을 하였다. 해방 후 평안남도건국준비위원회 위원장을 지냈으며 북한에서 조선민주당을 창당하고 반탁운동을 주도하다가 연금되었다.

그 사용을 의뢰하였다. 이것이 평양고아원을 산출케 하였으니, 백여 원이 돈으로는 적지만 김 군의 살을 베어 낸 대가, 아니 그 뜻을 표하는 점으로만도 적다 못 할 돈이거든 오늘날 이 돈을 근거 삼은 평양보육원이 약 5만 원의 재산을 얻게 된 것도 무괴(無怪)한 일일 것이다. [속(續)]

〈하의 하〉 1928. 11. 19.

여독에 필경은 사망

조만식 씨 등의 돈 100여 원을 양수(讓受)한 4, 5인 유지는 이것으로써 평양고아구제회를 창립하고, 일반 인사의 성원을 얻어 대정 10년 10월경에 부내 남산현 예배당 밑에 작은 집을 한 채 얻어 유리걸식하는 4, 5인의 고아를 수용하며 중국인의 마수에 걸려 전족을 당하며 울부짖는 여아도 4, 5명을 구출 수용하는 한편으로, 창립된 평양고아구제회에서는 기부 인가를 얻어 각 방면으로 금품과 회원을 모집한 결과가 금일의 성

김병선 씨

과에 이르러 훌륭한 원사가 건립되고 4만 7천여 원 금품이 모집되어 적지 않은 부동산이 생기고 방금 현금으로도 4,500여 원이 적립되기까지 전후 2년 동안 김병선 군은 이 사업을 위하여 헌신적으로 노력하다가, 슬프도다! 이 희대의 유위(有爲)한 청년은 간장병과 살을 베어 내인 여독으로 인하여 마침내는 불귀의 객이 되니, 군의 몸은 돌아갔으되 군의 정신은 머물러 있고 군의 사업은 오늘날까지 발전의 경로를 밟아 온다!

수용된 고아의 양육

현재 수용되어 있는 원아가 26명(7세~20세)요, 출원아가 112명이라고 한다. 처음 입원하였던 아이들 중에는 어느 고아원에서도 보는 바와 같이 야반(夜半)에 담을 넘어 탈주한 수도 30여 명이 된다고 한다. 그러나 대개는 자기 한 몸으로 부지할 만한 기술을 배워가지고 직공이 되거나 양자 양녀로 가거나 혹은 친척이 데려갔으며, 아직까지 1명의 사망자도 없고 범죄자도 없다고 한다. 현재 수용되어 있는 아동 중에는 13명이 직공 생활을 하는데 매일 3원에서 15원의 수입이 있으며, 이 수입의 반분(半分)은 당자(當者)에 저금을 시켜주는 바 좀더 경제적 기초가 서게 되면 이들의 수입은 전부 이들에게 저금하도록 하리라고 하며, 직공 생활을 아니하는 아이에게는 글을 가르친다고 한다.

공장부 설치도 계획

그러나 직공 생활을 하는 아이는 공부할 시간이 없어서 동 원에서는 방금 수속 중에 있는 재단법인이 완성되면 원 내에 공장부를 설치하여 가지고 넉넉히 공부할 시간을 만들 터이며 김병선 군의 불망비(不忘碑)도 건립하리라는 바, 재단법인 수속에 대해서는 모집된 금품 중에 지금까지 들어오지 않은 금액이 2만여 원에 달하여 우선 부동산 19,500원, 현금 4,500원 기타 천 원을 합하여 2만 5천원으로써 법인 수속을 진행 중인 바, 인가가 된 후에는 아직 불수(不收)된 2만여 원도 기어이 들어오게 노력하리라 한다.

법인 수속의 문제

원감 윤주일[7] 씨는 방문한 기자에게 다음과 같이 말한다.

"사회의 성원하에 금일까지 지내 왔습니다. 지금부터는 내부 정리에 들어가려 하지마는 무엇보다도 법인 수속이 최대 문제입니다.

한 번 기부한 금액을 지불치 않은 분이 많아서 2만여 원에 달하는 터인데, 이분들은 법인만 되면 곧 내겠다고 하는 분들이니까 현재의 소유로써 우선 법인 수속을 완성토록 노력하고 그 후에는 이 돈 2만여 원을 징수코자 합니다. 현상 유지로서는 당국에서도 보조가 있고 2만 5천 원의 기본금도 있어서 지내기가 힘들지 않습니다마는 앞으로 원내에 공장부를 설치한다든가 고아원으로서 그 의의를 다하기까지에 이르자면 아직도 멀었습니다. 그러므로 나로서는 아직 평양 사회가 이 고아원에 대한 의무가 많고 책임이 중하다고 생각합니다. 현재보다 더 완전하고 큰 보육원의 실현을 위하여 평양 사회에서 물질적으로 정신적으로 성원이 있기를 바랍니다. 김병선 군이 생명을 희생하며 이루어 놓은 이 사업의 장래는 아직도 멀다고 하겠으므로 뜻 있는 분들의 성의를 바랍니다."

---

7) 윤주일(尹柱逸, 1895-1969): 사회사업가. 불교인. 강진 출신으로 출가한 후, 해방 전까지 평양에서 조만식 등 평양의 민족운동 인사들과 교류하며 고아원 등 사회사업에 힘썼으며, 평양불교청년회 등 불교 대중화 활동을 진행하였다. 해방 후에는 서울과 광주 등지에서 승려로서 대중 포교와 경전 해설에 전념하였다.

우리의 희망하는 상공계 통일 기관
평양 상번회(商繁會) 발기를 듣고(1~8)
― 평양 일기자,《동아일보》, 1928. 12. 15.~22.

〈1〉 1928. 12. 15

조선의 도회는 이미 조선인의 손을 떠난 지 오래다. 그리하여 남에게 유린된 것이 금일 조선 도회요, 조선 사람의 경제가 활약할 여지는 고사하고 발붙일 한 평의 땅이 귀하여 조선인의 부착을 용납할 기운이 없는 오늘날의 조선 도회다.

그렇다고 조선인은 도회를 사랑할 줄 모르는 탓인가 하고 의심해 볼 그런 우물(愚物)도 아닌 우리의 눈에는 농촌의 생활 불안정과 함께 도회로 도회로 폭주하는 군래(群來)를 보는 것이다.

이렇게도 날마다 군축(窘縮)되는 우리의 생활과 날로 쇠하는 우리의 경제계에서 공업도시로서 상업도시로서 평양, 조선인 경제계에 가장 위대한 업적과 공헌을 쌓고 나아가는 평양을 볼 때는 평양을 위하여 조선을 위하여 현재와 과거, 장래를 보면 볼수록 통쾌를 금하지 못한다. 그러나 우리는 항상 우리의 주위를 돌아보기를 태만하여서는 안 된다. 튼튼한 배경을 가지고 있는 일본인의 거대한 자본도 경시할 바가 못 되며 절대의 신용을 보장하고 있는 중국인의 음흉한 상략(商略)도 멸시하여서는 안 된다.

보라! 일본인들의 최근 활약은 확실히 우리를 능가하려 한다. '부민(府民) 생활 문제'란 호간판(好看板) 아래 열렸던 강연 문제는 기술(旣述)한 바도 있었으며 번거로운 말을 피하지만, 또다시 소위 '경기 만회책 강구'란 명목으로 일본인 상계(商界)와 상업회의소가 애쓰는 까닭은 무엇이며, 중국인의 불어 가는 주머니와 늘어 가는 굉대(宏大)한 3, 4층 양옥 요리점은 무엇을 가르침일까? 우리는 아직 상권을 파지(把持)하고는 있다. 그러나 현세대로 장래를 관측컨대 우리는 금일에만 만족할 수가 없는 것이다. 우리는 우리로서 대책이 있어야 하고 노력이 있어야 하고 단결이 있어야 한다. 이에 "우리 상공업의 복리와 권익을 향수(享受), 획책할 만한 통일적, 집중적인 어떠한 기관을 속히 조직"하는 기치를 들고 평양 상번회(商繁會)가 제일성을 발하였다.

구시가 일대에 점포를 벌이고 동한하열(冬寒夏熱)을 참고 견디면서 악전고투하는 상공계의 제군, 제군이 소일거리로 앉았다면 모르겠지만, 적어도 우리의 복리와 권익을 목표로 이 경제적 경쟁 장리(場裡)의 제일선상에 나섰다면 이 상번회의 기치하에 집중하는 것이 가장 당연한 일이라 할 것이다. 아니 오늘에야 이 깃발을 날리게 된 것을 유감스럽게 생각지 않으면 안될 것이다. 그러면 상번회의 의의는 무엇인가? 이로써 붓을 드는 까닭이다.

상업계의 현황

첫째로 우리의 현재 상업은 어떠한가? 일본인은 풍부한 자본과 튼튼한 배경을 가지고 있다. 중국인은 저 독특한 상략 밑에서 절대의 신용을 들고 활약한다. 이 틈에 끼어서 금융기관의 혹심한 냉대를 받지 않으면 안 되고 하루같이 자금난에 고민하지 않으면 안 되는 그것은 오히려 별문제 삼고, 이러한 고경(苦境)에서나마 우리는 우리의 상품을 판매할 수가 있는가 하면 그렇지도 못하다. 우리 상품이 무엇인가? 고무, 양말 등? 그것이 우리의 일용품의 전부가 아니다. 또 기분간(幾分間) 국산의 포목류가 있다 한들 그것이 무엇이랴? 잡화는 누가 생산하는 것이며 대부분의 면포, 견포 등 우리 생활에 적의(適宜)한 상품의 대개가 남의 산물이 아니냐? 결국 한 개인이 자기 상점을 광고하기 위해서 하는 모든 선전은 남을 위해 주는 인과관계를 맺고 있다. 잘 팔리면 잘 팔릴수록 우리의 내용 경제는 좀더 부스러지는 것이다.

그러나 이것은 단시일에 어쩔 수 없는 것이다. 우리의 경제가 훨씬 더 윤택하여지고 훨씬 더 장족의 진보를 가져 모든 것을 자작자급(自作自給)할 때가 오기까지는 할 수 없는 일일 것이다. 그러나 여기에도 일로가 없지 않다. 외국 물화일망정 우리 손으로 직수입을 하여 들이는 것이다. 요컨대 현재의 우리 상업이 발달된 중개업에 불과하다면 이 중개업에서 한 걸음 더 나아가고 종국에는 진정한 의의로서의 상업에 이르기까지 노력치 않으면 안 될 것이다. 평양이 아무리 상공의 발달을 보이고 있다 하여도 아직까지 대규모의 무역 기관 하나가 이렇다 할 것이 없는 것은 우리의 빈약과 무능을 폭로하는 것이 아니랴! 그러한 데다가 어떤 통일 기관 하나가 없이 분산되어 가지고 개인 개인이 성곽과 같이 튼튼한 외래의 세력에 항쟁하겠다는 것은 도저히 바랄 수 없는 것이다. 그뿐이랴? 개인 개인이 각자의 소리(小利)를 탐하여 대국(大局)을 관찰하지 못하고 소리에서 소리로 유전(流轉)하고 있다. 경쟁은 격렬하다. 어찌 한심한 일이 아니랴! 여기에는 물론 수많은 원인과 함께 수많은 해결책도 있을 것이다. 그러나 우리는 그 원인의 중요한 점이 우리가 통일되지 못한 데 있다고 하겠으며, 해결책에 가장 첩경이 급속히 우리 상공계에 완전한 통일 기관을 실현시키는 것이라고 하고 싶다.

〈2〉 1928. 12. 16.

대저 상업이란 자본이 첫 문제다. 어떠한 사업을 막론하고 그 사업에 부족한 자금의 준비가 없을 수 없다. 그러나 아무리 내 자본이 내 사업에 유족(裕足)하다 할지라도 때때로 핍절(乏絶)을 느끼는 수가 없을 수 없는 것이니 이에 금융기관의 필요를 절감하는 바이다. 금융기관이 일반 상공업자의 배후에 존립해 가지고 항상 민활(敏活)한 금융을 시켜 주어야 하고 적극적으로 원조를 하여 주어야 할 것이다. 물론 조선에도 수많은 금융기관이 있어서 상술한 바의 금융기관으로서의 역할에 충실하고 있음은 사실이다.

그러나 조선에서 조선인에게 보이는 금융기관은 그렇지가 못하다. 해마다 우리의 경제가 파멸에서 파멸로 유치(誘致)되는 가장 현저한 증명은 해마다 조선땅은 우리의 손에서 이 금융기관의 금고 속으로 넘어가는 것이 아니겠는가? 이것이 무엇 때문이냐? 우리는 먼저 우리 상공계를 위하여, 그 발달을 위하여서의 금융기관의 존재가 있는가 없는가를 살펴볼 필요를 통감한다.

우리는 이 금융기관에게서 일본인과 같은 적극적 원조를 받지 못하는 것은 고사하고, 중국인과 같이 절대의 신용이라도 하여 주지 않는 것도 별문제로 하고, 그 냉혹한 태도와 횡포를 깨닫지 않으면 안 된다. 일례를 들어 상업 수형(手形)과 같은 것을 대개 은행에 이용하는 것은 첫째로 자본

융통이요, 둘째로 취립(取立)의 두 가지 목적으로서다.

그러므로 이것은 자본의 다소를 불문하고 거의 전부가 은행을 이용하게 되는 것인데, 이에 대하여 은행업자의 모호한 태도란 과연 언어도단이다. 그리하여 신용을 본위로 하지 아니하고 자가(自家)의 편견만을 고집하고 소극 정책 밑에서 적극적으로 원활하게 취립을 해주지 않기 때문에 언제든지 조선 상인의 금융이란 수많은 지장과 난관을 넘어가게 되며, 일본인은 사업의 설계만 치밀하고 이익을 볼 수 있는 장래가 보이기만 하면 적극적 원조를 아끼지 않지마는, 조선인은 일시금의 융통에도 저당 설정을 하고 땅문서를 금고 속에 집어넣지 않으면 시이불견(視而不見)의 태도를 보인다. 그뿐만 아니라 어느 정도까지 믿어 주고 다소간의 융통을 하여주어서 그로 하여금 어디까지 자기네를 신뢰하고 그 신념을 가지고 활동하는 줄을 번연히 알면서도 일시에 조금만 틈이 보여도 곧 거래를 잘라매어 가지고 의외의 절망에 빠뜨리며 금리에서도 아직까지 좀더 저리로 융통시켜 줄 만한 여지가 있건마는 이득 보는 맛에 그러지 못하는 모양이다. 요컨대 조선인 상공업을 원조하고 발달에 노력하는 금융기관의 존재가 없는 것이다.

그러하건마는 조선인 상공업자는 단결로써 큰 덩어리 세력을 가지고 진정한 의미로 우리를 위한 금융기관의 실현을 꿈꾸는 것은 너무도 우리의 지나친 화문(話文)이라 하더라도 어째서 개인 개인이 서로 이 기분간(幾分間)의 소익(小益)을 위하여 저들에게 '아첨'을 일삼아 그들의 횡포를 조장할 수 있으랴!

이것은 우리 경제계의 파멸의 원인이 될지언정 추호의 이익이 없다고 우리는 절규하는 바이다. 제일성의 상번회에서 연이어 "금융기관의 횡포를 제지하자!"는 거화(炬火)를 들고 나설 것을 우리는 믿는 바이다. 또 당연한 바라고 믿는다. 그리하여 우선 이들의 횡포한 휘하에서 고민하는 조선 상공업자를 구출하고 약진하려는 우리를 표준으로 한 금융기관을 실현하기 위해 노력하는 바 있을 줄을 믿고 기대하는 바이며, 아울러 일반 상공업자의 기대가 우리의 절규에 공명함이 있기를 역설하는 바이다.

〈3〉1928. 12. 17.

우리의 상공계는 너무도 고요하다. 몰락하는 도성의 석양과도 같이 아무런 동요가 없고 진취가 보이지 않는다. 점포는 즐비하고 공장은 다수(多數)한 상공 도시의 평양도 그러하다. 10전짜리 물건 한 개를 사고자 하여도 신시가의 일본 상인을 찾는다. 어떤 상인은 한탄하되 "조선 사람은 조선 사람을 신용치 않는 모양이지요. 같은 값이면 다홍치마의 격으로 같은 값이면 일본인이나 중국인에게서 물건 사는 것을 일종 만족으로 아는구려!" 과연 얼마나 답답한 탄식인가! 나는 이 소리가 어쩐지 조선 상인의 최후의 신음소리와 같아서 듣기에 몹시도 슬펐다.

그러나 우리에게는 새로운 길을 개척할 여지가 있다. 우리 상공계의 번영을 위하여서 취할 바 수단과 강구할 대책이 아직도 많이 있는 것이다. 신시가로 향하는 고객의 발길을 그대로 구시가에 머물게 할 방침이 많이 있는 것이다.

동시에 이 모든 것을 위하여 평양의 상공업자는 일치한 보조(步調)로 나아가지 않으면 안 될 것이다.

때를 따라 대매출을 행하여 활기를 돋우며 야시(夜市)를 설치하여 여름밤을 이용하여 연중행사로 관화(觀火) 대회, 시민운동 등… 모두 다 우리 상계 융흥(隆興)의 적의(適宜)의 방침이라 할 것이다. 들으매 평양조선인포목상조합에서 주최하려던 대매출을 상번회 창립을 기다려 구력(舊曆) 세모(歲暮)를 이용하여 상번회 주최로 대매출을 개시하도록 대체의 양해가 성립되었다 하니 이도 상번회 창립과 함께 우리의 기쁜 소식의 하나요, 아울러 상번회의 첫 사업으로 의미 깊은 일이라고 하겠다. 또다시 우리 손으로 산출되는 바의 물산전람회 등을 개최하여서 우리가 우리 산물을 좀더 살펴볼 기회를 짓고 일반 소비자의 머릿속에 조선 물건의 인상을 깊이 주고자 하는 바 있어 그도 또한 준비 중에 있다 하니 이 어찌 반가운 소식이 아니랴!

이는 확실히 남에게 지는 부끄러움과 질투 끝에 '경기 만회책'이란 양두(羊頭)의 간판 밑에 품고 있는 별별 획책과 흑막보다 훨씬 더 이 모든 계획이 우리 상공계로 하여금 저들보다 우승(優勝)한 지위에 올려놓는 것이다.

고객 대우 문제

상업가로서는 고객 대우 문제도 이 계의 진흥책에서 경시할 문제가 못 된다. 평양 상번회의 탄생과 함께 과거 우리 상공계의 모든 결함을 개선하고 신기원을 만들 금일에 우리는 이 문제에서도 수언(數言)을 술(述)하여 일반의 참고에 이바지하고자 하는 동시에 이 역시 상번회로서 중대한 책임의 하나인 것을 논하고자 하는 바이다.

과거에 우리 상공업자의 고객에 대한 태도는 친절과 정녕을 위주하였다고 하기 어렵다. "살 테면 사고 싫거든 그만두오." 차마 말까지는 못한다 할지라도(하류배는 별문제로 하고) 그 태도가 고객의 분노를 사는 수가 많고 불친절한 태도는 결국 고객으로 하여금 자기를 무시하는 것으로 즉감(卽感)

케 하여 일시의 불쾌도 불쾌이지만 이후로 그 상점에 발을 끊게 되는 수가 많으니, 얼핏 생각에 대수롭지 않으나 막대한 영향을 끼치는 것이며 심지어 그 상점이 치명적 상처를 받게 되는 수도 없지 않은 것이다.

근본적으로 저들의 국민성도 그렇다 하겠지만 일본인의 고객에 대한 태도는 과연 저들의 일대 장점이라 할 것이다. 고객이 신시가로만 간다고 한탄뿐에 그치고 자가의 결함을 반성하거나 그 개선에는 유의하지 않는다면 다시 더 어리석은 일은 없을 것이다. 고객의 두뇌에 "조선 상인은 불친절하다."는 관념을 주입시킨 책임은 누구에게 있는 것이며, 대국을 살피는 아량을 가진 고객으로서 다행히 자기에 대한 불친절쯤은 양보하여 주고 조선 상점을 찾아 준다 한들 그의 선입견이 벌써 불친절을 예측하는 것이니, 고객의 두뇌 속에 장차 뿌리를 박으려는 이 관념을 제거할 책임은 누구에게 있는 것이랴?

우리는 절규하노니 고객에게서 완전히 관념이 스러지기까지는 신시가로 달아나는 고객을 붙잡을 도리가 없거늘 민족 관념을 표방하여 "조선 놈이 우리를 찾지 않으니 어떻게 장사를 할 수 있느냐."고 분개부터 하는 것은 암만해도 잘하는 일은 못 된다. 우리는 이 점에서 일반 상공업자는 자신을 항상 반성하는 동시에 수하에 있는 점원에게 엄중한 감시와 독려를 게을리하여서는 안 될 것을 절규하는 바이며, 따라서 상번회로서 항상 이에 대한 연구와 방침을 세우고 그 실천에 노력하여야 할 것을 기대하는 바이다.

〈4〉 1928. 12. 18.

판매 정책의 개선

요컨대 우리는 조선 상인의 판매 정책의 근본적 개선을 필요로 한다. 고객 대우 개선도 그 일례이지만 과장적 허위 선전의 폐해라든가(이것이 고객을 기만하는 악수단임은 물론이다) 가격의 불일정(不一定) 등은 급속한 개선을 요하는 바다. 결국 이 모든 원인이 고객으로 하여금 신용을 하지 못하게 함이니 신용을 생명으로 삼지 않는 상업이 그 근본 목적을 달성하리라고 기대하는 것은 공상인 것보다도 절대의 망상임은 물론이다. 이 점에서 어떠한 방면으로든지 고객으로서 광고 일견(一見)에 곧 신념을 가지고 주문에 주저치 않을 만큼 되어야 할 것이요, 정가판매주의를 역행하여 고객으로 하여금 한푼짜리 물건을 살지라도 안심과 신망을 갖도록 하지 않으면 안 될 것이다. 조선에서는 아직 정가판매주의에 치중하는 기분이 농후하지 못한 듯하나, 이것이 우리 상계 발전에 위대한 공헌을 하리라는 것을 우리는 굳게 믿는 바이며, 이에 대한 치밀한 연구가 필요할 것이며 광고에 있어서는 더구나 무시가 심한 듯하다. 외인(外人)의 상업 정책과 대차(大差)의 별(別)을 여기서 발견하는 바이고, 조선 상인의 광고 지식을 함양할 필요도 이에 절감하는 바이다.

그다음에는 상품 진열 방식의 개선을 생각해 볼 여지가 있는 것이다. 고객이 상점에 들어설 때 여러 가지로 불규칙한 나열이라든가 깨끗하지 못한 점포에서 직감되는 불쾌감은 실로 상인으로서 고객을 모욕하는 것에 가깝다고 할 것이다.

일본인들의 정리된 점포와 언제나 신선미를 느끼게 하는 진열 방식은 확실히 우리 상계의 반성을 재촉하는 바라 할 것이다. 이 모든 점으로 우리는 반성과 연구에 항상 유의하지 않으면 안 되리니, 이를 무시하는 자는 상업가라 못 할 것이요 진정으로 상업의 발달을 도모하는 자가 아닐 것이다.

평양의 상번회는 이 모든 결함과 불비가 많고 거칠기 짝이 없는 평양 상업계에 혜성과 같이 출현한다! 그 광명이 평양 상업계의 희망 많은 장래를 바라보게 하는 것이며, 우리의 결함을 보완하는 데 위대한 공헌을 할 것이며, 아직도 개척할 여지가 많은 각 방면으로 두루 영향을 미칠 것을 믿는 바이다. 이러하기 때문에 상번회는 우리의 지도 기관으로 이 계 발전의 연구 기관으로 또다시 외래 세력과의 투쟁 기관으로 우리의 신념과 기대와 촉망이 큰 것이다.

〈5〉 1928. 12. 19.

토산물의 보급

조선 상인의 공죄(功罪)를 검토컨대 정치적 배경을 갖지 못한 자의 경제적 쇠퇴는 원칙이라 할 것이나, 오히려 전도(前途)를 비관치 아니하고 어느 방면의 인물보다도 가장 철저히 대외 세력에 항쟁하는 것은 우리의 운명이 오늘 당장에 그치고 만다 할지라도 그 공로는 어디까지 남아 있을 것이다. 이 점에서 조선 상인의 공로로는 평양 상공업자의 공로를 가장 크게 인정치 않으면 안 된다. 대저 어느 도시에서도 볼 수 없는 대외의 경제적 투쟁에서 평양의 상공업자가 승리자이기 때문이다.

그러나 자작자급이 가능한 모든 점에서까지 우리로 하여금 대외 세력에 착취를 당하는 비참한 금일에 이르게 한 안일도 긍정치 않으면 안 될 것이다. 적어도 우리가 쓸 수 있는 일용품쯤은 공업에 종사하는 자로서 생산에 노력치 않으면 아니 될 것이요, 상업에 종사하는 자 역시 이것을 우리에게 배급치 않으면 안 될 것이거늘, 금일의 상업가는 무엇을 팔고 앉았으며 금일의 공업자는 어떠한 이상의 실현을 꿈꾸고 있는가?

이것은 물론 상업자의 안일만은 아닌 줄을 모르는 바도 아니다. 우리의 과학적 미개도 한탄하게 되는 바이며, 상술한 바의 우리의 자금난도 이 점에 인과를 맺고 있는 바이며, 이 계의 전문지식을 함양한 자 다수를 포용치 못한 것도 일대 원인은 원인이다.

그러나 근소하나마 우리의 물산이 있거든 이를 무시하는 자는 일반 소비자보다 배급의 임무가 있는 상인이 더한 것이 아니냐? 요컨대 소비자는 몰라서 무시하는 것이요, 상인은 외국 물산에서 떨어지는 몇 푼의 이익을 탐한 의식적 무시가 아니냐! 설혹 목전(目前)에서는 외국 물건을 팔아서 생기는 이율이 토산을 팔아서 생기는 이익보다 많다고 하자. 그러나 외국 물화는 중개에 불과하고 이익이 아니라 외국인 생산자 앞에 무릎을 꿇고 거저 주는 몇 푼 돈을 받아 가지는 구문(口文)에 불과하는 것이요, 이익은 적을망정 토산의 매매야말로 진정한 상업이 아닐 것이냐!

그러나 외국 물품의 이익이 토산의 이익보다 많으리라는 것을 우리는 긍정키도 어렵고 백보 양보하여 그렇다고 한들 박리다매의 상략(商略)을 제창하는 금일이 얼마나 표리부동한 행사이랴마는, 이제 잠깐 외국 물건을 토산보다 중시하는 이유를 들건대 "토산은 첫째로 매매가 부진하며, 일반 고객이 물산을 찾지 않는 것이 둘째의 이유"라고 한다.

우리는 이제 한 번 더 상업자의 죄과를 발견한다. 즉 외국 물산을 중시하는 한 가지의 이유, 토산의 매매 부진을 이유로 조선 상인으로서 토산의 매출에 희생을 각오한 '내 물산의 사랑'이 부족함이요, 둘째의 이유라는 바 고객으로서 토산을 잘 소비치 않는다는 것은 산매(散賣)의 임무에 당하여 있는 자로서 내 물산을 고객에게 선전을 하지 아니하여 고객으로 하여금 토산의 존재를 각득(覺得)치 못하게 한 것이다.

한 걸음 더 나아가 우리 손에서 산출되는 물산 중에서도 그 원료가 외국산이 많다. 고무 원료 같은 것은 특수한 것이매 '준 조선 물산'으로서 어쩔 수 없는 바이지만, 그 외에는 대개 우리 손으로 생산이 가능한 원료이다.

공업자는 마땅히 여기에 착안하여 우리의 기대가 헛되지 않기를 촉망하는 바이며, 상번회 창립과 함께 제일착의 사업으로서 물산품 전람회 개최의 준비가 진행 중이라 함은 전술한 바도 있었지만 과연 의의 깊은 일대 공헌이라 할 것이며 소비자로 하여금 토산의 존재를 깨닫게하는 데 현저한 효과가 미칠 것을 믿노니, 상번회여! 평양의 상공계 발달에 공헌을 쌓되 일찍이 물산장려운동의 선두에 진출한 평양이니만큼 일반 상공업자의 성원과 함께 이 방면에서 특별히 적극적 진출을 주저치 말라. 주마(走馬)에 일편(一鞭)을 가함이 도로(徒勞)가 아닐진대 어찌 우리의 기우라 하랴!

〈6〉 1928. 12. 20.

상민의 교양 문제

우리 상공계 부진의 가장 큰 원인이 상민의 교양과 훈련의 부족이라는 것은 재언을 필요치 않는 바이지만, 저번 본보를 통하여 이 계 중진 제씨가 절규한 바 가장 아픈 경험의 하나요 앞으로 가장 중요시하여야 할 문제가 이 상민의 교양과 훈련 문제였던 것은 아직 독자의 기억이 새로울 줄 아는 바이며, 상번회는 다시 우리의 교양 기관으로서의 책임이 작다 못할 것이요 필연의 세(勢)로 우리의 훈련에 노력치 않으면 안 될 것임에 수언(數言)을 술(述)코자 하는 바이다.

과거로부터 금일에 이르기까지 우리가 걸어온 행로를 돌아볼 때 가장 쓰라린 상처를 받고 가장 고초를 겪게 되며 대외적으로 멸시를 받게 된 것이 우리가 기초 지식이 부족한 탓이라 할 것이요, 수많은 지장과 파란을 조우할 때마다 선처할 대책을 수립치 못하여 부진한 그대로 진취하지 못하는 최대 원인도 기초 지식의 부족이라 할 것이다. 있는 자본도 활용하지 못하는 것이 이 때문이요 대외 세력에 철저하게 항쟁하여 승리를 기약할 자신이 없는 것도 여기에 원인이 있기 때문에, 통틀어 우리 상계 부진의 원인이 이 점에 있다고 보는 것이다. 이것이야말로 누구에게도 그 책임을 전가할 바가 못 되는 오로지 우리의 자과(自過)요, 자책이다.

그렇기 때문에 우리는 상공계의 발전책을 논하여 자신의 결함을 반성하고 그 개선을 목표로 진출하는 금일에 교양과 훈련 문제를 절대로 피안의 화제로 내버려 둘 문제가 아니니 당연히 이에 대하여 시급한 대책이 필요한 것이며, 또한 긴급히 그 실현을 보지 못한다면 우리는 조선인 상공계의 장래에 바라볼 것이 없고 기대할 것이 없으며 한 걸음 나아가 그 존재를 크게 위험시하지 않을 수 없는 것이다.

과연 그 대책은 무엇이며 실현의 방도는 무엇인가?

사업의 종류에 따라 야학, 강연회 등을 설치하여 상민 교양에 힘쓰되 특히 점원 양성을 위해 특별한 시설이 없어서는 안 될 것이다.

듣건대 조선인 포목 조합에서 점원 야학회를 설치하여 상당한 성적을 내었음에도 불구하고 금일에 이르러 문을 닫고 점원들은 배울 곳을 잃었다 하니, 크게 유감된 바라 하는 것보다도 우리는 당연히 포목상 조합의 그 책임을 물어 이 사업을 계속할 것을 재촉코자 하는 바이다. 아울러 각계를 통해 일반에게 크게 각성을 부르짖노니, 날마다 과학적 발달은 경이를 금하지 못하게 하는 금일에 조선인 상공업자가 지난날의 그 수단과 지난날의 그 상략과 그 생각만을 가지고 급격한 변화에서 변화로 돌진하는 이 대세에 순응하여 진취를 꾀한다는 것은 바라기 어려운 일이다. 아니 낙오자의 비참한 최후에 떨어져 버릴 것을 부정할 자는 그 누구랴! 어째서 이것을 우리의 기우라고 일축하여 버릴 가벼운 문제이랴.

〈7〉 1928. 12. 21.

따라서 우리는 후진 양성기관의 급(急) 시설을 주창한다.

평양의 자랑이 경제적 발달이요, 금후의 평양 발전도 상공계의 발달 여하가 그 우이(牛耳)를 잡고 있는 것이라면 조선의 제2대 도시, 관서의 웅도(雄都)로서는 그만두고라도 제1의 상공 대도시 평양으로서 명일(明日)의 상공계를 부담하고 명일의 중진이 될 후진의 양성기관이 없다는 것은 과연 상공 도시로서의 평양의 존재를 확연하다고 할 수 없는 것일 뿐 아니라, 전술한 바도 있지만 평양에서 상공 도시의 관사(冠辭)를 어느 때까지나 지속할지도 의문이라 아니할 수 없다.

이에 우리는 우선 소규모로라도 상업학교가 출현하기를 간망(懇望)하는 바이며 간이 상업학교라도 머지않은 장래에 설립되지 않으면 안될 것인데, 이제 이것을 누구에게 부탁하며 누구에게 기대하랴. 상번회는 당연히 우리의 기대에 향응(響應)하여야 할 것이다. 아울러 이 계에 전문 지식을 함양한 이가 속속 출현하기를 부언코자 한다.

상민의 훈련

상민의 교양 문제와 함께 우리의 훈련 문제를 논하고자 한다.

상공계의 부진을 만회치 못하는 까닭이라든가, 이익은 확실히 보면서도 자금이 소모되는 일의 괴이한 원인은 어디에 있는가?

기초 지식이 박약한 데다가 한층 더해 훈련조차 없고 보매, 한때의 불경기만 만나도 좌절되고 상략은 지극히 고식적이어서 재기할 용기를 내지 못하는 이 모든 원인이 훈련 부족에서 발생되는 것을 생각하면, 이 문제가 결코 우스운 문제가 아니라는 것을 각득(覺得)할 것이다.

지출이 수입을 초과하는 조선인의 생활 모순, 이 모순은 상공계에도 풍미하고 있다. 우리의 경제 만회는 근검절약을 위주로 하지 않으면 안 되겠다는 것은 벌써 진부한 소리다. 그러나 그 실현은 우리의 안목에 확연하지 못한 것이 슬픈 것이다. 이것은 일반 소비자와도 달라서 상공업자로서는 특히 여행(勵行)치 않으면 안 될 것이요, 조선에서는 상공업자가 이 운동의 선두에 진출하지 않으면 안 될 것이다. 하물며 "우리는 조선인보다 모든 생활비가 고율이어서 안되었다."고 비명을 발(發)하는 신시가의 사람들을 우리는 거울삼지 않으면 안 될 것이다.

소비자는 말할 것도 없지만 우리는 일반 상공업자로서 '방종'하지 말라고 절규하는 바이다.

　방종 때문에 이익이 있으면서도 자금의 소모가 생기는 것이며, 설혹 그렇지 아니하여 절검절약을 여행한다 할지라도 상공업에 근본적 훈련이 없기 때문에 자금 운용이 극히 고식적이며 과단성을 발휘하지 못하여 항상 소극적 상략에서 한 걸음도 더 나아가지 못한다. 그뿐만 아니라 인내력이 극히 박약하여 꾸준히 진취를 도모하지 못함은 금일의 은성(殷盛)한 상공업계로 하여금 명일(明日)에는 위태한 감이 없지 않으니, 이 어찌 우리를 위해서 경제적 투쟁의 진두에 입각한 건실한 투사라 하랴!

　상번회는 이에 대해 노력을 아끼지 않을 뿐더러 이 모든 점에서 그 개선을 자부하고 출현하였다. 어찌 우리가 기뻐할 바가 아니랴.

　〈8〉 1928. 12. 22.

상업 도덕 함양

　우리는 이제 수차례에 걸쳐 상공계의 발전에 대한 천견(淺見)을 술(述)한 바가 있었다. 그러나 그밖에도 또다시 큰 문제가 있고 우리의 상공계를 위하여 시급히 대책을 수립하고 또다시 상번회로서 이에 대하여 가장 공정히 가장 냉정한 태도로써 엄중한 감시하에 노력하지 않으면 안될 것이 있으니, 허위의 파산자(破産者)와 자가(自家)의 분쟁이다.

　허위의 파산자! 그 야비한 악수단을 우리는 누누이 타매(唾罵)한 바 있었고 이것이야말로 우리의 신용을 파괴하는 악분자(惡分子)라는 것을 설파하여 그 근멸을 부르짖은 바이니, 이제 다시 재론할 필요가 없으므로 수언(數

言)에 그치려 하는 바이다. 반성컨대 우리의 신용이 남만 못하고 금융기관이 냉혹한 태도로 우리를 돌보지 아니하여 항상 자금난에 고민하며, 번연히 앞날의 성과가 클 것을 알면서도 금융기관의 후원을 잇지 못하여 뜻을 이루지 못하는 것도 모두 다 이 때문인 것을 자인하지 않을 수 없다.

그러함에도 불구하고 우리 경제의 발달이 여의치 못함을 말 못 할 원인과 금융기관의 횡포만을 무조건 분개한다는 것은 자성을 요할 문제라 할 것이면, 우리가 이 모든 원인을 일찍이 각득(覺得)하고도 그 대책을 세우지 못하였다는 것은 무엇 때문인가?

비로소 개인의 힘이 부족함과 함께 단결의 위세를 알 수 있는 바이며, 알았다면 지금까지의 모든 우리의 아픈 경험으로 보아서라도 상공계의 단결은 당연한 바라 할 것이요 필연의 결과라 할 것이다.

우리는 우리가 오늘까지 걸어온 파란 많은 과거를 돌아보며 혈한(血汗)을 흘려 온 것을 추억하면서 그 성과로 은성(殷盛)한 평양 상공계의 오늘날을 보면 스스로 기쁨을 금치 못한다. 과연 우리 상공업자가 성실과 충의로써 일관하였거늘 개중에 야욕을 탐내는 한 분자의 허위의 파산이 우리의 신용을 얼마나 떨어뜨렸으며, 약차진(躍且進)할 우리 상공 중계(衆界)로 하여금 얼마나 위축 부진케 하였는가. 이것은 이제 새삼스러이 깨닫는 바가 아니요, 일찍이 알고 보고 분개하면서도 악분자의 발호를 제지할 능력이 없었음은 어찌된 까닭이냐?

상번회는 기치를 선명히 하라. 우리 상공업자를 옹호하고 후원하며 조장하여 일반으로 하여금 그 은택에 열복(悅服)케 하는 동시에 이 악분자에게 관용을 베풀지 말라. 추호도 동정할 여지를 생각하지 말라. 우리의 도덕이 그를 용서치 못할 것이다.

다음으로 우리의 단결이 건실할 수 있게 항상 초려(焦慮)와 강구(講究)를 게을리할 바가 못 된다.

그리하여 항상 상공업자의 친선을 도모하며 상호부조를 고취하여야 한다. 그럼으로 상공계에 어떠한 분의(紛議)가 생길 때에는 상번회가 그 중재의 책임을 짐이 마땅할 것이요, 그 조종에 노력하여야 할 것이다. 한 걸음 나아가 때를 따라 이 계에 각 방면으로 간친회(懇親會) 같은 회합을 자주 개최함이 얼마나 유의하리라는 것을 우리는 구태여 역설코자 아니하는 바이다.

끝으로, 상술한 바의 모든 문제의 제창과 실현을 위하고 또한 상공업자에게 항상 경제 대국(大局)을 살필 여유를 주기 위하여 상공보(商工報) 간행 등은 쌍수를 들어 찬성할 바요, 상황과 통계 등의 조사 발표를 행함은 크게 기쁜 일이며, 이에 평양 상공협회의 사업 요항을 소개하는 것으로써 이 글을 마치려 하며, 동 회의 장수와 간부 제씨의 민활한 활동이 평양 상공계의 면목을 갱신하고 그 진용을 새로이 하여 용진하기를 빌고자 하는 바이다.

상공협회 복안

1. 시황(市況) 진작에 관한 개최: 1) 경품부 연합 대매출 2) 야시장 3) 관화(觀火) 대회 4) 운동회 등

2. 생산 발달에 관한 영위: 1) 생산품 품평회 2) 물산 전람회 3) 수출수입의 연구 소개 등

3. 상공업에 관한 조사 및 선전: 1) 상황 및 통계의 조사 2) 상공보 간행등

4. 저축 및 금융에 관한 조직: 1) 저금조합 2) 자금융통기관

5. 상업도덕에 관한 방도: 1) 불의(不義) 파산 방지 2) 분의 중재 3) 신용 존중

6. 훈련 및 사교에 관한 개최: 1) 강습회 2) 강연회 3) 간친회 등

7. 가도 및 위생에 관한 시설: 1) 가로등 2) 부석(敷石) 3) 가로수, 기타 위생 청결 등. [완(完)]

전 조선 모범 농촌 조사[8] (전 22회 중 4회)

—《동아일보》, 1929. 1. 1.~1. 19.

全朝鮮模範農村調査

朝鮮은主要産業이農業인同時에全人口의八割以上이斯業에從事하는農民인故로朝鮮을가르처農業國이라말한다이와가티絶對多數의人口가經濟力의原動力언農業을經營하고잇스니二千三百萬大衆의生活源泉이오卽農業을經營하는저農村에잇슬것이다이에우리의大動脈을左右하는心臟의役割을가진저農村의現狀은어떠한가洞里든疲弊하고家族은離散하야年復年破滅에瀕할뿐이다그러면우리는저農村을如何히改善하여야할것인가어떠케하면農民生活을潤澤케할수잇는가그最大急務는農民自體부터가生活을保障할수잇는經濟力과知識을向上시켜야할것은勿論이어니와于先本社에서오즉그들을農家의師表가될만한農村을全朝鮮에求하야그의農作法施設等을詳細調査하야우리農村改良上參考에供코자하는바이다‖一記者

---

8) 〈전 조선 모범 농촌 조사〉는 관서, 해서, 전남 지방 등을 중심으로 《동아일보》 각지 특파원과 지방 지국의 지국장들이 수행하였고, 모두 22회에 걸쳐 신문에 연재되었다. 그중 오기영이 4회 분을 집필했다. 오기영이 기고한 첫 회 기사는 대동군 문발리를 조사한 것인데, 오기영은 이 기사에 덧붙여 〈방문 후 잡감〉도 기고했다.

〈1〉 1929. 1. 1.

　조선은 주요 산업이 농업인 동시에 전 인구의 8할 이상이 농업에 종사하는 농민인 까닭에 조선을 가리켜 농업국이라 말한다. 이와 같이 절대다수의 인구가 경제력의 원동력인 농업을 경영하고 있으니 2천 3백만 대중의 생활 원천이 오직 농업을 경영하는 저 농촌에 있을 것이다. 이에 우리의 대동맥을 좌우하는 심장의 역할을 하는 저 농촌의 현상은 어떠한가? 동리는 피폐하고 가족은 이산하여 해를 거듭해 파멸에 임박할 뿐이다. 그러면 우리는 저 농촌을 어떻게 개선해야 할 것인가? 어떻게 하면 좀더 생활을 윤택하게 할 수 있을 것인가? 그 최대 급선무는 농민 자체부터 생활을 보장할 수 있는 경제력과 지식을 향상시켜야 할 것은 물론이거니와, 우선 본사에서 농가에 모범이 될 만한 농촌을 전 조선에서 구하여 농법, 시설 등을 상세히 조사하여 우리의 농촌을 개량하는 데 이바지하고자 하는 바이다.

강절도(強竊盜)의 소굴이 평화의 낙원으로(평남 대동군 고평면 문발리)
지도 기관은 교풍회(矯風會)

　문발리(평남 대동군 고평면 관내)가 과거에는 면내에서 가장 가난한 동리로서 강절도의 산지로 유명하던 곳이었는데, 오늘날에 와서는 농경지도 과거에 비해 5할의 증가를 보이고 부력(富力)도 면내에서 중간에 이르러 민심은 안정되고 들판에 곡물을 내버려 둬도 주인이 아니면 건드리는 사람이 없는 소위 요순시대를 이루어 모범 농촌으로서 각 지방 시찰단마저 들이게 되었다. 이와 같이 옛날과 지금의 차이가 뚜렷한 문발리가 되기까지는 해당 지역 교풍회가 절대적인 공헌을 했다기보다는 교풍회가 이 모범 농촌의 산파 역할을 하였다. 오늘날 유명무실의 어떠한 단체(그중에서도 교 풍회 등)가 잠을 자는지 꿈을 꾸는지 모르는 이 판국에 문발리 교풍회만은 그 존재가 확연하고, 문발리 최고 기관이자 지도 기관으로 위대한 업적을 남기고 또 앞으로도 향상하기에 노력하고 있다. 문발리는 고평면 모퉁이 에 있는 대동강상의 작은 섬으로 가호 수가 90여 호였던 것이 계해년의 대 홍수로 인하여 20여 호가 유실되고 현재 71호로 인구는 490명에 불과하며, 농경지는 논이 6정 2.5보, 밭이 137정 7.5보이다. 71호의 직업 구분을 보건 대 지주 2호, 자작농 5호, 자작 겸 소작농 19호, 소작농 34호, 기타 11호인 데, 71호의 호주 71명은 전부가 교풍회원으로 교풍회의 주의와 주장을 실 천하고 있다.

엄숙한 규칙, 위반자는 벌금 ┃ 심지어 법원 소송까지

원래 강 위의 작은 섬으로 교통은 지극히 불편하고 민심은 혼란스러워 위에 적은 바와 같이 인근 각 지방에서 발생하는 강절도의 본적지가 문발 리로 범죄자 산지로 경찰계에 알려지고, 각종 패륜아가 백주에 돌아다니 는 한심하기 짝이 없는 동리였다. 3 · 1운동 직후 일찍이 이 땅에 파견되어 '영생의 도'를 전도하던 장로교회 목사 허섭 씨가 이곳의 김희문 씨와 손을 잡고 금주회(禁酒會)를 발기하니, 이것이 현재 교풍회의 전신으로 그 수행 을 위해서 물불 가리지 않고 초지일관 노력하였다. 그 노력은 아래의 한 예 로 증명이 넉넉하다. 즉 금주회의 창립은 대정 9년 1월에 모든 동네 사람 을 망라하여서 규칙 위반자는 벌금 50원을 징수한다는 계약서까지 작성하

고, 동리에서 주류 판매업자 3명도 회에 가입하게 한 다음 팔다 남은 주류
는 전부 땅속에 파묻고 대금은 동민 즉 회원이 각기 분담해주었다. 규칙의
일부를 소개하자면,

  1. 본 마을에서는 술 한 잔이라도 밀수하여 음주하지 않는다.

  2. 상갓집이 생겼거나 잔치 시에는 사흘, 기타 경사 혹은 제삿날에는 하
루만 허용하되 생일에는 40세 이상의 사람만 허락하고 회갑 시에는 이 제
한이 없다.

  그러나 오래지 않아 이 철칙에 반역자가 생겼다. 그가 바로 금주회 발기
인 김희문 씨의 9촌 되는 김덕수로 술 상인이 한 명도 없는 것을 기회로 한
번 잘 팔아 보자는 것이었다. 이에 금주회에서는 권고와 경고로 여러 번 교
섭하였으나 불응하니 할 수 없이 평양지방법원에 계약이행 청구 소송을 제
기하여 승소한 후 김덕수의 가옥을 차압 경매하여 벌금 50원을 징수하고야
말았다. 그 뒤로 이 동리에서는 술과 인연이 멀어지게 되었고, 동네 사람
중 혹시 출타했다가 술이 취하게 되어도 술이 깨기까지는 동리 내에 들어
오지 못하며, 아무리 들어오고 싶어도 뱃사공이 건네주지 않는다고 한다.

교풍회 벌칙

  끝으로, 문발리를 다스리는 교풍회의 법률이라고 하는 벌칙의 한 구절
을 소개하여 교풍회에서 특히 음주자와 도박범을 어떻게 징계하는가를 독
자에게 알리고, 이 동리의 장래 발전을 한 번 더 비는 바이다.

  제8조. 본리(本里)에서 퇴회(退會)는 절대로 불허함. 단 다른 곳으로 이사
할 때는 퇴회할 수 있으며 배당금도 지불함.

제9조. 본회의 회칙을 여러 차례 위반하여 회칙을 문란하게 하거나 혹 본회의 명예를 훼손하는 자는 본리 내에서 퇴출함.

제10조. 저금액을 정기일에 납부하지 않으면 1전씩을 가납하기로 함.

제11조. 통상회의 날 또는 임시회의를 막론하고 까닭 없이 참석하지 않는 자는 벌금 20전을 징수함. 단 출타 외는 참석하되 각호 호주로 정함.

제12조. 밀수한 술을 발견할 때는 물건을 압수하고 벌금 20전씩을 징수하되, 밀수하고 음주한 자는 특히 1인당 40전씩을 징수함.

제13조. 본회를 문란하게 하는 도박꾼에게는 벌금을 징수함. 도박장 주인은 상기한 벌금에 배를 징수하되, 만약 불응하는 자는 고문에 고발하여 처벌케 한 다음 벌금을 강제 징수함. 위의 벌금을 징수하기 곤란할 경우에는 벌금에 해당하는 물품을 징수함.

제14조. 노단(蘆簞) 조합원 중에 회장의 지휘와 본회 규칙을 위반할 경우는 벌금 1원을 징수함.

제15조. 위의 여러 벌칙을 따르지 않고 정기일에 미납하는 자는 회의 중에 처리하되 따르지 않을 시는 즉시 고문에게 보고하여 처리하게 함.

주요 부업은 광주리[蘆簞]의 생산
농업은 도리어 수입이 박약 ┃ 권업장려부의 활동

문발리의 주산물은 대두, 소두, 속패(粟稗), 수수 등이라 하겠으나 1호의 1년간 수입 평균은 130여 원 내외에 불과하고, 부업인 광주리[蘆簞] 생산액이 1년간 1호 평균 360여 원에 달한다. 문발리의 경제 상태가 종전보다 윤택해진 것도 순전히 광주리 부업을 장려한 결과라 하겠다. 이것은 예부터

문발리의 전경(상), 광주리 직조 광경(하)

있었던 것이나 성행한 것은 교풍회 창립 이후 권업장려부에서 자금 1천 원을 차입해서 황해도 지방으로부터 원료를 공동 구입하며 노단 생산조합을 조직하여(이 조합은 권업장려부 지도하에 있다) 나태한 사람을 권유, 지도하여 현재 71호 전부가 생산하고 그중 전문적으로 행하는 호수가 50여 호에 달하는데, 올해 생산액이 1만 원을 훨씬 넘는다고 한다. 판로에 대해서는 조금도 장애가 없을 뿐 아니라 극히 범위가 광활하여 판로 부족의 우려는 추호도 없다고 한다. 이익은 어떻게 되는가 하면, 대개가 6할이고 호황을 맞을 때는 7할, 불경기를 만날 때라도 5할 이하로 내려가지 않는다고 하며, 가을 겨울에 성행하고 봄여름에는 농작 관계로 성행하지 못한다고 한다. 조그만 산 하나가 없는 작은 섬에서 땔감 걱정도 많을 것이지만 이 부업이 성행하면서 땔감 걱정은 없어졌다고 한다.(권업장려부장 김희문, 부원 4인)

구매부의 계획 ▎ 소비절약책

조선의 경제 만회에는 무엇보다도 소비절약이 중요하다는 것을 깨달은 교풍회에서는 일찍이 구매부를 설치하였으나 불행히 아직 그 실천을 보지 못하고 있었다고 한다. 올해 초부터는 그 실현을 기어이 달성하고자 간부 여럿이 노력 중인데, 구매부에서는 사치품 사용을 절제하며 일용품은 전부 구매부를 통하여 동네 사람들에게 배급하게 될 것이라고 한다. 그 외로 곡물 중 기장과 조 보다는 일본인 소비자를 상대로 채소를 재배하는 것이 더욱 이익을 볼 수 있음을 깨닫고, 작년 봄에 김희문, 한시영 씨 등이 동네 사람 18명과 함께 채소조합을 창립하고 완두, 우엉, 파 등을 재배하게 되었다. 작년 봄에는 뜻밖의 혹심한 가뭄으로 인해 성적이 매우 좋지 않았지만 올봄에도 계속 재배하리라고 한다.

생활이 향상 수입이 격증 ┃ 전일(前日)과 비교한 수지표

교풍회가 창립되고 금주가 장려되며 각 부의 활약과 결과는 이 동네 사람들에게 어느 정도의 행복과 경제적 안정을 가져다 주었는가? 위에 설명한 광주리 부업이 그 한 예일 것이다. 교풍회의 창립 전과 창립 후의 농경지 증가를 비교해 보는 것도 흥미있는 참고라고 생각한다. 아래의 통계는 농경지의 전부는 아니지만 현저한 차이를 보이고 있는 것만을 취한 것이니 이에 따라 농작물의 수확이 증가하였을 것은 물론이다.

〈농경지 증감 통계〉(×증, △감, 반보(反步) 단위)

	벼농사	콩 류	조	피	수수	목화	채소	보리
대정 20년	78	260	565	218	203	20	56	341
소화 2년	△62	×381	△535	△125	×489	×69	×72	×497

증가의 합: 628반보, △감소의 합: 143반보, 현재 축산: 소 12두, 돼지 45두, 말 3두, 닭 55수

9부로 분(分)한 주밀(周密)한 조직 ┃ 간부의 신임

그리하여 금주의 효과가 막대함에 경의를 느낀 동네 사람들은 대정 11년에 허섭, 김희문 두 사람의 발기로 다시 교풍회가 소리치니 모두 이 기치 아래 집중되었다. 현재 교풍회의 조직체를 소개하여 이 농촌의 현황을 소개하고자 한다. 조직의 부서를 보면 저금부, 금주부, 관업장려부, 교육부, 운동부, 위생부, 경로부, 사교부, 구매부 등으로 각 부의 활동과 지도에 의

해 문발리는 향상하고 있다. 교풍회의 중심인물은 허섭, 김희문, 한시영 세 사람으로, 동네 사람들은 이 세 사람의 지도에 이의를 두지 않고 절대적으로 신뢰를 가지고 있다. 이들이 이만큼 동네 사람들의 신망을 받으며 동리를 다스리기까지에는 과연 힘들고 참담한 일이 많았다. 9촌 조카의 가옥을 차압하고 발가벗겨 동리 밖으로 내쫓지 않으면 안 되었으며, 동네 사람들과 함께 동고동락하며 일관한 생활이었다. 현재 이 동리에서 능력 있는 후계자 청년 제군의 건전한 정신은 앞으로 더욱 발전할 문발리를 상상하기에 어려움이 없다. 이제부터 각 부별로 소개하고자 한다.

문흥학교 위시 ┃ 주야학(晝夜學) 겸설(兼設) ┃ 교육부 시설

교육부의 시설로는 문흥학교가 있고 야학회가 있다. 문흥학교에는 생도 38명, 교원 2명이 있고 교장은 허섭 씨이다. 초가만 있는 이곳에 학교만은 광대한 기와집이며 동리의 공회당으로 되어 있고, 일부에 도서실의 설비가 되어 있다. 계해년 홍수 전에는 학교도 융성한 황금시대를 일구었었으나, 홍수가 한번 지나간 후에는 지금 극히 쇠락에 빠져 교원도 남교사 1명이 축소되고, 여자부는 따로 있었으나 남녀공학으로 되면서 여교사 1명도 축소되었다. 졸업생이 10여 명에 달한다고 하며 야학부는 수시로 개최하는데 생도가 20명이라고 한다. 도서부에는 각종 잡지와 신문을 비치하여 문발리 문맹 퇴치에 절대의 공헌을 하고 있다.(교육부장 문창주 부원 1인)

위생부 시설과 운동부의 활동

위생부에서는 동네 사람이 병에 걸릴 때 구호하며, 출생, 사망에 관한 것

문흥학교의 전경

과 기타 당국 교섭에 대한 것을 대신하여 동리의 청결과 도로 개수, 우물 시설 등의 일을 행하며, 위생 선전에 노력하여 수시로 활동사진을 찍어 보건 사상 선전에 노력하고 있다.(위생부장 김익걸 부원 1인)

그 외로 운동부(부장 장경태 부원 1인)가 동네 사람들의 운동을 지도하고, 경로부(부장 김치순 부원 1인)가 연중행사로 1년에 한 차례 80살 이상 노인 위안회를 개최하며, 사교부는 동리를 대표하여 사교에 힘쓰고 있다고 한다.(이하 다음 날 계속)

〈방문 후 잡감(訪問後雜感)〉 1929. 1. 1.

무진 12월 12일 두 번이나 떠났다가 배를 건너지 못하여 공행(空行)으로 귀환하였던 문발리를 향하여 세 번째 다시 떠나게 되니, 이번에는 여정의 방향을 전환하여 기차를 내던지고 자동차로 떠났던 것이다.

동리 어귀에 들어서니 금주(禁酒)가 여행(勵行)된다는 이 동리 앞에 높이 달려 있는 새빨간 '연초(煙草)' 패가 이상히도 빛난다. 허 목사 댁을 물으니 어린아이 하나가 앞에 서서 인도한다.

각 지방 시찰단의 출입이 잦은 까닭에 양복쟁이를 많이 본 이 동리의 개는 짖을 생각도 안 하고 꼬리를 치며 뒤를 따르는 것도 경이를 느끼는 한 가지였다.

마침 목사는 그의 집에 있었다. 반가이 맞아들여 방으로 인도를 받고 또 교풍회장 한시영 씨도 만났으나, 이 두 분과 함께 문발리를 위하여 심혈을 다하는 김희문 씨가 병으로 인하여 평양에 가고 없었던 까닭에 만나지 못하게 된 것이 유감이었다.

허 목사도 상상하던 것보다는 퍽 늙었다. 그가 문발리에 들어간 지도 20 성상(星霜)을 넘겼다니, 강절도(强竊盜) 소산지로 씨를 맞아들였던 이 촌락이 오늘날은 모범 농촌으로서 각지에서 오는 시찰단이 씨의 인도에 의하여 이 동리 자랑을 하게 되기까지는 과연 20여 년간 씨의 고심과 노력이 지대했을 것이다.

이렇듯 모든 노력을 아끼지 않고 성과를 본 씨는 금석의 감(感)을 품고 이제 다시 다른 지방으로 떠나게 되었다고 한다.

이 지역 청년 중에 씨가 떠난 다음에 한 번 더 문발리를 빛내어 씨의 유감이 없도록 하자는 결심 밑에 모든 사업에 더욱 충실하다 하니 듣기에 반가운 말이다. 나는 이 기회에 목사는 일요일에 설교하는 것만으로써 책임을 다한 줄 아는 조선 목사님네들에게 사표로 허 씨를 알게 하고 싶다.

조사를 마치고 이 동리 문맹 퇴치에 가장 많은 노력을 하고 있는 문흥학교를 방문하고 교풍회 도서부에서 구독한다는 《동아일보》를 보고 새삼스러이 반가운 정을 느꼈다.

　회정(回程)의 길에 올라 배를 건너 자동차 올 시간이 아직도 멀고 정류소도 없기 때문에, 두 시간이나 남아 있는 시간을 길거리에서 보내지 않으면 안 되게 되었다.

　궁리 끝에 그곳 《동아일보》 독자들도 방문하고 새 독자도 모집해 볼 책으로 몇 집을 찾아다녔다. 바로 문발리를 강 하나 사이에 두고 정면에 소주 양조소(釀造所)가 굵다란 연돌(煙突)에서 연기를 토하고 술 냄새를 피우고 있다.

　강 하나를 건너자면 술 기운만 있어도 뱃사공이 건네주지를 않는 금주국(禁酒國) 옆에 굉대(宏大)한 건물을 짓고 술을 빚어 내고 있다.

　세상이란 요렇게도 모순이 많은 것이던가? (무진 12월 16일)

〈6〉 1929. 1. 10.

농사 천시(賤視)튼 반촌(班村)
지금엔 전부 독농가(篤農家) (평남 대동군 부산면 수산리)
선우 씨를 성으로 하는 60호

　평남 대동군 부산면 수산리는 예부터 소위 반촌으로서 그중에도 선우를 성으로 하는 60호가 모인 한 촌락을 속칭 선우촌이라 했다. 선조 때부터 양반이라 하여 농업에 뜻도 없었고, 부득이하게 종사하게 된다고 해도

수산리의 전경

이를 부끄러워했다. 반면 그 생활은 극히 호탕해서 한 집의 생활비 중에
가장 수위를 점하는 소비품이 주류로, 한 집의 한 해 양식이 평균 1,200원
이면 족하였으나 술값은 평균 1,500원을 넘었다 한다. 이로써 보아도 동리
의 과거를 추측하기 어렵지 않고 구태여 자세한 서술이 필요하지 않을 것
이다. 술집은 나날이 증가하고 동리는 날마다 피폐함에 빠져 과연 참담한
말로가 머지않은 앞날에 있을 것을 예측할 때, 선각자로서 은둔할 수 없고
수수방관과 탄식만으로는 능사가 아님을 깨달
은 선우탑, 선우현호, 선우윤서 등 유지 청년들
이 분발하며 일어나 "양반으로서만 만족할 바가
아니요, 우리도 시대를 따르고 해가 갈수록 파
멸하는 조선 농촌의 일부분이라도 그 갱생을 돕
지 않을 수 없다."고 하며 수산청년회를 발기하
니, 웃어른 앞에서 유구무언(有口無言)의 '고집'을
가진 양반님네들이 젊은 사람들의 말을 반겨 경

수산청년회장 선우탑 씨

청하지 않을 것도 상상하기 어려운 바가 아니다. 우선 선우촌의 멀고 가까운 친족, 즉 선우를 성으로 하는 사람들 중에서 청년 60명을 망라해 조직했다. 수산청년회가 동리에 어떠한 공헌을 했는가에 대해 아래의 몇 가지로써 설명하고자 한다. 오늘에 이르러 누구인지 막론하고 청년 회원을 신뢰하게 된 것만으로 청년회의 은택이 어느 정도까지 전 동리에 미쳐 있음을 알 것이다.

주류 비매 동맹 조직 ┃ 적극 박멸책 도모 ┃ 3호의 주상자(酒商者) 철거

첫째로 청년회 탄생과 함께 금주(禁酒)의 목소리를 내었다. 전술한 바와 같이 동리 피폐의 최대 원인이 음주라 할 것이니 청년회 출현과 함께 첫 번째 사업으로서 당연한 바였다. 당시 선우촌에만 술 상인이 3호였는데 일반에 금주를 권고하고 술 상인에게 주류 판매업을 그만두라고 누차 권유했으나 듣지 않아, 최후 수단에 나아가 주류 비매 동맹을 조직하고 적극적으로 주류 근멸책을 꾀한 결과 오늘에 이르러 술 상인은 자취를 감추고 양반 행세보다도 산업 개시에 유의하여 제반 사업의 능률을 내었다.

수산리의 농경지

논 20정보, 밭 70정보로 동민의 상태는 지주(갑) 4호, 지주(을) 16호, 자작농 20호, 자작 겸 소작농 37호, 소작농 35호, 기타 8호, 합계 120호, 총인구 700명으로서, 주요 산물은 조이며 동민의 생활 정도가 모두 부유하지는 못하나 안정을 취득한 생활이라 할 것이다. 동리의 최고 기관은 수산청년회로 모름지기 청년 단체에 불과하나 그 사업의 은택은 전 동네를 기꺼이 복종케 하여, 지금은 누구든지 청년회 사업에 이의를 제기하지 않으며 기뻐

순종한다고 한다.

조합을 조직 ┃ 종빈우(種牝牛) 생산
평균 180원의 시가로 ┃ 약 5할의 엄청난 이익

수산리의 축산

소 65두, 돼지 63두, 닭 220수

이곳의 가장 큰 특색 중 하나가 종빈우(種牝牛) 생산이니, 수산청년회로
서 동리를 종빈우 촌락으로 만들고 종빈우 생산조합을 40호로써 대정 14
년에 조직하고 각 호마다 최우량종 암소 1마리씩을 택하여 사육하게 되었
으며, 각 호 3두마다 송아지 생산에 전력하였다. 송아지는 36개월 즉 3년
간을 사육해서 그중 우량종을 판매하게 되는 것이다. 이에 대해서는 군 농
회(農會)에서도 보조가 있어 암소를 매입할 때 가격의 절반을 보조하며 사
육료도 보조가 있다고 한다. 현재 송아지는 34마리로 암소 22마리, 수소

수산리 종빈우장의 광경

12마리인 바, 36개월을 사육하여 우량종이 되면 평균 시가 180원에 이익이 그 5할에 달한다고 한다.

공동 정호(井戶) 개수

동리 중에 있는 우물이 극히 불결하여 위생상 악영향을 준다고 하여, 재작년도에 당국의 시설을 바라지 않고 청년회 경비 60원을 투자하여 '시멘트 콘크리트'로 위생상 적합히 개수하였다.

교육 보급 운동

회관 내에는 도서부를 두어 수시로 신문과 잡지를 회원에게 열람케 할 수 있으며, 농한기를 이용해서는 매년 야학회를 열어 미취학 아동과 가난한 아동은 물론, 청년과 장년까지도 가르친다고 한다.

초가 전부를 와가(瓦家)로 개즙(改葺) ǀ 번우 사육으로

동리의 대부분이 초가집이었었으나 그 미관상으로나 혹은 매년 초가를 갱신할 때마다 드는 비용이 적지 않은 것도 고려할 문제이고, 무엇보다도 종빈우 사료 부족 완화책으로 전 동리의 초가를 전부 기와집으로 지붕을 개량할 필요가 있다고 해서, 우선 초가를 가진 사람 14명으로 지붕 개량계를 조직하고 연 303원씩 곗돈을 넣어 해마다 3차례 추첨을 해서 당첨자에게 40원을 주고 이를 자본으로 삼아 기와를 구입한 후 일은 계원이 총출동하여 행하는데, 이미 개량된 것이 9호, 남은 것이 5호로서 이도 머지 않아 개량을 하게 되어 이 동리는 일신(一新)한 기와집 부락을 이루게 되었다.

혼상(婚喪) 명세서 ▮ 청년회에 제출
일일이 인가 얻어서 실행 ▮ 엄숙한 허례 폐지 여행(勵行)

허례는 될 수 있는 대로 폐하고 관혼상제는 극히 절약하지 않으면 안 되겠다고 해서, 회원으로서 관혼상제를 당할 때에는 그 비용의 명세서를 작성해서 청년회에 제출하고 청년회에서 소모품의 세목별로 상세 조사하여 극히 절약주의로 인가를 받아야 비용으로 쓸 수 있으며, 그 한도를 넘어가지 못한다. 비용의 결정 방법은 면호별로 나눈 등급에 의하여 생활 상태를 보고 많고 적음을 결정하는 것이라고 한다.

도로를 수선 ▮ 교통에 편익

교통이 편리하지 않으면 경제의 원활함을 기약할 수 없다는 것을 청년회가 깨달은 바 있어 3년 전에 회원 60명이 총출동해서 마을 사람 전체를 독려하여, 동리에서 평령선(平寧線) 도로로 통하는 등외 도로가 너무 좁아 소달구지의 통행은 물론 보행조차 곤란한 것을 확장 개수하게 되었다. 청년회 사업은 이미 마을 사람들을 열복(悅服)케 한 것인 만큼 도로 옆의 지주로서도 그 확장 개수로 인해 도로로 편입되는 자기 소유 토지를 제공하는 것을 기꺼이 승낙하였기 때문에 계획은 순조롭게 진행되었다. 회원들이 마을 사람들과 함께 부역을 행하여 지금은 소달구지의 통행이 편해졌기 때문에 화물 운반에도 막대한 편의를 얻게 되었다고 한다.

1호도 빠지지 않고 ▮ 전촌이 양잠가
치잠(稚蠶)의 공동 사육소도 설치

동네의 가장 유명한 부업은 양잠이라 할 것이다. 첫째로 다른 부업보다 유리하고 적당한 것으로 단기간에 수입이 많기 때문에 특히 부녀들의 시간을 이용하여 성행하게 된다. 청년회 창립 초에 뽕나무 묘목 3만 그루를 구입하여 회원에게 배부하여 장려하기 시작해서 재작년에 다시 2만 그루를 배부하고 작년에도 2만 그루를 심게 하여 곳곳에 뽕나무 동산의 시설을 보게 되었다. 수산청년회 관내에 어린누에 공동 사육소를 설치하여 여러 종의 기구를 구입하고 기술자를 초빙해서 누에씨를 각호에 배부해 공동 뽕나무밭(2반보)도 설치하였다. 적어도 각호마다 누에씨 1매씩은 사육하는 터로 작년도의 수입을 보면 1매에 견 대두 7두의 생산을 보았으며, 가장 이익도 많이 볼 수 있는 까닭에 부근 일대에는 거의 이 양잠이 본업이 되다시피 하였다. 수입으로 보아서도 농작물의 수입에 비하여 많은 편이라고 한다. 이에 대하여 이후의 포부를 들으니 과연 이 양잠을 주업으로 삼고 특히 전력을 기울이겠다고 하여 적어도 부산면 17리 전부를 양잠촌으로 만드리라 한다.

잠견(蠶繭)을 이용 ┃ 제사(製絲)와 직조(織造) ┃ 작년 초 시험

양잠이 성행될지라도 이것을 견 그대로 팔게 되면 이익도 적거니와, 소위 평남 관내의 특매제(特賣制)라는 괴이한 제도 밑에서는 뜻대로 발전하기 불가능할 뿐이다. 특히 부녀의 시간을 좀더 적극적으로 이용하여 안으로는 가정의 경제 윤택을 도모하고 밖으로는 동리의 금융 원활을 좀더 자유롭게 할 수 있도록 각 방면으로 연구 조사한 결과, 견을 이용하여 제사와 직조를 행하는 것이 더욱 이익이 있을 것이라고 간파했다. 그리하여 재작년도에 청년회에서 이 방면에 선진적이라 할 수 있는 덕천의 기술자를 초

수산리 양잠 광경(상), 수산리 직제 광경(하)

빙해 기업 강습회를 개최하는 동시에 널리 선전한 결과, 지금은 제사 혹은 직조가 성행하여 현재 직조기 7대, 제사기 8대를 구입해 작업을 행하게 되었다. 청년회로서는 이후 더욱 이 방면에 대해 선전, 연구 등을 해서 일반의 이익을 꾀하고자 연중행사로 강습회 혹은 생산 품평회 등을 개최할 계획이라고 한다. 생산품은 주로 항라(亢羅)인데 작년에는 첫 시험이었던 만큼 경험도 없었고 모든 점에서 서툴렀기 때문에 극히 뛰어난 성적은 내지 못하였으나 그래도 견의 매출보다 높은 1할 5푼 내외의 이익을 보았고, 이후로 평균 4할의 이익 증가를 볼 수 있으리라 한다.

조합을 조직 ∣ 애림열(愛林熱) 고조 ∣ 처음에는 범칙자 20여 ∣ 지금은 1인도 없다

원래 산간벽지이기 때문에 마을과 마을 간에도 산이 막히고 동서남북 어디로 눈을 돌려도 산과 산이 꼬리를 물고 있다. 그러나 마을 사람들은 일찍이 산림 애호의 정신이 박약하였기보다는 이런 것에까지 깊은 사려가 미치지 않아 함부로 채벌을 하는 중에도 땔감용 풀을 얻기 위하여 더욱 산림을 훼손하게 되었다. 청년회에서 삼림 애호의 필요와 이익을 역설하고 동시에 규칙을 지어 누구든지 법칙의 위반자에게는 제재를 가하게 되었다. 처음에는 위반자가 20여 명에 달하였으나 지금은 한 사람의 범칙자도 발견할 수 없게 되어 마을 사람들의 협동 일치의 애림열(愛林熱)을 넉넉히 지켜볼 수 있거니와, 회원 100명으로 산림보호조합을 조직하고 1. 남벌 금지, 2. 무허가 채벌 엄금, 3. 식목 장려, 4. 지도 등을 위하여 순찰을 두고 항상 관내를 순찰하며 감독한다고 한다. 지금은 그 소유 여부를 막론하고 보호에 전심하게 되었다고 한다.

농민의 오락지로 ┃ 공원 설치 준비 ┃ 매년 계속하여 식수(植樹)

조용한 조선인의 생활이란 과연 몰취미한 생활이어서 심신의 위안을 받을 길이 없고 도회지에서도 공원의 시설이 완비되었다고 할 수 없는 오늘날, 비록 수산리가 산간의 벽지라고 할지라도 마을 사람들이 여름에 피서지와 오락장으로 공원 시설의 필요를 절감하여 이전에 잡초만이 무성하던 선우촌 뒤 산기슭 앞을 개간하고, 재작년에 낙엽송 200그루, 포플러 100그루를 심고 작년 봄에 다시 낙엽송 500그루를 심었다. 올 봄에 다시 1,500그루를 심고자 계획 중이라고 하며 앞으로 공원으로서 완전한 시설을 보기까지 노력하리라고 한다.

〈10〉1929. 1. 18.

전 동민 각계에 가입
산업, 교육에 전심(평남 대동군 부산면 화원동) ┃ 각계 합병=대화단

화곡리는 수산리에서 멀지 않은 촌락이다. 이제 소개하고자 하는 모범 마을은 화곡리의 화원동이란 촌락이다. 그 사업에서는 수산리의 선우촌과 대동소이하나, 이 촌락의 공로자 선우숙, 황례용 두 사람의 희생적 공헌을 기억하지 않으면 안 될 것이다. 이 촌락은 황 씨와 선우 씨가 모인 반촌(班村)으로, 예부터 명예와 이익을 높이 받들고 옛날의 관례를 고집하여 가난한 자를 무시하며 산업의 계발은 완전히 도외시하여 놀고먹는 자가 가난한 자보다 많았으니 점차 피폐함에 빠진 것은 필연의 형세였다. 이에 대세에 눈뜬 선우숙(33), 황례용(58) 두 사람이 서로 뜻을 합쳐 화원동이 갱생할 길

을 꾀하였다. 대정 5년에 산업계, 서당계, 위친계(爲親契), 양잠계 등을 조직해서 동네 사람 전부를 가입하게 한 이래 지방 교화, 산업 계발, 교육 보급에 전심 노력했다. 그 현저한 성적은 과연 피폐에 빠진 마을을 부활시킬 수 있다는 신념을 일반이 갖게 하였다. 이에 작년 4월에 이르러 위의 각종 계를 통일해서 황례용 씨를 고문으로, 선우숙 씨를 단장으로 하여 대화단(大化團)을 조직했다. 단에 가입한 호수는 화원동 53호 315인 중 49호 295인이고, 그중 단원이 47명이다. 1. 부모를 위하고, 2. 산업에 힘쓰고, 3. 지방을 교화하며, 4. 사회에 봉사한다 등 각기 부서별로 단원의 협력 일치로 발전의 길에 입각하였다.

산업 수입 대부(大部)는 과수, 양잠의 부업
동민 일반이 전(田) 농업에 주력 ┃ 그중 양잠 수입 최다

모범 촌락을 건설하고 있는 화원동에만 농경지가 논 30정보, 밭 80정보로서 역시 밭이 논의 2배 반이나 된다. 이곳의 주요 산물은 조, 면작, 과수, 견 등을 치겠다. 조와 면작에서는 항상 우량종 채취에 노력하여 종자 개량에 유의하여서 조의 씨앗을 골라 받는 논밭이 있으며, 면작에서도 면내의 지도 촌락으로 선정되어 동네 사람 일반이 이에 전력한다고 할 것이다. 그러나 내용은 농작물의 수입보다 과수, 양잠 등 부업의 수입이 많으며 그중에도 양잠의 수입이 많다고 할 것이다. 논까지는 몰라도 현재 있는 밭은 모두 머지않은 앞날에 뽕나무밭으로 만들 가능성이 있다고 보는 것이 무리한 일이 아닐 것이다.

퇴비 장려로 농산물 증액 | 정기로 청초(靑草) 채취

장래에 뽕나무밭으로 만든다 할지라도 아직까지 종사하고 있는 농업에서도 그 증산을 도모함이 마땅하다고 볼 것이니, 특히 퇴비의 장려로써 농작물 증산을 꾀하는 점이라 할 것이다.

퇴비 장려는 풀이 푸른 시기에 단원이 총출동하여 사람마다 50속 이상을 채취하게 한다. 퇴비 사용 후 현저하게 좋은 성적을 보게 된 동네 사람 일반이 이에 기뻐했는데, 작년도에 한 사람당 100속 이상 채취하였다는 것으로써 그 설명이 충분할까한다.

척토(堉土)를 개량하여 상원(桑園)과 과원(果園)
촉서(蜀黍)나 재식(裁植)하던 척토를 개량 | 우량종으로 수입 배증

이와 같이 양잠에만 유리할 뿐 아니라 과수 재배에도 최적지라 할 만하고 극히 유리할 것을 간파하고 이에 확신을 갖게 된 후는 과수 재배에도 상당한 노력을 기울이게 되었다. 장려한 결과로 호응하는 자의 수가 날마다 증가하여 단원 중 자기 토지를 소유한 자는 거의 전부가 과수를 재배하게 되었다. 심은 나무 수는 능금 3,000그루, 복숭아 1,000그루, 오얏나무 500그루에 달하게 되었다. 원래부터 밤 산지로 알려진 곳인 만큼 최근 우량종의 증식과 보충해서 심는 일에 더욱 노력하게 되었는데, 이리하여 이전에 밭에는 수수나 심을 줄 알던 동네 사람들은 그 이익이 현저한 과수와 뽕나무 재배에 눈을 뜨게 되었다. 산간벽촌이므로 척박한 토지에서 노력은 배나 들고 수입은 적다고 볼 수 있는 수수 재배에서 이익 많은 과수 재배와 뽕나무 심기로 옮기게 되는 것도 당연한 일이라 할 것이다.

임업도 장려 │ 남벌 절대 엄금

평야가 없는 벽촌에서 동서남북으로 우뚝 솟은 크고 작은 산에 숲을 가꾸는 것 역시 이 동리의 대사업의 하나이니 이야말로 창창한 백년대계이다. 이를 자각한 동네 사람들이 협력하여 재작년부터 산림 소유자마다 상한 자리에 보충해서 심고, 작년에 심은 나무 수도 1만 본이 넘었다 하며, 올봄에는 공동 모밭을 두어 단원에게 실비로 배부할 것이라고 한다. 또한 산림 보호의 정신을 함양하기 위하여 남벌을 절대 금지하는 동시에 그 소유의 자타를 막론하고 채벌할 시는 허가를 필요로 하며, 만일 이를 위반하는 자가 있으면 나무 시가의 2배를 벌금으로 단에서 징수하게 되었다. 아직까지 한 사람의 범칙자도 나지 않았다는 것은 그 얼마나 가상한 바인가!

양잠에 주력 │ 공동 상원(桑園) 경영

동리에서 양잠이 성행한다는 것은 전술한 바도 있지만 그 상세한 것을 소개하자면, 예부터 가난한 사람 간에는 이 업종이 성행하였으나 그 방법이 임시변통이었던 만큼 뜻대로 이익을 보지 못하였는데, 대정 11년에 잠업계가 출현하면서 사업의 장려와 사육 방법의 개량, 개량 뽕나무의 재배를 도모한 결과, 오늘날에는 집집마다 양잠업을 중요시하여 작년의 생산고가 2천 원에 달하였으며 공동 뽕나무밭(1반보)까지 두게 되었다. 공동 뽕나무밭에서 생산되는 뽕나무 잎으로 어린 누에를 공동 사육하며 각자가 개량 뽕나무 재배에 노력하여, 과거에 야생 뽕나무만이 되는대로 동리 어귀에 자라나던 시절과는 천지차이로 지금은 밭 대부분이 전술한 바와 같이 뽕나무밭으로 일구게 되었다. 양잠업에는 특히 부녀들의 일손이 많이 필요하기 때문에 다른 곳에 쓸데없이 시간을 쓰는 부녀들과 다른 점도 여기서 발견할 수 있는 바이다. 따라서 이 동리의 경제 발달에 특히 부녀 계층의 공헌이 얼마나 지대한지를 알 수 있는 바이다.

잠종견(蠶種繭) 제조=촌락으로 지정

그러나 이 동리에서 처음부터 양잠을 중요시한 것이 아니었다. 양잠을 장려할 때 "양반이 할 노릇이 아니다." 혹은 개량 뽕나무 열기가 고조될 때 "낟알을 두고 나무를 심는 법이 어디 있느냐.", "뽕 심으면 뽕 빠진다."는 등 별별 악선전이 유행하여 두통이 날 지경이었다. 그러나 실제로 생기는 이익은 이 모든 미혹의 말을 극복하였고, 현존 공동 뽕나무밭의 설치는 그만두고라도 여간한 사람이면 모두 자기 소유의 뽕나무밭이 있어서 밭 80 정보 중 10정보가 뽕나무밭이다. 혹 타지방에서는 다소 실패를 보는 경우가 없지 않으나 다행으로 아직까지 실패한 일이 없다고 한다. 잠업계를 설립할 때에는 계원 1인마다 곗돈 1원씩을 연출하였고, 현재는 매년 봄 누에씨를 배부할 때마다 누에씨 1매에 50전씩 연출하여 사업 장려비에 충당해서 쓴다. 작년에 이르러서는 동아잠사주식회사로부터 잠종견의 제조 촌락으로 선정되어 1,700여 원을 투자받아 면적 50평의 대규모로 개량 누에 치는 방을 건축하게 되어 일반 양잠의 모범을 보이고 있는 것이다.

교화부 사업으로 문맹 퇴치에 노력
농민야학과 도서 종람실(縱覽室) 등 ∣ 비용은 각자 노동 수입

지방 교화부의 문맹 퇴치 운동도 성적이 양호하니 이에 각 별로 소개하면,

유치원: 작년 4월부터 보통학교 학령에 이르지 못한 아동을 의무적으로 수용하고, 그 경비는 단에서 지출하게 된다고 한다. 작년의 원아는 7명이었는데 올봄에 또다시 모집하게 될 것이라고 한다.

농민야학: 매년 겨울을 이용하여 농한기에 2개월 간 야학회를 개최하는데, 보통학교에 취학하지 못하는 무산 아동은 물론 농민들까지 합쳐 50~60명에 달한다. 야학생 중에는 40세에 달한 자까지도 있으며, 작년도에 땔감 부족으로 곤란을 겪은 경험으로 이번에는 날을 정하여 동네 사람이 총출동하여 산과 들에 흩어져 나무를 해다가 야학 개최 기간 중에 쓸 땔나무를 넉넉히 준비하였다고 한다. 이후로도 땔감의 비용을 들일 것 없이 어떤 날이든 하루를 택하여 동네 사람들이 총출동하여 땔감을 장만할 것이라고 한다.

도서 열람: 신문 잡지 등을 구입하여 동네 사람들의 상식 함양과 향상 및 지도에 노력하는 바, 서적은 회관 내에 비치하고 언제든지 누구를 막론하고 열람할 수 있게 하였다.

강연회: 수시로 연사를 초빙하여 지방 개량에 관한 것과 그 외의 여러 가지 강연을 행하는 바, 농한기에 성행하며 지금까지 수차례 좋은 성적을 얻었다고 한다.

도박 복술(卜術) 엄금

또한 풍속 개선과 풍기 숙청을 위해 도박, 만취를 엄금하고 범칙자는 엄격히 처분하게 되었다. 특히 미신 타파에도 노력하여 점치는 자의 족적이 일소되었으며, 아직까지 이 점에서 징벌을 받은 자는 한 사람도 없다. 재작년 봄에는 신실하게 행한 자를 선발하여 표창식까지 있었던 바, 이후로도 항상 신실하게 행한 자를 선발하여 표창할 것이라고 한다.

관청 지휘 불사, 자발적 시설
도로 수선, 청결, 소방대 등 Ⅰ 매월 13일은 '청결날'

그 외로 당국자의 시설이나 다스림을 기다리지 않고 솔선하여 도로 수선 청결, 의용 소방대 조직 등을 행하였으니,

소방대: 소화 펌프 1대 및 삼차초(三叉鍬; 이는 농기구로 겸하여 씀) 47개를 구입, 상비하고 동리 내는 물론 타 동리에라도 화재가 일어나면 도움 요청에 응하여 구급에 노력한다.

청결: 음력으로 매월 16일을 '청결날'로 정하고 월례 청결을 장려하며, 집행위원이 청결 검사의 임무를 맡아 만일 청결을 원만히 행하지 않은 자가 있거나 불합격으로 인정되면 용서 없이 벌금 20전씩을 징수한다.

도로 수선: 매년 봄, 가을에 단원이 총출동하여 도로 수선을 행하며 도로가 파괴되는 경우에도 즉시 수선을 행한다. 동리에서 평녕선(平寧線) 도로로 통하는 등외 도로의 노면이 좁아 교통이 불편하였는데, 역시 노면을 확장, 수축하여 자유자재로 소달구지가 다니는 것을 보게 되었다고 한다.

대화단 수지(收支) Ⅰ 작년도 통계
이제 잠깐 대화단의 작년도 수지표를 통해 독자의 참고를 돕고자 한다.
수입부
― 총기금 694원의 연 2할의 이율 138원
― 장례 기구 대여비 25원, 단원 임의 기부금 140원, 잡수입 3원
　　합계 306원
지출부

사무비	15원	유치원 경영비	132원
야학경영비	10원	공동 뽕나무밭 비료값	12원
양잠 장려비	9원	위친(爲親)비	20원
회관 수리비	83원	독행자(篤行者) 표창 비용	10원
예비비	10원	잡지출	5원
합계		306원	

위친금(爲親金) 적립 ∣ 상비(喪費)를 보조

대정 9년부터 매년 한 사람 앞에 50전씩 갹출하여 작년까지 7년 동안 177원 56전을 적립하였고, 매년 이 적립금에서 발생하는 이자로써 위친비라고 하여 부모상에는 금 10원과 비단 1포를 증정하고 단원상에는 5원을 주게 되었다. 부모의 환갑잔치 때는 선물을 증정하며, 경비 180원을 투자하여 장례 도구를 구입하여 항상 무료로 빌려주게 하며(단원 외에는 5원의 세금을 징수한다) 쓸모없는 허례를 전부 없애기 위해 노력 중이라고 한다.

고심참담(苦心慘憺)은 구불형언(口不形言)이오
공로자 선우숙 씨 담(談)

이 동리의 공로자 선우숙 씨는 방문한 기자에게 말하길, "이 동리를 무슨 모범 농촌으로서 일반에게 자랑까지 하기는 부끄럽습니다. 다만 이 동리가 누구의 모범이 되어 보겠다는 것보다도 우선 우리의 활로를 개척해야겠다는 각오가 노력을 낳았다고 할 것입니다. 다행히 동네 사람들의 호응을 얻어 오늘에 이른 것은 크게 기쁜 바입

화원동 공로자 선우숙 씨

니다. 조선 농민의 본업은 예부터 농업이지만 이런 산간의 척박한 토질로는 도저히 많은 수입을 바랄 수 없는 터이며, 이에 부업의 필요성을 절감하지 않을 수 없습니다. 처음에 양잠을 선전할 때의 그 고심참담은 이루 말하기 어렵습니다만 지금 와서는 앞다투어 양잠업에 충실합니다. 특수한 경우에 처한 이 동리에서는 장차로 농산물보다 현재의 부업인 양잠업을 본업으로 삼아 볼까 합니다. 현재 조선에서 초미에 급박한 문제가 농촌 계발이라고 한다면 저희의 작은 정성이나마 오늘날에 이만한 성적을 보고 있음을 귀 신문이 소개하심으로써 뜻있는 이의 참고가 된다면 더없는 다행일까 합니다."라고 하였다.

〈11〉 1929. 1. 19.

노년 실패에 청년이 분기(奮起)
72호의 이상촌(평남 대동군 부산면 중이리) ┃ 개량청년회의 혈정(血晶)

중이리는 평남 대동군 부산면 17리 중 수산, 화곡 두 동네와 함께 역시 모범 농촌이니, 이곳은 일찍이 고려 태조 왕건이 불교를 숭상하여 각지에 사찰을 건립할 때 조그마한 사찰 하나를 건립하면서 인적이 드나들게 되면서 인가가 모여들었던 만큼 아직까지도 고려시대의 유적인 듯한 자취를 찾아볼 수가 있다. 수백 년 이래로 '사골(넷째 동리라는 뜻)'이라면 면내에서 빠지지 않는 중류 이상의 큰 마을이라고 하였으나, 점차 동네 사람들이 태만해지면서 호탕한 생활에 흘러들기 시작하여 해마다 피폐함에 빠졌다. 이에 통탄을 금치 못한 김구용, 유대준, 김양태 등 동리의 원로급이라 할 노인들이 분기해서 금주회를 발기하여 동리 부활을 도모하다가 뜻을 이루지 못하고 해산되고 말았다. 이에 다시 청년 계층에서 을축년에 김유용, 김찬규, 김찬모 등의 발기로 개량청년회를 조직하고 노년 계급에서 한번 실패한 것을 거울삼아 금주 장려, 풍속 개량, 산업 장려, 문맹 퇴치 등의 목적을 걸고 분전해 오다가 작년 5월에는 그 대오를 갱신하여 교풍회를 조직했다. 교풍회의 혜택은 인근 각 동리에까지 미쳐 문맹 퇴치에서는 야학이 36개소에 학생 1,600여 명을 헤아리게 되었고, 산업장려에서는 논밭으로 농토를 개간하여 그 수확을 배로 증가하게 했으며, 오늘날에는 언론기관까지 끌어모으고 있다. 호수는 72호, 인구 360명으로 호주 72명이 교풍회원이다.

목적 달성까지 여러 차례 실패
기미 이후로 계속하여 노력 ┃ 개량청년회는 교풍회로

동리의 농토는 외부인의 소유가 조금도 없고 전부 동네 사람들의 소유로, 동네 사람들을 직업별로 보면 갑 지주 1호, 을 지주 2호, 자작농 9호, 자작 겸 소작농 18호, 소작농 34호, 기타 18호이다. 농경지는 원래 전부 밭뿐이던 것을 최근에 와서 논을 만들기 시작해서 현재 논 25정보, 밭 50정보인데, 밭 50정보도 올해 들어 논으로 만들 것이라고 한다. 동리의 피폐를 만회하고자 기미운동 직후 김구용, 유대준, 김양화 등이 금주회를 조직하고 음주한 사람은 벌금 1원, 술을 판 사람은 동리에서 축출하기로 철칙을 세웠을 때는 그 효과가 없지 않았다. 그러나 을축년에 이르러 회원이 규칙을 무시하고 동리에서는 음주를 차마 못할지라도 동리 밖에 나가서 마음대로 만취하고 마셨는지 여부를 가지고 동리 간에 다툼이 많아 오히려 동리를 교란하니, 부득이 그 목적을 수행치 못한 채 금주회는 해산되었다. 다시 술 상인이 속출하여 이전과 다를 것이 없고 언제 금주의 맹약이 있었는가 하듯 동민들이 술 마시고 거리낌없이 노는 것을 일삼게 되었다. 을축년에 와서 김유용, 김찬규, 김찬모 씨 등이 다시 분연히 일어나 회원 20명으로 개량청년회를 조직하고 금주 운동을 필두로 지방 발전, 풍속 개량, 산업 장려, 미신 타파, 문맹 퇴치의 강령을 수립하고, 야학을 개설하여 무산 아동을 가르치며, 회원은 매월 20전씩 저금을 장려하고, 음주자는 벌금 1원 50전씩 용서 없이 징수하였다. 그러나 이것이 회원 20명에 한할 뿐이고 회원 아닌 자에게는 그 효과가 별로 없어 작년 5월에 와서 개량청년회를 해산하고 72호의 호주 72명을 전부 망라하여 교풍회를 창립하니, 그 조직 부서는 농산부, 저축부, 지육부(智育部), 도서부, 경로부, 청년부, 소년부 등이다. 이제 부서별로 동리를 모범농으로 만들기까지의 활동을 소개해 보고자 한다.

이전작답(以田作畓)하여 4, 5배 증수
전(田)을 모조리 답(畓)으로 개량해 공헌 많은 농산부 사업

원래 농경지는 전부 밭으로서 그 주요 산물은 조였는데 토지를 개량하여 그 수확을 증가시킬 수 있을 것을 믿고 농산부에서 이에 대한 연구를 거듭한 결과, 재작년에 농산부원 한병걸 씨가 자기의 연구로 우선 자기 소유 밭 1정보를 일반 강물을 끌어서 논으로 바꾸니 그 성적이 현저했다. 종래 조 15석, 환산액 150원에서 논으로 바꾼 후 쌀 70석, 환산액 800원으로 5배 반이 증가한 수입을 보게 되니, 동네 사람들이 쌍수를 들고 밭을 논으로 바

꾸기 시작했다. 작년에 밭 20정보를 논으로 바꾸게 되니, 그 수확의 증가는 종래 조 300석, 환산액 3,000원에서 논으로 바꾼 후 쌀 1,000석, 환산액 12,000원(1정보에 쌀 평균 50석 표준)으로 4배의 수입 증가를 보았다. 올봄에 와서 다시 남은 밭 50정보도 논으로 바꿀 것이라 하며 바꾼 후에 쌀 2,500석의 수확을 예상한다고 한다. 이 동리의 경제를 윤택하게 한 농산부의 공헌은 실로 지대하다고 할 것이다.(농산부장 박낙현, 부원 2인)

1인 저축이 매월 20전씩 | 저축부 사업

매월 회원이 20전씩 저금을 하는데, 이것은 저축부원이 정한 날마다 출동하여 일제히 수납한다고 한다. 현재 적립된 금액이 253원 20전에 달하며 기타 5, 6개의 저축조합이 조직된 바 있으니 이는 별도로 간략히 적고자 한다.(저축부장 김유용, 부원 3인)

서적을 구입 회원에 열람 | 도서부 사업

도서부에서는 수시로 서적을 구입하여 회원의 열람에 기여하는 바, 현재 보관되어 있는 서적의 종류는 산업에 관한 서적 87종을 필두로 잡지 20여 종, 신문 4종이다. 이를 공관 내에 보관해 두고 언제든지 회원 간에 열람할 수 있다고 한다.(도서부장 김유용, 부원 2인)

경로부 행사

경로부에서는 1년에 한 차례씩 80세 이상의 노인을 위하여 음력 정월 15일을 경로일로 정하고 연중행사로 잔치를 베푼다.(경로부장 김찬규, 부원 2인)

매월 정기로 토론 강연 등 | 청년부 사업

청년부에서는 3개월에 한 차례씩 토론회를 개최하고 1개월에 한 차례씩 외부의 명사를 초빙하여 강연회를 개최한다. 강연회에 대해서는 경찰 당국이 간섭하여 원고의 검열을 요구하기 때문에 지금에 와서는 거의 중지 상태에 빠져 있고, 토론회만은 항상 정기에 개최된다고 한다.(청년부장 유인경, 부원 3인)

소년부 사업

소년부에서는 매 토요일마다 아동을 모아서 동화회(動畫會)를 개최하며 소년 지도에 관하여 항상 연구와 실천에 힘쓰고 있다.(소년부장 김찬모, 부원 2인)

보명학원(普明學院)의 다대한 공로

이곳의 보명학원은 일찍이 20~30년 전 아직 대세에 어두울 때 유지 김양기 씨가 뜻을 같이하는 여럿의 후원을 얻어 평양관찰사의 인가를 얻어서 강서에 교사 정 씨(이름 미상)를 초빙해 비로소 신교육을 실시하였으니 당시 생도는 서당에서 공맹(孔孟)을 찾던 상투 튼 학생들이었다고 한다. 한때는 동리 교육계의 중추 기관으로 총명하고 준수한 학생을 양성하는 데 막대한 공로가 있어 졸업생이 300명을 넘었으나, 현재 까다로운 교육제도하에 학생들이 보통학교로 많이 가게 되어 현재 생도는 20명 내외에 불과하게 되었다. 그런데 올봄부터 다시 제도를 고쳐 보습과(補習科)를 두고 보통학교 출신으로 중등학교에 가지 못하는 생도를 수용하고 농업 문제에 대하여 2년씩 가르친다고 한다. 이 학교는 아직 교풍회가 직접 경영하는 것은 아니나 간접으로 경영하는 것과 다름없이 모든 일을 지도, 관할하고 있다.

문맹 퇴치에 가장 위대한 공적
육칠십 된 노인들도 야학에 ┃ 지육부(智育部)의 헌신 노력

이 동리에 가장 공헌을 많이 쌓은 것은 농산부와 함께 지육부의 활동이
다. 용악면, 부산면, 시족면 등지에 야학을 설립한 곳이 36곳이요, 이에 수
용하는 학생이 1,600여 명, 교원이 6, 70명에 달하는바, 상세한 기록은 별도
의 항목으로 미룬다. 야학의 설립은 군 내 어떠한 면에서든지 교풍회에 그
설립을 요구하면 즉시 이에 응하여 경비를 보조해 주며, 제반 사항에 대해
지도를 한다. 각 장소의 야학 설립과 함께 그 경비 보조에 대해서는 일반 유
지의 찬조금이 100여 원에 달하고, 회장 김유용 씨 개인의 부담이 150여 원
이었다고 한다. 수많은 야학 중에도 특히 우리의 흥미를 끄는 것은 중이리
의 대동야학회이다. 생도가 60명인데 그중에 6, 70세까지 된 노인이 6명이

대동군 중이리 교풍회 경영의 야학 일부

대동군 중이리 부녀의 제사 광경

나 있는 것이다. 요컨대 각지의 모범 농촌 중에도 문맹 퇴치에 가장 위대한
공적을 쌓고 있는 곳이 중이리라 할 것이다. 한 걸음 나아가 다시 언론기관
까지 지니고 적극적 활동을 하고 있으니, 작년 9월부터 교풍회 지육부 사업
으로서 본《동아일보》의 분국을 경영하고 있다.(지육부장 유대준, 부원 2인)

면작을 장려 ┃ 부녀의 부업

농작에서 주요 물산의 하나라고 할 면작은 대개 부녀들의 손으로 무명
을 짜서 팔게 되는데, 이것이 부녀들의 부업으로는 가장 크다고 할 것이다.
그 방법은 재래의 물레를 그대로 사용하나 집집마다 따로따로 하는 것이
아니라 전부 연합해서 10여 명의 부녀의 노력을 합작하게 되며, 1년 사계
절에 항상 하는 것이다. 추수 후 농한기에 들면서 특히 성행하는바, 수입은

보통 40척 1필에 시가가 4원 내외라고 하며 대개는 20척 1필을 만드는 데 이익은 6할 내지 7할이라고 한다. 이 동리에서만 1호 평균 20필씩 전 동리에서 1,500여 필(환산액 1,500원)의 생산을 보게 된다.

교풍회 조직 후 양잠을 더욱 장려 ㅣ 매호 평균 잠종(蠶種) 1매

부업은 첫째로 양잠인데, 교풍회 조직 이후로 장려한 결과 더욱 성행하여 거의 전부가 종사한다고 할 수 있다. 그중에도 힘쓰는 호의 수가 40여 호에 달한다. 1호에서 평균 누에씨 1매씩을 사육하며 이에 대한 수입은 소두로 16두 내외의 고치를 따게 되는데 그 환산액은 1호 평균 50원에 달하며, 이것을 생견으로만 팔지 않고 베를 짜기도 한다.

시초(柴草)를 채벌 ㅣ 평양부에 공급

그다음으로는 시초의 채벌이니, 평양부 내에서 소비되는 시초의 대부분을 이곳에서 채벌하고 있다. 이와 같이 판로는 평양을 중심으로 삼고 10월 한 달을 채벌하는데 1호 평균 수입이 150원에 달하며, 이에 드는 자금 50원 내외를 제하면 100원 내외의 이익을 볼 수 있으니 농사 이외에 이것이 큰 수입이라고 한다. 그러나 남벌을 금하기 위하여 채벌은 반드시 허가를 필요로 한다.

미신을 타파 ㅣ 무당 판수 절적(絶跡)

그 외로 풍속 개량에서는 특히 미신 타파 운동에 치중하여 동네 사람들의 각성을 촉구하고 그 지도에 노력한 결과, 일찍이 이 땅에 기독교가 들어온 후로 다시 교풍회의 적극적 활동을 보게 되어 지금은 미신을 숭상하는 자가 없고, 따라서 무당 판수는 그 자취를 감추게 되었다고 한다.

현재 축산

소 27두, 돼지 30두, 닭 120수

문맹 퇴치에 주력 ▮ 교풍회장 김유용 씨 담(談)

중이리의 지도자이고 공로자인 김유용 씨를 방문하니 김유용 씨는 기자에게 말하길, "오늘날 조선이 갱생하고자 할 때 물론 수많은 방도가 있겠지요. 그러나 나는 일찍이 농촌 계발을 첫 조건으로 삼지 않으면 안 되리라는 것을 간파하였고, 사실 이 연동(連動)이 가장 지름길이라고 생각합니다. 저희 교풍회에서는 여러 가지 운동을 행한다고 할 것이나 특히 문맹 퇴치에 노력하는 것도 후일에 뜻을 같이하는 사람을 많이 얻으려는 뜻입니다. 아직까지는 사실 자랑할 만한 무슨 업적이야 없습니다마는 이후로는 한층 더 이에 힘을 쓰고 나는 나의 생명을 이 운동에 희생할 수 있음을 가장 큰 기쁨으로 삼고자 합니다. 오직 바라는 바는 이후로 이 운동이 전 조선 각지에서 어서어서 일어나기를 바랄 뿐입니다."라 하였다.

만여 주민 사활 불고(不顧)
불이농장(不二農場) 직영 착수

―《동아일보》, 1929. 4. 23.

경찰은 사복 무장 경관을 급파 엄계(嚴戒)
소작인은 최후까지 항쟁할 결심으로 결속
용천 소작쟁의 직상(直相)

평북 용천 불이농장(不二農場)의 소작쟁의[9]는 폭발된 지 이미 반년이 넘어 바야흐로 밭 가는 시기가 임박한 이때까지 원만한 해결을 보지 못한 채지구전을 계속하고 있다. 그동안 소작조합 측에서 요구한 조건을 참고하였다는 농장 측의 새로운 소작계약서는 전보다도 더 무리한 점이 많다고 하여 소작인들이 일제히 이에 응하지 않으므로, 농장 측에서는 최후 수단으로 농우를 구입하고 노동자를 모집해서 경영하고자 이미 모판 만들기에

---

9) 용천불이서선농장 소작쟁의: 1925년부터 1932년까지 평안북도 용천 불이서선농장의 소작농민들이 벌였던 소작농민항쟁. 일제의 식민농업회사인 불이흥업주식회사(不二興業株式會社)를 상대로 싸웠다. 불이서선농장은 불이흥업주식회사가 용천군 4개 면의 간석지 5,000정보를 불하받아 간척사업을 일으킨 농장으로, 수리조합을 완성하고 각처 조선인 농민을 이주시켜 1,800호의 소작농가를 거느렸다. 소작민들은 농장 설립 경비를 부담하고 각종 부역을 강요당했는데, 농장 측은 고율의 소작료를 부과하고 각종 비용 부담을 전가했다. 소작농민들은 이러한 수탈에 저항하여 다섯 차례에 걸쳐 소작쟁의를 벌였다.

착수하는 중이다. 이 땅은 현 소작인들의 재산과 피땀으로써 간석지가 개척된 것인 만큼 소작인들은 끝까지 대항해서 모판 만들기를 방해하다가 업무 방해, 폭동, 협박 등의 죄명으로 검거자가 속출하는 상태이다. 만일 이 문제가 파종기 전까지 해결을 보지 못하여 소작인들이 이 땅을 소작하지 못한다면 이것이야말로 땅을 파야만 먹을 수 있는 1,800명의 소작인과 이들의 가족까지 1만여 명의 사활이 걸린 문제이다. 용천경찰서에서는 소작인 측의 만일의 행동을 염려하여 사복 무장 경관으로 하여금 경계를 게을리 하지 않고 있다. 소작인 측에서는 최후의 항쟁을 앞에 두고 한 번 더 당국에 최후로 진정하고자 준비 중에 있다. 농사일에 바쁠 이 봄에 1만여 명의 사활 문제를 앞에 둔 이곳은 불안한 저기압이 싸돌고 있다.

농민들이 고심기간(苦心起墾) 황무지를 옥토화
불이농장의 간교한 전후 행동 ┃ 문제 토지의 유래

먼저 이 땅은 쟁의를 일으킨 소작인들과 어떠한 특수한 관계가 있는지를 살펴보자. 이 땅은 원래 황무지인 초생지와 간석지로서, 당초 불이농장에서 이것을 개간할 계획으로 제방을 둘러쌓고 누구든지 개척하는 사람을 소작인으로 삼고, 소작료를 첫해는 무료, 이듬해는 3분의 1을 받고 3년째에 와서 절반 혹은 정해진 액수로 할 뿐만 아니라, "소작료 납부년도부터 계산해서 만 10년의 소작권을 준다."는 개간 규정을 발표했다.

그러자 사방에서 살길을 찾은 듯이 몰려들어 이들의 손으로 3,330여 정보의 황무지가 오늘날의 가지런한 옥토가 된 것이다. 그 개간비는 소작인마다 1정보에 50원 내지 수백 원씩 들어서 그 총액이 38만 원이란 거액에 달한다. 일단 농사를 시작한 후로 첫해부터 2~3년 동안은 염분이 많아 수확이 거의 전무하였고, 대정 12년의 해일로 인해 수확은 고사하고 몇 칸의 집과 사람까지 떠내려 간 참사를 겪어 결국 소작인마다 70~160원의 빚을 지게 되었다. 개간비 38만 원을 건져 내기는 고사하고 소작인마다 진 빚의 총액이 25만 원이란 거액에 달하여 온전히 이들의 생명과 재산을 사로잡은 땅이다. 쟁의의 초점이라고 할 것은 위에 쓴 바와 같이 소작권을 만 10년으로 해 주지 않는 것이라고 한다.

명문 자재(自在)한 간석 개간 규정
명문도 무시하는 농장 ┃ 농장 측의 전후 행동

간석지 개간 규정

제1조. 본 규정은 불이흥업주식회사 서선농장 소작인 규정에 아울러 이를 적용함.

제2조. 간석지 소작인에 대해서는 아래의 이익과 특전을 주기로 함.

(1) 간석지는 최초 쌀농사를 지어 다소의 수확을 얻은 연도까지는 소작료를 무료로 함. (2) 쌀농사 다음 연도에는 소작료를 징수하되 그 액수는 수확고의 3분의 1로 하고 그 다음해부터는 절반 혹은 정한 액수로서 할 것. (3) 소작료를 납부하는 연도부터 계산하여 만 10개년의 소작권을 부여함. (4) 기한 중 부득이한 사고에 의하여 얻은 권리를 타인에 양도하고자 할 때는 농장에서는 그 사실을 조사한 후에 이를 승인함.

제3조. 앞의 취지를 이해하고 계약을 희망하는 자는 아래의 사항을 갖추어 별지로 끼워 넣은 서류에 의하여 제출할 것.

(1) 주소(원적지 및 현주소) (2) 전 가족 및 노동자 수 (3) 농장 사업 지역 내에 집과 소의 유무 (4) 자산의 정도 (5) 소개자 주소와 이름. 단 적당한 소개자가 없는 때에는 원적지 면사무소의 증명서를 지참한 이후 농장에 제출할 것.

제4조. 소작인이 준수할 사항은 아래와 같음.

(1) 소작인은 농장의 방침에 따라 감독의 지휘를 받고 농업에 근면 노력할 것. (2) 밭둑을 축조하고 땅고르기를 할 것. (3) 1개년에 3회 이상의 우경과 기타의 방법에 의하여 담수로 염분을 제거할 것. (4) 관계된 수로 및 도로의 보호 수선을 게을리하지 말 것. (5) 불가항력에 의하지 않고 제3항의 제염 작업을 하지 않거나 혹은 매매를 할 때는 소작인 자격을 상실하기로 함. (6) 소작료 납부의 연도부터는 수리조합비 반액을 부담할 것.

제5조. 제염 방법과 벼농사 방법 등에 경험이 없는 자에 대해서는 농장이 기술원으로 하여 간절하게 전시(傳示)함.

제6조. 가옥을 건축하고자 하는 자에게는 땅을 대여함.

이상.

평안북도 용천군 부라면 불이농장

수세(水稅)를 구실로 소작료 인상
결국은 농장에서 이를 보아 ┃ 5.8할을 주장

그다음 문제는 수리조합비 부담이다. 아직까지 이것을 소작인들이 부담하느라고 분에 넘는 빚을 지게 된 것으로 농장에서 이것을 부담하라는 것이 요구 조건의 중요한 한 가지다. 이에 응하여 농장에서는 수리조합비의 부담을 흔쾌히 승낙하겠다고 하면 해결될 것이지만, 그 대신 소작료는 58 퍼센트(종래 50퍼센트)를 부담하라고 한다. 이것을 계산해 보면 작년 수확고 93,440여 석 중에서 8푼의 증가, 즉 7,467석을 시가로 환산하면 89,600여 원을 소작료로 더 내게 되는 모양이다. 이것을 더 받은 농장에서 부담할 수세가 11만 원이므로 결국 수세는 농장에서 26,400원을 부담할 뿐이고 나머지 7천여 원은 소작인이 여전히 부담하는 것이다. 농장의 계획이 이후 3년간은 매년 수확고가 2할의 증가를 볼 것이라 하고, 올해는 작년과 달라서 18,600여 석이 증가할 것이라 한다. 따라서 소작료의 8푼을 더 내게 되는 1,490여 석을 더하면 수세 107,400여 원이 소작인의 부담이 될 것이고, 농장 부담은 3천 원에 불과하다. 다시 내년도의 2할 증가를 계산해 보면 소작인의 부담이 128,830여 원으로 수세 116,000여 원을 제외하고도 12,000여 원이 농장에 들어가며 몇 해 후에는 수세의 몇 배를 더 내게 될 형편이다. 결국 수세를 농장에서 부담한다면 소작인은 그 이상의 부담을 지게 되는 동시에 농장에서는 오히려 훌륭한 이익을 보게 되는 것이다. 소작인 측은 이에 응하지 않고 5할 5푼(55퍼센트)을 주장하는 것이다.

"문제는 없소" ┃ 불여의하면 직영한다고
농장 천초(川草) 주임 담(談)

농장을 방문하였더니 때마침 천초 주임은 도 경찰부에서 나온 전전(畑田) 경부와 무슨 밀의를 하고 있어서 세 번이나 재촉을 하여 겨우 면회하였다. 그는 문제는 아무것도 없다는 듯이 아주 태연한 말로 아래와 같이 말한다.

"이제는 아무 문제도 없습니다. 우리가 내놓은 계약서는 가장 합리적이라고 믿습니다. 여기에 소작인으로서 불평이 있을 리 없겠지요. 또 매일 계약을 체결하는 소작인이 벌써 400명이나 됩니다. 하기는 아직 남아 있는 천여 명이 만일 계약에 응하지 않는다면 부득이 직영을 할 수밖에 없지요." 하며 다른 말 하기는 피하더라.

'말하기 곤란, 성의를 다할 터'
군수 김도현 씨 담(談)

군청에서 군수 김도현 씨를 찾으니 군수는 아래와 같이 말한다.

"쟁의가 일어난 후 내 개인으로서는 될 수 있는 대로 원만히 해결되도록 조정을 해 보려는 것이 아직까지 해결되지 않고 있음은 대단히 유감입니다. 앞으로 농사 때가 닥쳐 오니 불가피하게 시급히 해결하지 않으면 안 될 것이라 믿고 되도록 성의를 다 해보고자 합니다. 그리고 농장에서 새로 발표한 계약서에 대해서는 잘 되었다 못 되었다 아직 말씀드리기 곤란합니다."

진퇴양난으로 계약자 속출
소위 울면서 겨자 먹는 계약 ❘ 지금까지 90명

이에 소작인 측에서는 농장의 조건이 아무리 무리하다고 하더라도 먹고 살기 위하여 비록 이것을 그대로 소작하고자 할지라도 전에 진 빚 때문에 농장에서는 소작권을 인정하지 않으므로 진퇴양난에 빠져, 최후로 한 번 더 도 당국과 총독부에 진정하고자 암암리에 준비 중에 있다고 한다. 이를 탐지한 평북경찰부에서는 전전 경부를 현장에 급히 파송하여 용암포서원을 풀어 만일을 엄중히 경계하는 중이다. 농장에서는 이미 자기네가 제출한 '가장 합리적인 계약서'에 날인하고 소작하려는 사람이 매일 늘어서 이미 계약 체결자가 400여 명이라고 하나, 소작조합장 황관하 씨의 말을 들으면 지난 12일까지 90명에 불과하고 거의 전부가 그대로 있다고 한다.

'당국은 청이불문(聽而不聞) 금후형세가 험악'
최후의 진정도 소용이 없어 ┃ 천여 명이 결속대항
소작조합장 담(談)

이에 대하여 조합장 황 씨는 기자에게 말하길, "수일 전에 다시 도지사를 방문하였으나, 계약에 관한 것은 당사자끼리 해결할 것이고, 당국으로서 조정할 성질이 아니라는 대답을 들었을 뿐입니다. 이제 당국이 이렇듯 못 본 척하고, 그렇다고 별다른 조정자도 없고, 논 갈 때가 되어 오니 이제부터 참으로 험악해질 상태가 보입니다. 이미 검거자가 6명씩이나 생겼지만 나머지 1,700여 명이 이것을 각오하고 죽기로써 싸우려는 것이니, 장차 이 문제가 어떻게 귀결될 것인지는 나 자신으로서도 모를 일입니다. 농장 측에서는 자기네 조건대로의 계약자가 몇 백 명이 된다고 하지만 일주일 전까지 단 3명밖에는 없었습니다. 앞으로도 물론 없을 것입니다."고 하였다.

채무 청장 요구 ┃ 계약 체결 거절

비록 이 모든 것이 문제라 하더라도 이것을 소작인이 참고 따른다고 해도 계약을 체결할 수 없는 것은, 소작 계약을 하려는 사람은 전에 진 채무를 전부 상환하라는 것 때문이다. 이것은 먼저 소작조합이 채무는 연부(年賦)로 상환하게 해 달라고 하였으나 농장은 이에 응하지 않고 만일 현금이 없으면 가옥 명도로 계약을 체결해 준다는 것이라는 바, 소작인들로서 일시불로 이 돈을 상환할 도리는 전혀 없고 그렇지 않으면 가옥 명도의 조건부로 계약을 체결해 줄 수 있으나 그렇지 않으면 이상의 여러 조건을 인정

하더라도 소작권을 주지 않겠다는 것이다.

경찰이 활동 소작인 검속

이리하여 이 문제는 이미 농사철을 앞에 두고 점점 험악해지는 상태로, 지금 직영을 단행하려는 농장의 모판 만드는 사람과 그 논의 소작인 간의 충돌 혹은 언쟁이 생긴다. 이미 용암포경찰서에 검거된 사람이 아래와 같으며, 작년 10월 제1차로 검거된 간부 3명이 신의주 공판에 회부되어 아직 끝도 나기 전에 또 검거가 시작되는 것이다. 이후로 쟁의가 좀더 심각해진다면 이와 같은 죄명으로 많은 사람이 검거를 당할지 모르겠다. 용암포경찰서에서는 실로 잠도 자지 않고 엄중한 경계를 하고 있으며 검거자가 있다는 것을 절대 부인한다.

검거자: 용천면 서정양(42), 부라면 백선주(50) 문세화(30) 이유방(28) 김효민(42) 김기전(42), 외하면 장세웅(43)

개간 규정을 위반 | 작권(作權) 매매 금지
종래 인정하던 것을 금지해 | 소작지 개간을 무시

그다음으로 중요하게 볼 문제는 종래로 묵인해 오던 소작권 매매를 인정하지 않는다는 것이다. 개간 규정에 의하면 그것을 승인하였음에도 불구하고 이번 새 계약에서는 이것을 인정하지 않는 것이다. 다른 소작지와 달라서 이 땅은 근본적으로 소작인의 개간비가 들어 있는 관계상 이를 무시하지 못할 것이다. 종래에 인정해 오던 것이며 올해도 이미 매매된 건수가 400여 건으로 1천여 정보의 소작권이 매매되었다는데, 만일 이것을 농장이 승인하지 않는다면 소작권을 70~100원씩 내고 산 사람들은 이 돈을 찾을 길이 없는 것이라고 한다. 이는 즉 이 땅에 특별 연고가 있고, 따라서 권리까지 가지고 있는 소작인의 소작지 개간권을 무시하는 것이라 볼 수 있는 것이다.

세간의 주목 끄는 용천(龍川) 쟁의 진상(1~7)

— 신의주 일기자,《동아일보》, 1929. 5. 1.~5. 7.

〈1〉 1929. 5. 1.

문제는 어떻게 전개되나

평북 용천 불이농장(不二農場) 대 1,800명 소작인 간에 쟁의가 야기된 이래 본보는 때에 따라 단편적으로 여러 번 보도한 바 있어 쟁의의 진상은 세인이 아는 바이다. 필자는 이번 그 후의 상황 조사의 소임을 맡아 현장을 답사하고 그 대략을 보도하였다. 과연 이들의 선두에 입각한 1,800명의 소작인과 온전히 이들의 수족에 생명을 위탁하고 있는 노유(老幼)의 가족까지 아울러 실로 1만여 명은 농사를 일으킬 시기에 소작지를 찾지 못하여 죽음에 직면하여 있으나 호소할 길이 없으니, 필자 개인으로서 완강한 지주의 반성을 촉구하기에는 너무나 자신의 미약함을 느끼는 나머지, 차라리 내가 본 그대로와 생각한 그대로 이를 세인의 정의감에 고하고 제삼자의 냉정한 비판에 바쳐 불행히 최후의 위기를 당한 이들을 빈사의 위급에서 구출하기까지에 정당한 여론의 환기를 기대하는 마음에서 주저 없이 붓을 드는 것이다.

원산의 노동쟁의[10]는 조선에서 공전의 대파업이었다. 용천의 소작쟁의는 조선 농민층에서 초유의 대쟁의라 할 것이다. 소작쟁의 그것부터가 벌써 조선 민족의 8할 이상을 점한 농민층의 반항이니만큼 주목을 게을리 못할 조선인 전체가 연쇄 관계를 맺고 있는 중대 문제라 하겠는데, 용천의 소작쟁의는 과거 우리의 기억에 남아 있는 옥구의 소작쟁의[11]라든가 기타 남조선 지방에서 종종 야기된 분규와는 전혀 그 색이 다르다 볼 수 있고 성질상 판이한 바가 많으니, 즉 이 쟁의의 초점이 되고 있는 문제의 농토는 현소작인 스스로가 황무지를 옥토화하기까지 고혈을 흘리고 넉넉지 못한 총재산을 희생한 오늘날, 이들은 당연히 받아야 할 권리 즉 소작권을 박탈당한 것이라 할 것이다

이들이 오늘날 당연히 가져야 할 권리를 찾지 못하고 당초 일이 성사될 가능성이 오늘 와서 너무도 허무하게 수포가 될 줄 미리부터 알았다면 근본적으로 이곳에 이주하지도 않았을 것이요, 이 문제 많은 땅에 손도 대지 않았을 것이다.

회고하건대 대정 6년 불이흥업 주식회사는 이곳의 초생지, 간석지를 개간할 계획하에 부근 일대를 헐가로 매수하고 총독부에서 다액의 보조를 받은 후에 제방만을 둘러쌓고 6개 조에 이르는 개간 규정을 내걸고 현 소

---

10) 원산총파업: 1929년 1월 13일부터 4월 6일까지 약 4개월에 걸쳐 원산노동연합회 산하 노동조합원 2,200여 명이 참여한 총파업이다. 일제강점기의 한국노동운동사상 최대 규모의 파업이었다.

11) 옥구이엽사농장소작쟁의 (沃溝二葉社農場小作爭議): 1927년 말 전라북도 옥구 이엽사(二葉社)농장에서 조선인 소작농민들이 벌인 항쟁이다. 7.5할이라는 고율의 소작료를 인하해 달라는 농민조합의 요구를 농장 측이 거부하자 농민들이 소작쟁의를 일으킨 것이다. 일제는 치안유지법 위반으로 이를 탄압했다. 옥구의 소작쟁의는 농민조합이 주도한 농민운동으로, 일제의 식민 수탈 체제에 정면으로 대항한 특징을 보여주는 사건이었다.

작인의 손으로 개간케 하여, 해륙수(海陸水)에 침범받던 일대 3,330여 정의 초생지와 간석지는 정연한 옥토가 되었으니 실로 이 땅의 흙 한 줌이라도 소작인의 피와 땀을 맛보지 않은 것이 없을 것이다.

개간 규정의 제2조 제1항과 제2항에 의하면 간석지는 최초 벼농사를 하여 다소의 수확이 있기까지 소작료는 무료로 하며 벼농사 이듬해에는 수확고의 3분의 1을, 그 다음해부터 절반 혹은 정조(定租)로서 소작료를 징수할 터이며 동 조 제3항에는 소작료를 납부하는 연도부터 계산하여 만 10개년의 소작권을 부여하는 '이익과 특전'의 미명 하에 뚜렷한 이 명문(明文)은 수일 전 조사 전말과 함께 본지에 발표하여 독자의 면전에 공개한 바가 있다. 명문 한 조각이 오늘날에 와서 명문으로서의 근본 의(義)를 떠나자 이로 인하여 1만여 명의 사활 문제가 대두하는 것이다.

이들은 가난한 농민이다. 일찍이 안도(安堵)의 땅을 찾지 못하여 노유의 가족과 함께 신산한 생애에 신음하던 이들은 불이농장의 개간규정을 듣자 이야말로 살길을 발견한 희열을 느끼면서 너도나도 가지고 있던 집칸을 팔아 가지고, 또는 날마다 쪼들리는 경제 대세에 쫓기던 소규모의 자작농들이 스스로 갈아먹던 땅도 내버리고 이곳으로 이주해 온 것이다.

전자는 살아도 살 수 없어 서북간도로 떠도는 셈 치고 이곳으로 와서 몇 두락이라도 개간하면 첫해의 소작료가 무료요 이듬해는 3분의 1이므로 이 양 해의 수확으로써 개간비를 충당할 수 있으리라는 계산(그러나 오늘날에 와서 이것도 공상이 되고 말 것이다)을 들고 이주한 것이요, 후자는 자작농이 거의 해마다 줄어들어 소작농으로 바뀌는 조선 현실에서 자신의 미래를 비관한 나머지 내 동리에서 소작질을 해먹는 것보다 이곳에 와서 몇 정보라도 개간하여 만 10개년이란 소작권을 확보하면 좀 더 윤택한 생활을 영위할 수 있으리라는 희망을 품고 모여든 것이다.

그리하여 매 정보당 50원에서 수백 원의 개간비를 희사하였으니 그 총계가 실로 38만여 원의 거액이라. 반성컨대 경제가 무엇이 그리 윤택하다고 이 38만 원이란 돈을 가볍게 볼 수 있으랴. 하물며 이것이 대자본주의 투자도 아니요 순전한 빈민 계층에서 짜낸 돈임에랴.[속(續)]

⟨2⟩ 1929. 5. 2.

농장 측은 이렇게 말한다. 개간비는 이미 벼농사 첫해의 소작료 면제와 이듬해 3분의 2로써 넉넉히 충당하였을 것이라고! 그러나 금액을 충당하고 충당치 못하였음은 잠깐 별문제로 하고 그들의 현 생활을 살펴보면, 그들의 지주, 즉 농장에 대한 부채 총계가 15만 원이란 거액에 달하였으니 이로써 이미 들어간 38원의 개간비를 건지지 못하였음은 너무도 명약관화한 사실이다.

이들의 울부짖는 바와 같이 대정 13년도까지는 용수 부족, 염분 다량, 홍수 해소(海嘯) 등으로 인하여 충분한 수확을 얻지 못하였을 뿐 아니라 다년간에 남은 재산을 탕진하였고, 다시 대정 15년까지 한재(旱災), 충재(蟲災), 풍재(風災)를 겪어 여전히 소기의 수확을 얻지 못하였으니 그도 인간이거늘 그동안 5, 6인의 식구를 거느리고 살아오기까지 무엇을 먹고 무엇을 입었겠는가. 지주에게 진 부채는 대부분 이로 인함이었으니 소작인 1인 당 70원~150원의 부채는 한푼도 현금을 차용한 것이 없고(또 현금의 대부는 해주지도 않았다) 종자대, 비료대, 수리조합비, 소작료 등등 지주에게 납부하여야 할 것을 전혀 납부치 못하였기 때문에 법률이 그들을 채무자로 만들어 준 것일 따름이다.

그뿐이랴, 대정 12년 해일에는 가옥을 유실하고 사람까지 익사하였다니, 이 농토의 개간비가 1정보에 50원에서 수백 원이라 하나 사실에서는 개간비 외에 소지하였던 재산을 탕진하였고 끌고 왔던 가족을 잃었으며, 오히려 다 갚을 도리가 묘연한 지나친 부채가 등을 덮었으니 이 땅이야말로 이들의 재산과 생명을 사로잡았고, 지금에 이르러서는 야반도주나 하기 전에는 이곳을 떠날 수가 없는 것인데, 가족을 이끌고 도주도 쉬운 것이 아니려니와 아직도 순박한 이들로서는 무엇보다도 양심이 그것을 허락하지 않는 것이다. 또 설혹 야반도주를 할 수 있다 가정한들 필자에게는 그들의 비참한 처지를 차마 더 상상하고 논할 용기도 없는 것이니, 이렇듯 이들의 가산을 탕진케 하고 생명을 빼앗은 이 땅이 얼마나 이들에게 원한의 땅이며 연고 깊은 것이랴.

이제 와서 오직 그들에게 유일한 소망이 있다면 이 땅을 영구히 소작하여 이미 잃은 생명은 찾지 못하고 탕진한 재산을 찾지는 못할지언정, 이곳을 떠나는 길이 바로 유리표박(流離漂迫)이 되는 길이라 모든 것을 참고서라도 여기에다 생명을 위탁하고 억지로라도 안도의 터를 닦아보려는 것뿐이다. 아니 그것이 근본으로 이들의 유일한 소망이었고, 더 다른 무엇을 바라지 않는 하나뿐인 애원이다.

그러함에도 불구하고 이렇듯 연고 깊은 이 땅, 총재산을 기울인 이 땅은 황무지가 옥토화하고 여러 해 소기의 수확을 얻지 못하다가 소화 2년도에 이르러 이제야 평년작을 보게 되며, 이때부터 농장은 미수를 벌리어 미수금이 있다는 이유 하에 소작권을 박탈하기 시작하였고 '법'에 부쳐 지불명령을 단행하였다.

다시 한 번 살피건대 개간 규정에 있는 소작료를 납부하는 연도부터 계산하여 만 10개년의 소작권을 부여한다는 '이익과 특전'은 알 수 없는 사이에 흐지부지 묵살되었고, 이들의 무지를 이용하여 그동안 해마다 소작계약을 체결한다 하였으나, 필자가 본 소위 소작계약서라는 것은 기실 '소작증서'로서 이것은 완전히 계약의 성질을 띠지 않은 '그 해'의 소작권을 얻었다는 증명서에 불과하고, 여러 가지 종류의 조건이 있고 그 말단에 이르러 '그 모든 조건을 확보하는 자에게는 다음해 소작권을 줄 수 있음'이라는 것뿐이니, 이에 의하건대 소작권을 박탈하여도 법률상으로는 하등 저촉될 것이 없음은 물론이다.

이리하여 이들은 10년래에 경작만 하고 소기의 수확을 얻지 못하여 부채를 걸머진 채로 이 땅을 곱게 올려 바치고 떠나야 되는 것이다. 이것을 참을 일인가. 이들은 오랫동안 참았다. 그들이 부리는 황우와 같이, 아니 그보다도 더 그들은 유순하였다.

자식뻘이나 되는 농장 사무원에게 그들은 지극히 공손하였고 손자뻘이나 되는 농장 급사, 소사에게까지도 허리를 굽실거려 왔다. 배고픔은 이들을 이렇듯 값없는 생명으로 만들어준 것이다. 과연 그들은 먹기 위하여 모든 설움과 아픔을 견뎌 온 것이요, 그 좋은 벼를 가꾸어 주고 왜 만주의 황속(黃粟)에나마 배가 고픈지 그것을 구태여 구명할 필요와 여유도 없이 다만 황속이라도 배부르지 못한 대로나마 이 소작지, 그들의 전 생명을 지배하고 있는 그 땅을 소작하여야만 먹을 수 있다는 그 철칙에 그들은 더욱 온순하였던 것이요, 견디어 온 것이다. 그러나 어찌 뜻하였으랴, 이 땅이 마침내 그들의 생명을 위협하고 초개같은 생명이나마 좀더 위태롭게 할 줄을.[속(續)]

〈3〉 1929. 5. 3.

소작권의 박탈! 이것이야말로 이들에게는 청천벽력이 아닐 수 없는 것이요, 이는 곧 '죽음'을 명시하는 최후의 선언이 아닐 수 없는 것이다.

이제 소작권 박탈의 이유를 따져 보건대, 개간 규정 제4조 '소작인이 준수할 사항'이란 조문의 전 6항을 이들은 준수하여 왔으니 여기에서는 박탈할 하등의 조건을 포착하기 어렵다. 다만 농장 측의 언명 그대로 '미수금'이 있다는 것이니, 상기한 바도 있지만 이 미수금이란 순전히 수확을 하지 못한 원인에서 배태된 결과이다.

이것을 농장 자신으로서 만일 알지 못한다면 더 우매한 백치한(白癡漢)이 어디 있을 것이며, 짐짓 알면서 이러한 태도로 나왔다면 이보다 더한 야차(夜叉)와 사갈(蛇蝎)이 또 어디 있으랴. 죽음! 한 개의 작은 생명도 그 죽음에 이르러서는 비참한 것이거늘 하물며 사람이랴!

더구나 1만여 명의 사람이랴. 다시 억울한 죽음임에랴. 필자는 차마 더 이를 논하기에 흉금이 아프며 차라리 붓을 돌리려 한다. 나면서부터 땅의 소유자가 어디 있으랴만, 이들은 자기 손으로 황무지를 개간하였으되 좀더 일찍 제방을 둘러싸고 법률상 소유권을 얻은 자, 일인 지주라 하여 온전히 이들의 피와 기름이 흐를 대로 흐른 땅을 훌륭히 차지할 수 있는 것이다.

생을 지속하려는 그 위대한 본능이 이들을 오랫동안 참고 견디게 하여 왔던 것이나, 지금 이 소망이 끊어지는 '죽음'에 직면하는 위급에 이르러서야 비로소 눌러 오던 뼈에 맺힌 숙원이 폭발되는 것이어서, 그렇듯 유순하고 숙명에 인내하던 1만 명 농민의 '살기 위한 그 절대의 절규'가 우리의 귀를 울리게 하는 것이니, 조선에서, 더욱이 농민계급에서 이렇듯 절박하고 기막힌 부르짖음이 있었는가.

이들의 '앉아서 죽음을 기다리는 것보다 일에 정당한 여러 조건을 지주에게 제시'한 요구서는 이미 독자에게도 제시된 바인데, 필자는 이 요구서를 손에 들고 이것이 이들 1만 여 생령(生靈)의 살려는 본능에서 나온 꾸밈 없는 절규임에 한 번 더 가슴 아픈 민련(憫憐)의 정을 금할 수 없는 바이었으나, 이 요구서는 한 조각의 공문(空文)이 되어 농장 측의 일고도 받지 못하고(?) 일축된 오늘날 차마 더 참지 못하여 울부짖는 이들의 호소도 듣지 못하는지 "원만한 해결에 이르기까지 조정에 노력코자 한다."는 용천 김 군수를 방문하였던 필자는 그의 '조정의 묘책'과 아울러 쟁의의 종횡담(縱橫談)을 듣고 포복절도를 할 지경이었으나, 적어도 그가 군 행정의 최고 수석에 앉아 있는 군수로서, 과거로부터 지금까지 또 앞으로 자기 딴에는 조정에 노력하려는 이 쟁의가 우리로서는 절대 가벼운 문제가 아니기에 그의 무정견(無政見)을 비웃기보다도 원만한 귀결을 맺어 줄 이조차 없는 만여 명 소작인을 생각하지 않을 수 없었다.

군수는 말하되 "나라와 나라 사이에 전쟁도 강화조약을 맺을 수 있나니 한 집안 같은 지주 대 소작인 간에 이만한 감정쯤이야 서로 풀어 버리면 그만이다, 그래서 나는 벌써부터 농장 주임을 만날 때마다 소작인이라고 무슨 원수가 아니요 상호의 감정이니 하다못해 다과라도 준비하고 소작조합 간부를 청하여 잘 권유하면 해결될 것을 왜 그리하느냐고 하여 오는 터이오, 한 번 더 용천서장과 상의하여 힘써 보고자 한다."는 것이다.

필자는 기상천외한 조정책을 토로하는 김 군수를 한 번 더 쳐다보지 않을 수 없었던 것이니, 적어도 자기 치하의 백성 만여 명이 일개 자벌(資閥)과 사활 문제를 가지고 항쟁하는 이 쟁의를 단순한 감정 문제로 속단하려는 그의 식견을 의심하였던 까닭이다.

지주 측으로서는 이것이 이해 문제에 불과한 것이로되 소작인으로서는 번론의 여지가 없는 사활 문제로서, 방금 생사의 기로에서 살겠다고 부르짖는 만여 명의 절규를 '이것은 소작조합 일부 간부의 감정의 소치'거니 생각하고 해결책에서는 요리 정책의 비방을 설계하고 있는 현명한 김 군수의 조정이 과연 어느 정도까지나 효과를 얻을 수 있을는지 필자로서는 불가사의가 아닐 수 없다.[속(續)]

〈4〉 1929. 5. 4.

개간 당초에 명언(明言)한 10개년의 소작권 부여도 흐지부지 묵살시키는 오늘날 영구소작권을 승인하라고 요구하는 것부터가 완악(頑惡)한 지주 측의 뱃속을 모르는 꿈이었는지도 알 수 없다. 물론 10년 동안도 소작권을 주지 않으려는 농장으로서는 영구소작권을 승인하라는 요구가 너무나 엉뚱한 요구요 지나친 요구일 것이매, 일축해 버리는 것이 그리 문제될 것도 아닌 차라리 당연하였을는지 누가 알랴.

그러나 생각건대 필자는 영구소작권을 승인치 아니하는 추호의 이유도 발견하기 어렵다. 상술한 바도 있었지만 이미 소작권을 박탈당한 소작인이나 아직 붓을 들고 있는 사람(농장이 직영을 단행하니 소작권을 아직 가지고 있다고도 기실 보기 어려우나)이나 똑같이 그들이 준수할 사항으로서 내건 철칙을 이들은 엄수하여 본 것이요, 다만 박탈당하는 전자는 부채 회수의 소망이 없다고 보는 것이요, 후자는 좀더 두고 보면 회수의 가능성이 없지 않다는 구분이 있을 뿐이라, 지주 측의 양심을 긍정한다면 이들이 왜 부채를 지게 되었는지를 스스로 반성해 볼 여지가 있지 않으랴.

여기서 필자는 단 한 가지 영구소작권을 부여 못할 이유를 추측컨대, 이와 같은 부채 회수의 가망이 없는 자를 임의로 처단하기에 곤란하다는 이유가 있을 뿐이라고 생각한다. 영구소작권을 부여함으로써 소작인이 소작지에 대한 애착심과 생활의 안정을 얻어 높아 갈 노동 능률이 지주 자신에게 어떠한 이익이 되겠는가를 생각지 않으려는 지주 측에게 이 요구는 과연 나무에서 고기를 구하는 답답한 일이 될 뿐이다.

개간비 정불(政拂) 요구에서도 이는 대정 15년도 쟁의 당시에 농장 자신으로서 그 공인을 명언하였음에 불구하고 이것도 어느 틈엔지 묵살되고 말았다. 자기 재산의 부분적 손실을 아끼어 남의 총재산을 도외시하는 자벌(資閥)의 더러운 야욕을 여기서도 발견하는 바이거니와 대정 6년도부터 동 13년에 이르기까지 9년에 걸쳐 소작인들이 자비로써 경사지, 언덕, 개울 등지를 정리한 이 개간비까지 이들은 무시하여 버리려는 것이니, 자기에게 이익이 있을 때는 법률에 호소하고 그렇지 않으면 돌아앉는 것이 이들의 심정이다.

민법 제608조를 참조컨대 "임차인이 임차물에 대하여 임대인의 부담에 속한 필요비를 갹출한 경우에는 임대인에 대하여 즉시 그 상환을 청구할 수 있음"이라 하였고, 다시 같은 조 2항에는 "임차인이 유익비(有益費)를 갹출한 경우에는 임대인은 임대차 종료의 경우에 제196조 제2항 규정에 따라 그 상환을 요함"이라 하였다. 이에 비추어 보면 당연히 지불할 의무가 있는 개간비는 지불치 않으면서 약간의 부채를 빙자하여 소작권을 함부로 빼앗으며 이들에게 더없는 위협과 공포를 주는 것이다.

그밖에 소작인의 의사도 듣지 않고 소작인이 쌓아 둔 현물을 빼앗는 행동을 감행하며 소작료를 정할 때의 불공평한 처사라든가, 소작료 조제에 대한 요구와 재선곡(再選穀) 비용, 간평(看坪)에 대한 불평등 등 이 모든 요구가 정당하고 정당하지 않음을 불문하고 한편은 실권을 장악한 자벌이요 한편은 무의무탁한 미약한 자여서 이 모든 요구가 일축되어 버린 오늘날, 필자는 이에 대하여 구태여 여러 말을 하고자 않는다. 다만 방금 지주 측은 어떻게 그 야비한 수단과 무법한 행동으로 이들 소작인의 생명을 위협하는가를 지적함으로써 이 글을 마치고자 한다.[속(續)]

⟨5⟩ 1929. 5. 5.

빈곤과 무지, 이 속에서 나서 이 속에서 고민하다 죽는 것이 조선 사람 중에도 빈농 계층일 것이다. 이들의 순박한 원시적 양심은 차라리 '덕'을 믿고 또 그것을 바랄지언정 이들은 간사할 줄을 모르는 자요, 선한 자나 악한 자 누구나 이용하여 보려는 현대의 법률 그것은 이들에게 차라리 두려운 것은 될지언정 믿어 보려 아니하고 활용할 줄을 모르는 것이니, 같은 사람이면서 그것을 이용하여 이들의 생명을 초개같이 여기고 위협하는 것이 그 얼마나 가증한 것이랴.

이제 이들이 요구하였던 조건은 한푼의 가치도 발휘치 못하여 이들을 조금도 안도의 길에 이끌어 주지 못한 채 땅에 버림을 받았으니, 필자는 구태여 그것을 논코자 아니한다. 다만 차라리 그뿐이었으면 오히려 모르겠으나 이들의 요구를 참고로 하였다는 새로운 계약서는 더 가혹하고 더 지독하게 이들을 위협하는 바이니, 그 전부를 검토치 아니하고 개중에 두세 가지만을 들어도 농장 측의 횡포한 휘하에서 이 초개같은 1만 여 생령이 어떻게 신음하고 있는가를 넉넉히 엿볼 수 있으리라 생각한다.

　이번 쟁의를 일으키게 되면서 소작인 측의 중요한 몇 가지 요구 중에 수리조합비는 지주 측이 전담하라는 조건이 있었다. 이것은 이들이 말하는 바와 같이 총독부 통첩에도 있는 바인데, 근본적으로 수리조합이란 지주 자신의 산미증식을 필요로 나온 것이니 이에 동반하는 많은 부담을 빈곤한 소작인에게 전가시키는 것은 부당한 바이며, 조선 재래의 관습으로 보아서라도 수답(水畓)을 주고야 정조(正租)를 타작하는 것이니 수리조합비를 소작인으로서 부담하여야 할 이유가 어디 있으랴마는, 과거 이들은 이것을 낙종(樂從)하고 이로 인하여 많은 부채를 걸머지게까지 되었던 것이니, 이 부담을 지주에게 돌리는 것은 당연 이상의 당연이다.

　농장으로서 이 점에는 자기로서도 무엇이라 말할 한마디의 답변이 궁하였고, 첫째로 총독부의 통첩까지 있으매 어찌할 수 없이 조합비는 지주 자신이 부담할 것을 이번 소작계약서에 명시하였다. 그러면 모든 요구가 묵살되었어도 이 요구만은 효과를 보았다고 일견 생각할 수 있을지 모르겠으나, 그로 인하여 종래에 소작료가 5할이던 것이 5할 8푼으로 즉 8푼의 소작료가 인상된 것을 지적하지 않을 수 없다. 요컨대 이는 수리조합비를 지주가 전담하는 대신 소작인은 소작료를 더 내놓으라는 것이니, 그러면 지주 측으로서 부담할 수리조합비와 인상된 소작료 8푼과는 어떠한 숫자적 차이를 발생하는가를 따져 볼 필요가 생긴다.

　이는 조사 전말을 보도할 때에 그 대략을 이미 보도한 줄 안다. 우선 작년도의 수확고에 따르면 93,440여 석의 수확 중 인상하는 소작인 8푼비를 찾아내면 이것이 7,467석으로서 지주는 시가 89,600여 원을 소작인에게 증수(增收)하니, 이 증액을 수리조합비 11만 원에서 공제하여 보면 결국 농장이 부담할 수세는 기실 26,400원에 불과하다. 그뿐만 아니라 이후 3개년 간은 계속하여 수확고는 매년 2할씩 증수되리라 하니 그에 비준하여 보면 금년도의 인상된 8푼 소작료 환산액은 107,400여 원으로서 농장의 수세 부담은 불과 3천 원이다. 그러나 그것은 오히려 금년도의 예정이요, 내년도 2할 증수 수확에 비준컨대 수세 116,000여 원을 농장은 소작료의 8푼 인상으로써 넉넉히 지불하고도 오히려 12,000여 원이 남게 된다.

이에 따라 그 후의 수세(水稅)와 8푼 소작료 증수와의 관계를 구태여 명시코자 않음은 차라리 독자의 비판에 맡기려 하는 바이다. 이로써 보아 농장은 수세 부담을 구실로 좀더 이들의 가난한 등골을 뽑고 있는 것이다. 그러면서도 오히려 자기네는 수세로 4만여 원을 부담하는 것이어서 그만한 양보를 하는 것이라고 대포를 연발하니, 보통학교 1학년 생도에게 계산을 시켜 보아도 정수(正數)가 드러날 것이거늘 대체 이 연발하는 대포의 근본인 4만 원의 수세 부담과 이렇게 너그러운 양보는 어느 구석에서 튀어나오는 숫자인지 필자는 이해할 수 없는 의문이라 하는 것이다.

이것이야말로 이들의 무지를 이용하려는 것이 아니고 무엇이랴. 그러나 농장을 위하여 섭섭한 것은 아무리 무지하여도 본능이 지배하는 사활 문제 해결에서는 주먹구구를 쳐서라도 이 양두구육의 '수세를 전담하는 후한 양보'를 비판할 식견이 이 소작인들에게 있음이다.[속(續)]

〈6〉1929. 5. 6.

소작인 측의 요구를 참작한 결과 '절대 후한 양보'로써 작성한 금년도의 소작계약은 전술한 바의 수리조합비 전담을 구실로 소작료를 인상하였으므로 만도보다 더 가혹해진 계약임을 한 번 보아 알 수 있는데, 필자는 이제 두세 가지만을 더 지적함으로써 일개 자벌의 휘하에 신음하는 이들 1만여 생령의 목숨이 풍전등화와 같고 앞으로 이들의 생로가 어떻게 막연한지를 말하기에 넉넉하리라 생각한다.

금년도의 소작계약서를 검토하는 필자로서는 가장 먼저 눈에 띄는 바가 전술한 소작료 인상이었고, 그다음으로 '종자는 지주가 부담하고 볏짚은 지주의 소득'으로 한다는 것이니, 종래에는 이와 반대로 소작인이 종자를 부담하고 볏짚은 소작인의 소득으로 해 오던 것이다. 상술컨대 과거에는 초생지, 간석지를 개간하는 처음이라 종자는 많이 들고도 수확은 희소하여 이에 따라서 소작인으로서 볏짚의 소득도 적었다. 그러나 평년작을 보기 시작하는 지금부터는 종자는 적게 들 수 있고 수확은 매년 증가하여 이에 동반하여 볏짚의 소득도 많아지게 되는 것이니, 어디까지나 내 주머니의 회계에 약삭빠른 지주가 요것에까지도 침을 흘리는 것이다. 소작인으로 볏짚 소득이 없어진다면 비료대가 증가하는 것이어서 이 역시 지주의 부채를 걸머지는 첫걸음이 아닐 수 없는 것이다.

그러나 눈감고 이 모든 것을 참는다면? 그러면 이 땅을 소작할 수 있겠느냐? 알 수 없는 바다. 이 소위 울며 겨자 먹는 격으로 굴종할는지도 모르리라. 요컨대 또 다른 문제가 있는 것이다. 필자는 이것을 지적함으로써 ××에 등을 대고 높이 서서 발아래서 꾸물거리는 이들 1만여 생령에게, 지주는 어떻게 철두철미하게 야욕을 발휘하는지를 논하기에 충분하다고 생각한다. 즉 이것은 '미수(未收)'를 가져와야 소작계약 아니 소작증서를 주어 금년의 소작권을 부여한다는 것이다.

소작권을 박탈하는 것이 곧바로 이들의 죽음을 명시하는 것이라면 "부채를 갚지 않는 자는 소작권을 주지 않는다."는 것은 죽음을 암시하는 제2 단의 수단이 아닐 수 없는 것이다.

왜 부채를 졌느냐. 그것은 구태여 논할 바도 아니겠고 전술한 바도 있지만 이 부채는 땅을 소작하지 않으면 갚을 도리가 전무한 것이니 "소작을 허락하고 싶으나 빚을 갚지 않으니 어쩔 수 없음이라." 이것은 지주로서 유일한 구실이 될 수 있는 것이나, 필자는 이것을 구태여 얼마나 가증한 표방이냐고 묻고 싶지도 아니하다.

소작인 측은 생각하여 보았다. 어떻게 해서라도 이 땅을 소작하지 않으면 죽는다는 그 무서운 위협이 이들의 모든 반항도 풀어지게 하고 다시 살기 위하여 모든 것을 '가난한 죄'에 돌리고 어디까지나 자기의 현실에 복종하려 하였다. 그래서 소작료는 종래보다 5푼을 증납(增納, 지주는 8푼 증납을 요구함)하는 것을 승낙하였다. 수세를 전담하는 그렇게 후한 양보를 호언하는 지주 측에 비하여 5푼의 증납을 승낙하는 소작인이야말로 자기가 죽지 않을 그 극단의 한도 안에서 이것을 양보한 것이다. 그러나 지주는 여기서부터 소작인의 약점을(아니 일찍부터 발견하고 인정하는 약점을) 포착하는 것이니 8푼이 아니면 절대로 안 된다고 머리를 흔들고 배는 내미는 것이다.

그러면 이것마저 복종하면 되느냐? 아니다. 그 동시에 부채를 갚아야 소작을 허락한다. 지주는 만약 부채를 일시금으로 갚을 수 없는 자는 그 가옥을 지주에게 저당하라는 '특전'을 내렸다. 필자는 여기서 한 번 더 지주의 간악함을 지적치 않을 수 없으니, 지주의 땅을 옥토화하기 위하여 전 재산과 생명을 희생하고 또 부채를 짊어진 이들에게 하나뿐인 두옥(斗屋)마저 가져오라는 것이다. 그때야말로 이들은 아주 적나라한 유랑객이 되고 마는 것이니 이들의 재산은 입고 있는 의복뿐일 것이다.[속(續)]

〈완(完)〉 1929. 5. 7.

"가옥을 저당하라 함은 미수를 정리할 필요상 이 미수를 일시에 현금불로 갚을 재력이 없는 자에 한하여 미수를 갚도록 해 주려는 성의 있는 주선이며, 저당한 후에라도 부채를 완전히 갚을 때에는 저당 설정은 해제해 준다."는 것은 농장 측의 말이다. 생각건대 이것은 삼척동자라도 할 수 있는 말인데, 빚졌을 때 저당하였다가 빚 갚으면 저당 설정을 해제할 것은 당연 이상의 당연으로 저당인으로서 당연히 가져야 할 권리임에도 불구하고 농장 측은 이것을 무슨 특전이나 내리는 듯이 말하고 있다.

그러나 그것은 저당한 후의 문제다. 저당했다가 다시 회수할 가망이 있는 자에게 한한 문제다. 필자가 논하려는 점은 먼저 누누이 말한 바인데, 자기가 살려는 욕망으로 지주의 땅을 옥토로 만들어 주고 그 반면에 그들은 전 재산과 생명까지도 희생하고 이제 하나 남은 몇 칸짜리 초가마저 침을 흘리는 지주의 야욕의 그 무상한 발호, 그것일 따름이다. 물론 이들의 현재 부채는 단시일에 갚을 도리가 묘연하다. 그렇기 때문에 일찍이 소작조합 측에서는 부채를 해마다 나누어 상환하겠다고 청하였으나 이를 단호히 거절하고, 집을 떠메고 오는 자에게 소작권을 주겠다고 했다. 이러한 지주의 배짱 밑에는 부채 회수 후에 좀더 마음대로 소작권의 이동을 단행할 의도가 있는 것이니, 마침내 집까지 빼앗기고 흩어져 떠돌게 될 내일의 운명을 내다보는 소작인의 가련한 상황! 어떻게 이들이 이것을 달게 참을 것이랴.

다시 현 소작지에 관한 소작인의 개간권이다. 이 개간권이 완전히 무시된 오늘날 재론할 여지가 없는 듯도 하나, 좀더 가혹하게 금년도의 신소작 계약에나 하는 것을 한 번 더 고찰코자 한다. 즉 소작권의 매매권을 무시하는 것이니 개간 규정 제2조 제4항에 의하건대 "기한 중(소작 기한을 말함) 부득이한 사정에 의하여 얻은 권리(소작권을 말함)를 타인에게 양도코자 하는 때에는 농장에서 그 사실을 조사 후 승인할 수 있음"이라 하였다. 이에 따라 이곳에서 다시 외부로 이주하는 사람이나 혹은 이주해 오는 자는 대개 소작권을 소작인에게 매수하였으니, 이는 즉 농장으로서 소작지에 대한 권리도 권리이겠으나 소작인으로서는 수백 원의 개간비가 들어간 소작지인 관계이기 때문이다.

요컨대 이 소작지는 단연코 지주만으로 좌우할 소작지가 못 되는 것이니, 이 땅을 개간한 소작인으로서도 지주보다 못하지 않은, 아니 더한 권리가 있는 것이다. 그럼에도 불구하고 이 소작지는 이제 그 소유권이 지주에게 있는 것이며 지주는 자기 마음대로 좌우하려는 것이니, 무엇보다도 소작권 이동과 소작권 박탈을 함부로 하면서 이 개간비에 대하여는 일고의 여지도 없다는 듯이 차 버리고 마는 것이다.

이리하야 쟁의는 바야흐로 심각해진다. 지주는 신소작계약이 '가장 합리적 가장 합법적'이라고 말하고 이미 소작계약을 체결하는 자가 점점 증가한다고 호언하고 있다. 필자가 현장 조사에 착수하여 현장에 이르렀던 지난달 19일에 농장주는 필자에게 이미 계약자가 4백여 명이라고 말하였고 또 매일 수백 명씩 체결하게 된다고 말하였다. 그러나 필자가 조사한 바에 의하면 93명에 불과하였으니 그밖에 370명은 어디 있는 소작인인가. 이것도 일종의 훌륭한 정책이라는 것은 당시 필자가 농장 주임과 면담할 시에 옆에 앉았던 모 경부(警部)가 나중에 필자에게 하는 말이었다.

농장 측의 견지에서 보건대 소작인들은 어찌하여 이 '합법적인 계약서'에 날인치 않는지 불가사의일지 모른다. 그러나 그것은 전술한 몇 가지로써 이 이유를 고찰키에 충분하다고 생각하거니와, 이제 지주는 전후의 궁극에 이르러 시위책을 발견하였으니 즉 직영을 단행한다는 호언이다. 그리하여 농우 30여 두와 농업 노동자를 고용하여 못자리 가는 것을 단행하는 것이나, 이에 소작인은 마음대로 하라고 가만히 있지 아니하다.

추상(推想)컨대 이제 소작인으로서는 세 가지 길이 있을 뿐이다. 흩어져 떠도는 것이 그 1이요, 이 계약서에 복종하는 것이 그 2요, 그 3은 이 양자를 다 버리고 어디까지 내 권리를 찾으려고 직영에 반대하여 못자리 가는 것을 방어하다가 폭행, 협박, 업무 방해로 법에 걸리는 것일 것이다. 필자의 기억에 남아 있는 것은 현장 답사를 하던 당시까지에 이미 구금자와 공판에 회부된 자까지 9명이었고 그 후로도 속속 검거의 우려가 있는 것이다.

이제 필자는 지주의 직영 단행이 이 소작인의 생명을 어떻게 위협하는지에 대해 더 쓰고 싶지 아니하거니와 끝으로 이 쟁의에 과연 얼마나 성의 있는 조정자가 존재할지 여부가 문제일 것이다. "사(私)계약은 당사자 간에 타협으로 체결할 것이요, 당국에서 간섭할 성질이 아니라."는 것이 평북지사의 말씀이고, 군수는 이 쟁의의 원인을 소작조합 간부의 감정의 소치로 속단하고 있다.

바야흐로 기경기(起耕期)를 맞이한 이제 필자는 급속히 이 쟁의의 해결을 보게 되기를 초조히 고대하는 바이나 아직까지 이 소식이 들리지 아니한다. 물론 농장은 직영한다고 이제 기경(起耕) 중에 있다. 이를 방해하는 자는 경찰이 체포한다. 만일 이 문제가 오늘내일 간에 해결되지 못하여 기경기를 그대로 넘게 된다면, 농장으로서는 다소의 이해 문제가 따를지도 모르나, 소작인으로서는 1만여 명의 '생'을 좌우하는 중대 문제다. 농장이 끝내 직영을 단행한다면 농장은 다소의 이해 문제도 없어질 것이다.

우리는 그대로 앉아 이 문제를 소작인과 농장에만 맡겨 버리고 그 귀결을 관망만 하고 있을 것이 아니다. 그러할 시기는 벌써 지나간 지 오래다. 이제는 어서어서 이 문제의 원만 해결을 보기까지에 노력하여야 할 것이요, 그러하지 않으면 이 1만여 명 생명을 우리 스스로 초개처럼 여기는 것이다. 필자는 보고 들은 대로 이 쟁의의 사건을 말하여 일반의 성찰을 촉구하는 바이다.[완(完)]

신의주서(新義州署)에서 고보생(高普生) 검거

— 신의주지국 전화,《동아일보》, 1929. 5. 24.

학생대회 연설이 문제가 된 듯
20여 명을 취조 중

23일 오전 다섯시 반경 신의주경찰서에서는 돌연 활동을 개시하여 경관대 20여 명이 신의주고등보통학교 기숙사를 습격하여 가택수색을 하는 동시에 동교 5학년 생도 김응방(20)과 2학년 생도 변학여(18)를 검거하고, 다시 시내에 흩어져 있는 동교 학생들의 숙사를 일일이 수색하여 다수의 일기책과 공책 등을 압수하고 동교 생도 20여 명을 검거하였다.

원인은 지난 10일 오후 2시 동교 생도 4백여 명이 학생대회를 열고 동교 선생까지 참석한 위에 전기 두 학생이 풍기(風紀) 문제로 연설을 한 것이 단서가 되어 신의주경찰서장은 수일 전부터 평북경찰부와 협의한 결과 그와 같이 검거에 착수한 것이라는데, 그 검거한 학생들은 평소부터 당국자의 눈에 좌경의 빛을 보여 왔다 하며 전기 김응방은 신의주 천도교소년회 지도자이며 동교 학생대회의 대표자이라더라.[12]

12) 신의주고보 학생 비밀결사 사건: 1929년 5월과 6월에 걸쳐 신의주고등보통학교 학생 80여 명을 검

검거된 생도는 평소부터 주목

—《동아일보》, 1929. 5. 25.

원인과 결과를 각 방면 중시 ┃ 신의주고보생 검거 속보

신의주경찰서에서 돌연히 신의주고등보통학교 생도 20여 명을 검거한 사실은 작보한 바와 같거니와, 신의주경찰서에서는 지난 21일에 동교 3학년 생도 함태연(19) 외 한 명을 피의자로 검거하여 취조한 일이 있었는바 거기서 어떠한 단서를 얻었음인지 22일 동 서 고시(古市) 서장은 돌연히 평북경찰부에 나타나 녹야(鹿野) 경찰부장과 장시간 밀의를 하고 돌아가 그날 밤부터 23일 아침까지에 모근(茅根) 주임과 홍(洪) 경부가 인솔한 사복 경관대가 출동하여 동교 학생회장 이동삼(20) 김응방(20) 등을 비롯하여 교내 기숙사와 학생 자택 혹은 하숙을 엄밀 수색하여 일기장 서신 등을 압수하는

거 취조하고, 김응방, 장익민 등 9명을 치안유지법 위반과 불경죄로 공판에 회부한 사건이다. 학생들이 검거된 이유는 교내 서클에서 사회주의 사상을 연구하고 학생대회를 열어 연설하고 동맹휴학을 계획한 것 등이었다. 《동아일보》는 1929년 5월 말부터 7월 말까지 십여 개의 기사로 이 사건을 다루었다. 이 기사들을 작성한 기자명은 실려 있지 않지만, 오기영은 전집 6권에 수록된 《철필》 1권 2호(1930년 8월) 기사에서 이 사건 취재에 대해 회고하며, 5월 24~26일의 기사 작성과 투고 경위에 대해 서술했으므로 본 전집에 포함시켰다.

동시에 질풍 같은 검거를 개시하여 가지고 밤을 모아 취조에 착수하였는데, 그 내용에 대해서는 절대 비밀에 부치므로 알기 어려우나 검거된 생도들은 평소부터 좌경의 색채가 없지 않다고 교내에서는 물론 경찰 당국의 은근한 감시가 있었던 터이며, 듣는 바에 의하면 그들은 평소에 언동이 비상히 과격하였다 하므로 이 검거의 원인과 결과가 크게 주목되는 터이더라.

검거는 상금(尙今) 계속 ┃ 주야로 취조 진행
생도 일동은 극도로 공포중 ┃ 여행 중의 4년생 가택 수색

이 검거는 오히려 종식되지 아니한 듯하여 4학년 생도 전부는 지난 18일 대련(大連)으로 수학여행을 떠나가고 없는 중임도 불구하고 그중 모모 등 수명의 가택수색을 행하고 압수한 바가 있는 것으로 보아 이들이 귀교하면 또다시 검거의 선풍이 일 것으로 예상되며, 병으로 인하여 수학여행에 참가치 아니하였던 석인해(20)와 계대순(19)만 검거되었는 바, 아직 단순한 두뇌의 소유자로 일찍이 이런 일을 당하여 보지 못한 생도들은 수십여 명의 교우가 검거되매 극도로 공포에 싸여 있어 학교는 극히 불안한 공기 중에 있으며 어쩔 줄 모르는 생도들은 까닭 없이 교 당국이 무능하여 경찰의 힘을 빌리는 것이라고 불평을 토하더라.

보안법 위반으로 송국할 터이요 ┃ 치안유지법은 적용되지 않아
모근 사법계 주임의 담(談)

이에 대하여 모근 주임은 아래와 같이 말한다.

"아직 자세한 것은 말할 수 없소이다. 확연히 어떤 결사가 있는 것은 아니지마는 평소부터 과격한 분자들이며 학생으로서 적당치 않은 사상을 고

취하여 왔으므로 단연한 조처에 나아가렵니다. 취조가 끝나기까지는 이이상 말할 수 없으나 결사가 있는 것이 아니므로 치안유지법 위반은 적용되지 않으나 보안법 위반으로 취조하여 송국할 터이외다. 일후 발표할 터이니 기다려 주시오."

검거 생도 성명

◇5학년 이동삼(20) 김응방(20) 김기창(21) 서동길(20) 박용익(22) 김희태 (20) 채용성(19) 장석구(21)

◇4학년 석인해(20) 계대순(19) 이상원(20)

◇3학년 허균(19) 조승연(18) 박용득(18) 함태연(20)

◇2학년 변학여(18) 외 수 명은 성명 미상

경찰과 검사가 밀의(密議)
재학생 극도 불안

―《동아일보》, 1929. 5. 26.

20여 명 교우가 돌연히 잡히는 것 보고
일반 재학생이 불안 느끼어 동요될 형세 ┃ 신의주고보 사건 속보

신의주고보 생도 20여 명을 검거하여 주야 겸행으로 취조를 계속하고 있는 신의주 모근(茅根) 주임은 돌연히 신의주 검사국을 방문하고 신등(新藤) 검사정(檢事正) 본도(本島) 검사 등과 면회하여 비밀리에 장시간 구수밀의를 행하고 돌아가 여전히 생도 취조에 몰두하여 있고, 다시 평북 녹야(鹿野) 경찰부장도 검사국을 방문하고 이 사건에 대하여 검사정과 밀의한 바 있다 하며, 24일 아침 동 서에서는 경찰부와 경무국에 보고서를 발송코자 그 작성에 분주하였다. 이로써 사건의 정체는 점점 주목되는 터이며 25일 저녁에 귀교할 대련(大連) 수학여행 중에 있는 4학년 생도들이 돌아오면 또 다시 어느 정도에까지 검거 선풍이 다시 일어날지 더욱 주목된다는바, 교우 20여 명이 검거된 데 대하여 놀람과 공포에 쌓여 있는 동교 생도들은 실로 전전긍긍하여 어쩔 줄을 모르며 이 검거의 직접 동기가 되었다고 추측되는 지난번 학생대회의 문제를 들어 가지고 교 당국을 비난하는 중이며, 25일에 이르러 필경 3학년, 5학년은 각기 반회(班會)를 소집하고 토의한 결

과 금정(今井) 교장을 두 반에서 서로 데려다가 이 검거의 원인과 교 당국
과는 어떠한 관계가 있고 없음과 장차로 교 당국이 취할 태도를 규명하라
고 강경한 질문과 탄원을 하였는바 이에 대하여 교장은 아직 모든 것을 말
하기 어렵다고 하였고, 재학생들이 동요될 염려가 없지 않은 듯하여 교 당
국자는 대단히 우려하는 모양이더라.

"놀라울 뿐이오."
금정 동교 교장 담(談)

학교를 방문하매 신임한 금정 교장은 말하되, "뜻밖에 아침에 경찰서의
전화로 그런 일이 일어난 줄을 알았고 그 후 공부 시간에도 생도 몇 명을
데려갔습니다마는 무슨 까닭인지 모르겠소이다. 취임 벽두에 대단히 놀라
운 일이며 아직 당황하여 어쩔 줄을 모르겠고 다른 무슨 별생각은 없으나
다른 학생들은 평온한 가운데 수업 중이외다. 검거된 생도의 처벌 문제요?
그것은 사법의 처단 여하에 따라 상부의 명령이 있겠지마는 별일이야 없
겠지요." 운운

강연이 단서 ▮ 결사(結社) 형적(形跡) 별무(別無)
강연할 때는 선생도 입회해 ▮ 정체 알 수 없는 검거

신의주고보생 검거 사건은 혹시 모종의 결사가 있은 것이나 아닌가 하
는 것이 일반의 의혹이나 그러한 형적은 없는 모양이며, 다만 이들은 교우
(校友)로서 독서를 위하여 항상 모여 다니는 동안 사회에 대한 불평과 시국
에 대한 연구 등 들은 대로 보는 대로 토론하여 본 것이 이 검거의 원인이
라 볼 수 있겠으며, 근인(近因)으로는 기보와 같이 지난 7일 전교 학생대회

를 동교 강당에서 다섯 명의 교원 입회 하에 개회하고 임원을 개선한 후 학생 풍기 문제에 대한 의견 진술이 있었는바 그중에는 혹시 민족적 색별(色別)을 강경히 한 몇 명 생도가 있어서 당야에 의견 진술한 생도는 전부 검거된 모양이나 그것이 원인 전부라고 할 수는 없으며, 검거된 생도 중에는 동모중 어떤 학생은 ○○을 한다는 이유로 어떤 제재를 가한 일이 있다는 설도 없지 않지마는 아직 취조가 끝나기까지에는 그 정체를 밝혀 알기 어려운 터인데, 어쨌든 불시에 중학생이 이와 같이 다수의 검거를 당하게 된 것은 근래에 드문 중대사이더라.

동경 모 단(某 團)과 서신 내왕 ❘ 가택수색 결과 경찰이 압수

별항 학생 검거 사건에 대하여 들리는 바에 의하면 이들이 무슨 뚜렷한 결사에까지는 이르지 아니하였다 할지라도, 항상 좌경의 색채가 있다고 주목되어 오던 인물인 중에 이번 검거와 동시 가택수색의 결과로 모모에게서는 동경에 있는 모 사상 단체와 빈번한 서신 연락이 있는 것도 발견 압수된 모양이며, 그중 5학년 생도 김응방(20)은 천도교소년회 지도자로서 천도교를 배경으로 하여 지기 학생을 규합하여 모종의 사상을 고취한 것으로 경찰 당국에 인정되는 모양이며, 탐문한 바에 의하면 이들은 교 당국의 눈을 피하여 '팜플렛' 같은 것을 적지 아니 구입하여 나눠 보는 등 여러 가지 미움과 주목이 필경 지난번 학생대회에서 진술한 풍기 문제의 의견을 단서로 이번 검거의 원인이 되는 듯하다더라.

고해순례(苦海巡禮): 광부 생활 조사(1~10)

—《동아일보》, 1929. 5. 25. ~ 6. 7.

〈1〉1929. 5. 25.

즐비한 이토(泥土) 두옥(斗屋) ┃ 황금국(黃金國) 입구 참경(慘景)
어마어마한 돌로 지은 주재소 ┃ 녹음 시절에 설화(雪花)

산다는 것부터가 괴로운 일이라면 더구나 나도 조선 사람의 하나이거든 감히 무슨 용기로 고해순례란 간판을 들고 나설 것이랴마는, 내 생활의 수평선 아래에 떨어져 있는 층도 많아 이 손으로 제법 동정에 겨운 붓을 들었다면 더 할 말이 없는 것이다.

황금국 찾아들자 ┃ 즐비한 이토 두옥

4월 21일 아침 선천에서 떠나는 자동차에 몸을 싣고 나는 먼저 귀성금광[13]을 찾아 조악동으로 향했다. 길이 얼마나 험하였던지 엉덩이가 설마

---

13) 현 평안남도 구성시에 위치한 금광.

깨지기야 하겠는가만 벗겨지고 붓는 것쯤은 이상할 것이 아니다. 자동차는 산골짜기를 끼고 돌아 10리나 되는 향산령을 넘으면서 에스(S)자의 행진을 계속하는데, 산 아래로 보이는 수없는 화전민 집들은 소나무로 막 얽어 놓고 진흙을 되는 대로 발라 놓아 이 산에서 저 산으로 해마다 유랑하는 이들의 집이라 오래 살 집이 아닌 것을 한 번 보아 알 수 있다. 그 초라한 두옥이 부지기수로 널려 있고 산마다 헐벗은 아낙네와 아이들이 나물 캐는 광경은 차마 더 그들의 생활상을 연상하기에 눈물겹다. 이것은 다른 사람이 붓을 들 것이니 내가 거기까지 미치려고 하지 않는다. 이 길로 미끈한 자가용 자동차를 호기 좋게 몰고 다니는 귀성의 황금대왕 최광주(崔鑛主, 최창학 씨를 최광주라 통칭한다)[14]는 그들을 볼 때마다 자기의 행운을 한 번 더 깨닫겠지만, 그래도 이들이 자기의 동포임을 생각한다면 어떠한 생각이 있을까 하는 부질없는 궁금증을 가난한 서생인 나는 한 번 떠올려 본다.

흘립(屹立)한 석조 주재소 ┃ 권총 휴대한 경관대

서울에서는 ○○단이 자동차를 습격한다는 이야기가 벌어지자 운전수는 꼬부라진 고개에 차를 돌리면서 이 여름 안으로 내가 암만해도 이 고개에서 한 번 ○○단을 만나고 말 것 같다고 불안에 볼메인 소리를 한다. 나는 이왕 그럴 바에는(?) 오늘 한 번 이 자동차가 ○○단을 만났으면 하는 야

---

14) 최창학(崔昌學, 1891-1959): 일제 식민지기 금광 개발, 갑부로 유명했던 인물이다. 평안북도 구성군에서 태어나 일찍이 행상(行商)을 하면서 전국 각지를 전전하다가 1923년 평안북도 귀성 조악동의 삼성광산(三成鑛山)을 경영하며 부를 축적했다. 여러 일본인 기업에 대주주로 참여하고 친일 단체에 참가하였으며 태평양전쟁을 적극 지원했다. 광복 후 백범 김구가 거처하던 서대문 경교장(京橋莊)은 그가 기증한 개인 주택이었다.

룻한 직업적 호기심이 벌컥 일어난다. 다행이었는지 별일 없이 조악동에 다다랐다. 와서 보니 육혈포를 단단히 찬 경관이 여기저기 보이고 주재소는 굵은 돌로 둘러쌓고 정문에서 사무소 쪽으로 마주보이는 마당에는 얕지 않은 담으로 가로막았는데 교전(交戰)의 편의를 얻으려는 것인 듯하다. 들으니 대정 13년 8월 4일 밤 이곳 삼성금광 사무소가 ○○단의 손에 소각되어 버리고 금괴까지 빼앗긴 후 한 달이 못 넘는 그해 9월 1일부터 귀성경찰서의 출장소가 생겼다고 한다. 출장소의 인원은 보통 시골 주재소 인원의 4배나 되는 12명이라고 하며 순사마다 언제나 무장을 하고 있다.

한랭한 북국절후(北國節候) ┃ 춘복(春服)에 설화편편(雪花翩翩)

고향의 남산에는 진달래꽃이 만개했다는 꽃소식을 들은 지 이미 4~5일이 넘는데, 봄옷을 입고 나선 것을 후회하지 않을 수 없을 만큼 날씨는 차고 아직도 봄은 멀었다는 듯이 세찬 바람이 분다. 약 저녁 4시쯤에는 하늘이 검어지면서 뜻밖에(처음 당하는 나로서는) 제법 굵은 눈송이가 쏟아지기 시작한다. 물어보니 2~3일 전에도 눈이 왔다고 한다. 봄옷 입고 눈 맞는 나도 봉변이라면 봉변이지만, 아직까지 외투 입은 사람을 발견하게 되니 자동차로 떠날 때 추우리라는 걱정을 해 주던 선천 지국장의 뜻이 새삼스럽게 고마웠다.

조악동에 이르기 20~30리 밖부터 개천물이 잿빛이었는데, 금돌을 찧어 낸 물이라 그렇다고 한다. 산과 산에 둘러싸여 있는 조악동에 이르면 산마다 구멍이다. 조금 파다가 내버린 듯한 놈도 부지기수로 그야말로 훌륭한 곰보여서 이것이 첫째로 황금이 쏟아지는 이 근처 산마다 처음 오는 사람의 뜻있는 눈을 이끈다. 상처받은 자연의 말없는 호소라 할지 모르겠다.

저 구멍 속에서 나오는 누런 괴물을 가리켜 황금이라고 하여 보배로 알고 황금만능을 소리치는 이 세상에서 실상 그놈을 제 손으로 캐내는 그 사람의 생활은 어떠한가.

〈2〉 1929. 5. 26.

광명도 절후도 등진 암흑지옥
겨울엔 베옷 입고 여름엔 솜옷 ▮ 완연한 고해 행진곡

해골만 남은 암석 ▮ 황금 실은 장사진

조악동에 도착한 이튿날 아침 나는 아침밥을 먹고 안내꾼을 앞세워 산으로 올라갔다. 눈을 돌리면 돌리는 대로 뚫어진 구멍이 보일 뿐이요, 나무 한 개도 서 있지 않은 이 산은 깨어진 돌이 여기저기 무더기로 열 길 스무 길 쌓여 있어 햇빛을 받아 푸른 돌이 더 푸르다. 금돌을 가마니와 부대에 담아서 지게에 지고 당나귀에 싣고 구부러진 산길로 20~30명의 장사진이 늘어섰다.

암흑 지옥에 일점화(一點火) | 음풍(陰風) 일며 이수(泥水) 분용(噴湧)

가스불을 준비해서 굴 안에 들어서니 음산한 바람이 얼굴을 스치며 지나간다. 열 칸도 채 안 되는 굴 석벽에 남아 있던 햇빛도 완전히 없어지고 앞도 캄캄, 뒤도 캄캄, 이제부터는 오직 손에 들린 깜박이는 가스등이 눈이 되고 지팡이가 될 뿐이다. 바위를 뚫어 구멍을 낸 것이니 천정도 돌이고 벽도 돌이며, 발밑은 흙이 좀 있으나 나는 곳 모를 물이 샘솟아 밤낮 질척이고 있다.

흔산동지(掀山動地)의 각 음향 | 고해의 행진곡인가

금돌을 싣고 드나드는 '도루꼬'가 오간다. 백 자 위에서 터진다는 '다이너마이트!' 굴 안을 뒤집는 듯한 강한 음향은 내 귀를 쑤신다. 광부의 소리, 쇠망치 소리, 오고가는 도루꼬의 바퀴 소리, 여기다가 산이 우는 듯한 다이너마이트 터지는 소리와 돌 떨어지는 소리까지 합해 놓으니 이것이야말로 이 땅속의 별천지에서 만들 수 있는 침동한 음악(?)이다. 이 과연 고해의 행진곡이라고나 할까.

2천 척 넘는 암굴(暗窟) | 솟아나는 공포심

굴은 들어갈수록 좁은 갈래가 뻗어지고 또 잘라지고 바로 발밑에서 곧은 구멍이 뚫려 있고 내려다보면 가스통만이 깜박거리며 귀를 기울이면 가늘게 들려오는 망치 소리뿐이요, 처다보면 또 사다리가 놓여 있고 그 위에서도 돌 깨는 소리가 들려온다. 이 무슨 세상인가. 이 속에 천 명, 이천 명 사람이 '한 대거리'가 여덟 시간씩 세 대거리로 주야 24시간 보일락 말락 하는 금줄을 따라 석벽을 때려 내는 데 허덕이고 있단다. 앞선 사람에게 물으니 2천 자가 넘는 이 굴 속에 우리는 이제 겨우 150자밖에 들어오지 않았다는데 머리가 횡횡 울리며 벌써 직업적 호기심도 달아나 버리고 옆 구 멍에서 무엇이 '에비' 소리를 치며 나오는 듯하여 나도 몰래 눈을 사방으로 살피기에 여념이 없다.

슬행(膝行)까지도 곤란 ┃ 움직이는 괴물들

들으니 처음으로 갱내 노동을 하게 되면 한 달 가량은 소화불량과 기침 이 나서 못 견딜 지경이라고 한다. 앉은걸음으로도 천정에 닿으며 옆에 뚫 린 좁은 구멍을 불빛을 따라 흙투성이가 되면서 기어들어가 보니 광부 6~7 명이 작업 중에 있다가 쉬는 참이다. 땀내와 가스 냄새, 이 조화를 무엇이 라 이름 붙일지 모르겠으나 본능적으로 손이 코 밑으로 올라가다가 여기 서 몇 해든지 고되게 일하는 광부들을 생각하니 미안하여 코도 막지 못하 였다. 헌옷을 등에 걸고 쭈그리고 앉은 광부들. 햇빛은 굴 안에 들어서면 어디서나 언감생심이지만 더구나 굴 안이 좁아서 공기의 유통도 변변치 못한 속에 기계적으로 쇠망치를 두드리며 움직이는 이들, 확실히 그 무슨 괴물 같은 느낌이 마음 한편에 일어났으나 이들이 나의 동포라는 강한 의 식에서 솟는 연민의 정이 차마 더 그 자리에 머물러 있을 추호의 호기심도 없어지게 한다. 이런 좁은 구멍 한 개, 길이는 100척, 채굴 기한은 6개월로 그 값이 10만 원이니 12만 원이니 하여 최창학과 덕대 간에 흥정이 된다고 한다. 그러다가 싸움이 생기면 소송이 일어나고 이리되면 멋모르고 판사, 변호사 영감들이 조사를 하느라고 친히 이 굴속을 들어와서 톡톡한 고생 을 하신다고 한다.

심동(深冬)에는 단의(單衣)로 ▎성하(盛夏)엔 면의(綿衣) 생활

여름에 움막에 들어가면 서늘하고 겨울에는 훈훈한 법칙을 생각하고 이 점에서는 다른 노동보다 좀 낫냐고 물었더니, 앞에 선 안내꾼이 크게 웃고 하는 말이다. "겨울에는 춥기는커녕 너무 더워서 베옷잠뱅이를 입고도 땀이 흘러 못 견딥니다. 그 대신 여름에는 솜옷을 입지 않고서는 일할 수가 없으니 별천지입지요." 아아, 빛을 등진 이 무리, 철까지도 등진 것이구나.

⟨3⟩ 1929. 5. 28.

신산한 유랑 생활 ▎부평(浮萍)처럼 동지서지(東之西之)
제 신세를 서러워할 눈물조차 말라 ▎희망 없는 순간주의

금점꾼이라 하면 누구나 먼저 이들의 호탕한 생애를 연상한다. 이것도 내가 본 바가 없지 않으니 이제 붓을 들고자 하거니와, 나는 무엇보다도 먼저 이들의 말없는 중에 엿볼 수 있는 유랑성을 이야기하고 싶다. 신산한 생애에 쪼들리는 유랑의 쓰라림! 나는 가장 먼저 독자에게 이것을 보여주고 싶다. 다만 새삼스러이 내 붓의 둔탁함을 한 번 더 느낄 뿐이다.

신산한 유랑 생애 ▎일광춘색(日光春色)도 무관

유랑! 그것만으로도 이미 덧없는 인생이 편안한 잠자리를 얻지 못하여 헤매는 것임을 말하는 것이다. 그중에도 이들은 태양을 등진 무리다. 먹지 않으면 살 수 없다는 것은 너무나 평범한 진리이지만 이 약속 아래서 이들은 오늘은 이곳으로 내일은 저 산으로 유일한 생활의 도구로 쇠망치를 들고 빛도 없고 따뜻함도 없는 굴속을 찾아다니는 것이다. 어제 나는 이곳에서 철늦은 눈까지 맞았으되 그것은 가는 겨울의 마지막 발악일 따름이다. 제아무리 세찬 바람이 맵게 분다 한들 흐르는 햇볕의 따뜻함과 새싹 돋는 풀잎만으로도 어찌 철 따라오는 봄을 속일 수 있으랴. 그러나 이들은 빛 없이 사는 인생이매 봄과도 아무런 인연이 없는 듯하다. 오랑캐의 땅에는 꽃이 없다고 하여 춘래불사춘을 한탄한 사람도 이들을 알았다면 감히 그런 한탄이 나왔을까.

희망 없는 찰나주의 | 일을 따라 동지서지

조악동에는 가족을 거느린 광부도 많기는 하나 대부분이 홀아비로 혼자 떠돌아다니는 고단한 인생들이다. 이들이 원래 어찌 처자가 없고 부모가 없겠는가마는 저마다 색다른 불행한 운명이 이들의 발길을 여기까지 옮겨 놓게 된 것이다. 이제 더 희망도 없고 기대도 없이 몸이 건강한 정도 안에서 버는 대로 쓰고 먹기에 궁하지 않으면 만족해할 뿐이다. 희망 없는 삶에 얼마나 쓰림과 괴로움이 있는 것이겠는가. 이들은 이미 감정조차 무뎌질 대로 무뎌져 더욱 자신의 불행을 서러워할 것도 없이 일자리가 있으면 몰려오고 일자리가 없으면 동으로 서로 또다시 헤어져 가나니, 그야말로 금줄이 터져 덕대가 시절을 만나면 좋고 그렇지 못하면 흩어져서 하루에도 1천여 명이 늘었다 줄었다 하여 도무지 정확한 통계조차 꾸밀 수 없다는 것이 면 당국의 말이다.

독자(獨子)는 철창 신음 | 노광부의 장탄식

금돌 씻는 노인 한 분을 붙들고 올해 연세가 몇이냐고 물었더니, "내 나이 쉰일곱이오." 한다. 고령에 힘든 노동을 어떻게 하느냐 했더니 그는 딱하다는 듯이 나를 쳐다보며, "가만히 앉아서 굶는 수야 있소." 하며 하나뿐인 아들이 5년 전에 만주로 농사지으러 간다더니 ○○단을 따라다니다가 잡혀 와서 징역을 산다고 한다. 늙은 뺨에 경련이 일며 눈물 흔적이 보인다. "품삯이 얼마입니까?" 하는 말에 "이것도 늙은 죄로 50전밖에 더 아니 주오." 하면서 제발 더 묻지 말라는 뜻인지 저편으로 가 버린다. 돌아서 가는 늙은이의 코 푸는 소리가 들리는데 서렸던 눈물이 흐르는 것을 상상하기 어려운 것이 아니다. 감성이 많은 나는 나도 모를 사이에 코가 먹먹해짐을 느끼면서 한 달에 40만 원 이상의 금을 캐는 굴속에 한 번 더 눈길주고 돌아섰다.

〈4〉 1929. 5. 29.

고역의 마취제는 홍등하에 맺는 감몽(甘夢)
제일 많이 드는 건 술값과 고기값 ┃ 이리(離裏)에 분면추파(粉面秋波)

객회(客懷)에 그린 여자 ┃ 주육(酒肉)이 제1 지출

이들이 태양을 등지고 땅속에 들어가 유일한 생활의 도구인 쇠망치와 제 팔 기운만을 믿고 사는 사람들이요, 가족을 떠나 있는 사람들은 남편으로서 그 아내를 그리는 것보다 차라리 사내로서 여자를 그리워하는 터이다. 외로움 품은 사내, 때에 따라 몇 잔의 술 마심과 하룻밤 향락에 취함을 뉘라서 책할 것인가. 이들이야말로 과거를 반성할 여지도 없고 미래를 바라볼 것도 없으며 저축성이 조금도 없어서 그날그날 있으면 먹고 마심으로 그날에 만족하고 없으면 없는 대로 지나갈 뿐이니.

원래 굴속에서 지독한 가스 냄새에 젖은 몸은 술과 고기를 먹어야 된다는 구실 아래 밥값보다도 옷값보다도 가장 많은 지출이 술과 고기로 인한 것이다. 900여 호밖에 안 되는 이 동리, 700여 호가 광부라는 이 동리에서 겨울에는 매일 소 8마리 내지 10여 마리를 도살하며 작년 단오절에 소 40여 마리와 돼지 50여 마리를 잡아먹었다니 놀랍다는 것보다 차라리 굉장하지 않을까.

고역의 마취제는 | 홍등에 맺는 춘몽

밤마다 홍등을 밝히고 이들이 찾아 주기를 기다리는 술 파는 계집이 50여 명, 이들을 수용하고 있는 음식점이 35호, 요리점은 중국인의 요리점 2개까지 4곳이나 된다. 밤마다 뚱땅거리고 먹고 마시면 내일의 고역이야 또 어찌되었든지 그날의 힘든 일을 잊기에 족하고 주머니가 좀더 불룩하거나 계집과 눈이 맞아 하룻밤 붉은 꿈을 맺으면 젊은 가슴에 서렸던 외로움도 풀어지는 것이니, 거기서 더 무엇을 찾을 것도 없고 찾으려는 노력도 없는 것이다. 저녁을 먹고 거리에 나오니 싸리 울타리 밑에 분 바른 계집들의 이상한 눈초리와 값없는 추파가 날아온다. 양복을 입었으니 최창학 문하에 드나들며 앞으로 자기를 찾아 줄 손님으로 알았기 때문일까. 등 뒤에 간지러운 촉감을 느끼게 된다.

세월이 좋을 때엔 | 기생 아씨의 위협

그러나 이들은 오히려 때에 따라 공황을 느끼게 되니, 그것은 금광이 한산할 때일 것 같으나 실은 정말 금줄이 터져서 수천의 광부가 몰리는 한창

때이다. 괴이한 것 같지만 이 사실 앞에서는 조금도 괴이할 것이 없다. 그 것은 이런 때는 그야말로 이런 갈보 종류는 쳐다볼 수도 없는 기생의 출동이다. "시절이 좋으면 기생이 출장하지요." 나도 이 말을 처음 들을 때에는 괴이하게 생각하지 않을 수 없었다. 기생의 출장! 이것은 금광이 세월이 좋아 흥청거린다는 소문에 귀가 틔어 좀더 아리땁고 좀더 기묘하고 발달된 착취술의 소유자인, 이곳 갈보들은 감히 백중을 다투리라고 언감생심도 못 내는 기생 아씨들이 평양, 선천 등지에서 몰려오는 것이다. 와서는 혹 10여 일 혹은 한 달씩 있다가 돌아가며, 한창때는 이렇게 밀려드는 기생이 20여 명씩 된다는 것이다. 물론 이들은 그들이 피해 나오는 평양, 선천 등지에서는 빈민구제 축에도 들지 못할 기생임은 물을 것도 없을 것이다.

깊은 산골이거늘 ┃ 번쩍이는 금이빨

이 동리에서 내 눈을 끄는 것은 사람마다 금니를 박은 것이다. 늙은이, 여편네, 젊은이 할 것 없이 모두 한두 개 이상의 금니를 박았다. 이 산골에 치과의사가 없는데 어디서 그렇게 금니들을 박았을까 하는 것이 처음에는 궁금하였으나 이 동리에 금은 세공사가 7~8집이나 있는 것, 박은 금니를 가만히 보면 대개가 어느 구석인가 기술적이지 않고 서툴러 보이는 것이 나의 의문을 풀게 해 주었다. 금은 세공의 비밀 부업이 이빨 때우기라고 한다. 그러나 이제는 이것도 비밀 아닌 비밀이 되고 말았는데, 따라서 사람마다 박은 '금'이 어디서 생겼다는 것도 구태여 밝힐 것 없이 출처가 명확하지 않은 것이 대부분이라고 한다.

팽창한 살벌 기분 ┃ 환몽(幻夢)은 일확천금

웃머리 광주(鑛主)로부터 광부에 이르기까지 이들의 통일된 사상과 욕망은 어디까지나 투기적이어서 일확천금의 꿈이기 때문에 요행으로 금줄이 터져야 부자가 될 수 있는 것이니, 좋은 표본이 최광주이다. 하루에 몇십 전 벌어지는 것이 그들의 노력과 정력을 어떻게 사로잡았던지, 그까짓것이 아까울 것이 무엇이랴. 술 마시고 남음이 있으면 도박에 밤을 새우는 것이다. 돌아볼 것은 무엇이랴. 팔다리가 든든하거든 골 때리는 놈 있으면 때려부수고 아니꼬운 놈이 있으면 분풀이하면 그만이다. 상해 사건이 한 달에 적어도 6~7건으로 1년에 70여 건이요, 그다음이 도박범으로 귀성경찰서 사법계 관계 사건의 3분의 2가 이곳 경찰서 출장소의 취급 건수라는 것은 내가 묻는 말에 출장소장이 자랑삼아 해 주는 대답이다.

⟨5⟩ 1929. 6. 1.

인영(人影) 없던 심산(深山)에 천 호 넘는 급조 대읍(大邑)
눈에 불을 켜고 동분서주하는 덕대 ┃ 성쇠 맡은 금맥의 조화

인영(人影) 없던 심산(深山)에 ┃ 갑자기 이룬 대읍(大邑)

최광주의 운이 터져서 조선에도 유명한 이 금광이 생기자 이 첩첩산중에 사람의 발자취가 잦아지고 산마다 한 척이 멀다 하고 구멍이 뚫어졌다. 고을이 새로 생기자 한창때는 1천 호를 훨씬 넘었다고 하나, 현재는 936호에 인구 4천여 명 중 광부가 700여 호에 3천여 명이 광부이다. 이곳 인구의 4분의 3이 광부인 것이다. 물론 이 중에 처자를 거느린 사람이 많지만 일

자리가 있으면 몰려오고 없으면 떠나가는 홀아비가 많다. 술집, 요릿집, 하숙, 이발소, 상점 등이 모두 광부를 중심으로 한 것이어서 금광에 새 구멍이 발견되면 광부가 밀려들고 없으면 몰려 나가기 때문에 고을이라고 해도 조금도 지속성을 가졌다고 보기 어렵고, 광주, 덕대와 광부는 물론이거니와 이들의 가족과 이들을 상대로 하는 장사치까지도 모두 다 언제나 금광 구멍을 들여다보고 있을 뿐이다. 사람마다 활기를 띠고 동분서주하며 고을이 북적하거나 그렇지 않은 것이 오로지 이 황금이 쏟아지는 구멍의 조화에 달린 것이기 때문이다.

돌멩이 끌어안고 | 동분서주의 덕대

길거리는 돌멩이를 보물같이(돌멩이에는 보물 가루가 들어 있거니와) 끌어안고 분주히 오락가락하는 사람들은 물을 것 없이 덕대라고 하는 분광업자(分鑛業者)들이다. 원래 이것이 투기사업이지만 최광주는 절대 위험성 없는 광구만을 직접 경영하고 나머지는 모두 구역과 기한을 제한하여 덕대에게 나눠주고 이익을 보기 때문에, 덕대가 차지한 광구에서 금줄이 터지면 계약한 기한과 구역 안에서 조금이라도 더 캐어 내려고 광부를 제한 없이 얼마든지 사용한다. 이런 때마다 어디서 오는지도 모르게 몰려드는 광부들은 다 파먹고 나면 또 어디로 가는지 알 길조차 없이 이 고을에서 떠나가고 만다. 동분서주하는 덕대들, 언제 나는 최창학과 같은 대운이 터지려는가 하며 초조한 빛이 항상 긴장한 얼굴에 띠어 있음을 본 나는 그들을 붙들고 "덧없는 인생 아니오?" 하고 한바탕 울어 주고 싶은 감정을 풀지 못한 채 자리에 누워서 혼자 쓴웃음을 지었다.

환의(換衣)한다는 구실 | 최광주 면회 사절

한 번만 바로 마저 터지면! 이것은 때 묻은 옷을 입고 외상으로 밥을 먹으면서도 놓지 못하는 덕대의 꿈이다. 길거리 몇 집 건너 하나씩 무슨 조합이니, 무슨 조합 사무소니 하는 것이 모두 이러한 사람들의 본거지라고 한다. 나는 왔던 길에 일대의 행운이라는 최 씨를 만나고자 두어 번 면회를 청하였으나 승낙도 거절도 없다. 사무원에게 재촉을 하였더니 "예예, 이제 옷을 갈아입으시는데…." 하는 흐리멍텅한 한마디 대답 외에는 더 시원한 대답이 없다. 구걸하러 간 것이 아니었으니 안 만나 준들 기막힐 일도 없거니와, 나와 같은 가난한 서생이 감히 현금으로 사백만 원을 가진, 또 이것이 앞으로 얼마나 더 많아질지 모른다는 그를 만나려는 것부터 부질없는 일이었구나 하여 스스로 불쾌한 감정을 풀어 버렸다.

〈6〉 1929. 6. 2.

일금 70전에 사로잡힌 목숨 | 환금의 유혹 대가는 반죽음의 매
감금 동양(同樣)의 야역(夜役)

견물생심 격으로 | 불같은 황금 유혹

황금의 유혹! 어린아이도 돈을 주면 울음을 그치는 이 세상에서 무진장의 황금을 내 손으로 캐면서도 겨우 하루 평균 70전의 땀값밖에 더 받지 못하는 이들에게 그 유혹을 물리치라는 것은 너무도 도덕적으로 무리한 주문이 아닐 수 없다. 그러나 현대 법률의 절대 옹호 밑에서 소유욕에 불타는 광주가 이것을 묵인할 리가 없으니, 엄중한 감시가 쉬지 않을 것은 상상하기에 어려운 일이 아니다.

철문을 굳게 닫고 ▎감금된 채로 야역(夜役)

굴마다 든든한 갱문이 달려 있으니, 밤만 되면 이것을 밖으로 채워놓고 그 안에서는 밤을 새며 광부가 작업을 하고 있다. 그 이유는 밤에는 사람의 눈이 번잡하지 않기 때문에 '봉백이금돌', 금이 특별히 많고 작은 돌을 훔쳐 가지고 달아나는 놈이 있다는 까닭이다. 이렇게 밖으로 쇠를 채우고 안에 갇혀서 노동하는 이들이 작업 시간이 끝나서 굴 밖으로 나올 때면 덕대와 감독이 들어서고 중국인이 엄중한 몸수색을 행한다. 조선 사람은 아무리 해도 사정을 봐주기 때문에 무지막지한 중국인으로 해서 사냥개에게 냄새를 맡게 하듯이 광부의 옷매무새에서 입 속까지 살펴본다는 것은 감옥의 경우나 다를 것이 없다. 나는 어제 이곳에서 광부 5명이 작업 중에 덕대와 감독 7명이 지키고 서 있는 것을 보았다. 그 줄기에서 요새 보기 드문 다량의 '봉백이금돌'을 캐내기 때문이라고 한다.

상중하 삼색 금석(金石) ▎각이(各異)한 처치 방법

금돌에서 상석, 중석, 하석 세 가지의 구별이 있다. 금이 제일 많이 포함된 상석과 그다음의 중석은 벽에서 쪼아 내면서부터 광부의 손은 그 돌을 만지지도 못한다. 만지면 그 값으로 덕대와 감독 나리의 주먹과 발길이 들어가는 것이다. 이렇게 캐내는 상석과 중석은 굴 안에 골방이 있어서 그 안에 두었다가 바로 가마니에 담아 도루꼬에 실어 내고, 하석은 굴 밖에 그대로 쌓아 두지만 밤에는 중국인 파수꾼이 등불 같은 눈을 부라리고 있다.

안 죽을 만큼 매질 ┃ 사로잡힌 목숨들

어젯밤에도 '봉백이금돌'을 입에 물고 나오다가 발각되어 중국인의 발길에 채여 두 명이 인사불성이 되어 떠메여서 산 아래로 내려갔다는 말을 들었다. "그저 죽지 않을 만큼 때립니다." 하는 것은 목숨이나 부지하도록 해주는 은혜에 감격한 광부가 내게 하는 말이다. 이렇듯 이들이 밖에 나오면 주먹 기운도 있을 때가 있고 그들도 내 세상이라고 기운 펼 때가 있지만, 광 속에 들어가서는 완전히 사로잡힌 목숨이라고 한다. 일금 70전! 그들의 목숨은 이렇게 헐값으로 방매되는 것이다.

무호동중 이작호(無虎洞中狸作虎) ┃ 차라리 가련할 뿐

광부를 거느린 덕대와 감독은 물론이거니와 자랑스럽게 권총을 볼기짝에 붙인 삼성금광의 사무원 나리들! 이들에게 사람은 최광주와 그가 이따금 모시고 오는 총독부 나리가 있을 뿐이요, 그다음에는 안하무인이다. 내 일생에 사람으로서 아직 그렇게 사람 대접할 줄 모르는 사람은 처음 보았다. 구걸까지는 하지 않은 내가 그러한데, 최창학이 돈 많다는 말을 듣고 순진한 마음에 백여 리 산길을 찾아 들어왔다가 돌아서 가는 고학생들의 사정을 살피기에는 너무도 불을 보듯 환한 일이다. 다만 나는 이것에 대해 분개하기보다도 호랑이 없는 굴에 이리가 호랑이 노릇한다는 격인 이들을 차라리 불쌍히 여기는 것이 나을 듯하였다.

〈7〉 1929. 6. 3.

폐리(幣履)같이 포기한 게 황금 쏟는 화수분 ┃ 아까운 보배를 남에게 맡겨
역사가 긴 북진금광

북진으로 발길을 돌리니 이 금광은 아직 조선이 잠자고 광학자(鑛學者)
의 존재가 희미하던 30여 년 전 우연히 미국인이 발견하여 고종께서 그의
손에 내맡긴 황금의 화수분이다.

밑천 든다고 포기 ┃ 화수분 만난 양인(洋人)

발견 당초에는 한국 정부와 동업이라는 명목 아래 채굴을 개시하게 되
었으나, 모든 과학적 시설을 위하여 아직 기차를 모르던 그 시절에 으리으
리한 굉장한 기계를 미국에서 가져오느라고 그야말로 밑천만 자꾸 들고
소득은 아직 얻을 소망이 없는 듯하여, "귀찮은 그 놀음은 어리석은 양인
이나 혼자 해 보라."고 내맡겼다. 지금은 금 수출을 엄금하여 소위 김해 김
(金)이란 문자를 삼척동자라도 알게 되었지만, 그때야말로 어수룩한 조선
땅에서 캐내는 이 금덩이가 그래도 넓은 바다를 건너 미국의 국고를 늘려
주었다고 하니, 배 주고 속 빌어먹는 격으로 캐내는 금이 어느 나라로 가는
줄을 알 것도 없이 괴상하게 생긴 눈알 파란 양인이 던져 주는 일금 40~50
전 품삯에 땅속에서 힘들게 일하는 광부들의 생활은 귀성금광과 견줄 바
가 아니다.

경찰권까지 장악 ┃ 감금과 구타 사행(肆行)

귀성금광에 비하여 수십 년의 오랜 역사가 있는 만큼, 또 그 경영자가 과학을 신조로 하는 문명인인 만큼 모든 시설은 동양에서 으뜸이라는 이 북진금광! 그러면 그럴수록 광부의 생활은 전보다 비참하고 가련하다. 조선에 있는 서양인이 모두 예수의 뜻을 전하는 선교사라고 생각하지 말라! 이런 붓으로 쓸 수 없는 동포의 비참함을 부려먹는 돈만 아는 끔찍스러운 인간이 있는 것이니, 지금의 경찰은 어느 정도까지 광부의 인권도 찾았다고 볼 수 있으나 당초 이곳에서 채굴을 개시할 때는 이 지방의 경찰권까지 맡았다고 하여 걸핏하면 광부를 잡아 가두고 볼기 치고 벌금 받고 별의별 짓이 다 많았다고 한다. 지금은 거기까지는 횡포가 이르지 못하여도 산골에 앉아서 가난하고 무식한 촌민만 상대하는 이들은 되지 않는 자존심의 발호가 가득하다. 요즘 조선인의 생활난을 잘 아는 이들은 될 수 있는 데까지 임금은 최소한도로 내리고, 싫거든 가라는 불호령이 친다고 한다.

광부 임금은 60전 ┃ 30년 전의 월급 지불

광부의 임금은 평균 60전으로 귀성금광의 70전보다 오히려 10전이 적은데, 귀성금광은 차라리 홀아비가 많으나 이곳은 모든 근거가 오래인 만큼 가족생활을 하는 사람이 거의 7할 가량이나 된다고 하니, 5~6인의 가솔을 이끌고 일급 60전으로 꾸리는 생활은 앞으로 내가 자세히 적기 전에 이미 독자가 헤아리는 바 있겠다. 30년 전에 월급 25원을 받던 이곳 사설 기차 운전수 김 씨는 지금도 25원이라고 하며 그밖에 일급 노동을 하는 광부 외에 사무원으로 있는 사람들도 그대로 일관한다고 한다. 연말 '보너스'를 주지 않아도 얼마든지 사람을 부릴 수 있다고 하여 이 금광 창설 이래로 아직

인상한 예는 한 번도 없었다고 하니, 이것만으로도 경영주의 지독한 솜씨의 측면을 보기에는 넉넉하지 않은가. 그러나 이것은 잠깐 뒤로 미루고 먼저 듣기도 보기도 어려운 진기한 노동, 2천여 척 땅속에서의 나체 노동 이야기를 쓰기로 하자.

〈8〉 1929. 6. 4.

차소위(此所謂) 무저나락(無底奈落) 땀에 절은 나체군
공기조차 끊긴 땅 밑 노동 광경 ▮ 참절괴절(慘絶怪絶)한 광경

온몸을 벌거벗고 ▮ 땅 먹고 사는 인생

나체 노동! 이야말로 듣도 보도 못하던 북진금광 최대의 진귀한 모습이니 춘화도나 꾸려 들고 다니는 부랑 패거리는 그만두고, '쌀나무'를 구경하고 싶어 하는 서울의 도령님들이 이 말을 듣는다면 호기심에 그 눈이 번쩍일 것이다. 그러나 사람이 국부를 가리는 부끄러움을 가지게 되고 "너희는 이마에 땀을 흘려야 먹을 수 있다."는 신의 저주를 받았다고 창세기에서 가르치고 있지만, 먹기 위하여 온몸을 벌거벗고도 오히려 전신에 땀을 흘리는 이들을 대하는 나로서는 등 뒤에 흐르는 땀보다도 마음의 괴로움을 누르지 못하는 것이 무리가 아니었다.

생명 맡은 일조철(一條鐵) ▮ 자칫하면 참사시(慘死屍)

노동복으로 갈아입고 사무원을 따라 권양기(捲楊機)에 올라타니 쇠줄에 매달려 우리를 태운 작은 궤가 땅속으로 내려간다. 줄이 끊어져 떨어지면?

그야말로 분골쇄신이다. 이렇게 불행한 죽음을 당한 놀란 혼백은 이 땅을 파기 시작한 지 30여 년간에 정확한 통계를 얻을 길이 없으나 그렇게 드문 일이 아니다. 이 꼴을 보는 광부들은 조금 전 살아 날뛰던 인생이 한낱 피투성이의 시체가 되어 굴 밑에 떨어질 때 놀라기에는 너무도 무디어졌지마는, 살아남은 자신의 예측 못 할 앞날 운명을 스스로 내다볼 길이 없음에 망연자실할 뿐이라고 한다. 이렇게 비참한 죽음! 그나마도 광주의 동정, 아니 그의 책임감을 불러일으키려면 죽은 사람의 과실이 아니어야 한다고 한다. 자기 과실로 죽은 것으로 인정되면 아무리 참혹하더라도 위자료 한푼을 받을 길이 없고, 회사의 시설 불완전으로 인한 인명 사상에 한해서만 50원에서 최고 200원 가량의 위자료를 받을 수 있다고 하니 목숨도 헐한지고!

공기 끊긴 무저나락 ┃ 중력이 지하로 1,000척

귀성금광과 달라서 수직선으로 내려 뚫은 이 굴은 100척 내려갈 때마다 칸이 막히고 거기서 다시 지선으로 뚫려 나갔다. 기계의 설비, 전등 장치, 모든 것이 놀라울 뿐이되 먼저 나는 나체 노동의 광경을 보고자 800척 땅 밑에서 다시 흙통에 몸을 담고 내려가니, 중간 되는 1,000척 아래서부터는 반신만 벗은 사람이 드문드문하다. 상투 짜고 벌거벗은 중년 노인 한 분이 톱을 들고 재목을 잘라 내고 있으니, 이는 이곳 굴속 버팀나무를 가다듬는 대공(大工)이다. 그의 등 뒤에는 바로 공기통이 있어서 바람 한 점 없는 이 속에서 공기를 교환하고 시원한 바람이 불어 나오나 땀은 식을 길이 없다. 갈래길로 들어서니 여기는 전등 장치도 별로 없어 손에 든 가스등만 가지고 발밑의 물구덩이를 분별하기 어렵다. 그렇게 나아가기를 다시 수백 척, 흐르는 땀은 옷을 적시고 숨은 답답하여 더 나아갈 용기가 나지 않는다.

땀에 절은 나체들 ┃ 참절괴절(慘絶怪絶)한 광경

막다른 끝에까지 이르니 옷 입은 나로서는 땀 흘리기도 미안하리만치 벗은 사람들의 몸에서 땀이 비 오듯 하고 있다. 몇 백 척 위에서는 그래도 반만 벗거나 혹은 국부만은 가렸지만 여기서는 수건 한 장만 몸에 걸쳐도 견디지를 못한다고 한다. 금붙이를 못 가지면 낯을 못 드는 현대 여성들, 이 광경을 목도한다면 기절을 할지 누가 알랴. 마주 뚫린 구멍이 없이 수직 선으로 뚫어 내린 이 굴 속은 여름이나 겨울이나 분별이 없이 사시장천 무더위에 싸여 있다고 한다. 온도계로 짐작할 길이 없으나 삼복 중 뙤약볕 아래서 김매는 농부들은 차라리 호강이겠다. 그래도 그들은 시원한 물에 발을 담그고 싱싱한 녹음 아래서 포근히 쉴 참이라도 있지 않은가.

황금 캐는 사람이니 ┃ 황금 밥을 먹습지요

옆으로 돌아서니 벌거벗은 이들 한 무리가 모여 앉아 점심을 먹는다. 7~8명 되는 중에 흰쌀이 섞인 밥을 먹는 사람은 둘밖에 안 되고 모두가 중국 쌀밥을 먹는다. 과격한 노동을 하는 이들로서 변변치 못한 이 영양물이나마 배는 채워 보려고 두더지처럼 하루 내내 땅을 파내고 돌을 깨뜨리고 있다. "그것을 먹고 아 어디 기운이 나겠소?" 하고 묻는 말에 "황금을 캐는 사람이니 황금 밥을 먹습지요." 하는 것은 악착같은 자기 현실을 구태여 호소하고 싶지 않은 광부 중 한 사람의 대답이다.

〈9〉 1929. 6. 6.

이중삼중 착취로 월수입 겨우 15원 ┃ 고소 섞인 말로 의복은 경제된다
대개는 궁농(窮農) 후신

완전한 노예 관계 ❘ 도급주의 인질로

북진금광의 광부는 다른 금광부의 자유 노동과 달라 이들에게는 완전히 노예적 노동을 하고 있는 특수한 비애가 있다. 여기는 금광의 햇수가 오래인 만큼 귀성금광이나 삭주금광에 있는 홀아비 광부와 달라 2천여 광부 중 홀아비 광부는 600여 명에 지나지 않고, 그 6할이 넘는 1,400여 명은 4~5명의 식구를 거느린 광부들로서 근소한 수입으로 견디다 못해 도급주에게 선금을 얻어 쓰고는 그만 이것을 갚지 못해 인질로 붙들려 오도 가도 못하고 있는 참상이다.

최고의 능률로도 ❘ 월 15원의 수입

노동임금은 최하 50전으로부터 최고 1원 10전 받는 사람도 몇 사람 되나 평균을 따지면 일급 60전으로서, 이 노동은 다른 노동과 달라 한 달이면 잘해야 25일, 대개는 22~23일밖에 노동을 하지 못한다고 하니, 최고 능률을 발휘하는 25일 노동임금이라야 겨우 한 달에 15원이다. 식구 5명 잡고 한 사람 1개월 수입이 2~3원이니 하루에 10전이다. 이 돈 10전을 얻기 위하여 온몸을 벗고 2천 자 땅속에 들어가 자기의 손에 떨어지는 10전에 비해 너무도 많고 굉장한 번쩍이는 금돌을 때려 내는 고역을 하고 있다. 그뿐이냐? 이 노동이야말로 가장 비명에 가는 죽음이 잦은 위험한 노동이구나! 땀인지 눈물인지 나로서는 분별 못할 배설물을 전신에 흘리는 그들의 앞에 아연히 서게 될 때 나의 머릿속에는 전기로 부채를 돌리며 얼음 넣은 맥주를 마시는 사람들의 꼴이 떠돈다.

대개는 궁농 후신 | 이중 삼중의 착취

홀아비 광부는 여기도 역시 동으로 서로 시절 따라 흘러다니는 광부라 하겠으나, 가족을 거느리고 있는 광부들은 거의 전부가 농부로서 소작지를 얻지 못하여 떠나온 궁핍한 농민의 후신으로서 몇 해 지내고 나면 수입이 80~90전 되지만, 처음에는 갈 데 없는 50전짜리라 한 달 수입은 12원 내외밖에 안 되어 반드시 도급주에게 빚을 지게 되어 있다. 그나마도 도급주에게 빚을 얻는 것은 식구의 병으로 약값 같은 비상 지출로서, 야차 같은 도급주로서도 어쩔 수 없는 경우에 지워 놓은 빚이니 한 사람이 대개 50원에서 80~90원의 빚을 지고는 그것을 갚을 때까지는 가고 싶어도 가지 못하고 도급주에게 등골을 뽑히고 있다고 한다. 이렇게 하다가 호주(戶主)가 참혹한 죽음을 당하고 위자료도 받지 못하면 남은 늙고 어린 식구는 바가지를 차고 떠나야 한다니 물을 것 없는 떼거지의 출발이다.

고소(苦笑) 띄고 가로되 | 의복은 경제된다

임금의 지불 방법이 또한 기묘하여 반드시 도급주에게 뜯기게 되었으니, 임금은 매월 두 번씩 반 달치를 선지불하는데 이에 대하여 5푼의 이자를 제하고 준다. 결국 한 달 25일 노동이면 하루나 이틀은 도급주를 위하여 공짜 노동을 하는 셈인데, 이 5푼 이자를 받는 것은 최근 3년간에 이자를 내린 까닭이고, 전에는 실수없이 1원에 10전씩 이자를 제했다고 한다. 여기 있는 도급주가 17명으로 그들과 경영자 간에 채굴 계약이 성립되는 것인데, 회사 측의 말을 들으면 임금은 한 사람 평균 90전으로 지불한다고 하나 실상 광부의 손에 떨어지는 돈은 50~60전에 또 5푼 이자까지 제하게 되니 그 돈은 어디로 가는 것인지 짐작만으로 넉넉하다. 이러고라도 호좁

쌀이나마 끓이게 되면 겨울에라도 한 사람의 의복은 경제가 된다는 것은 사철 벌거벗고 사는 나체 노동자의 쓴웃음 섞인 말이다.

〈10〉 1929. 6. 7.

노예 대우도 감수 주사청루(酒肆靑樓)로 잠영(潛影)
술 한 잔도 고기 한 점도 먹기 어려워 ┃ 지옥을 찾는 이들

노예 대우에 감심(甘心) ┃ 청루주사(靑樓酒肆)로 잠영

그러나 이들의 대개가 순후한 농부로 지주의 발밑에 코를 댈 대로 대어 보던 사람들이요, 그 생활의 여지없는 궁핍이 사람 앞에서 제 기운을 뽐내지 못하게 하는 것도 다른 금광과 다른 특이한 현상으로서, 생활부터가 노예적인 그들은 누구에게나 그렇지만 양복깨나 입은 사람이면 까닭 없이 뺨을 쳐도 싱겁다는 듯이 씩 웃고 돌아설 뿐이라 한다. 한창때는 여기도 유곽도 있었고 술 파는 계집도 부지기수였으나 이제는 대개 떠나가서 비교적 한산하고 몇 남은 술집과 요릿집은 도급주를 상대하고 있을 뿐이며, 끼를 이어 나가기에 급급한 이들은 쓰러져 가는 대문간에나마 소지황금출(掃地黃金出)의 입춘문(立春文)을 써 붙이고 문을 열어 만복이 들어오기를 빌었으나, 정말 착지황금출(鑿地黃金出)하건만 술 한 잔 고기 한 점을 마음대로 먹어 볼 생각도 못한다고 한다.

상처(喪妻)하면 종신 환부(鰥夫) ┃ 유일 희망은 공제회

그들로서는 빚도 질 만큼 졌으니 혹시 집안 식구가 병들어도 이제 와서

는 다시 도급주에게 빚도 얻지 못하여 아내가 병들어 죽으면 살림을 헤치고 옆집 광부에게 몸을 의탁하는 홀아비가 되고 만다. 언제까지나 이렇게만 살 수는 없다고 하여, 3년 전에 다행히 공제회가 창립되어 임금 선불에 제하여 내는 이자도 5푼으로 절반 내리고 그것을 푼푼이 모아서 회원 중에 불의의 일을 당하면 구휼하게 되었다고 하며 경영주나 도급주의 발호도 어느 정도까지 나아져서, 이제 이들이 믿고 바라는 것은 오직 공제회뿐이라고 한다.

굶주린 성적(性的) 충돌 ㅣ 이따금 유혈 참경(慘景)

원래도 근소한 수입으로 생활을 지탱하는 이들은 대개 한두 명씩 홀아비 광부를 상대로 하숙을 치고 있어서, 부인과 딸들은 그들의 밥을 지어 주고 땀 배인 옷가지와 텁텁한 버선짝을 빨아 주고 한 달에 좁쌀 너 말을 받으면 한 식구는 여기부터 먹어 나간다고 한다. 그러나 때로는 홀아비 광부의 주리는 성적 갈망이 주인 광부와 맺어진 형제 결의도 내버리고 주인의 아내 혹은 딸자식 중심으로 피를 보는 싸움을 벌이기도 하여 무시무시한 살풍경도 없지 않다고 한다.

생로 찾는 유리군(流離群) ㅣ 가는 곳은 지옥뿐

떠나오는 길에 나는 소달구지에 변변치 못한 세간살이와 바가지를 매어 달아서 젖먹이를 안고 포대 쪽으로 등을 가린 부인네와 소달구지 옆에 서서 헌 갓에 그래도 갓모를 올려놓고 머리 자른 채 걸어가는 이사 행차를 4~5차례나 만났다. 이들 역시 올봄에 소작지를 잃고 북진금광을 찾아가는 사람들이라니 그들의 앞날 운명이 먼저 사람과 다를 것이 없을 것이며 내가 보고 들은 거기에서 다를 바 없을 것이다. 내가 그들을 위하여 눈물을 머금은들 소용이 무엇이랴, 이 뜻을 알릴 길도 없이 내가 탄 자동차는 소달구지 옆에 붙어 서서 미처 피하지 못하는 그들에게 운전수의 욕설과 함께 한결같이 흙탕물이 끼얹어지는 것을! (끝)

압록강상 2천 리(鴨綠江上 二千里)(1~14)

—《동아일보》, 1929. 8. 15.~9. 1.

《동아일보》 1929년 7월 2일자 3면에 실린 여름 특집기사 소개.
오기영은 '국경 정조'를 맡아 '압록강상 2천 리'를 연재했다.

〈1〉 신갈파(新乫坡)에서 1929. 8. 15.

장도(壯途)의 제일보(第一步)에 대하(大河)에 빗긴 조양(朝陽)
강 위에서 맞게 된 첫 아침
호장미(豪壯味)에 시취(詩趣) 띈 정경

강 위 2천 리의 장대한 노정! 이것이 먼지나는 도시의 가두에 서서 사건
이 명하는 대로 시간과 장소를 가리지 않고 이곳으로 저곳으로 한마디의
앙탈도 못 하고 돌아다녀야만 하는 내 생활에서, 그것이 비록 10여 일의 짧
은 시간이나마 금석을 녹일 듯한 이 고열을 식히기도 하려니와 통쾌하게
정복할 수 있음은 정체와 침륜(沈淪)에 잦아드는 이 무더위에 훌륭한 '캄플

압록강에 벌목 띄운 광경

주사' 격에 넉넉하다. 거듭 생각할수록 팔자에 타지 못한 호박이 떨어진 듯하다. 다만 그 값으로서 늘 이야깃거리를 얻어 오리라는 것이 10만 독자의 촉망인가 하면 시원한 강풍에 가슴을 헤쳐 놓았으나 미지수의 앞길에 가볍지 못한 책임이 등의 땀을 식게 하지 못한다. 어쨌든 붓끝을 갈아 쥐고 나서 볼 판이다.

국경 강상 2천 리 ▮ 장도의 제일보에

나로써 경계를 삼았느냐는 듯이 옛적부터 천추에 어김없이 흐를 대로 흐르는 국경의 압록강! 아래로는 흐르는 강물을 굽어보며 내 땅과 남의 땅에 걸쳐 놓아 하루에도 수차례씩 사람들의 중요한 길이 되고 허덕이는 기차를 실어 넘기는 웅장한 철교 밑에서 7월 20일 아침 지루한 장마 끝에 또다시 열을 토할 뜨거운 햇볕이 아직 대지 위에 퍼지기 전, 세관 관리의 이상한 눈총을 맞으며 '프로펠러선(船)'의 승객이 되어 보이지 않는 백두산을 눈앞에 그리면서 장백산맥을 벗삼아 내 땅에 등을 대고 지구의 한복판을 차지한 잠자다 깨어나는 중국 한끝 어디까지나 대륙적 정조를 그대로 내뿜는 만주의 땅 장백, 임강, 집안, 관전, 안동, 장하 등 여러 현을 앞으로 하여 버긋이 가슴을 내어 밀고, 중-러 국경에 풍운이 일건 말건 고열 정복은 내 차지인가 싶어 굽이 솟는 물결 위로 저 땅 이 땅의 '골'을 타고 치밀어 올라가는 압록강 소상(遡上) 2천 리 장대한 노정의 첫걸음을 내딛었다.

청객(淸客)과 남녀 학생 ▮ 홍협(紅頰)과 산취백슬(蒜臭白虱)

세관 밑에서 이름 그대로 배는 꽁무니에 달린 프로펠러를 돌려 수없이 원을 그리면서 웅장한 소리를 지르며 질주하기 시작한다. 학교에서 흩어져 귀향하는 남녀 학생들과 자리를 같이하니 이들이 조선의 일꾼이라 생각되어 존경하는 마음이 없지 않으면서도, 옆으로 지나갈 때 '좃그스미마생'이니 '시쓰레이다시마스' 하여 내가 일본 사람으로 보인 것은 혹 내 탓일지 몰라도 어쨌든 양복 입은 사람에게는 일본말로 말하는 것이 편한 듯이 여기는 것을 볼 때, 이렇게까지 되어 갈 것이 무엇일까 하여 적이 불쾌하였다.

북하동을 잠깐 들러 중국 손님 30여 명을 싣고 나니 배는 아주 만원이다. 그들의 유명한 버릇이야 어딜 간들 떼어 낼 수 있으랴만 조심성 없이 떠들어 대며 그 퀴퀴한 보따리를 들고 기어오르니 어느덧 배 안은 마늘 냄새가 가득하다. 옆에 앉은 여학생 한 분, 치마 끝에서 이 한 마리를 잡아 내고 무안해 얼굴은 다홍빛이 되면서도 책임의 소재는 중국인에게 돌리려는 듯이 경멸의 눈길을 던진다.

대하에 빗긴 조양 ▮ 수양(垂楊)을 스친 백범(白帆)

배는 다시 떠났다. 붉은 해가 솟아올랐다. 실낱같은 능라도의 버들잎을 여름마다 그리워하는 나는 여기에서 그야말로 숫색시의 머리를 풀어헤친 듯 한 가락 얽히어 늘어진 강변 일대의 실버들을 본다. 능라도의 시적 정경이 여기라고 어찌 없을 것이랴.

넘쳐흐르는 강물은 맑지 못한 대로나마 아침 햇빛에 은가루를 뿌린 듯하다. 옆으로 오르고 내리는 순풍에 돛단배! 세고(世苦) 심하여 자연의 품을 떠나 도시에서 도시로 붓 한 자루를 생활의 도구를 삼아 여기서 저기로 오고가는 내 신세에 이 어인 당치 못한 새아침인고! 한세상 넘고 건너는 고행에 이런 순간도 드물 법하니 먼지 묻은 마음을 깨끗이 씻고 고요히 눈을 감아 이 아리따운 대자연 앞에서 새롭고 거룩한 법열(法悅)을 느껴 볼지언정 아낌없이 벌어진 이 크고 넓은 활화(活畵)를 그대로 그리지 못할 바에 섣부른 붓을 든다는 것은 오히려 자연에 모독인가 싶어 들었던 붓을 주저한다.

〈2〉 1929. 8. 16.

좌안(左岸)엔 고토 풍경 우안(右岸)은 이국 정조
강줄기 하나를 가운데 두고서 이편저편의 언어 풍속이 다르다
국경 모르는 백구군(白鷗郡)

지루하던 장마도 그쳤다. 아침에 떠날 때 날이 좀 흐리고 부슬비도 뿌리는 듯하였으나, 어느덧 날은 맑게 개어 오래간만에 하늘은 여전히 맑고 푸

강 위의 청색(晴色)

른 얼굴을 내어놓고 뭉게뭉게 피어오르는 흰구름을 희롱한다. 그래야 할 노릇이다. 하루같이 고달피 살아가는 나라는 인생의 쉽지 못한 이 휴가에 하늘인들 무심하랴.

강상에 청풍(淸風) 두고 ┃ 낮잠은 죄송한 일

배는 그대로 급류를 헤치고 허덕이며 올라간다. 같이 탄 청년 친구는 타면서부터 두 콧구멍은 파리가 꼭 막았건만 우렁차게 코를 골면서 나가떨어졌다. 배 안의 사람마다 지루한 빛이 돌기 시작한다. 이를 잡던 여학생도 처음에는 물 축인 수건을 이마에 대어 가며 졸음을 쫓더니 할 수 없는지 곱지 못하게 입을 벌리고 잠이 들어 버렸다. 배 안에는 타기(惰氣)가 만만하다. 그러나 나는 잠이 오지 않는다. 어젯밤 늦잠을 자고 또 이른 아침에 깨어 잠이 부족하건만, 이 아름다운 정경을 놓고 대낮에 잠을 자다니! 나로서는 죄송스러워 못 할 일이다.

인생은 모름지기 ┃ 자연에 돌아가라

그리도 지긋지긋했던 더위였건만 신의주 잔교(棧橋)에서부터는 떨어졌다. 다른 곳에서는 혹독한 더위일 듯한 뜨거운 햇볕이건만, 호소하지 않아도 시원한 강풍이 더위조차 쫓아 버려 준다. 작년 여름 해주 독감(獨監)에서 붉은 옷을 입고 견디고 버틴 것은 이제 돌아보면 일대 기적같이 생각된다. 이제까지의 땀 흐르는 신산한 생애도 아득한 옛꿈인 듯하니, 얼음 넣은 맥주로 더위를 잊어 보자 하고 배탈이 나면서도 얼음을 퍼먹고 골치가 아프면서도 선풍기 앞으로 다가가 앉는 도시 생활이 어떻게 끔직한 고열 지옥이랴. 의미는 다르다만 루소의 말을 빌려, 인생은 모름지기 자연으로 돌아오라.

좌안엔 고토 풍경 ┃ 우안은 이국 정조

사람의 관념으로 갈라놓았는지 조물주가 창세기부터 갈라놓았는지 이는 이제 나의 알 바가 아니다만, 이 강 하나를 사이에 놓고 언어 풍습이 다르고 국혼(國魂)이 다른 사람이 살고 있다. 때는 묻었을망정 흰 옷 입는 아이에게 끌려 한가히 풀을 뜯는 조선땅의 누렁소. 그림에서나 볼 수 있을 듯한 저편 땅 두어 채의 집을 싸고 늘어진 수양버들이 물 오른 가지를 늘어뜨리고 끝없이 아늑한 앞뜰 언덕 위에 10여 두씩 얽혀서 굴레도 없이 마음대로 꼬리 치는 흰빛 누런빛의 살찐 말들! 하늘은 실없이 맑고 높으니 이른바 천고마비가 이것인가 한다. 어린애 안고 나와 있는 중국 아낙네, 강낭콩밭 김매는 농군, 밭 김매는 아들을 찾아가는 조막만한 두 발로 되똑거리고 지팡이 짚은 꼬부랑 중국 할미, 소리치며 내닫는 거물(巨物, 기자가 탄 배)에 경이의 눈빛을 보내는 강변의 파랑 옷 입은 중국 아이들. 그렇다! 저편은 남의 땅, 낯선 곳이요, 이편은 우리 땅, 선조 때부터 우리의 뼈를 묻고 피에 물든 조선 혼을 담은 산천이다.

창공에 국경 있나 ┃ 자유로운 저 백구

갈매기가 날아든다. 강 하나를 사이에 두고 언덕은 서로 이국의 정조를 나타내지만 오직 날아다니는 갈매기만이, 땅이야 네 땅 내 땅이 있을지언정 하늘이야 누가 감히 갈라놓았느냐는 듯이 지리한 장마에 피로했던 날개를 씻으려는지 물결을 차고 밟을 듯이 물 위로 오락가락하며 흰 구름에 견주어 못지 않은 그 하얀 몸을 창공에 솟구쳤다 내렸다 할 뿐이다.

고성(孤城)을 베개 삼아 | 외적 막던 청성진

신의주에서 떠난 지 다섯 시간이 지나 의주 청성진을 지났다. 이곳은 일찍부터 성을 베개 삼아 죽을지언정 오랑캐에게 내 땅을 짓밟게 하지 않으려는, 국토를 지키는 국경 경비를 하는 주둔군이 있던 곳이라고 한다. 이제 보니 시대화(時代化)한 건축물이 늘어서고 새빨간 담배 패가 대롱대롱 매달렸다. 강역에는 어부 몇 명이 한가로이 낚싯대를 들고 앉아 있으니 읊으면 시가 되지마는 옛적의 그 사람은 어디를 갔는고! 이젠들 국경 경비야 어찌 수월하랴. 아니 더욱 견고해졌나니 이는 차차 쓰려고 한다.

〈3〉1929. 8. 17.

별도 자고 물도 잘 제 강 건너 그 님 생각
터지는 심장을 달래고 또 달래며 이 강 건너간 이가 얼마나 되느뇨
정적한 국경의 일야(一夜)

저녁 7시 신의주서 떠난 지 12시간 만에 창성 대길리에 배는 머물고 총 메고 나온 순사 3명 앞에서 나도 짐을 들고 내렸다. 창성 읍내는 돌아오는 길에 들르려 생각했지만 이 배는 그곳에 머무르지 않는 관계로 창성의 남문을 그대로 바라보며 지나왔다. 뒤에 오는 배에서 내릴 귀향 학생들의 길맞이꾼이 거의 100여 명이나 강가에 서 있는 것을 볼 때 못 잊을 것은 이제는 기억조차 아득한 옛 학창 시절이었다.

적막한 국경의 밤 ▮ 성영(星影)도 조는 듯

반찬도 일본식, 간장도 왜간장, 철두철미 일본화한 여관인 것이 그렇게 마음에 든 것은 아니었으나 목욕탕의 설비만은 그리 싫지 않았다.

밤, 정적에서 정적으로 이렇게 국경의 밤은 깊어 간다. 빤히 건너다보이는 반대편 강변의 '배채지'라는 중국 마을의 제법 큼직큼직한 건물들도 어둠 속으로 자취를 감추고 아득한 불빛이 강물 밑으로 누런 갈래를 지었을 뿐, 이따금 삽살개가 짖는 소리조차 산과 산으로 울리고 강물을 타고 건너 이 마을에까지 은연히 들려옴은 차라리 정막을 돋을 뿐이다. 밤하늘을 장식한 뭇별들은 말없이 가물거리고, 그 총명한 눈동자는 강물을 굽어보며 고운 그림자를 던질 듯 말 듯하다. 일망무제의 만주 벌판에서 일어난 먼지가 여기까지 날려 왔다가는 강이 있어서 더 날지 못하고 뭉키고 뭉킨 채 그대로 풀옷을 입고 산이 되었을까…? 강물 아래로 뻗어진 녹음은, 산 그림자는 시커먼 그림자를 움직일 체도 않는다.

떨리는 심장 쥐고 ▮ 이 강을 건너는 이

새벽 4시에 배를 타야 할 나는 밤도 12시가 넘었으니 자리에 들어야겠다. 그러나 오지 않는 잠을 억지로 누워서 청하기에는 강변의 유혹이 너무나 강하여 나는 그대로 거닐고 있다. 길 아래서 잠들었던 물새가 날아오르는 것은 경비 순사의 발자취에 신경이 예민해져서 인기척만 들어도 선잠을 깨는 모양인가. 강가에 등불이 비춰며 삐걱 소리가 자주 들리는 것은 뗏목을 흘리는 모양이다.

바람이 분다. 강물 소리가 다시 한 번 요란하다. 이런 때 이런 밤을 타서 터지려는 심장을 달래면서 이 강을 건너는 사람은 이 땅에 무수한 변화가 생긴 이래로 과연 얼마나 되는가. 그들이 이 강을 건널 때 소리조차 크게 못 내며 늦겨울 건넌 사람은 얼마나 많았을까. 그들은 지금 만주벌이 좁다고 날뛰면서도 얼마나 이 강변을 그리워하는가. 이 땅 너머 그들의 혼을 담은 이 산천을 얼마나 동경하는가.

강 건너 또 강 건너 ┃ 그리운 님의 눈물

강 건너에서 울어 오는 첫닭 소리가 들린다. 팔목의 시계는 새벽 2시를 가르킨다. 글자 그대로 온갖 소리가 고요하다.

아아 이 땅과 저 땅… 그 틈을 비집고 흐르는 강물. "강 건너 되 땅은 천 리도 되고 만 리도 된다오. 격강(隔江)이 이천 리라니 강 건너가 천 리요. 만 리타국이라니 만 리나 되지요?" 신기한 이야기나 하는 듯이 초저녁 강가에 나와 한잔한 김에 낯선 손님에게 말해 주던 영감도 꿈길을 걸으리라. 신의주도 국경이었건만 소름이 끼치도록 삼엄할 뿐으로, 시적인 정취를 모르고 살던 나는 이 밤에 혼자 젊은 가슴이 애달프고 감개무량하여 잠들 길이 없이 강 건너고 강 건너는 그의 임의 눈물이나 본 듯이 이렇게 노래를 불러 본다.

달도 없던 그날 밤 ┃ 고기만 찰랑찰랑

달도 없던 그 밤

잠 못 이룬 고기가 찰랑거리는 강가에서

멀어 가던 김의 배, 아득한 그 등불

하염없는 한숨을 풀잎에 실어

님 실은 강물 위에 흘려보내며

새벽달 뜨기까지 흐느껴 울던 그 강가….

그래도 그리운 건 고향의 강가일레

발자취도 씻겨 갔을 고향의 그 강가….

⟨4⟩ 1929. 8. 18.

상쾌한 강상 아침 선미(仙味) 띄운 우후청풍(雨後淸風)
깎아지를 듯한 벼랑과 기암괴석 물결도 제 풀에 성이 나서 날뛴다
생사관문의 장관

미명(未明)에 대길리를 떠난 배는 그대로 안개를 헤치면서 꺼지지 않은
기운 그대로 소리 지르며 별나게 굽이 많은 물길을 헤쳐 올라간다. 내려오
는 배는 쏜살같이 가건만 올라가는 나무배는 열 명 스무 명이 어깨에 메고
언덕으로 끄는 줄에 매달려 더딘 걸음걸이로 움직일 뿐이다. 배 위에는 우
리 뱃소리에 놀라 곧장 이부자리를 젖히고 나오는 듯한 깨끗지 못한 중국
인 여편네와 어린아이들의 해맑간 눈동자도 여기 아니면 보기 드문 광경
이다. 자랑 끝에 쉬가 선다더니! 어제 날 맑은 것을 그럴 일이라 여겼더니
아직도 장마에 미련이 남았는지 해는 시원히 오르지 않고 검은 비구름 속
으로 숨바꼭질을 하다가 빗방울이 떨어지기 시작한다.

굴 안과 같은 선실 ❙ 몸 괴로운 일청객(日淸客)

좁은 선실은 갑갑하기 짝이 없어 갑판(실상은 갑판이 아니라 선실의 방, 짐

유벌(流筏)하는 광경

실어 놓은 것이지만) 위에 올라앉았다가는 청년 '쿡'에게 몇 번이나 내려오라
는 소리를 듣던 것도 이제는 기관사와 친해진 덕분에 나만은 그 위에 올라
앉을 수 있는 특전을 얻어 자유자재이다. 비가 오니 무엇인가 내 자리 안으
로 기어들었다. 뽐내는 일본 친구의 깜찍하고도 천박한 수작과 까불어대
는 꼴이란 한번 쥐어박고 싶으면서도 참으려니 혼자 속이 괴로운 것을, 옆
의 중국 친구의 끈끈한 땀내에 코를 막아야 할 지경이니 못 견딜 노릇이다.
게다가 인연 없이 한 배로 나흘이나 같이 가게 되는 여학생님, 잘한 노릇이
라고 생각하지만 모처럼 들고 나왔던 우산을 강물 속에 빠뜨려 흘려보내
주고는 미안하다는 말씀 한마디 없이 시침을 뚝 떼시니 이제는 내리는 곳
에서 비 맞을 걱정조차 일어나게 되었다. 옳다! 비가 그쳤다! 그 뿐이냐! 햇

빛도 나타난다. 나는 살았구나. 배 안에서 뛰어나와 내게 특전을 내린 선실 위로 기어올랐다.

더 맑은 우후청풍 ┃ 탈속(脫俗)한 강상 아침

아아 비 뒤에 부는 바람은 더 시원하구나. 강변의 녹음은 더 싱싱하고 더 푸르구나! 나는 두 팔을 벌려 본다. 그리고 이제까지 끈끈한 땀내에 숨조차 잘 못 쉬던 코와 입을 양껏 벌리고 바람을 마셔 본다. 돌아보니 산마다 허리를 끊고 구름이 걸렸으니 이 장엄한 대자연을 속된 눈으로는 보지 못하리라는 듯하다. 건너편 나라 언덕 위의 당나귀는 큰 소리로 아침을 예찬하고, 살찐 돼지는 물 흐르는 풀숲에서 뒹군다. 배는 그대로 흐르는 물결을 따라 거슬러 올라가기에 부지런하다. 눈을 감으니 암만해도 나는 이제부터는 속세를 떠난 신선의 경지에 드는 듯하고 쓰라린 조선의 고통은 다한 듯 싶다. 나는 이 아침에 정성껏 이 땅을 축복한다. 아침! 강 위의 아침은 이렇게 사람의 심장을 뛰게 하는 것이다.

유명한 생사관문 ┃ 석병(石屛)을 차는 노도

압록강에서도 유명한 관문에 배는 들어섰다. 찍어 내린 듯한 저편 언덕의 돌병풍, 꼭대기에 앉으면 쪼르르 미끄러져 내려 찰방하고 물 위에 주저앉을 듯한 우리 땅의 둘레산. 산은 마음대로 들락날락, 괴이한 모양, 아리따운 모양, 조금만 밀치면 금방 쓰러질 듯한 천야만야의 벼랑, 가지각색의 모양을 지을 대로 지었으되, 반항 없는 물결은 굽으면 굽은 대로 흐르면서도 제 김에 성이 나서 파도는 사납게 뛴다. 여기가 가장 위험한 곳으로 뗏목이 찢기기 쉽고 배가 뒤집히기 쉬워 이 강물이 흐른 이래로 수없는 수중고혼을 지었다는 말을 들으면서도 흘러 내려가는 고무신짝을 보게 되니 어떠한 불행한 죽음을 당한 이의 신발이었나 싶어 고무신 주인은 어디 있나 찾고 싶은 마음도 없지 않다. 한 굽이 돌아서니 중국 산마루턱에 돌제단을 쌓아 놓고 내 세력은 여기까지 뻗친 줄 알라는 듯이 꽂아 놓은 두 개의 청천백일 기가 바람 이는 대로 싫지 않게 흔들린다. 배가 무사히 지나가게 해 달라고 중국 뱃사공들이 모아 놓고 1년에 몇 번씩 정성을 들이는 제단이라고 한다.

〈5〉 1929. 8. 20.

감개도 무궁할사 만포진의 세검정
오랑캐를 벤 칼을 씻던 세검정 무심한 흰 돛대만 오르고 내릴 뿐
무심한 백범(白帆)만 상하

23일 새벽 4시에 배는 위원(渭源)을 떠났다. 여기서부터는 무장한 순사가 3명씩 호위한다. 이는 차차 쓰고자 해서 아직 여기서는 피하려 한다. 새록새록 아낌없이 전개되는 절경을 독자와 함께 느껴 보고 싶을 때 나는 스스로 이 붓이 둔탁함을 느끼게 된다. 좋다, 참 좋다, 정말 좋다! 이 말밖에 더 다른 말을 구구히 늘어놓는 것부터가 독자로 하여금 국경 정조를 도리어 의심할까 저어하면서도 차마 붓을 들지 않고는 또 못 견딜 노릇이다. 배는 안개를 헤치고 오르기 시작하니 조선 쪽 산마다 나무 숲속으로 안개가 기어들고, 기어나오는 그것도 좋거니와, 반대편 강변은 안개에 가려 보이지 않으니 끝없는 망망대해를 연상하는 것도 그럴싸한 일이다.

제물 포대에 울림(鬱林) ∥ 백광운 일장 활극

오전 8시에 강계로 흘러 들어가는 운성강이 찢겨 나가고 이름 없는 섬을 지나니 여기가 강계군 고산면, 반대편이 중국땅 집안현 사랑곡 팔합목으로 그 전 조선 총독 재등(齋藤) 씨가 국경 순시를 하다가 쏟아지는 총알에 간담이 서늘하던 곳이라고 한다.[15]

당시 총독이 타고 내려가는 배를 습격한 백광운[16] 등 참의부[17] 원이 숨어서 총을 발사했다는 중국 편의 까마득히 높은 산은 짐작컨대 해발 2천 척을 훨씬 넘으리라. 꼭대기는 나오고 들어가 제물에 포대를 이루고 나무조차 무성하였으니 기나긴 강변에서 이런 지대를 택하여 몸을 감추고 계획을 단행한 백광운의 눈이 넓은 것도 알겠거니와, 일찍이 기자가 평양에 있을

---

15) 마시탄의거(馬嘶灘義擧): 1924년에 참의부 독립군이 조선 총독 사이토 마코토(齋藤實)를 저격한 의거이다. 3·1운동 후 이른바 문화통치를 표방하고 부임한 총독 사이토는 그간 자신의 치적과 국경 지방의 경비 상황을 살펴보기 위하여 국경 지방 순시를 행하였다. 이 정보를 입수한 참의부에서는 이 기회에 총독을 사살함으로써 한국의 독립 의지를 세계에 알리고자 하였다. 참의부 제2중대 제1소대가 한웅권(韓雄權)의 지휘 아래, 국경을 순시하기 위해 배를 타고 압록강 중류인 강계군 마시탄(馬嘶灘)을 통과하는 총독을 저격하려 했다. 참의부 독립군은 절벽 위에 매복하고 순시선이 근접하자 일제히 사격하였다. 총독 저격은 실패했으나 일제에게 큰 충격을 주었다.

16) 백광운(白狂雲, 미상-1924): 본명은 채찬(蔡燦)이다. 일제의 한국 강제병합 이후 만주로 망명해 신흥무관학교를 졸업하고 독립군 양성에 힘썼다. 3·1운동 이후 서로군정서(西路軍政署)에 가입한 이래 일제의 행정기관 파괴, 일본 경찰 및 앞잡이들의 숙청 등 여러 방면으로 활약했다. 1922년 6월 남만통일회(南滿統一會) 조직에 참여하고 나아가 이해 8월 남만주 각지에 분산되었던 각 단체가 통합해 만든 대한통의부(大韓統義府, 일명 통의부)에 참여했으나, 왕조를 부활시키려 한 복벽주의자들의 의군부(義軍府)와 공화주의자들 간 대립이 치열해지자 탈퇴하고 참의부(參議府)를 만들어 참의장 겸 제1중대장이 되었다. 압록강 철교 준공 때 사이토 총독을 습격한 것은 그 대표적인 활약이다.

17) 참의부(參議府): 1924년 4월 건설된 대한민국임시정부 육군주만참의부의 일명이다. 1923년 남만주 무장 독립운동 단체의 통합 기관인 통의부(大韓統義府)가 분열되자, 통의부 의용군 제1중대장 채찬 등은 대한민국임시정부를 남만주 통합의 구심으로 삼기로 하고 상하이의 임시정부와 교섭하였다. 임시정부 측이 이 제안을 받아들임으로써 건설된 참의부는 활발하게 항일 무장투쟁을 수행하였으며, 1927년부터는 독립운동계 전반에 불기 시작한 민족유일당 운동에 의거, 정의부·신민부 및 그 밖의 재만 독립운 동단체와의 통합 운동에 가담하며 해체되었다.

때 습격범 두 명이 복심 공판에서 역시 사형을 언도받고 그중 김창균[18]이 "죽음은 시간 문제"라 어느 때 어디서 어떻게 죽으나 마찬가지라고 웅변을 토하던 것을 나는 기억이 다시 떠오를 때, 이미 교수대의 이슬이 된 그들이 일찍이 이 깊은 산을 내 집 삼아 다니던 광경이 눈앞에 선하게 나타난다.

만포진의 세검정 | 무심한 백범편편

이상한 감개에 그 산을 보고 또 보는 동안 배는 만포진에 다다랐다. 눈앞에 우뚝 솟은 세검정![19] 일찍이 우리 땅을 넘보는 아니꼬운 오랑캐의 발호가 있을 때마다 참지 못할 의분에 강을 건너 풀잎 베듯 오랑캐의 목을 자르고 자르다가 남은 놈은 산 채로 잡아다 항복받던 복항정(伏降亭)과 마주했다. 더러운 오랑캐의 피에 젖은 칼을 씻던 세검정! 그때의 그 장수들! 그 충혼은 오늘 이 땅을 모른 체하고 어디 가 있는가. 정자 아래로 무심한 배가 돛을 달고 오락가락할 뿐 이제는 수비대의 경계로 여간 사람은 이 정자에 오르지도 못하고 복항정은 이미 쇠락하여 그 자취조차 사라졌으니, 여기를 찾는 기자도 그들의 피를 받은 후손의 하나로서 대장부답지 않게 가냘픈 붓 한 자루로 풍경에 취한 눈으로 염치없이 감히 이 정자를 쳐다본

---

18) 김창균(金昌均, 1892-미상): 평안북도 위원 출신의 독립운동가이다. 1922년 백광운의 지시를 받고 군자금을 모집하기 위해 국내에 진입하는 등 국내외를 오가며 항일 무장투쟁을 전개했다. 통의부와 참의부에서 활동하여 1924년 5월 압록강 순시 중이던 조선 총독 사이토를 저격하는 작전에 참여했다. 1926년 체포되어 신의주지방법원에서 공판이 개정되었고 1928년 11월 6일 평양복심법원에서 사형이 선고되었으나, 무기징역으로 감형되었다.

19) 세검정(洗劍亭): 압록강 기슭에 있는 조선시대의 누정. 1636년(인조 14) 청나라 군사가 침입해 왔을 때 박남여(朴南輿) 장군이 지휘한 조선 군사가 이곳에서 적을 맞아 싸워 승리한 것을 기념하기 위하여 이 정자를 세우고, "적을 벤 칼을 여기에서 씻었다." 하여 세검정이라 이름 지었다 한다. 하늘을 찌를 듯 높이 솟은 절벽 위에 나는 듯한 추녀를 추켜든 건물 모습은 아름다운 주위환경에 잘 조화를 이루고 있어 관서팔경(關西八景)의 하나로 일컬어졌으나, 1938년 불타 없어지고 말았다.

압록강 만포진의 세검정

단 말인가.

군경의 철옹성에 ┃ 굉장한 전근 송별

죄송스러우나 부끄러움이 가득한 감정을 감출 바가 못 된다. 나는 지극
히 경건한 마음으로 잠깐 동안이나마 배가 머무르는 틈을 얻어 이 정자에
오르고 싶었지만 기다렸다는 듯이 나를 찾는 형사 한 분, 공연히 붙들고 이
수작 저 수작(하기야 그 사람이 내 속을 알 게 무엇이라) 귀찮게 구는 데 화가 부
쩍 났다. 들으니 이 정자는 수비대의 경계로 교섭하기 전에는 오르지 못하
니 교섭까지 할 시간이 없다. 둘러보니 헌병, 군인, 순사, 또 일본 여자, 아
마 50여 명은 따라나와 떠들어 대고 있다. 순사 한 명의 전근 출발을 전송
하는 것이란다.

수조(水鳥)와 벗을 삼아 **|** 운봉동의 일야객(一夜客)

나는 정자에 오르길 단념하였다. 30분 후에 떠나는 배에 그대로 몸을 실어 강바람에 눈을 씻고 송삼파(松三坡)의 굽이를 돌며 물새와 벗하여 자성 운봉동에 내려 이름 그대로 구름 골짜기 고요한 마을의 하룻밤 나그네가 되었다.

⟨6⟩ 1929. 8. 21.

성대를 짜낸 절규도 백운(白雲)과 창파(蒼波)만 반향
구름과 구름을 헤치기 몇 번이냐 목이 터질 외침도 물 위에 사라져
호장한 국경의 산하

배는 그대로 꾸준히도 여울을 지어 굽이 솟고 솟아서는 여울 짓는 물결 위로 달려 오른다. 구름과 구름을 헤치길 몇 번, 헤쳐지는 구름 속에서 거듭 새로운 녹음의 그 싱싱한 거체(巨體)를 내어놓는 창공에 오르내리는 구름 조각도 감히 그의 머리 위에서 놀지 못하고 허리에 걸려 부리는 재롱을 받아 가면서 말없이 서 있는 호장한 국경 산하의 앞에 소리치기를 몇 번. 그러나 나는 소리를 질렀다. 성대가 터져라, 있는 기운을 다하여 외칠 수 있는 대로 외치며 취할 대로 취해 버린 나는 이 웅장한 자연을 창조한 신이 나의 눈동자를 작게 만든 미련함을 끝없이 원망하면서, 나는 자라는 대로 나의 시야를 넓혀 작은 몸을 오로지 위대한 자연의 삼미경(三昧境)에 파묻으려 한다.

지낸 산은 천(千)인 듯 | 수로 일천육백 리

산과 산, 굽이와 굽이 속으로 드나들기는 몇 번이었는가. 아마 천 번은 넘었으리라. 심장은 그 덩어리가 얼마나 작고, 혈관이 터질 걱정도 하지 않고 함부로 뛴 것이 몇 번이었는가. 아침은 얼마나 시원하였으며 이국의 저녁연기는 얼마나 아늑하였는가. 이렇게 물을 타고 산을 벗 삼아 피는 구름과 나는 물새의 품에 안겨 오르기 1,600리! 취하여 깨고 싶지 않고 보고 또 보고 싶은 나의 끝없는 야심은 좀더 이 강의 근원을 찾아 어느 골짜기 어느 바위틈에서 어떻게 흰 물결이 흘러나오는지 캐어 보고 싶고 그 물에 타는 목을 축이고 시드는 이 땅에 새 목숨이 되고 싶은 마음으로, 배가 더 오르지 못함을 원망하기보다는 나의 시간 없음을 한탄하면서 평북을 넘어 함남 삼수 땅 신갈파에서 26일 오후 3시에 배를 내렸다. 대륙적 기후로 추울 때 더 추운 이곳은 더울 때 더 더워 이때가 여름인 것조차 잊고 있던 나에게 "네가 이제도?" 하는 듯이 더위가 달려드니 배에서 내리는 순간 숨이 막힐 뻔한 것은 조금도 과장하는 말이 아니다.

장진(長津) 압록(鴨綠) 합류처 | 은파(銀波)에 나는 반월(半月)

저녁을 먹고 나서 보기 싫은 꼴불견을 피하여 이슬 젖은 풀숲 길을 걸어 동리 아래 장진강이 흘러드는 어귀에 내려섰다. 하류보다 강폭이 좁을 대로 좁은 이곳은 바로 눈앞에 가지각색의 벼랑으로 된 중국땅의 높은 산이 눈을 덮고, 이쪽은 장진강과 압록강의 서로 합치려고 흐르는 물결을 심술궂게 가로막으며 서로 그리워 소리치는 물결에 시달리던 산맥이 끊어지면서 저 땅 이 땅에 삼각 골짜기를 이루고 물은 합쳐진다. 반갑다는 듯이 서로 뛰어 물결은 가루가 되었다가 다시 물이 되고 뛰어올랐다가 다시 흐른

다. 그믐으로 기울어지는 조각달이 그 이지러진 얼굴을 동쪽 골짜기에 내어놓아 가리운 소나무숲을 헤치고 빛은 흐린 물결이나마 빛나게 하려고 내려 비치니, 저 땅의 서너 집 불빛도 그윽함과 물결 소리, 물결 소리에 조절 잃은 밤 개의 울음.

월색(月色)은 의구(依舊)컨만 I 의혼(義魂)은 어디 간고

여기가 삼수갑산 땅 옛 시절에 유배 오던 곳이라고 한다. 악독한 간신의 참소를 입고 억울한 유배를 받아 이곳에서 한 많은 눈물을 쏟은 이는 몇 명이나 되는가.

아픔, 괴로움, 억울함과 원통함에 시들고 넋을 잃던 이 땅에 젊은 것 하나가 오늘 밤 모든 사악을 피하여 이곳에 와서 혼자 헤매는 것을 혹시나 강

물 밑에 남은 혼백이 있어서 안다면? 그들이 잠을 자면 꿈으로도 근심하던 조국의 버림을 받아 여기에 흩어져 외로운 혼백이 되었을 법하여도, 후인(后人)이 여기 와서 그들의 자취 찾으려는 뜻을 안다면 그도 울리라. 그윽이 흐르는 달빛에 검은 그림자를 잠깐 물 위에 비치며 고기가 뛴다. 옛적부터 이러했으리라마는 새로운 비밀의 땅에 발을 딛는 듯한 이 마음은 한껏 숭고하고 경건한 마음 한편으로 이때까지 받아 오던 모든 괴로움과 슬픔과 아픔과 억울함을 이 밤에 실컷 울어 풀어 보고 싶다.

〈7〉 1929. 8. 22.

낙조에 물드는 홍혈(紅血) 청풍에도 이는 살기
이 절경 배경으로 죽이고 죽다니 가련한 인생들의 되지 못한 장난
담총(擔銃)한 경관의 성곽

아리따운 풍경 뜻 없는 눈으로도 아니 느끼고 아니 볼 수 없는 이국 정조도 좋은 것이요, 흔들리는 뗏목과 순풍에 돛단배도 보기 좋은 것이다. 그러나 거기만 취할 바가 아니다. 국경은 국경이다.

아리따운 정조가 흐르는 한편으로 삼엄한 기분을 모르는 체하려고 해도 모를 수 없는 것이 국경이다.

물새가 날아들고 흰구름이 피어오르며 자욱한 안개를 헤치며 올라가면서 좋은 풍경에 당치 않은 총검을 본 것이 몇 번이며 무시무시한 생각이 일기 몇 번이었는가. 그것을 이제부터 써 보기로 하자.

지평선의 자하(紫霞)와 ㅣ사라지는 경관군

이 땅과 저 땅이 언제부터 갈렸는지 그것은 이제 미루어 볼 바가 아니라 하겠지만 이제 다시 한 땅이 되지 못할 바에는 서로 튼튼히 지켜보자는 듯하다. 해발 1,900척에서 2,000척을 넘는다는 강변 일대의 산 숲으로 보일 듯 말 듯한 총 멘 경관이 부지기수이다.

처음에 나는 멀리 보이는 바위 위에 덧붙은 듯한 바윗돌 두 개로 보았던 것이 가까이 가니 총 멘 경관 2명임을 알았다. 이렇게 선입관이 있지 않고는 수풀 속에 뭉쳐 있는 경관을 발견하기 어렵다. 저녁 황혼에 구름이 붉은 빛을 띠고 해가 만주벌 수평선으로 넘어갔을 때, 그 높은 산비탈을 걸어 아득히 사라지는 사람도 모두가 경관이다. 쓸 것은 쓰겠지만 어쨌든 그들도 남달리 신산한 '삶'에 허덕이는 가없는 인생임을 알겠다.

중국 순경과 경관 ㅣ 내기를 하는 경계

집 한 채 없는 강변에 배가 닿는다 해서 보면, 여기도 총 멘 경관이 적어도 5명 많은 데선 10여 명씩 보게 되는 것은 아마 국경이 아니면 못 볼 것이리라. 강변에 돌로 튼튼히 지은 경관 출장소 순사가 총 메고 서 있는 것을 바라보다가 중국 쪽을 바라보면 거기도 순경이 총을 메고 마주 서 있다. 이렇게 네가 지키면 나도 지키고 네가 준비하면 나도 준비한다고 무슨 '내기'나 하듯이 조선 쪽에 경관 출장소가 있으면 맞은편에도 중국 순경의 출장소가 서 있다. 조선에는 포대가 없으나 중국 쪽은 가는 곳마다 웬만한 포구에는 두세 곳씩 반드시 포대를 세워 두었다. 이렇게 서 있는 경관 출장소가 압록강 1,620리 중 10리에 1개씩, 끔찍이 멀게 있어도 15리에 1곳씩 서 있으니 남의 땅이야 알게 무어랴마는 평북 경찰의 경비 상황을 잠깐 보기로 한다.

10년 전과 비교하면 ┃ 경관 수만 7배 증가

소화 2년 말 현재 평북 도내 경찰서가 24곳, 경찰관 주재소가 197곳, 출장소가 56, 파출소가 8곳으로 이곳에 수용된 경관이 2,895명이다. 그밖에 신의주로부터 도내 주요 지방에 배치한 군대가 어디보다도 굉장한데, 여기서 빠뜨리지 말 것은 이 같은 경찰의 배치는 건너편 중국을 상대로 한 것이 아니라는 것이다. 그것은 물을 것 없이 ○○단의 경비를 목적으로 한 것이니, 처음 이곳의 경찰 상태는 경찰서 7곳, 주재소 29곳, 파출소 1곳으로 경관 393명이던 것이, 기미년 이래로 경찰서 17곳이 늘어 24곳, 주재소 119곳, 파출소 2개로 경관은 1,457명이던 것이 재작년 말의 통계는 위에 기록한 바와 같은 굉장한 숫자를 보게 된 것이니, 대정 9년 3월 선천군 대산면 사무소의 ○○단 습격과 경관 살해 등으로부터 시작하여 ○○단이 각지에서 출몰함에 따라 자꾸자꾸 불어난 것이 지금에 와서 경관 천지가 된 것이다.

피에 물든 절경 ┃ 소름 끼친 참활극

○○단의 출입 때문에 중국 마적의 발호도 막심하다. 재작년 여름 중강진 하류의 마적 출몰로 약림(若林) 중위를 납치하여 죽인 일은 당시 세상이 떠들썩할 만큼 알려진 것인데, 그곳을 지나면서 선원의 말을 들으니 당시에 붙들린 마적의 목을 20여 개는 잘라서 매달아 둔 것이 한 달이나 있다가 강물이 불어나면서 떠내려갔다고 하는 소름 끼치는 이야기를 들었다.

이렇게 아리따운 풍경이 피에 물드는 것이 국경이다.

〈8〉 1929. 8. 23.

수음(樹蔭)에 임립(林立)한 고목도 실상은 경비 전주(電柱)
으슥한 곳마다 매복된 경비 경관 수없는 토굴도 경관들의 야경소
무수한 석축의 대막

국경 경비 상태의 엄중함은 먼저도 잠깐 쓴 것이 있다. 높은 산비탈에 쓰러져 가는 토막(土幕) 같은 것으로 올라가면서 부지기수로 보게 된다. 눈길 주어 보지 않으면 토막 하나에 지날 바 아니나, 자세히 보면 지붕도 돌이고 벽도 돌이다. 자그만 문이 옆으로 한 개 달리고 강을 마주보는 벽에 구멍이 두 개 뚫려 있는데, 이것이 야간 경비 순사가 총을 메고 ○○단을 막아 내는 진(陣)이다. 해만 뚝 떨어지면 이 산길을 걸을 때 야간 경관이 누구냐고 묻는 구령에 얼른 대답을 해야지 안 그랬다가는 벼락을 맞는다고 한다. 산은 끝없이 높고 울창한 시기의 숲은 사람의 모양을 잘 알아보기도 어려운 이곳 산 아래는 까딱하면 강 속으로 떨어질 듯한 자그만 길이 있고, 이 길을 중심 삼아 산 위로 산 아래로 보이는 듯 마는 듯 정신 차려 눈을 돌리면 여기저기 누런 복장을 한 무장 경관이 있다. 있음직한 곳에서 경관이 꾀를 내어 보이지 않게 덮어놓고 아는 듯이 수건을 내흔드니 숲속에서 벗어 흔드는 순사의 모자가 보인다. 나는 올라가면서 이런 약은 꾀로 눈에 띄지 않는 경관을 얼마든지 발견할 수 있었다.

울림에 마른 고목 ┃ 실상은 경비 전화(電話)

숲이 우거질 대로 우거진 속에 몇 칸마다 한 개씩 서 있는 마른 나무를

압록강에 산적한 유벌

고목으로 알아서는 안 된다. 이야말로 국경 경비의 총본영 평북경찰부를 중심으로 거미줄같이 벌려진 경비 전화다. 한군데서 ○○단이 번쩍하면 골짜기마다 들어선 경비 전화가 울고, 이에 따라 10명에서 20명, 때에 따라서는 100명에서 200명씩 여기저기서 몰려들어 높은 산을 에워싸며 산속의 '이'를 잡을 듯한다고 한다.

○○단 출몰 총계 ㅣ 14,200여 명

이제 재작년 말까지 이 강을 넘어 평북 각지에 넘나든 ○○단의 연인수(延人數)는 대정 9년부터 소화 2년까지 8년 동안에 대정 13년의 3,349명을 최고로 그 총계가 14,249명이다. 그리고 관공서의 습격이 103회, 사상자가

149명이며, 인민들은 사상자가 766명이며 납치된 사람 139명 중 46명이 돌아왔으며, 관공서와 민가의 방화 건수가 283건이다. 평안북도에서만 군자금 모집을 연도별로 보면 다음과 같다.

대정 9년	81,892원	대정 10년	16,577원
대정 11년	27,527원	대정 12년	29,832원
대정 13년	33,926원	대정 14년	13,137원
대정 15년	3,600원	소화 2년	1,843원
계		207,518원	

충돌 470회 ▮ 피살 414명

그다음에는 대정 9년 이래 ○○단과 경관이 충돌한 총 건수가 470회였는데 그중 대정 13년의 106번이 최고로, 침입 연인수(延人數)로 보나 금품 모집으로 보나 충돌 횟수로 보나 ○○단의 조선 내 활동은 대정 13년이 가장 맹렬했음을 알 수 있다. 충돌로 인해 피살된 ○○단원이 414명이고 압수된 물품 중 총기가 313정, 폭탄이 60개며, 체포된 인원수가 4,228명이며, 압수된 총기가 15개, 폭탄이 3개이며, 일본 관헌이 건너편 중국 쪽에 진출하여 ○○단과 충돌한 횟수가 286회에 ○○단 피살이 424명(기자=관헌은 미상) 체포한 인원수가 4,411명이며, 압수한 물품 중 총기가 560정, 폭탄이 110개라 한다.

〈9〉 1929. 8. 24.

무시(無時)로 전개되는 장강상의 참활극
강 하나를 사이에 두고 생사도 바꿔 욕심과 혈기가 명하는 갖은 활극
허다한 특수 범죄

국경은 암만해도 정취에만 취할 곳은 못 된다. 양국의 각기 엄중함이 극에 달한 경비, 그러나 ○○단이 드나들고 또 마적이 출몰하여 밤만 깊으면 이 땅에서는 "거 누구?" 소리, 저 땅에서는 "쉬야(誰耶)?" 소리가 산을 울리고 번쩍이는 총 불빛에 잠든 새가 놀라 날 때, 강변의 초막 같은 오막살이에 잠 안 오는 늙은이가 등에 땀을 흘리는 여기를 국경이라 하는 것이다. "이 지방에 다니려면 생명보험부터 들어야겠더군요." 이것은 배 안에서 우연히 만나 통성명한 어떤 친구의 말이다. 실로 이 말은 재밌는 이야기도 아니요, 헐뜯는 것도 아닌 절절히 느낀 것이다. 아마 그 친구는 생명보험에 가입한 듯하다. 어찌 정취에만 취할 것이랴. 붓을 돌려 어두운 면의 한 폭을 써 보기로 하자.

　○○단 마적 외에 ▎ 허다한 특수 범죄
　○○단이나 마적은 큼직한 놀음이라 이따금 있는 일이요, 또 이즈음에는 그전만큼도 흔치 못하니 그런 일이 없다고 경비 경관의 총부리에 녹이 슬겠단 염려는 쓸데없는 기우에 지나지 않는다. 왜? 여기야말로 특수 범죄가 흔하기 때문이다. 이제 내가 목도한 것부터 이야기를 시작하면, 나는 신갈파를 떠나 돌아오는 길에 중강진에 이르기 약 1시간 반쯤 남은 거리에서

압록강 대안(對岸)의 목양군(牧羊群)

배가 잠깐 머무르고 호위 경관 3명 외에 다시 경관 5명이 올라타서 조금 내려가다가, 건너편 중국 강변에 바짝 붙어 흘러가는 중국인 4명이 탄 뗏목에 "스톱!" 하고 소리쳤다. 그러나 그쪽에서는 네까짓 것들 백번 와보라는 듯이 손을 흔들며 오히려 조롱을 할 뿐, 소리치던 경관 나리는 상투는 없으나 어쨌든 성이 머리끝까지 치미는 모양이다. 배는 그 편으로 추격을 개시하면서 경관 8명은 전부 총을 부여잡고 뱃전에 나와 선다.

번쩍이는 총부리 ┃ 찢어질 듯한 긴장

옳다, 가지각색 구경거리가 생긴다는 호기심에 나도 뱃전에 나와 섰다. 그러나 배가 언덕에 닿으려 할 즈음 저쪽 비웃던 중국인 4명은 벌써 뗏목을 언덕에 붙이고 도주하려는 찰나였다. 배 위에서 초조하던 경관대는 그대로 총을 쏠 듯하다. 만일 내가 사령관 격이나 되었다면 호기심이 지시하는 대로 발사를 명령하였을 것이다. 그러나 구경만 하는 수밖에 없었다. 배가 언덕에 닿자 경관대는 뛰어내려 두어 걸음씩 이미 육지에서 달리기 시작한 죄인 4명을 쏜살같이 쫓아가 우선 개머리판으로 한 대씩 맛을 보게 한 다음 다시 눈에 불을 밝혀 주고는 배로 끌고 들어와서 건너편 주재소로 잡아간다. 이야기가 두서를 잃은 듯한데, 이것은 뗏목을 절취하여 도주하던 주연 배우인 중국 친구를 영림서[20]원의 급보로 경관대가 출동하여 강 위 활극이 그대로 유감없이 벌어진 것이다.

장강을 무대 삼아 ┃ 연출되는 참활극

이러한 일이 부지기수라고 한다. 살인하고 뛰는 놈, 도박하다 뛰는 놈, 아편 밀수입, 벌목 절취, 이러한 각본 아래 강 위를 그대로 무대 삼고 번쩍하면 심심치 않게 벌어지는 활극인데, 건너편 중국이 제아무리 국경을 경비한다고 해도 역시 그렇고 그런 판이라 이 무경찰 상태의 산 한 굽이만 넘기기까지 걸음아 날 살려라를 부르면 되는 판이므로 뛰는 놈을 쫓아가는 경관대가 총을 쏜다. 본뜻은 아니겠지만 엄포도 해 볼 겸 총알이 울며 튀어나가는 수가 많다고 한다.

---

20) 영림서(營林署): 산림 관련 업무를 관장하는 기관. 1926년 6월 일제가 기존 대한제국의 영림창 및 산림과 출장소를 폐지하고 산림부 산하에 36개 영림서를 설치하였다.

강 하나를 껴 두고 | 바뀌는 생사기로

무서운 것이 무엇이랴. 강 하나만 무사히 건너면 그만이다. 경관이 쫓아
오면서 총을 쏜다? 쏘면 반드시 맞아 죽는 법이 어디 있느냐. 살아서 기운
있을 때까지는 뛰고 볼 것이다. 이것이 강 위 활극을 자아내는 주연배우들
의 활약상이다. 그 물욕이 또는 혈기가 명하는 대로 주저 없이 행실을 내게
되는 사정이란다. 무서운 세상, 음산한 살벌, 무시무시한 살풍경을 자아내
는 이 강! 그 물이 남달리 급히 흐르고 파도가 사나운 것도 무슨 뜻을 말하
는 것이 아닌가!

〈10〉 1929. 8. 25.

장목(長木) 속에 이는 모연(暮煙) 옥개장벽(屋蓋墻壁)도 목재
굴뚝도 나무요 기왓장까지 나무 엄청난 나무의 바다 나무의 사태
원앙침도 실은 벌목

배가 닿는 곳마다 강변에 내리기까지 벌목을 갖다 붙여 잔교(棧橋)를 이
루었으니 이것도 압록강이 아니면 보지 못 할 것이다. 올라가면서 집집마
다 아름드리 통나무가 한 개씩 뜰 앞에 곧추선 것을 나는 대단히 이상하
게 보았는데, 저녁때 이 통나무 속에서 저녁연기가 솟아 나오는 것을 보
고 내가 지금 조선에서도 유명한 삼림지대에 이른 것임을 깨달았으니 굵
직한 통나무 굴뚝이 그럴듯하다. 집집이 남조선 지방 부잣집 뜰에 쌓여
있는 볏가리처럼 쌓아 올린 것은 장작더미다. 통나무를 그대로 깎고 홈을
파서 웬만한 '보트'보다 큼직한 배를 만들어 타는 것도 여기 아니면 어려

압록강 중강진의 조경(朝景)

울 일일까 했는데, 다시 보니 지붕도 나무다. 나무를 장방형으로 반듯반듯하게 깎아서 기와 모양으로 하였는데, 그것도 좀 오래된 것은 썩어 가고 또 날아갈 염려가 있는지 돌을 잔뜩 올려놓은 것이 많고, 담은 그대로 통나무를 길죽길죽한 채로 엮어 세워 만들었으니 제아무리 깊은 산골의 짐승이라도 덤벼들지 못하리라. 그리 생각하면 일종의 원시 생활의 한 폭을 보는 것 같다.

물 위에 걷는 신선 ┃ 기적의 현실 폭로

　배를 타고 앉으면 멀리 흐르는 물을 따라 물 위에 그대로 서서 내려오는 사람. 산과 산은 굽이져서 위의 강물이 보이지 않고 구름은 산허리에 걸려 있는 여기를 신선의 경지로 보았다면, 이 산하를 희롱하며 물새 떼를 벗 삼아 그대로 물을 타고 내려오는 사람은 신선이 아닐까? 가까이 가서 만나보면 흘러내리는 뗏목을 탄 벌부(筏夫)들이니, 기적을 부인하고 싶은 현대인의 심리로써 '갈릴리' 바다 위를 걸어다녔다는 예수도 아마 저렇게 뗏목을 탔던 것이 아닌가 싶다마는, 그곳에 여기처럼 뗏목이 있고 없는 것은 알 바 못 되니 그것은 구구한 추측이라 하겠다. 이제부터 압록강 명물의 이야기를 시작해보자.

쌓이고 깔린 벌목 ┃ 반월형의 장사진

내가 올라갈 때 아직 장마가 걷히기 전이라 흐르는 뗏목이 몹시 드물더니 중강진을 떠나 신갈파로 가는 동안에는 배에 오르고 내리는 사람 중 조선 사람은 모두가 벌부요, 깨끗한 일본 사람은 물어보지 않아도 제재업자이거나 혹은 영림서원이다. 여기서부터는 흘러가지 못하도록 메어 둔 뗏목이 부지기수이다. 물에 반이나 잠겼건만 위에 드러난 원형만 해도 몇 아름씩 될 듯한 굵기와 십여 척씩 되는 길이로 보아도 그것을 잘라내고 다듬은 것을 생각할 때, 이것을 찍어 낸 삼림이 얼마나 굉장했을지 상상하고도 남을 것이다. 언덕 위에 즐비하게 쌓이고 벌려 놓여진 것이 재목이다. 하나라도 굽은 것이 있으랴, 못된 것이 있으랴. 쓸 것만 골라 엮은 뗏목이니 그러하다고도 하겠지만, 이러한 재목으로 백 리 천 리 늘어선 그곳은 얼마나 굉장할까. 조선에 나무 없다고 경솔한 말을 하는 외국인이 있거든 덮어 놓고 이곳으로 데려다가 보여주어 그의 코를 떼고 싶다.

노도 되고 집도 되고 ┃ 원앙침도 받쳐 준다

뗏목도 가지각색, 혼자 타고 흘러가는 것, 여러 명이 타고서 앞뒤로 노를 짓는 것. 또한 뗏목 위에 집까지 짓고 있는 것이 있는데, 조선인 벌부는 밤에는 반드시 내려 집에 들어가지마는 중국인이 하는 채목공사(採木公司, 이것은 중국 산에서 찍어 내는 것이다)의 중국인 벌부들은 뗏목 위에 집을 짓고 아주 여기서 자고 먹고 하는 모양으로, 내려오면서 강변에서 뗏목을 엮으며 집을 짓는 중국인을 무수히 보았다. 어떤 친구는 팔자가 좋아서 그런지 집 한 칸 없도록 팔자가 사나워서 그러한지는 알 바 못 되지만, 어쨌든 아내를 데리고 뗏목 위에서 아주 사는 듯한 중국인 친구도 많다. 산이 크고 높아 울창한 삼림 보고를 이루고 강이 있어 이것을 찍어 운반하기에 편리하게 만들어진 이 자연이 우연히 만들어졌다면 우연이겠으나, 조물주의 위대한 창조력이라 생각하면 구태여 아니라고 앙탈할 바도 아닌 듯하다.

〈11〉1929. 8. 26.

호화한 벌부 생활 일수입 50~60원
까딱 한 번 실수를 하면 수중 원혼, 술과 계집에 번 것은 다 들어가
생명을 떼놓은 직업

여름철에 흐르는 물을 따라 흘려 내려가는 뗏목, 그것은 어떻게 되는 것이며 이것을 흘려보내는 벌부의 생활은 어떠한가. 이 또한 이 강을 보면서 모른 체할 바가 못 된다. 나는 강을 오를 뗏나무를 찍어 내는 삼림지대까지 가는 것을 이 길의 목적으로 삼았다. 그러나 불행히도 쏟아진 장마 때문에 산은 무너지고 길이 끊어져 곳곳의 교통이 두절되어 그렇지 않아도 해발 2천 척을 넘고 도회지에서 구두나 신고 다니던 사람은 그야말로 여울에 80리

격으로 걸어야 되는 길을 도저히 나설 용기가 없었다. 그보다도 시간의 여유가 없어서 부득이 중지하였다. 나무를 보나 벌부의 말을 들으나 아름드리 통나무가 빽빽이 들어서서 비가 와도 물이 새지 않을 만큼 되었다고 하니, 하늘과 땅의 인연이 끊어진 그곳, 500년 탐관오리의 속절없는 꿈을 굽어보며 말없이 자라기만 하고 사람에게 쓰일 일 없던 이 나무들은 이제야말로 영림서의 손에 들어 그 장대한 몸을 땅에 눕혀 물을 타고 흐르게 되었다.

찰나주의 벌부 생활 ┃ 까딱하면 수중고혼

더구나 이 벌목은 가을철에 해서 겨울에 운반하여 강가에까지 내려다 놓았다가 봄에 편벌(編筏, 나무를 서로 이어 매는 것)을 해서 여름철에 흘려 내려보내는 것이라고 하니, 이제 와서는 나무 찍는 구경하는 일이 드물다고 한다. 이는 다음 기회에나 바라는 수밖에 없다. 벌목한 나무를 흘려보내는 벌부들의 생활은 내가 지난번에 광부 생활을 조사할 때 목격한 그들의 생활과 맞먹음을 보게 되었으니, 이들 역시 버는 대로 먹고 마시는 판국이다. 이 노동은 확실히 기술노동으로서 보통 사람은 못 하는 노동이며 여기에 익숙한 사람이라도 까딱하면 수중고혼이 된다고 한다. 그만큼 수입은 과연 내가 예상한 이상의 굉장한 수입이다.

척 수로 임금 결정 ┃ 일수입 50~60원

노동임금은 대개 흘려보내는 뗏목의 척 수를 재서 한 장에 얼마씩 정하는데, 그것도 영림서의 벌목은 신갈파에서 신의주까지를 세 구역에 나누어 주지만 영림서의 불하를 받아 하는 개인 재목은 그대로 한 사람이 맡아 흘려보내는데, 그 임금은 놀라지 말라, 하루 60원의 굉장한 임금이다. 즉 신갈파에서 신의주까지 열흘이면 오가는데 그 임금이 400원에서 700여 원까지라니 평균 매일 50~60원으로 누구보다도 많은 수입을 가졌다. 그렇다고 그들의 생활이 윤택하지 못하니, 구구한 설명을 할 것 없이 이들이 주색에 소비하는 지출이 수입의 거의 전부를 차지하기 때문이다. 어쨌든 이 강변 일대 단 다섯 집만 있는 동리에도 두세 집은 작부 마님이 들어앉아 계시고, 큰 지방인 위원, 중강진, 신갈파 등지에도 7~8호에 한 명씩 평균으로 있으니, 벌부의 한철 수입은 모두 이 양반들의 주머니로 들어가고 겨울동안 벌부들은 밥을 땅땅 굶는 판국이라고 하니 이 어찌 한심한 일이 아니겠는가!

결빙기가 수난기 **|** 성하(盛夏)에 설경(雪景) 환영

겨울에는 강이 얼어붙는다. 벌부들이 어려운 시기가 이때요, 철 따라 날아가는 철새 모양으로 벌부들의 주머니가 가벼워지면 작부 아씨들도 어디론가 제각기 흩어지고 만다고 한다. 이렇다 보니 지금보다 더욱 고요하기도 하지만 눈 내리는 때는 그대로 깨끗하다고 한다. 내가 지금 배를 타고 올라가며 느끼는 경치… 그것은 겨울 정취에 비교할 바가 못 된다는 것을 짐작할 수 있다. 산과 산은 눈으로 흰옷을 입고 그 굉장한 나무들은 가지마다 눈을 싣고 무게 있게 늘어진 설경을 이 더운 여름에 상상하는 것이 마땅치 못한 듯도 하지만, 여름에 수천의 돛단배가 돛을 나부끼는 이 강을 겨울에는 자동차가 그대로 달릴 수 있다고 하니 거듭 아니 쓴들 설명이 없다고 상상이 어찌 부족할까 보냐.

〈12〉 1929. 8. 28.

장현(長縣) 하의 일촌락(一村落) 반가운 우리 학교
까치와 양의 떼도 집 찾아들건만 고원 그리는 동포의 어지러운 꿈
이역 유랑의 한몽(寒夢)

신갈파에 이른 이튿날 아침에 양 씨, 김 씨, 이 씨 세 명과 함께 압록강을 건너 장백현 땅에 발을 디뎠다. 여기가 만주 땅, 산 하나만 넘으면 끝없는 벌판이라고 한다. 그 벌판의 가슴을 헤쳐 보기 전에 나는 이 지방에 있는 동포의 사정도 들어볼 겸 장백현립소학교 제5분교의 이윤 씨를 찾았다.

장백현의 일촌락(一村落)

이역의 간난생애(艱難生涯) ▮ 열화 같은 교육열

이 학교는 장백현에서 설립하여 조선 동포의 자제를 가르치게 한 곳이다. 그 내용 여하는 구태여 지금 여기에 쓰기를 피한다. 마침 방학 중이어서 한번 어루만져 보고 싶고 손이라도 잡아 보고 싶던, 이역에서 고달피 헤매는 중에도 오히려 배움의 길을 닦는 40여 명 생도를 반갑게 만날 길이 없었다. 먹기 위하여 떠나온 유랑의 길, 갖은 압박을 당하면서도 배만 곯지 않으면 붙어 있으려는 동포들의 눈물나는 사정, 그런 중에도 자제의 교육을 위하여 애쓴다는 것은 얼마나 아리따운 일이냐. 들으니 현에서 지출하는 교육비만으로는 경비가 매우 부족하여 학부형들의 부담이 많다고 한다. 가르치는 것은 중국 학교의 규정대로 중국 국어를 표준으로 한 교수라고 하나, 이중에서 틈틈이 조선어와 조선 사정을 가르치려는 교원들의 안

타까움은 여러 말을 피하고 차라리 독자의 추측에 맡기고 싶다.

토장석심(土裝石心)의 포대 | 총 들고 조는 군인

회색 군복을 입은 중국 군인이 총 개머리판에 이불 보퉁이를 꿰어 어깨에 걸머지고 지나간다. 포대 앞에는 군병 서너 명이 총을 무릎에 놓은 채로 밤에는 무엇을 했는지 꾸벅꾸벅 졸고 있는 꼴도 여기 아니면 드물 일이다. 나는 하류에서 올라오면서 동리마다 있는 포대 중에 어떤 것은 흙으로 쌓아 놓았기로 저 따위야 기관총 한 방이면 알아볼 것이 아닌가 싶었더니, 여기 와서 보니 돌로 속을 튼튼히 쌓아 놓고 겉만 흙이다. 이유는 무엇인지 알 까닭도 없다. 중국 사람이 하는 일이라 허를 보이며 실을 취하는 음흉한 중국식임은 물을 것도 없는 것이겠다.

만주 기념 아편굴 | 완연마귀(宛然魔鬼)의 청녀(淸女)

만주 왔던 기념이니 갈 곳을 가야 합니다 하는 말이 무슨 말인가 했더니 찾아가는 곳이 아편굴이다. 광명을 등지고 사는 이 무리들, 볕 한 줄기 들어올 길 없이 캄캄한 굴속 같은 집 속으로 호기심에 끌려 코를 막아가면서라도 기어 들어가니 눈꼽은 발등을 깰 지경인 데다가, 등에 소금이 돋다시피 한 헌옷을 입고 마침 아침밥을 먹는 듯한 중국 여인 두세 명 곁을 무서운 짐승이나 피하는 듯이 비켜서서 들어가니 웃통을 벗어 젖힌 중국 친구 2명이 분주히 새카만 아편을 길쭉하게 잘라 내고 있다. 다시 보니 조선인 2명이 눈이 헤멀끔해서 드러누웠으니 아마 한 모금 빠신 모양이다. 한 모금 빨아 보실려우? 하는 바람에 질겁했다가 도리어 웃음을 샀다. 들으니 신갈파경찰서에서 근무하시며 소위 대안정찰(對岸偵察)을 표방하고 건너

다니는 나리님 몇 분이 중독 중에도 아주 알짜 중독자라고 하니, 아마 함경
남도 경찰에 꽤 알려진 모양이며 신갈파 서장 영감도 인정이 많은가보다.
좀더 머물러 보고 싶은 것을 찾고 싶기도 하였으나 끈끈하게도 따라다니
는 '끄나풀'의 꼴이 하도 시끄러워 그대로 건너편 여관에서 쉬고 말았다.

고달픈 유랑 생활 ┃ 어지런 이역객몽(異域客夢)

끝없는 벌판! 햇빛은 끝 모를 벌판으로 붉은 구름의 옹위를 받아서 저물
어 간다. 은은한 녹음, 나부끼는 갈대, 까마귀 두세 마리가 저무는 해를 따
라 둥지를 찾는다. 집도 없고 형제도 떠난 몸이 이 벌판에 얼마나 많이 헤
매는가.

한 떼의 양 무리가 하루를 풀밭에서 배불리고 돌아간다. 길쭉한 채찍을
휘둘러 양을 인도해 가며 콧노래를 읊는 목동의 등에 넘어가는 석양의 햇
발이 빗긴다. 뿔난 놈, 없는 놈, 흰 놈, 검은 놈, 오히려 먹을 것이 있다는 듯
이 입을 풀숲에 틀어박고 바쁜 길 아니라고 유유히 걸어가는 양의 무리.

정취로 보면 정취다. 아름답고 그윽한 만주벌의 석양이다. 그러나… 공
중으로 날아가는 까마귀도 둥지를 찾고, 땅 위로 걷는 양떼도 그 부른 배를
안고 '우리'를 찾아가는 것이 아니냐? 움막 같은 산 밑 초라한 두옥(斗屋)에
서 땅과 하늘이야 다를 바 아니지마는 그래도 내 땅과 내 땅을 덮은 그 하
늘을 그리워하는 고달픈 동포의 꿈… 남의 사정이 아니거니, 흐르는 눈물
은 감출 바 아니다.

〈13〉 1929. 8. 31.

만주 명물의 마적 동포 피해도 불소(不少)
관병이 삐뚤어지면 마적이 되고 관병으로 마적 사무를 보기도 해
포박일이 운명시

만주 땅에 발을 디디면 무엇보다도 만주 명물 마적 이야기를 빼지 못할 것이다. 그 넓고 끝없는 벌판, 푸른 숲에 몸을 담은 마적. 그들은 과연 어떻게 살며 어떤 행동으로 관헌의 가슴을 서늘케 하는가. 이제 들은 대로 몇 가지를 써 보기로 하자.

만주 명물의 마적 ∣ 기관총까지 비치

마적이라면 이미 세계적으로 정평이 있는 유명한 도적이지만, 잡히는 날에는 에누리 없이 모가지가 달아난다. 그만큼 생사를 가리지 않고 나선 도적임은 물론이며 여간 중국의 용병 따위는 당해 낼 재주□ □ □[21]은 관병보다 못지않을 뿐더러 모든 장비가 튼튼하여 총칼은 물론이고 기관총까지 가지고 떼를 지어 다닌다. 여름에는 어디서 어떻게 색출을 하는지 모르나 가을철 추수 때가 되면 촌락 중에도 큼직한 촌으로 한번 치면 친 값이 나올 만한 데만 골라 가지고 치는데, 미리 동쪽으로 간다, 어느 촌으로 간다는 등 관청에 소식을 전하여 관헌의 가슴을 따끔하게 하고 이리저리 갈팡질팡하게 만든 다음에 언뜻 목표한 촌락을 쳐들어간다고 한다.

---

21) 지면 파손으로 불명이다.

할이할비(割耳割鼻)도 능사 ┃ 선참후탈(先斬後奪)의 수법

물론 처음에 순순히 어떤 부호나 ▢▢▢나 물품을 군말 없이 제공하면 손쉬운 노릇이지만 그렇지 않고서는 댓바람에 쳐들어가는 판이라, 어떤 보잘것없는 촌에라도 들어가서 무엇이나 가져오라고 명령이 한번 떨어지면 동네 사람들은 울어 가면서라도 온 동리가 갹출하여 내는 판이라고 한다. 재작년에는 신갈파 건너편에 있는 채목공사에 현금 5천 원, 밀가루 200포대, 돼지 20마리를 보내라고 요구했는데 안 보내고도 견딜 재간이 있었던지 한번 버텼다고 한다. 그런데 그 마적은 그때 총알이 떨어져 할 수 없었는지 아니면 살생이 끔찍하여 그랬는지, 어쨌든 직접 채목공사를 습격하지 아니하고 이 회사에서 일하는 벌부들을 잡아다가 귀를 싹싹 잘라 버리는 바람에 7명의 귀 14개가 달아나는 첫날에 벌부 수백 명이 모두 달아나니 일을 할 수 없게 되어 요구한 대로 갖다 바치고야 말았다고 한다. 이런 것은 썩 보기 드문 일이겠고 선참후계라고 하더니 과연 이들은 선참후탈식으로 해먹는 판이라고 한다.

행형(行刑)하던 관병도 ┃ 마적으로 돌변해

잡히면 죽는다. 그러니 잡히지 않으면 다행이고 잡히는 날은 많이 못해 먹고 죽기는 원통하다는 것이 그들의 생각인지는 몰라도, 어쨌든 죽을 때는 죽어도 해먹을 것만 있으면 실컷 해먹겠다는 모양이다. 이러다가 관병에게 잡히면 물론 총살을 당하고 그다음에는 다시 목을 잘리고 또다시 '골'을 뽑아내고… 이렇게 끔찍하게 만들어서 길거리에 나무를 세우고 매달아 두면 저절로 썩어 떨어져 어느 구석으로 굴러가고 만다. 목을 잘라 매단 뜻은 다른 마적이 회개하도록 하는 것과 또 마적이 되지 말라고 하는 것이나,

압록강 화보

이렇게 마적 □ □을 자르던 놈이 □ □ □한가.

허가제(許可制) 소(小)마적단 ‖ 동포 참화도 불소(不少)

일찍이 이러한 녹림(綠林) 출생으로 중국 전토에 마적 토벌의 깃발을 날리고 제왕의 꿈을 꾸기까지 한 장작림[22] 같은 걸출도 있었지만, 구태여 마적이라고 책망할 바가 못 되니 오늘 마적이 내일의 관병이요, 오늘 관병이 내일 마적이 되는 판국이기 때문이다.

차라리 호걸풍이 있는 마적은 큼직한 판이나 차리지만, 관병은 그야말로 허가제의 작은 마적 격이기 때문이다. 마적 토벌이라면 이름은 좋으나 이런 때마다 죽어나는 것은 백성이니, 마적은 부호나 약탈하지만 관병은 농가에 닭 한 마리 버선 한 짝도 뺏어 가는 판이니 더 말하면 무엇하랴. 가난한 죄, 유랑하는 죄밖에 없는 우리 동포가 억울하게 당하는, 애꿎은 참화가 적지 않다고 한다. 이제 재만 동포(在滿同胞)의 사정을 잠깐 쓰고 이 글을 끝맺기로 하자.

---

22) 장쭤린(張作霖, 1873-1928): 중국의 군벌. 마적단 출신으로 러일전쟁 때 일본군 별동대로 암약했다. 뒤에 청나라에 귀순했다. 신해혁명 때는 봉천(奉天) 시내에서 경비를 맡았는데, 1919년경에는 봉천 독군(督軍)이 되고 나아가 만주의 실권을 장악, '동북왕(東北王)'으로 일컬어지기도 했다. 1920년 다른 군벌인 안후이파(安徽派)와 즈리파(直隸派)의 다툼에 개입해 북경 정계까지 진출하고, 1924년에는 지배 영역이 화북을 넘어 멀리 강소성까지 이르렀다. 국민혁명군 북벌 저지에 임하였으나 패하여 퇴각하던 중 일본 관동군이 기차에 설치한 화약이 폭발하여 사망했다. 아들 장쉐량(張學良)은 국민당과 타협, 일본군과 대립하였으나 만주사변으로 쫓겨난 후 군벌은 해체되었다.

〈14〉 1929. 9. 1.

백만의 재만 동포 부평(浮萍) 같은 표류상
피도 눈물도 없는 채귀(債鬼)에게 졸려 사랑하는 아내와 딸까지도 뺏겨
고귀한 혈한(血汗)의 결정

만주 일대에 흩어져 있는 동포들의 참담한 생애! 필자가 구태여 쓰지 않아도 이미 독자들은 상상하고도 남음이 있는 바이다. 이제 몇 가지만을 간단히 씀으로써 다시 한 번 우리는 이역에서 고달프게 살아가는 동포의 비참한 생활의 일면을 보는 것으로 이 글을 마치기로 하자.

백만의 재만 동포 ▎ 부평 같은 표류상

물론 넓디넓은 이 벌판에 흩어져 있는 동포의 수가 얼마나 되는지 그것은 전혀 알 수 없다. 그러나 통칭 100만으로 헤아리는데, 그중에 농업을 주로 하는 동포가 80만여 명에 달한다는 것이 가장 근사한 숫자이겠다. 그중 간도 일대에 흩어진 이가 40만 명이요, 그밖에는 압록강 유역과 두만강, 요하 상류에 미치고, 요즘에는 흑룡강 유역의 오지에도 분포하는 상태라고 한다. 이는 10년 전부터 돌아오는 이보다 건너가는 이가 몇 배나 많아진 것을 말하는 것으로써, 어떤 촌락에 수백 호가 집단적으로 거주한다고 해도 그들이 또다시 어느 때 어떻게 이동하게 될지 몰라 작년 말에 봉천, 간도 등 각지 영사관에서 대략의 수라도 헤아려 보려고 조사해 보았으나 역시 쓸데없는 헛수고였다고 하니, 이것으로써 이들의 유랑이 얼마나 자주 얼마나 의외의 방면으로 헤매고 있었는지를 말하는 것이다.

고단한 족적 따라 ㅣ 개척되는 만주벌

고국에서 이역으로! 이것만으로서 애달픈 고행이 아니다. 이역에서 또 이역으로, 비록 낯선 산천이었으나마 정을 붙여 보려고 할 때 또다시 떠나야 하는 것이다. 이렇게 우리 동포의 신산한 유랑의 발자취가 남는 곳마다 황무지가 개간되어 옥토가 되고 만주 일대의 부원(富原)이 열리는 것이다. 이렇게 열리는 부원에서 산출되는 연 수확이 95만여 석(정확성은 의문이나)에 달한다고 하며 총면적이 60만여 정보에 달한다고 하니, 이것은 누구의 식량문제를 해결해 주는 것인가? 이러하건만 동포는 굶주리고 헐벗고 또 중국 관헌과 지주의 압박을 받지 않으면 안 되는 것은 우리가 앉아서 상상만으로는 도저히 미치지 못하는 것이다.

사정없는 채귀들 ㅣ 부녀자를 인질로

작년 가을 장백현 약수라는 지방에서 마적이 발호하고 또 이것을 토벌한다는 허가 맡은 좀도둑 격인 관병의 박해와 갖은 약탈로 인하여 하룻밤에 60여 호가 다른 곳으로 유리하였다는, 같은 피를 가진 사람으로서 눈물 없이 듣지 못할 기막힌 이야기도 있지만, 중국 지주로부터는 지주로서만의 횡포에 그치지 않고 채권자로서도 비할 바 없이 많은 행악(行惡)을 받지 않으면 안 된다. 이 백성이 죄 없이 살아왔거늘 신이 정의로써 인간을 다스린다면 이렇듯 불공평한 섭리가 또 어디 있으랴. 빚을 갚지 못한다고 잡아다가 갖은 욕을 보게 하고 부녀와 딸아이를 인질로 잡아가는 것은 백주에 공공연히 하는 버릇이라고 한다. 원래 땅이 비옥하여 작년 같은 흉년에도 먹을 것은 궁하지 않았다고 하지만, 이 인정 없는 무리의 무참한 박해에 쫓기는 동포가 비일비재하다고 한다. 그중에도 요즘에 와서 관병이 우리 동포에게 좀더 못살게 굴 조건이 생겼다. 소위 삼시협약[23] 이래로 상여금에 맛들인 관병들이 ○○단을 잡으려고 동포의 집을 함부로 아무때나 수색해서 눈에 띄는 물건을 집어 가는 판이라고 한다.

죄 없는 이 백성을 │ 신이여 살피소서

"금년은 아직까지는 풍년일 것 같소. 이 가을에는 말없이 지냈으면 좋겠지만 빚진 것이 있으니 또 모르지요." 눈물이 마르지 않은 채 이 말에 한없이 희망과 불안을 섞어 내게 말하는, 50이 넘은 늙은 몸에 아들을 따라 이 곳까지 왔다는 이 씨(54)의 뼈저린 한숨… 나는 무슨 말로써 어떻게 이들을 위로할지 알 길이 없어 창연히 하늘을 바라볼 뿐이었다. 조선은 인정의 나라라고 일찍부터 일컬었거늘 오늘날 무슨 죄로 백성은 이 인정 없는 고초를 받지 않으면 안 되는가? 아무리 속죄할 수 없는 큰 죄를 졌다고 해도 이만하였으면 속죄하고도 남음이 있을 것이련만…. (끝)

---

23) 삼시협약(三矢協約): 1925년 조선총독부 경무국장 미쓰야 미야마쓰(三矢宮松)와 중국 장쭤린(張作霖)이 체결한 미쓰야(三矢) 협약. 일본은 중국 중앙정부와 만주의 사실상 지배자 장쭤린을 상대로 만주에 거주하는 조선인 단속에 대한 교섭을 벌여 협약을 체결했다. 그 내용으로 만주에서 조선인 독립운동자를 체포하면 이를 반드시 일본 영사관에 넘길 것, 일본은 독립운동자를 인계받는 동시에 그 대가로 상금(賞金)을 지불할 것, 상금 중의 일부를 반드시 체포한 관리에게 주도록 할 것 등을 규정했다. 만주의 관리들은 협약 체결 이후 독립군 적발에 혈안이 되어 일반 조선인 농민들까지도 많은 피해를 입었고, 강력한 독립군 단속으로 만주독립군 기세는 약화되었다.

평양고보에 모 격문 배부

― 평양 특파원,《동아일보》, 1930. 2. 27.

석판으로 인쇄하였다고
학생 16명을 검거

25일 아침 평양고등보통학교(평양고보교)에 석판으로 인쇄한 모종의 격
문이 돌아 평양서에서는 아연 긴장하여 동교 2학년 을조를 중심으로 전후
16명을 검거하고 26일 아침도 계속하여 검거하는 중이라 한다.

평양 격문 사건 확대 학생 20여 명 검거

― 평양 특파원,《동아일보》, 1930. 3. 5.

고등계 주임은 사실 부인
극비리 엄중 취조 중

평양 격문 사건으로 평양경찰서 고등계에서는 평양부 내 각 학교를 엄중경계하는 중이라 함은 이미 보도한 바와 같다. 격문 사건이 일어난 후로 어제 3일 밤까지 평양서에 검거된 각 학교 학생은 20여 명의 다수에 달하며 잠깐 잡혔다가 하룻밤을 자고 나온 학생도 10여 명에 달하는데, 평양서 고등계 주임은 이 검거 사실을 절대 부인하며 격문 관계로 검속된 학생은 한 사람도 없다고 말한다.

평남경찰부 돌연 대활동
― 평양 특파원,《동아일보》, 1930. 3. 6.

오늘 5일 오전 10시경에 평남경찰부에서는 돌연 긴장미를 띠고 특고과 중촌(中村) 경부가 급거히 대동경찰서로 출동하여 동서 좌전(佐田) 경부가 인솔한 형사대 10여 명의 응원을 얻어 가지고 기림리, 인흥리 일대를 수색하는 중인데, 사건의 내용인즉 평원경찰서로부터 평남경찰부에 급보가 오기를 근일 해외로부터 중대 범인이 평원군에 잠입하였다는 것이라 한다.

신의주청맹(靑盟) 금일 공판 개정

— 평양 특파원, 《동아일보》, 1930. 3. 7.

주목되는 공소 공판 결과
평양복심법원에서

　신의주청년연맹 사건의 피고 안병진 이하 4명에 대한 치안유지법 위반 사건 공소 공판은 이미 보도한 바와 같이 오늘 6일 평양복심법원에서 등목(藤木) 재판장, 국지(菊地)·조(趙) 양 배석판사, 열석 석천(石川) 검사 입회와 사건 담임 박응무, 박태성 양 변호사 열석으로 개정되었다. 재판장의 피고들에 대한 사실심리는 일반 방청 공개 중에 진행하는 등, 사건이 사건인 만큼 동 사건의 공소 공판 판결이 자못 주목된다고 한다.[24]

---

24) 신의주청년연맹(新義州靑年聯盟) 사건: 신의주청년연맹의 선언과 강령 내용을 문제삼아 일제가 안병진 등 6명을 1928년 8월 치안유지법과 출판법 위반 혐의로 검거한 사건이다. 그중 안병진, 주창엽, 김성삼, 김련화 등이 기소되어 1심에서 3년에서 6년의 판결을 받았다. 그러나 1930년 평양복심법원은 신의주청년동맹 사건에 대해 전부 무죄의 판결을 내렸으며, 당국의 사법적 남용으로 청년들이 무고하게 3년여간 옥살이를 하게 되었다는 여론이 일었다.

천마대원(天摩隊員) 김성범
교수대의 조로(朝露)로

— 평양 특파원,《동아일보》, 1930. 3. 20.

33세의 청춘을 일기
집행 전 수십 일간은 절식(絶食)

얼마 전 신의주지방법원에서 사형 판결을 받고 평양복심법원에 불복 공소 중이던 ○○운동 단체인 천마대[25] 대원 김성범[26](33)은 작년 11월 19일 평양복심법원에서 치안유지법 위반, 강도살인, 방화 등 죄명으로 역시 사형의 판결을 받고 죽음의 날을 기다리고 있던 바, 지난 17일 보도검사 입회로 사형을 집행하였는데 10분 이내에 절명하였다. 그 사람은 지금으로부터 10여 년 전에 해외로 나가 조선○○운동에 종사하여 천마대와 또는 참의부 등에 관계하여 활동하던 중 밀정 혐의자 1명을 총살하고 군자금을 모

---

25) 천마대(天摩隊): 1920년 평안북도 의주에서 조직되었던 독립운동 단체. 일명 천마산대(天馬山隊)라고도 하는데, 근거지가 평안북도 의주군 고령삭면의 천마산에 있기 때문에 붙여진 이름이다. 천마별영(天摩別營)·철마별영(鐵馬別營)으로도 불렸다. 목적은 군자금 모금·민중 공작·일본 관리 암살에 두었다. 광복군총영, 대한통의부, 참의부와 연관되어 참여하였다. 대한통군부가 조직되자 의용군 제3중대로 편제되었다.

26) 김성범(金成範, 1899-1930): 독립운동가. 무장 독립군인 천마대에 가입하여 무장투쟁을 벌였다. 초산, 강계 지역에서 군자금 모금과 친일파 처단 등으로 활약했다. 1926년 체포된 후 순국하였다.

집하다가 불응한다고 또 1명을 총살했다 하며, 평양복심법원에서 사형선고를 받은 이후 매우 침울하게 지내다가 죽음의 날을 기다리다 지쳐 지난 2월 28일부터 절식을 단행한 이래 아무것도 먹지 않고 있었으므로, 17일 사형을 당할 때에는 정신조차 혼몽 상태에 빠져 있어 그와 같이 속히 절명된 것이라 한다.

차련관(車輦舘) 사건 '진범'?
오동진과 대질신문

― 평양 특파원,《동아일보》, 1930. 3. 29.

차련관 사건 '진범'으로 사형받고
공소 중에 아직 적확한 증거 없다고
생사기로에 선 김승엽(金承燁)

신의주지방법원에서 사형 판결을 받고 평양복심법원에 불복 공소한 차
련관(車輦舘) 주재소 습격 사건[27]의 피고 김승엽은 그간 동 법원에서 여러
가지로 취조를 하였으나 도무지 적확한 증거를 잡을 수가 없어 최후로 신
의주형무소에 있는 정의부 오동진[28]과 대질심문을 하기 위하여 27일 오후
3시 차로 위의 김승엽을 신의주형무소로 호송하였으나 서류에 불비한 점

---

27) 차련관 주재소 습격 사건: 1925년 7월 4일 정의부 의용대 대원인 이진무(李晉武), 김귀진(金貴振),
   김승엽(金承燁) 등의 무장 독립군이 평안북도 철산군 참면(站面) 소재 차련관(車輦舘) 주재소를 습격
   하여 무라가미(村上傳六) 경부보 등 일본인 순사 4명을 사살한 사건이다. 이 사건은 일경에게 매우
   커다란 충격을 주었다.

28) 오동진(吳東振, 1889-1944): 독립운동가. 평안북도 의주 출신으로 대성학교를 졸업하고 3·1운동
   에 참여한 후 만주로 망명, 대한청년단연합회를 조직했다. 1920년 광복군총영을 결성하여 독립군
   을 편성하고 항일 전투를 전개했다. 이후 재만 독립운동 단체가 통합하여 결성된 통의부, 정의부 등
   에서 독립군을 지휘했다. 군사부위원장 겸 사령장으로 국경 지방의 일본 경찰관서를 습격, 파괴하
   는 작전을 지휘한 것으로 차련관 주재소 습격 사건은 그 대표격이다. 1926년 일제에 체포되어 무기
   징역을 언도받았다.

이 있어 신의주형무소가 받지를 아니하여, 부득이 같은 관할 경찰서에 맡
겼다가 28일에야 다시 수속을 해서 대질신문을 시작할 모양이라는데 그
결과가 어찌될지 김승엽의 생사가 판단나는 최후 일정이라 하여 매우 주
목된다고 한다.

홀아비 유출(誘出)
자살(刺殺) 후 투강(投江)

— 평양 특파원, 《동아일보》, 1930. 3. 31.

못 위에 떠오른 칼 맞은 시체
강서에 생긴 살인 강도

29일 오전 10시경 평남 강서 읍내에 있는 연못가에 칼에 맞아 죽은 시신이 발견되어 당지 경찰이 총출동하여 조사한 결과, 죽은 사람은 동 읍내에 사는 박용서(46)로 판명되고 범인을 엄탐(嚴探)한 결과 동 군 읍내에 사는 조학주(38)로 판명되어 그날 밤에 체포하여다가 방금 취조 중인데, 그자는 지난 27일 밤 피해자 박용서가 홀아비로 사는 것을 이용하여 중매를 해 준다고 꾀어서 위의 연못가에 와서 돌연 돌로 난타하고 또 칼로 찔러 죽인 후 현금 50원을 강탈하고 시신은 그 연못 속에 던지고 도망하여 자기 집에 가서 숨어 있었던 것이다.

4천 년 전 고도 평양 행진곡(지방 소개 1) :
평양 사회단체 개관

— 『별건곤』 32호, 1930. 9. 1.

평양 사회단체의 개관, 총괄해서 말하면 침체 상태라는 한마디를 긍정하지 않을 수 없다. 그러나 언론 집회의 자유가 극단으로 제한되어 기미 전의 조선이 재현되는 듯한 감을 금할 수 없는 오늘, 마치 무장해제를 당한 군인과도 같이 서러운 이 현실에서 대중의 지지와 촉망을 오롯이 받은 몇몇 사회단체가 역사가 부여한 그들의 임무를 다하지 못하는 점에서, 우리는 그들의 비통한 침묵 속에서 차라리 그 위대한 힘의 잠재 및 성장을 인식하는 것뿐으로써 자위를 삼지 않을 수 없다. 정체, 기필코 퇴보하지는 않을 것이다. 내일이 있음을 역사가 웅변하고 때가 올 것을 기다리는 것이 전혀 공상이 아닐진대, 무모한 고답적 진출보다는 좀더 실천적으로 전위분자(前衛分子)의 사회운동에서 대중의 사회를 꾀하여 대중의 훈련도 모른 체할 바는 아니니, 비관은 금물이라는 전제 아래서 평양에서 중요한 몇몇 사회단체만을 들어 개별적으로 써 보자.

1. 신간회[29] 평양지회

1929년 12월 20일 회원 300명을 포용하고 설립된 이래로 중요한 사업 내용을 든다면 대중의 단체적 훈련이라 할 것이다. 서조선에서 민족주의의 선구인 조만식 씨를 위원장으로 하고 역시 사회주의의 선구라 할 최윤현 씨를 상무로 하여, 그간 회원 350명 중 150명을 정리하고 건실한 분자(分子) 200명으로 진용을 정제하여 민족적 총역량을 집중한 유일의 권위 단체를 형성하였다. 그러나 크게 한번 흔들려 좌우 분익(分翼)이 찢어지고 회색 분자를 정리하는 시기가 도래한다면, 과연 그 정제한 진용에 흔들림이 없을지 주의를 게을리할 바 못 된다. 최근에는 본부에서 연사를 초빙하여 내외 정세와 신간회의 역사적 사명을 강연하여 기세를 올리고 남조선 수해 구제를 솔선 발기한다. 우리가 신간회에 지지하는 바가 어찌 이에 그치랴. 동 지회의 각 반회 5분회를 통하여 실제적으로 단체적 훈련이 우리의 단결성이 결여된 폐단을 근멸하고 새로운 광명을 보기까지 계속해서 대중을 이끌고 나가자. 오늘의 정세에서 신간회가 실제적 투쟁에 나가지 못하는 것은 스스로 고표(苦表)를 피력하지 않더라도 모를 바가 아니다.

---

29) 신간회(新幹會): 1927년 2월 '민족 유일당 민족협동전선'이라는 표어 아래 민족주의를 표방하고 민족주의 진영과 사회주의 진영이 제휴하여 창립한 민족운동단체이다. 신간회의 기본 강령은 민족의 단결과 정치적, 경제적 각성을 촉구하고 기회주의자를 배격하는 것 등이다. 내부적으로 좌우익의 갈등은 있었지만, 신간회는 민족적·정치적·경제적 예속의 탈피, 언론·집회·결사·출판의 자유의 쟁취, 청소년·여성의 형평운동 지원, 파벌주의·족보주의의 배격, 동양척식회사 반대, 근검절약운동 전개 등을 활동목표로 삼아 전국에 지회(支會)와 분회를 조직하며 세력을 확장해 나갔다. 일제강점기의 가장 큰 합법적인 결사로서 전국에 지회가 200개, 회원이 3만 9,000명이 되었다. 1929년 광주학생운동 진상조사와 탄압 규탄 등 여러 활동을 하였으며, 1931년 해소되었다.

2. 신간회 평남도 연합회

작년 12월 7일, 평양지회 위원장 조만식 씨를 서기장으로 하고 설립되었다. 특히 평남에서 신간회 지회의 설립을 본 곳이 평양을 필두로 안주, 진남포뿐에 그쳤으므로, 아직은 순회강연 등을 실시하여 기성 지회의 기반을 공고히 하고 지회 증설을 도모하여 회의 세력 신장을 위해 노력하는 것뿐이다.

3. 근우회[30] 평양지회

1928년 1월 31일에 설립되었는데, 과거 평양여성동맹의 모든 회원이 근우회로 집중하여 평양 여성운동 단체의 최고 기관을 만들어, 설립 당시 회원이 겨우 170명이었던 것이 현재 500명이 되고, 최근에는 지회 관사 건축에 전 회원이 성의를 기울이는 중이다. 기와집 2층의 동 회관이 서문을 통과하는 대로변에 서서 그 위관(偉觀)을 자랑하게 된 것은 물론 회원 각자의 성의도 성의지만, 위원장 조신성 여사가 노령임에도 불구하고 전심전력 오로지 근우회의 기초 사업에 일신을 희생하려는 뜨거운 성의가 오늘의 근우회로 하여금 꾸준한 진출을 보게 하는 것이다. 빌건대 여사의 노체(老體), 건강하여 보다 더 새로운 노력이 있을진저.

4. 조선노동총동맹 평양연맹

수많은 혁신을 거듭해서 1925년에 조직된 노동연맹, 1년이 지나지 않아

---

30) 근우회(勤友會): 1927년 5월 조직된 여성단체로, 민족주의적 방향과 사회주의적 방향을 통합하여 조직되었다. 서울에 본부를 두고 전국 각지 및 국내외에 지부를 두었다.

화요계를 중심으로 한 이문리노동연맹과 서울계를 중심으로 한 육로리노동연맹으로 분열되어 평양 노동운동 역사에 일대 지장을 끼치다가, 지난번 안주에서 개최된 관서민중운동자대회에서 이문리노동연맹만을 지지한다는 결의가 있은 이래 연미(軟味)를 띠기 시작한 육로리노동연맹이 마침내 1927년 4월에 와서 무조건 합동을 제창하여 원만한 합동을 보게 된 직후 서울계의 강영화 등이 공산당 관계로 투옥되고 괴인(怪人) 이대영이 작년에 죽으니 반동 세력은 일소되고 완전한 통일을 보게 되어, 30여 세포단체, 4천여의 회원을 포용하고 진영을 갱신하여 김유창 씨가 집행위원장에 취임하여 오늘날에 이른다. 여기서 우리는 전위분자 일부의 반동 또는 그들의 파벌적 야심이 얼마나 대중의 진로를 혼란케 하는지를 통감하고, 통일전선을 펴는 노동연맹이 최근에 와서 과거 침체 상태에 있던 고무직공조합과 양말직공조합의 혁신대회를 소집하였고, 제모(製帽)직공조합 · 이발직공조합 · 운송노동조합의 새로운 설립을 보게 되어 노동운동의 새로운 기운을 만든 것을 쌍수를 들어 경하할 일이다. 그러나 최근에 이르러 세포단체의 하나인 구두직공조합이 "자유연합주의적 정신을 기조로 한 운동"을 목표로 '아나키스트'의 기치를 들고 노동연맹에서 탈퇴를 결의한 것은 주목하지 않을 수 없다. 요컨대 세포단체를 빼앗긴 노동연맹으로서 어떻게 다시 구두직공조합을 흡수하려는지? 그렇지 않다면 그대로 부분적 상실을 감수하려는지? 우리는 이후 평양에서 사회주의 무정부주의 간에 흐르는 어두운 흐름을 주시하지 않을 수 없는 것이다. 올해에 와서 제약직공, 고무직공, 양말직공 등의 부분적 파업도 있었으나 지면 관계로 아직은 그만둔다.

5. 평양청년동맹

5월청년회를 전신으로 하여 1926년에 조직된 평양청년동맹은 다시 노동청년회, 양말직공청년회, 고무직공청년회, 면옥직공청년회, 인쇄직공청년회, 양복직공청년회와 함께 해체를 선언한 후 1926년 10월 10일에 300여 명의 회원을 포용하고 단일 청년동맹을 창립하였다. 청년 대중의 교양 교육을 중요 임무로 하였지만 특기할 사업을 보인 바 없고 그간 침체에 빠지는 우려가 없지 않더니 올해부터 새로운 활기를 보여준다. 최근에 노연상 씨를 위원장으로 하여 위원을 다시 뽑은 이래 아직 적극적 진출을 보지 못하겠으나, 과거에 비하여 새로운 기운을 만드는 것은 사실이라 하겠다.

6. 조선청년총동맹[31] 평남연합회

올해 7월 18일에 조직되어 아직 일천한 만큼 우리에게 보여주는 것은 없다. 가맹 단체는 평양, 강동, 안주, 진남포, 용강 등지로 창립 당초에 중요 결의안은 토의의 금지를 당하고 위원장에는 최문식 씨가 취임하였다. 앞으로 자체의 임무를 다할 줄 믿는다.

---

31) 조선청년총동맹(朝鮮靑年總同盟): 3·1운동 후 자연 발생적으로 일어난 전국의 600여 청년 단체들은 민족개량주의와 사회주의 진영으로 대립하고 있었다. 1924년 조선청년총동맹 창립대회가 개최되어 전국의 사회주의 청년 단체는 거의 망라하는 조직을 창설하였다. 1930년 신중앙기관이 선출되었으나 이후 광주학생운동 관계 인사들의 검거로 우익화되어, 각 지방에서 해소론이 나오게 되었다. 1931년 사실상 해소되고 이후 좌익 계열은 이후 지하의 적색노동조합과 적색농민조합 속으로 들어갔다.

끝으로는 관서흑우회,[32] 조선형평사[33] 평양지사는 지면 관계로 생략함을 유감으로 생각하며 평양청년회는 간판뿐 낡아 간다는 것을 써 두자.

필자의 한마디, 좀더 상술코자 하였으나 지면 관계뿐 아니라, 필자 자신의 시간이 없어서 간단히 하고 유감 되는 바는 다음 기회를 기다리려 한다.

(1930년 8월 3일)

---

32) 흑우회(黑友會): 1920년대 관서 · 관북 지방에 조직되었던 무정부주의운동 단체. 1927년 12월 22일 평양 창전리(倉田里) 천도교 강당에서 관서 지방 아나키스트들의 연합체로서 관서동우회 창립대회가 열렸고, 창립 후 관서흑우회로 개칭하였다. 이홍근(李弘根) · 최갑룡(崔甲龍) · 이주성(李周聖) · 이효묵(李孝默) 등이 참여하였다. 이들은 "우리는 중앙집권주의와 강권주의를 배격하고 자유연합주의를 강조한다. 우리는 빈천 계급의 완전한 해방을 기한다. 우리는 유상 무상의 우상숭배를 배격한다"는 내용의 강령을 채택하였다.

33) 형평사(衡平社): 백정 신분 해방 운동을 펼쳤던 조직. 백정에 대한 불평등한 처우를 개선하고 신분 해방을 실현하는 것을 목적으로 삼았다. 1923년 경상남도 진주에서 처음 설립되었고, 이후 전국적으로 지사가 만들어졌다. 1920년대 중반부터는 내부 대립으로 세력이 점차 약화되었다.

평양 고무쟁의(爭議) 진상(眞相)(1~7)

— 오 특파원,《동아일보》1930. 9. 4.~9. 11.

〈1〉 1930. 9. 4.

평양의 고무직공 1,800여 명의 총동맹파업은 폭발된 지 불과 20여 일을 지난 오늘에 와서 그 용두사미적 지구전이 마침내 노동자의 참패로 돌아 갔다. 그러면 이 쟁의는 어디서 출발하여 어디까지 이르렀기에 종국(終局) 이란 획선(劃線)을 짓고 그 총결산으로서 노동자의 참패라는 결과를 보는 것인가? 특히 이 쟁의는 본보의 정간 중에 폭발되어 종국을 짓기까지 20여 일에 달하기까지 보기만 하고 듣기만 할 뿐 그 진상의 일단이라도 독자에 게 보도할 길이 없었던 기자는 이에 속간을 기하여 이 쟁의를 회상하면서 그 총결산을 써 보고자 한다.

1. 직공 임금 감하(減下)

빈구(濱口) 내각의 성립 후로 금(金) 해금을 단행한 영향과 넓게는 세계 적으로 실업자의 홍수를 보게 된 작금의 세계적 불경기는 불행한 조선 에도 습래(襲來)하여, 그 부산물의 하나가 이 평양의 고무직공 대동맹파 업이다.

지난 5월 23일 경성에서 개최된 전 조선 고무공업자대회에서 불경기를 구실로 삼아 노임 1할 감하를 결의하고 이를 극비밀에 붙인 채 전 조선의 각 고무공장은 그 실행에 착수하여 8월 15일경에 이미 경성의 각 고무공장은 이 뜻을 발표하였다. 그러나 때는 마침 각 공장이 휴업 중임을 기회 삼은 발표였으므로 갑자기 어떤 문제가 야기치 아니하고, 복업기(復業期)에 이르러 노임 감하에 복종하는 자에 한하여 직공으로 채용하여 경성에서는 우선 문제없이 노임 감하가 실시되었다. 이것을 본 평양 고무공업동업회에서는 같은 달 28일에 이르러 연천(連川) 회의를 거듭한 결과로 고무화 매 켤레(足)에 공임(工賃) 5리(厘)씩을 감하하기로 결의하고 8월 1일을 기하여 각 공장은 이것을 직공에게 발표하였다. 그러나 평양은 경성과 달라서 이미 각 공장은 휴업기를 경과하여 전부 복업한 후였고, 특히 그동안 거의 침체 상태에 빠졌던 평양 고무직공조합이 혁신대회를 소집하고 진영을 정제한 직후였던 관계상 평양의 노동자로서는 자신의 살을 깎는 듯한 이 노임 감하를 그대로 복종하지 아니하였다.

2. 노임 감하 반대

8월 1일에 공장주에게서 노임 감하의 통고를 받은 직공들은 8월 3일에 교섭위원 3인으로 하여금 평양 고무공업동업회 당국자에게 임금 감하의 이유를 질문하는 동시에 감하 반대의 뜻을 표명하고 동 6일에는 연공(聯工) 전체대회를 소집하여 대책을 강구할 것을 결정하였고, 8월 4일에 교섭위원 3인이 동업회 당국자에게 노임 감하의 이유를 질문할 때 직공 측에서 정식 공문을 제출하면 공장주 회의를 열어 답변한다고 하여 3일간의 여유를 구한 결과, 8월 6일에 개최하려던 고무직공 전체대회를 8월 10일로 연기하고 동업회의 회답을 받아 대책을 강구키로 하는 동시에 우선 직공 측은 동맹파업을 전제로 야업(夜業)부터 정지키로 하였다.

3. 총동맹파업

8월 6일 공장주들은 회의의 결과로 "직공조합의 임금 인하 취소 요구는 거부하고, 8월 14일 내로 직공들이 복종치 아니하면 새 직공을 모집할 것"을 결의하고 이를 회답하니, 당일 오후로 대동고무, 평안고무 등은 이미 직공의 야업이 정지되고 다음날 정오까지에 서경고무, 정창고무, 구보전고무, 내덕고무가 대동 및 평안고무의 맹파(盟罷)에 가담하여 파업하고, 당시 휴업 중에 있던 동양고무, 국제고무, 세창고무, 금강고무의 직공까지 이에 호응하여 평양 10대 고무공장의 직공 1,800여 명이 일제히 공장을 등지고 나오니, 1년에 500만 켤레를 생산하고 멀리 중국에까지 광대한 판로를 가진 평양에서 가장 중요 산업의 하나인 고무공장은 일시에 기계를 정지하여 내외의 주목을 끌기에 이르렀다. 이로써 평양 고무직공의 대동맹파업은 제1일을 맞이하여 공장은 직공을, 직공은 공장을 상대로 쌍방이 진을 벌여 대치하였다.

〈2〉 1930. 9. 5.

4. 요구조건 제출

총파업이 단행된 지 제3일인 8월 10일에 직공 측은 전체대회를 열고 파업단은 전 조선 고무직공 대중의 이익을 대표하여 조선 고무동권(同權)연합회의 임금 인하 결의의 취소를 권고하고 그 실행을 절대 반대하는 항의

를 조선 고무동업연합회에 발송하는 동시에, 평양 고무동업회를 상대로
아래와 같은 20개조에 달하는 요구조건을 제출하기로 결의하였다.

◇요구 조건

1. 임금 인하 절대 반대

2. 무리 해고 반대, 해고수당 지급

3. 대우 개선

4. 일요 기타 휴업일에 임금 지불

5. 야간작업 폐지(부득이한 경우에는 임금 1할 증가)

6. 공장제도 불충분에 의한 직공의 시간 착취 반대

7. 제화(製靴) 재료 배급 실시 및 배급의 공평

8. 작업으로 인한 상해 보상 및 치료비 지급

9. 기계 수선 및 수선비의 직공 담당 철폐

10. 부정 검사 구축

11. 징벌 정업(停業) 또는 벌금제도 철폐

12. 불량품 배상 제도 철폐

13. 보증금 제도 철폐

14. 도구 무상 대부

15. 소제(掃除) 기타 무임 노동 철폐

16. 연말 상여 지급

17. 산전(産前) 산후(産後) 3주간 휴양 및 생활비 지급

18. 수유 시간의 자유

19. 파업 중 직공 모집 반대

20. 단체권, 단체계약권 확립

이상의 요구조건은 8월 10일 고무동업회에 제출되었다.

5. 기계직공의 맹파(盟罷)

직공 측의 20개조 요구조건은 8월 12일 고무동업회의 결의에서 1개조도 승인되지 못하고 전부가 거절되어 "임금 인하 건에 대해서는 기정방침 (기자 주=고무화 켤레당 5리 인하)대로 진행하고, 기타 제 조건은 현재 조선 고무공업계로서는 시기상조의 문제인 고로 부득이 수리할 수 없으니 이로써 혜량 선처할 뿐이다."의 회답을 직공조합에 발(發)하였다. 이날에 맹파는 확대되어 지금까지 움직이지 않던 정급(定給) 기계직공 300여 명이 맹파에 가담하였다. 기계직공들은 대개가 월수입 60원에서 70원을 받는 고급자로서 이번 맹파의 도화선이 된 임금 인하에는 권외의 인물이므로 그동안 직공들의 맹파를 관망만 할 뿐이요, 빈 공장을 지켜 오던 이들이다. 이들이 맹파에 가담한 이유는 공장주로 하여금 새 직공을 모집할 수 없게 하기 위해서였다. 기계직공은 전문 기술자인 동시에 이들이 없이는 새 직공을 모집하여도 기계는 의연히 정지되어 작업이 불가능하다.

6. 비판 연설 금지

8월 13일 기계직공의 맹파 가담으로 인하여 직공 대 공장의 투쟁은 한층 더 험악해져서 조선노동총동맹 평양연맹에서는 신간회 본부 위원 등을 초빙하여 파업 비판 연설회를 주최하게 되었는데 경찰의 간섭이 심하였다. 비판 연설회의 금지는 물론 이들 연사가 공장 측이나 직공 측을 절대로 방문치 못하게 하고 퇴거케 하였다. 신간회 평양지회에서 위원 조종완,[34] 최윤옥[35] 두 명이 공장 측에 사실조사를 행하여 신간회 평양지회로서 대책을 강구하기에 이르렀고, 경찰이 출동하여 직공 측에서 검속자(檢束者)가 속출하는 형세였다.

7. 신간회의 결의

파업 일주일에 이르어 새 직공 모집을 하루 앞둔 13일에 공장 측은 14일까지 복업치 않으면 해고하고 새 직공을 모집한다는 정식 통지를 직공 측에 발하고, 다음 날에는 10대 공장의 정지되었던 기적(汽笛)이 이른 아침부터 요란히 울면서 직공의 취업을 재촉하였으나 겨우 다섯 공장에 30여 명이 복업하였을 뿐 다수의 직공들은 공장 부근에 보이지도 아니하여 엄계(嚴戒)를 극(極)한 경찰의 사벨 소리만이 보는 자의 눈을 끌었을 뿐이요, 경성에서는 신간회 본부 중앙상무집행위원회를 소집하고 아래와 같은 결의를 행하여 그 실행을 평양지회에 일임하였다.

◇신간회 결의

1. 평안, 대동, 정창, 동양, 세창, 국제, 금강, 서경, 내덕, 구전 등 각 공장에서 불경기를 구실로 임금 인하를 감행하려는 소수 자본가의 항구적 이

---

34) 조종완(趙鍾完, 1891-1945): 독립운동가. 평양 대성학교를 졸업하고 3·1운동으로 체포되어 투옥되고, 상해임시정부의 자금 모집 활동을 하다가 다시 옥고를 치렀다. 출옥 후 1925년 동우구락부(同友俱樂部)에 가입, 1935년 수양동우회(修養同友會) 사건으로 옥고를 치렀다.
35) 최윤옥(崔允玉, 1892-?): 사회주의 운동가. 1924년 평양노농연합회 등을 조직하여 활동하였고, 다음해 평양양말직공조합 파업 주도 혐의로 검거되었다. 조선노농총동맹 중앙집행위원을 지내기도 했고, 신간회 평양지회 집행위원으로도 활약했다.

익을 위하여 다수 노동자의 생활을 위협하는 것으로 인(認)하고 이를 절대 반대함.

2. 각 공장에서 파업을 이유로 노동자를 해고함은 공장주의 자본주의적 계획 하에서 다수 노동자 및 그 가족의 생명에 박해를 가하는 것이므로 이를 단연 반대함.

그러나 15일에 소집하려던 평양지회의 위원회는 경찰이 금지하고 경성 신간회 본부의 결의는 그 실행을 평양지회에 일임하도록 지령을 발하고자 하였으나 이는 관할 경찰에게 금지되었다.

⟨3⟩ 1930. 9. 6.

8. 민간 조정의 출마

8월 16일에 이르러 민간으로서 평양 상공협회 전무이사 김병연 씨의 조정 출마로 맹파 10일 만에 공장 대표와 직공 대표는 요정 무장야(武藏野)에서 첫 회견을 가졌다. 석상에서 토의한 결과 해결의 서광을 발견한 조정자는 그날 밤 신간회 평양지회장 조만식 씨와 상공협회장 오윤선 씨와 공히 날이 밝도록 심의한 결과로, 직공 측의 20개조 요구조건 중 문제의 임금 인하에 대하여 종래 고무화 매 켤레에 5전, 4전, 3전의 임금에서 공장주는 5리씩을 인하하여 4전 5리, 3전 5리, 2전 5리로 한 것을 이 조정에서는 5전을 4전 5리로, 4전을 3전 5리로, 3전을 2전 8리로, 요컨대 1할 내지 1할 7푼의 임금 감하를 평균 1할로 하는 동시에 남은 19개 조건은 △공장 측 승인 7개조, △동 조건부 승인 1개조, △직공 측 요구 철회 10개조, △보류 1개조.

이상으로써 해결되어 작업을 시작하게 되면 희생 직공을 한 명도 내지 않는다는 조건이 첨부되어서 우선 이로써 조정자 3명의 안이 성립되고, 다음 날의 직공대회에서는 전권위원 12인을 선정하여 그들에게 공장주와 타협하여 해결하도록 전권을 부여하기에 이르렀다.

9. 경찰의 조정 출마

이상 민간 3명의 조정안이 성립되어 쌍방이 그 조인의 의사까지 표명한 이때에 경찰이 뛰어들어 사회단체의 조정 절대 금지 그리고 조정은 경찰이 출마할 것을 선언하고, 다음 날에 와서 공장과 직공 측의 대표를 호출하여 임금은 5전을 4전 5리로, 4전을 3전 6리로, 3전을 2전 7리로 하는 동시에 남은 19개 조건은 △공장 측 승인 5개 조건, △동 조건부 승인 3개 조건, △직공 요구 철회 11개 조건.

즉 민간 조정안에 요모조모 약간의 단청칠을 해 놓은 이상의 조정안을 쌍방에 제시하고 직공으로서 이에 복종치 않으면 일체 집회를 금지하고 적극적 간섭과 탄압을 개시할 것을 표시한 결과, 공장주 측이 이 안을 즉시 승인한 것은 물론이고, 직공 측의 전권위원도 조정안이 제시된 지 4시간 만에 7대 5의 2표 다수로써 경찰의 조정안을 승인하기로 결의하였다. 이리하여 일사천리로 조정안이 제시된 지 7시간 만에 쌍방 대표는 경찰서에서 평남경찰부장의 입회와 평양서장 및 동 고등계 주임의 열석(列席) 하에 조정안을 조인하여 각서 2통을 작성 교환하고, 사건이 원만 해결되었다고 다음 날 오전에는 검속 직공도 전부 석방하였다.

10. 전권 불신임

경찰서안에 조인한 직공 전권이 다음 날에 대회를 소집하고 이를 보고하자, 회원은 전권위원들의 비겁을 통격(痛擊)하여 즉석에서 전권 12인의 불신임안을 제출 통과시키는 동시에 노련(勞聯) 측 강덕삼 씨가 전권의 책임을 묻고 강경한 태도를 보였다. 임석(臨席) 경관은 강 씨를 현장에서 검속하였다. 이로 인하여 장내는 혼란에 빠져 다수 직공이 경관의 뒤를 따라가며 강 씨를 내놓으라고 야단하며 일대 시위 행렬을 이뤄 마침내 직공 10여 명이 검거되었다. 이에 직공들은 극도로 흥분해서 남녀 직공이 경찰서에 쇄도하여 서내에 뛰어든 자가 여공만으로 150여 명을 헤아려 이들이 모조리 검속되기에 이르며, 신간회 평양지회는 형세가 험악함을 간파하고 위원 3명이 서장을 방문하여 검속 직공의 총석방을 요구한 결과 오후 6시 강덕삼 씨 외 백 수십 명 검속 직공은 총석방되었으나, 직공들은 그대로 흥분되어 전권위원 12인의 불신임과 동시에 전권위원이 조인한 경찰의 조정안도 부인하여 버렸다.

11. 형세의 역전

이리하여 형세가 역전되어 그날 밤에 전권위원 중 박기범은 공장 측으로부터 금 백여 원의 수회(收賄) 혐의로 직공 수십 명이 난타하는 소동이 야기되었다. 이로 인하여 피검자 3인을 내고 31일에는 직공조합이 위원회를 개최코자 하였으나 "파업은 이미 전권위원이 조정안에 조인한 것으로써 타협되었으니 다시금 파업 대책을 강구함이 불가"라는 이유로써 경찰은 집회를 금지하는 동시에, 공장주는 23일부터 작업을 결의하고 23일에 이르러 각 공장은 파업 후로 두 번째 기적을 울리고 직공 취업을 재촉하였다. 그 결과로 취업 직공이 다수는 아니었으나 어쨌든 정창고무, 서경고무, 국제고무 등에 취업 직공이 수십 명에 달한 것은 벌써 직공들의 연화(軟化)를 전제한 것이 아닐 수 없었다.

〈4〉 1930. 9. 7.

12. 기계직공의 복업

한때 직공조합 파업단에 가담하였던 기계직공 등 300여 명이 슬금슬금 복업하기 시작했다. 이제 공장주가 새 직공을 모집할 수 있게 되어 파업이 노동자의 패배로 결산을 보게 되었다. 즉 노동자가 패배한 원인의 하나가 기계직공의 복업이었던 것이다. 원래 유족(裕足)한 봉급을 받고 있어 파업의 원인인 임금 인하의 권외 인물인 이들 노동자의 입장에서 파업단과 동일 보조를 취할 듯하다가 일대 중간파 세력을 형성하고 회색적 행동을 취한 그 진퇴는 마침내 파업단에게는 일대 실망을 안겨 주고 공장 측에는 일대 환희의 적(的)이 되어, 23일부터 작업 결의를 한 공장주가 신 직공을 모집하는 거조(擧措)로써 구 직공을 협위하였다. 경찰은 예민하여지고 파업단의 자금은 핍절(乏絶)하였다. 식량문제는 이제 와서 파업단으로서 최대의 고민이 아닐 수 없었다.

13. 직공의 공장 습격

기계직공이 복업하고 파업단원 중의 일부가 이미 복업하매 그것이 비록 극소수라 하더라도 흥분된 직공에게 한층 흥분을 주는 것이 아닐 수 없는 이때에 취업 직공의 희소를 본 공장 측도 경찰의 조정안을 휴지통에 넣고 새 직공 모집을 결의한 것은, 직공들의 최후 행동을 재촉하여 마침내 남녀 직공은 마치 고삐 끊은 성난 소와 같이 공장을 습격하는 폭력적 행위에 나섰다. 23일에 우선 정창, 서경, 구전, 내덕 등 네 군데 공장을 습격하여 일대 소동을 일으킨 파업단은 다음 날에 평안, 동양고무공장 등에 또다시 소동을 야기하여 수차례 습격함으로써 다수 직공의 피검자를 내었다. 이에 경찰은 파업단 간부로 하여금 공장문을 수직(守直)케 하다가 그것이 미흡하여 파업단이 또다시 공장을 습격하면 간부가 책임을 지라고 최후 경고를 발하는 동시에 한층 치밀한 취체(取締)를 하게 되었다.

14. 복업 직공 증가

마침내 복업 직공은 날을 거듭할수록 증가되어 29일에 와서는 거의 전부가 취업하고, 직공조합은 위원장 김유창 씨의 사임원을 보류하고 전태성, 이관엽 2명을 그 임시 사무 취급에 취하였으나 대세는 이미 불리하여 직공의 통제를 전연 상실하고 이제는 간부들이 희생 직공 200여 명의 오갈 데 없음을 초려(焦慮)할 뿐으로써, 파업이 폭발된 지 23일 만에 직공 측은 패배하고 10대 공장은 승리를 구가하는 듯한 웅대한 기계 소리 속에서 1,800여 직공(희생 직공이 200여 명이나 새 직공의 모집이 있었으므로)의 기계적 노동이 계속되어 공장주는 다시 주판을 들고 쇄도하는 주문에 응하고 있고, 직공조합은 9월 4일에 이르러 마침내 파업단의 해체식을 행하고자 하였으나 경찰에게 금지되었다.

15. 파업 후 남은 것은[상]

이렇게 평양 고무직공의 총동맹파업은 23일 만에 종막을 고하였다. 남은 것은 무엇인가. 먼저 쌍방의 손실을 비록 그 정확을 기치 못하더라도 개략이나마 써 보면, 예년에 비추어 23일간 파업 중에 10대 공장이 생산하였을 고무화는 한 공장에 3만 켤레에서 4만 켤레로 총계 35만 켤레를 불하(不下)한다. 여기에 우선 공장 측의 손실을 든다면, 이 35만 켤레를 생산치 못하였으므로 켤레당 7전의 이윤을 견실(見失)하였다 치고 2만 4천 5백여 원, 그 외로 파업으로 인한 매 공장의 기타 손실을 천 원씩으로 치면 1만 원으로서 총 3만 4천 5백여 원이 공장주의 손실이겠고, 파업단 측으로서는 켤레당 평균 4전의 임금으로 35만 켤레를 환산하면 임금의 손실이 1만 4천여 원. 기타의 파업 자금으로 소비된 것을 200여 원으로 한다면 쌍방의 손실 총계 4만 8천 7백 원으로, 이것이 정확한 수치로 판명되면 다소의 차이가 있을 추상적 개산(槪算)이므로 기자는 이번 파업의 쌍방 손실을 대략 5만 원이라고 하겠다. 그러나 손실은 결코 이것뿐일 수가 없다.[속(續)]

◇정정 = 본문 제1회 2단 8행에 "8월 15일경에 이미 경성에서 착수 운운"은 7월 15일경의 오기.[앞 218쪽 참조]

〈5〉 1930. 9. 9.

파업으로 인한 손실은 이렇게 주판으로 따질 수 있는 수학적 금액에만 그치지 않는다. 먼저 파업단 측으로서는 200여 희생 직공이 있어서 요즈음은 하루같이 조합의 간부들을 붙들고 늘어지는 참상이다. 물론 공장 측으로서는 내쫓은 직공이 있는 대신에 모집한 직공이 있고(공장 측의 말을 들으면 직공은 파업 전보다 증가되었다고 한다) 대국을 보는 입장에서 역시 그러하다. 그러나 당장 업을 잡은 사람만을 보아서 업을 잃은 사람을 무시하지 못한다. 실업은 실업이다. 직공조합이 이들의 조처로 초려(焦慮)하는 것은 당연 이상의 당연이다. 다행히 '직공을 본위로 한 직공의 고무공장'을 직공의 손으로 설립코자 준비 중이라 하니 실업 직공의 소향(所向)이 전연 암담한 것은 아니라 하겠지만, 파업으로 생산이 없는 23일간에 소비도 없을 수 없다 함으로써 소매상으로서는 아무런 상품이거나 소화에 만족하므로 비록 평양 이외라도 경성 등지의 고무공장의 생산품이 없지 않으나 이 틈을 타서 일본 생산품이 진출을 하게 되는 것이니, 이것이 서조선 일대에는 심하지 않았다 하더라도 남조선 일대에는 평양 생산품의 판로가 일본 생산품에게 침해되고 더욱이 일본 생산품과 격렬한 항쟁의 무대인 중국 판로에서도 그러하다. 판로의 침해는 결코 일시적 손실이 아니다. 조선 사람의 생산품 판로에 앞으로도 거대한 영향을 던져 주는 것이다. 하물며 어떤 점으로서나 일본 생산품에 대항하기 힘든 조선 생산품, 특히 이것이 서조선 공업계의 최고위를 점하는 산업이기에 더욱 그러한 것이다. 윤택치 못한 우리 경제계, 부진한 우리의 공업에서 이것이 전체적 손실이 된다는 것은 누구나 단언할 수밖에 없다.

17.[36] 파업 책임은 누구에게 있나

그러면 이렇게 현재에 또 장래에 손실을 끼친 책임, 즉 이번 맹파의 책임은 공장주가 질 것이냐, 노동자가 질 것이냐? 기자는 그 책임을 공장주에게 지운다. 공장주가 그 책임을 노동자에게 전가할 수도 없지만 만약 전가한다면 그것은 양심 없는 자의 일이다. 왜? 그것은 이번 파업의 원인을 파

---

36) 16번은 기사 원문에 적혀 있지 않다.

악함으로써 족하다. 파업은 왜 야기하였나? 그것은 물을 것도 없이 임금 인하 문제로 귀착한다. 공장주는 말한다. 불경기의 타개책, 외래 생산품의 대항책 이것이 임금 인하의 이유라고…. 그는 그럴 듯도 하지만 어떤 공장 주는 말하되 "글쎄 여자의 노임이 1일 1원을 넘어가니 그것이 적소? 원래 평양은 다른 지방보다 임금이 비싸외다그려…."

물론 후자의 말은 가히 논란할 여지가 없다. 평양의 노임이 비싸다 하면서 왜 평양의 고무공업이 다른 지방보다 더 많은 이윤을 낳은 것은 말하지 않는가? 이익이야 많이 나건 말건 노동자의 임금은 꼭 아사를 근면(僅免)할 정도라야 될 이유는 추호도 없다. 공장주가 다대한 이익을 얻도록 고혈을 경주한 노동자에게 설혹 좀 비싼 임금을 주었기로니 어떻단 말인가? 그러나 기자는 이런 몰상식도 지극한 말로 문제삼지 않는다. 그러나 전자의 소위 '불경기의 타개책, 외래 생산품의 대항책'으로 임금을 감하였다는 것은 그 이유가 그래도 세계의 경제시장을 관망하고 조선 산업계의 꾸준한 발전을 도모한다는 점에 근거한 것이므로, 기자는 이제 그 이유의 근거를 추급하고 그 구실을 해부하여 봄으로써 임금 인하의 부당을 지적하고 금번 파업의 책임을 마땅히 공장주가 지지 않으려야 않을 수 없음을 써보고자 한다.

⟨6⟩ 1930. 9. 10.

18. 임금 감하는 부당

세계는 과연 불경기로 신음한다. 작금의 신문 보도의 대개는 세계 불경기의 고민상 및 그 반향의 결과이다. 자본가로서 이 불경기의 퇴치에 고심하는 것도 당연한 일이다. 거기다가 특히 빈약한 조선의 산업계가 산출하는 고무화가 외래 생산품에 대항함에 있어서 내외의 경제계를 막론하고 난국에 처한 이때이므로 그 대책을 세우는 것이 당연하다. 그러나 불경기 타개책, 외래 생산품 대항책이란 금간판을 쓰고 있는 금번의 조선 고무공업연합회의 노임 1할 감하 결의 및 그 실행은 그 금간판만으로 가볍게 보아 넘길 것이 아니다. 단연코 뚜껑을 열어젖히고 냄새나는 그것을 백일하에 폭로할 필요를 통감한다. 타지방은 별문제로 하고라도 문제의 평양 노임 감하에는 그것이 불경기 타개책도 아니고 외래 생산품과의 대항책도 못 된다. 불경기가 임금 인하의 이유라 하자 할진대 불경기란 유행어조차 듣기 어렵던 3년 전부터 평양 고무동업회는 임금 감하를 도모하지 않았는가. 3년 전부터 감하하려던 그 이유는? 외래 생산품 대항책일까? 그것도 아니다. 외래 생산품에 대한 대항에서 주(主)는 중국 판로에 대해서이다. 그런데 조선 고무신이 중국 판로를 개척한 것이 아직 3년이 넘지 못한다. 그 때문에 여자 돈벌이가 1일 1원이면 너무 많다는 답변에서 기자는 차라리 그 진실된 일면을 발견하는 것이다. 그러나 그것을 다 덮어두고 진실로 공장주가 불경기를 타개하고 외래품에 대항하여 조선 산품(産品)의 진로를 열어 보려는 성의가 있다고 생각하자. 그러면 공장주는 감하하려는 노임만큼 주주의 배당을 좀 감하하면 어떠한가? 주주의 이익은 저축이요, 노동자의 임금은 그대로 그날그날의 생활비에도 부족 또 부족을 감하는 것이 아니냐. 과거 7할, 8할에서 10할의 배당을 받던 시절에 비하여 현재 2할의 배당은 적을지 모른다. 그러나 과거 2할 이상의 배당을 호운(好運)으로 볼 것이요, 결코 그것을 꿈꿀 것은 아니다. 하물며 현세로서 노임 감하를 하지 않아도 역시 연 2할(혹은 그 이상)의 배당을 볼 수 있다는 것이 모 공장주의 진실된 대답이다. 하기는 이익을 못 보는 모모 공장이 있는 것은 사실이다. 그러나 거기에는 자금 부족이라는 다른 커다란 이유가 실재한다. 자금 부족으로 인한 이익의 근소를 노동자에게서 보충하려는 것은 그 얼마나 무리한 소위이랴?

하물며 최근 경성반도고무공장은 임금 인하를 취소하지 않느냐? 이에 기자는 임금 감하는 부당하다는 결론을 짓는다. 동시에 이번 파업도 그 책임의 전부를 공장주가 져야 할 것으로 결론한다.

공장주는 조선 산업계의 "발전을 도모하고" "불경기를 타개한다"는 금간판을 걸고 이 파업을 일으켜 자신의 손해는 자작지얼(自作之孼)[37]이라 하지만, 노동자로 하여금 생활상 최대 위협인 '기아'를 주고 동시에 도리어 조선 산업계에 거대한 영향을 끼친 것은 공장주로서 양두(羊頭)를 걸고 구육(狗肉)을 판 죄과가 아닐 수 없는 것이다.

그러면 노동자는 왜 패배하였나? 자본주가 어떤 혜택을 입는 대신에 사회적 정의를 배경에 둔 노동자는 어찌하여 그 정당한 요구가 무시되고 패배하였나? 이것은 결코 자본주의의 횡포라고만 단순하게 해석할 수 없는 일이다. 거기는 적어도 노동자 자체의 모순과 결함이 컸다. 기자는 최후로 이 패배의 원인을 토구(討究)함으로써 이 글의 끝을 맺고자 한다.[속(續)]

---

37) 자작지얼(自作之孼): 자기가 저지른 일로 말미암아 생긴 재앙.

〈완(完)〉 1930. 9. 11.

19. 직공 패배의 원인(상)

자본주의 무리에 당연한 불평을 들어 정당한 요구를 제시한 노동자가 패배한 원인은 어디에 있나? 이제 그 원인을 잠깐 들어 보면 먼저 (1) 자본주의 단결이 공고한 것과 (2) 위에 말한 소위 자체의 결함 (3) 정세 관찰의 부족과 (4) 통제력의 불충실 (5) 지도 이론의 불통일을 든다. 이 외로 또 다른 종종의 원인이 없지 않으나 그것은 논급(論及)치 않기로 하자.

공장주의 단결

공장주의 단결은 예상 외로 공고하였다. 그들은 최후로 공장문을 폐쇄하여도 좋다는 선까지 버티는 용기가 있었다. 물론 그들로서 노동자 측의 약점을 발견하여 기계직공 300명을 흡수할 수 있었던 것이 그들의 용기를 배가하고 승리를 전제한 쾌감까지 느끼게 하였겠지만, 이들이 권력 앞에서는 코를 끌면서도 과연 파업단 앞에서는 실로 굉대(宏大)한 단결체로서 적극적 대항을 시도하여 경찰의 조정안이 먼저 노동자의 손에서 부인되고, 이들 역시 조정안을 포기한 후 공직자 3인이 출마하여 조정의 뜻을 전할 때 이를 단연 거절하고 버텨 그들로 하여금 코를 떼고 물러나게 한 본극(本劇) 일막(一幕)도 공장주가 버티는 기운이 얼마나 강하였는지 규지(窺知)키에 어렵지 아니하였다. 자체의 결함을 가지고 식량문제에 초조한 노동자는 공장주의 이 완벽을 분해시키기에는 너무 부족하였다. 공장주의 단결에 비겨 노동자의 단결은 오히려 미숙한 듯한 감이 없지 않았다. 그러나 파업 10일 만에 출마한 민간 조정이 과연 성립되었던들 문제는 손쉽게 해결될 수 있었을 것이다. 여기서 기자는 이 파업이 확대된 원인 및 노동자로서 패배된 중요 원인의 하나가 노동자에게도 공장주에게도 아닌 딴 곳에 잠재함을 본다.

20. 직공 패배의 원인(하)

이상의 패배 원인도 결코 작은 원인은 아닐 것이다. 그러나 노동자로서는 그것을 각오하지 않으면 안 될 것이다. 언제나 그러한 난관은 있을 것이다. 그러나 패배 원인은 거기에 그치는 것이 아니다. 자체의 결함과 모순은 무엇이었는가?

1) 정세 관찰의 부족

파업 지도자는 정세를 관찰하는 데 그 식견이 너무 부족했다. 우선 평양에서 고무직공의 임금 감하는 3년 전부터 계획한 것이었다(계획은 1전 인하였으나 5리 감하를 단행하였단다). 이것을 왜 몰랐나? 적어도 자체의 고주(雇主)가 3년이나 두고 자체의 임금에서 인하 계획을 공연히 하였음에 불구하고 그것을 왜 몰랐나? 또 그것은 몰랐다고 하자. 그래도 오늘의 불경기가 지구 전면을 휩쓸고 곳곳에서 임금 인하가 문제되거늘 하필 평양의 고무직공만이 이 화를 입지 않을 듯이 안심하고 있었나? 이것도 덮어 두어라. 그러면 지난 5월 23일 전 조선 고무공업연합회가 노임 1할 인하를 정식으로 결의하고 이미 경성에서 그 실행에 착수하기까지 왜 평양 고무직공은 잠자고 있었나? 이 세 가지를 보지 못한 결과가 오늘의 패배가 아닌가? 이세 가지를 알았다고 하자. 그러하면 왜 이리 준비가 없었나? 파업 다음 날부터 식량문제가 일어나게 되었나?

2) 지도 이론의 불통일

둘째로 지도자는 그 이론을 통일하지 못하였다. 지도 이론의 불통일에서 원인한 지도 불통일이라는 결과가 패배의 원인이 안 될 수 있는가? 비겁한 견제가 있는 반면에 통쾌에 취한 무모한 독려는 마침내 노동자로 하여금 어느 장단에 춤을 출지 주저치 않을 수 없게 하였다. 어느 전권은 경찰 조정에 응하고 어느 전권은 이를 반대하여 기권할 방책은 있으면서 비겁한 지도와 독려는 하면서 방책을 세우지 못한 지도의 불통일은 마침내 지구전을 용두사미로 만들고 패배의 결산은 노동자의 두상(頭上)에 임하였다.

3) 통제력의 불충실

통제력의 불충실은 노동자 참패를 재촉하고야 말았다. 기계직공이 당초부터 파업을 관망하다가 이리 붙고 저리 붙는 연극을 연출한 것은 지도자가 그들을 통제할 역량이 부족했음을 폭로한 것이지만, 이는 그만두고라도 당초 직공이 파업 명령도 없이 파업을 단행한 것이라든가 전권은 불신임할지언정 신임하던 때의 전권이 조인한 조정안을 포기하는 것은 그 지도와 통제가 무력함을 폭로하는 것이며, 공장을 습격하는 폭력 행위까지 100퍼센트의 용기로 행하던 노동자가 직공조합의 복업 명령도 기다리지 않고 자체의 요구를 무시하고 공장주가 마음대로 작성한 서약서에 도장을 찍고 전부 복업해 버리는 것이 패배의 최후 원인이라 할 것이다.

21. 무엇을 배웠나?

참패의 전적을 남긴 직공은 이 파업을 경험하며 무엇을 배웠나? 긴말을 할 것 없이 패배의 원인을 추구하여 음미해야 할 것이다.[완(完)]

평양 고무공장 쟁의 전적(戰跡)

― 『별건곤』 33호, 1930. 10. 1.

　필자는 먼저 이 글을 쓰면서 편집자와 독자의 양해를 구한다. 그것은 평양 고무직공 동맹파업이라는 한 가지 사실을 앞에 놓고 두 번째 이 붓을 들게 되기 때문이다. 보신 분은 아시겠지만 이 글이 9월 초순 《동아일보》 지상에서 연재한 〈평양 고무쟁의 진상〉의 일부분을 다시 읽는 듯한 감이 없지 않을 것이다. 이것을 미리 양해하고 읽어 주기 바란다.

　8월 7일에 단행된 평양의 10대 고무공장(조선인 경영 8, 일본인 경영 2)의 남녀 직공 1,800여 명의 총동맹파업이 공장주와 대치한 지 23일 만에 마침내 노동자의 참패로써 그 끝을 고하여, 지금 10대 공장의 웅대한 기관 소리와 하늘로 솟아오르는 검은 연기는 실로 승리를 구가하는 듯하다.

　쟁의의 전적을 살펴보면 노동자 패배의 자취는 잠연(潛然)히 비애를 금하지 못하게 한다. 그런데 이 쟁의는 누구나 이미 잘 아는 바와 같이 공장주 측의 노임 인하가 원인이다. 그러면 저 노임 인하는 정당한 것이었는가를 알아보는 데서부터 이 글을 시작하자. 노임 인하는 지난 5월 23일 경성에서 회합한 전 조선 고무공업연합회가 불경기를 구실로 하여 전 조선 고무직공의 노임 1할 인하를 결의한 데서 시작한다. 여기서 다른 지방은 문제 외로 하고 평양에 한해서만이라도 공장주의 말과 같이 과연 노임 인하를 하지 않고는 오늘의 불경기를 타개할 수 없고 외래 생산품에 대한 대항 책이 없는가를 알아보면, 불경기 타개책이든가 외래 생산품 대항책이라는 것은 그것이 한 구실에 불과한 금간판(金看板)임을 알 수 있다. 불경기가 아 니었던 3년 전부터 임금 인하를 도모한 것은 불경기가 임금 감소의 중대한 원인이 못 됨을 웅변하는 것이요, 외래 생산품에 대한 대항도 역시 그러하 니 외래 생산품과 대항하는 무대는 주로 조선 고무화의 중국 판로라 하겠 는데 중국에서 조선 생산품이 일본 생산품에 비하여 켤레당 23전이 비싼 것은 사실이다. 그러나 그것으로써 켤레당 7전에서 10전의 이익을 보는 공 장주는 그 이익은 그대로 보존하면서 생산비를 절약하려는 계획하에 켤레 당 5전, 4전, 3전의 노임을 또다시 깎아먹으려는 것은 실로 부당천만의 욕 심이다. 또 과거의 이익에 비하여 현세로서는 배당이익이 좀 적은 것이 한 이유일 것이다. 그러나 과거 7할에서 10할의 이익배당은 당시 호경기로 인 한 운으로 볼 것이요, 결코 이것을 상례 삼아 8, 9할의 이익 배당을 꿈꿀 것 은 못 된다. 하물며 현세로서 임금 인하를 하지 않더라도 2할 혹은 그 이상 의 배당을 볼 수 있으리라 하니 임금 인하는 그 이유를 찾기 힘들다.

딴은 몇 공장이 이익을 내지 못한다. 그러나 그것은 이상의 이유라기보 다 자금 부족이라는 다른 큰 원인이 있다. 근소한 자금으로서 거대한 자본 주와 같은 이익을 표준으로 하여 노임을 인하한다는 것이 구태여 부당하 다는 결론을 내릴 필요조차 없는 것이니 양두구육이 이것이다. 어떤 공장 주는 임금 인하의 이유를 말하되… "글쎄 여자의 돈벌이가 하루 1원을 넘 으니 그것이 적소? 평양은 원래 임금이 비싸외다." 이 말이 자본주의 야욕 을 그대로 고백하는 것임은 물론이지만 차라리 이 속에서 임금 인하 이유 의 진실한 일면을 발견하는 것이다. 그러나 평양의 고무공업이 과거에 어느 지방의 고무공업보다도 많은 이익을 낸 것은 자타가 시인한다. 그럴진 대 다른 지방보다 임금이 좀 비싼 것이 어떻단 말인가. 노임이 꼭 아사를 간신히 면할 정도라야 할 이유는 추호도 없지 않은가. 따라서 임금 인하는 자본주가 더 많은 이익을 얻기 위하여 노동자의 생명을 침해하는 것이라 할 것이다. 여기서 우리는 파업의 책임은 공장주가 져야 할 것이라는 결론 을 얻는다.

그러면 이렇게 자본주의 무리가 원인인 파업은 쌍방에 어느 만한 손실 을 주었나, 또 그 반향은 어디까지 미쳤나. 파업한 23일간에 생산은 없어도 소비는 없지 않았다. 따라서 소매상은 아무 상품이거나 그 소화에 만족하 는 관계상 비록 평양 이외에도 조선인이 생산한 고무화가 없는 것은 아니 지만, 이 기회에 어부의 이익을 보는 일본이 생산품을 진출한 것이 서조선 에는 심하지 않았다 하더라도 남조선 일대 및 원래부터 일본 생산품과 항 쟁하던 무대인 중국 판로에서는 그 진출이 심했다.

그러므로 생산 못한 23일간에 한 공장에서 상례대로 3만 켤레에서 4만 켤레는 생산하였을 것이라 하면 총계 35만 켤레를 넘을 것이다. 그러면 고 무화 켤레당 7전의 이익을 공장주가 얻는다고 간주하면 그것이 24,500원, 그 외로 파업 때문의 손해를 매 공장 1,000원씩 계산해도 그것이 1만 원으 로 총 34,500여 원이며, 파업단 측으로서는 35만 켤레에 대하여 평균 임금 을 켤레당 4전으로 회계하여도 그것이 14,000여 원, 파업 비용이 200여 원 이니 쌍방의 손해액이 약 5만 원에 달한다. 그 외로 운송업자의 손실 및 부 청(府廳)의 전기 동력과 수도료의 감수(減收)도 또한 적지 않은 금액일 것이 다. 오히려 손실일 뿐 아니요, 판로의 침해로는 도저히 주판으로 따질 수 없는 거대한 영향이 미쳐 있는 것이며, 파업단으로서는 희생 직공 200여 명이 또한 무시 못 할 존재이다.

그러면 이 파업을 야기한 공장주의 손실은 자작지얼(自作之孼)이다. 민족적으로 산업계에 거대한 손실을 주고 외국 상품의 판로를 개척케 한 책임도 공장주에게 돌아갈 것이지만, 공장주의 무리를 못 견디어 정당한 요구를 제시한 노동자는 왜 패배하였나? 그 원인의 중요한 것은 노동자 자체의 모순과 결함이었다는 것을 피할 수 없다.

원인은 대체로 (1) 자본주의 단결이 확고하였던 것과 (2) 경찰의 간섭이 심하였던 것과 (3) 파업 지도자의 정세 관찰이 부족하였던 것과 (4) 파업 지도의 불통일 (5) 자체 통제의 결함 등이라 하겠다. 그것을 상술해 보면, 첫째로 자본주의 단결은 너무나 공고하였다. 원래 자기의 이익을 도모하는 점에서 조일(朝日) 자벌(資閥)이 악수한 평양 고무동업회는 제3권력의 혜택을 입으면서 그 성을 확고히 지켰다. 자금이 없고 자체 총어(銃禦)에 결함을 가진 파업단으로서 경찰의 적극적 탄압 아래 공장주의 철옹성을 붕괴할 힘은 과연 부족하였다. 다음으로 경찰은 한번 나서서 조정에 성공하였다가 노동자 측의 역습으로 조정이 실패되자 노동자를 적극적으로 탄압하여 집회조차 일체 금지하여 마침내 파업단은 통제력을 전부 상실하게 되었다. 그러나 이보다 큰 세 가지 실패 원인이 있다.

그 하나가 먼저 지도자의 정세 관찰이 부족하였다는 것이니, 평양에서 고무공장의 노임 인하는 3년 전부터 계획하여 그 시기만 기다리던 것이었다. 지도자는 어찌하여 이것을 몰랐느냐는 것이다. 그리고 그것은 몰랐다고 하자. 그래도 오늘의 세계적 불경기는 필연적으로 각지에서 노임 인하가 성행되고 동맹파업이 속출하였거늘 어찌하여 평양의 고무직공만이 그 화를 입지 않을 것으로 안심하였느냐.

그것도 덮어놓자. 그러면 적어도 자체의 고용주 되는 공장주들이 지난 5월에 회합하여 정식으로 노임 1할 인하를 결의하였으니 그 실행이 시간 문제화되도록 그것은 왜 몰랐느냐는 것이다. 이상 세 가지 정세를 관찰하였다면 왜 미리미리 준비가 없었느냐 말이다. 파업 자금이 도무지 없어서 10원, 5원 모아 오는 형편을 이루고 파업한 지 10일이 못 지나서부터 식량문제로 고민하게 된 것은 그 지도자의 식견이 너무 부족하고 생각이 너무 얕았다는 것을 말하는 것이며, 이것은 정당한 요구를 제시하고 패배의 비애를 맛보게 된 중대한 원인이 아닐 수 없는 것이다. 다음으로 동맹파업의 거조(擧措)에 나왔지만 그 지도 이론은 너무나 통일되지 못하였다. 지도 이론의 불통일 때문에 지도에 원만이 없어 비루한 견제를 하기도 하고 무모한 독려를 하기도 해서 노동자로서 어느 장단을 맞출지 주저한 것이 패배의 중요한 이유가 아닐 수 없었다. 또한 파업 단행에서 그 견해가 지도자 간에 상이한 것은 마침내 노동자의 진로를 혼란케 하였다. 누구는 경찰의 조정에 응하여 조인하고 축배를 들고, 누구는 이를 반대하여 직공 전체 대회로 자체가 선출한 전권위원을 불신임하고 '신임하던 때의 전권'이 조인한 조정안을 부인하였다. 이것은 자체의 조직이 미열(未熱)하고 통일전선을 이루지 못한 것을 폭로한 것이며, 끝으로 파업단이 폭력적 행동에 나서서 공장을 5, 6차례씩 습격하여 경찰로 하여금 강압의 구실을 얻게 하고, 그렇게 성난 소와 같이 날뛰던 직공들의 20개조의 요구를 그대로 휴지통에 집어넣은 공장주가 마음대로 작성한 서약서에 도장을 찍어 바치고, 어느덧 복업(復業)하여 직공조합은 복업 명령을 낼 여지조차 없게 하고, 마침내는 파업단 해체식조차 경찰의 금지를 당한 것이다. 특히 기계직공을 흡수하지 못해 이들이 일대 중간파의 세력을 형성하여 한때 노동자의 파업에 가담하였다가 다시 복업함으로써 그 회색적 행동에 나선 진퇴가 한때는 공장주를 초조하게 하였으나 마침내 파업단의 일대 실망과 공장주의 일대 환희가 되어 기계직공의 복업으로 기운을 얻은 공장주가 새 직공 모집 단행에까지 나서게 되었다. 이것은 이 파업이 노동자의 패배로 막을 내리게 된 중요한 결함이 아닐 수 없다. 공장주의 단결이 공고하였다든가 경찰의 강압과 간섭이 심하였다든가는 문제가 아니다. 당연히 미리 각오하여야 할 것이었다. 파업단으로서 정세를 잘 보았던들 그리하여 미리미리 준비하고 기계직공으로 하여금 중간파적 회색분자가 되지 않게 하였던들, 아니 지도 이론만 통일되어 지도의 불통일만 없었던들, 다 그만두고 노동자의 단결 의식이 강하여 단 1주일만이라도 더 견디었던들 노동자는 승리하였을 것이다. 그러나 이상 모든 점에 결함을 가진 노동자는 사회적 정의를 배경으로 하였음에도 불구하고 공고한 단결로써 제3권력의 혜택을 입은 자본주에게 패배하여, 원산의 대쟁의가 있은 후로 그에 버금가는 이 대쟁의에서 노동자는 원산 노동자가 밟고 간 패배의 전철을 다시 밟게 되었다.

그러나 노동자가 배운 것이 있다. 이번 동맹파업을 회상하면서 그 참혹한 패배의 족적을 바라볼 때 발견하는 패배의 원인인 자체의 결함을 음미하여 앞으로의 단결, 앞으로의 준비, 앞으로의 지도는 이 패배의 원인을 뒤집어 승리의 원인을 만들 수 있어야 한다는 그것이 배움이다. 그러나 그것쯤으로는 이번의 패배가 너무 값비싼 희생이 아닐까?

(1930년 9월 7일)

평양에 대화(大火)

— 평양 특파원,《동아일보》, 1930. 9. 6.

손해는 3만 6천 원
다섯 상점 연소되고 진화
원인 기타는 조사 중

5일 오전 0시 50분경 평양부 아평리 93번지 송죽 과자점에 불이 나서 그 집을 전소하고 그 이웃에 있는 중국인 잡화점과 박선제 양화점과 송승곤 목재점 및 그 주택 등 전후 다섯 채를 전소하고 오전 2시경에야 겨우 진화하였다는데, 손해 총액은 3만 6천여 원이요, 보험금은 겨우 1만 5천 원이라는데, 내역은 아래와 같고 원인은 아직 알 수 없다고 한다.

▲송죽 과자점 손해 3천 원 보험 2천 4백 원 ▲중국 잡화점 손해 1만 원 보험 6천 5백 원 ▲박 양화점 손해 1천 5백원 보험 1천 원 ▲송 목재점 손해 2만원 보험 5천 원.

주요 도시 순회 좌담
제1 평양 편(1~6)

— 일기자,《동아일보》, 1930. 9. 19.~9. 24.

⟨1⟩[38] 1930. 9. 19

경향을 물론하고 날로 침쇠(沈衰)를 전하는 이때
에 지립(地立) 발전상 다소의 패익(稗益)이라도 있
을까 하여, 주요한 각 지방 각계를 대표하시는 여
러분의 지방 사정에 대한 숨김없는 의견을 듣자는
정성으로 순회 좌담회를 열기로 하였습니다. 그
런데 여러분은 바쁘신 시간을 내어 참석해 주시고
또 본사의 정성을 양해하시어 귀중한 의견을 말씀
해 주시니 감사함을 이기지 못합니다. 이 앞을 차
례로 중요한 여러 지방 여러분께 좌담회 출석을
청하옵고자 하는데 아무리 바쁘시더라도 참석하

主要都市巡廻座談⑴

第一 平壤篇(一)

---

38)《동아일보》는 1930~1931년 총 157편에 걸쳐 주요 도시 순회좌담을 연재했는데, 평양은 그중 처
음으로 실렸다. 그 중요성과 내용을 고려하여 평양 일기자(一記者)가 작성한 소개와 좌담회 내용을
전집에 포함하였다.

여 이 뜻있는 일 그 지방의 현상과 희망을 그 지방 명사의 입으로 한데 뭉쳐 듣는 일을 성공케 하시기를 바랍니다. 이 일은 좌담회를 여는 그 지방을 위해서나 또는 일반 독자를 위해서나 결코 이익이 적은 일이 아닐 줄 믿습니다.

금융기관: 은행 설치를 중심으로

김성(金姓) 지금 개회하겠습니다. (개회사 생략) 우선 첫 질문으로 평양의 상공도시로서의 특징은 무엇입니까?

조(曺) 그것은 물론 외국과의 비교로써 하는 말이 아니겠지요. 조선 안에서 다른 도시에 비하여 상공업이 은성(殷盛)하고 발달한다는 것인데, 흔히 평양에 오면 우리가 사는 것 같다고 하는 말도 결국 이것을 의미하는 듯합니다.

오(吳) 정치의 중심지가 없는 한, 불가불 상공도시밖에 볼 것이 없다. 그리고 평양을 상공도시라 한다면 현재보다도 장래에 그러할 것입니다.

정(鄭) 평양이 상공도시로서의 특징이랄까 혹 그 원인이랄까… 대동강 수운의 지편(至便)과 무진장의 석탄이 있는 것이겠지요.

오 그러나 상공도시로서 발전을 하려면 무엇보다 먼저 금융기관이 있어야겠는데 그것이 우리에게 없습니다. 장래에 금융기관이나 출현하면 명실상부의 상공도시라 할는지.

한(韓) 평양이 상공도시라는 것부터 우리가 운운할 바가 못 됩니다. 다만 그 소질은 있기 때문에 장래를 일러 말함은 가능하겠으나, 금융기관의 불비는 장래에도 낙관을 불허합니다. 단지 현재나 장래에 다른 도시보다는 좀 낫겠지요.

김성 그러면 평양에서 조선인 본위의 금융기관을 실현할 수는 없을까요.

오 지금 갑자기 주식 같은 것을 모집할 수는 도저히 없고, 과거에는 소자본의 은행도 설치할 수 있었으나 지금은 그것을 허락지 않으므로 한 백만 원이나 있으면 '평양은행'을 세울 수 있을까? 백만 원이라면 사회 불입(拂入)을 한다면 우선 25만 원이면 되겠는데, 이것은 저축조합 같은 것이나 이용해 가지고 극력으로 운동하면 허가를 얻을지도 모르지요.

채(蔡) 소자본 은행을 불허하는 의사는 무엇인고?

오 일본에서 30여 은행이 파산한 과거 경험에 비추어 자본 단결을 꾀하는 것이겠지요.

정 그것이 평양 사람이 뒤늦게 깨달은 소치이지, 왜 남들이 경남은행이니 호남은행이니 할 때 평양은 잠자고 있었담.

오 교육기관이나 금융기관으로서는 평양이 큰소리를 못하지요. 그런대로 각 은행과 운송점이 흡수하는 돈이 도로 우리 손에 나올 수만 있으면 좋지만은 그러지 못한 것이 문제이외다. [계속]

우로부터 김동원,[39] 정세윤,[40] 조만식, 한근조,[41] 김득수, 채필근.[42]

---

39) 김동원(金東元, 1882-?): 민족운동가. 평양의 대표적인 민족주의계 인사이다. 1911년 105인사건에

출석자(순서 같지 않음): ① 평양고무공업사장 김동원 ② 평양금성의원장 정세윤 ③ 신간회 평양지회장 조만식 ④ 변호사 한근조 ⑤ 광성고등보통학교장 김득수 ⑥ 숭실전문학교 문과장 채필근

본사 측: 평양지국장 김성업[43]

일시: 1930년 9월 16일 오후 6시

장소: 평양 춘일식당

연루되어 옥고를 치렀고, 상업계에 진출하여 1924년 평안고무공업사를 설립했다. 1910년대 숭실학교, 대성학교 등에서 교편을 잡으며 안창호와 교류하고 신민회(新民會)와 흥사단에서 활동하면서 1922년 동우구락부를 조직했고 이를 수양동우회로 개편했으며 1939년 동우회 사건으로 투옥되었다. 해방 이후 제헌의회 국회의원에 당선되어 국회부의장에 선임되었으며 6.25전쟁 때 납북되었다. 소설가 김동인의 형이기도 하다.

40) 정세윤(鄭世胤, 1882?-?): 의사. 기성(箕城: 평양의 별칭) 의사회 회장. 조선물산장려회 활동. 관서체육회 초대 회장. 평양 도협의회 의원을 지냈다.

41) 한근조(韓根祖, 1895-1972): 법조인, 정치인. 일본 메이지대학을 졸업하고 1922년부터 1945년까지 평양에서 변호사 활동을 하였다. 조선물산장려회의 부회장을 맡기도 했다. 광복 후에는 3개월간 평양시장을 지냈으며, 미군정청 대법관을 역임하였다. 1948년 이후 조선민주당 부당수와 최고위원, 제4, 5, 6대 국회위원을 역임했다.

42) 채필근(蔡弼近, 1885-1973): 종교인, 교육인. 어려서 기독교에 입교하여 숭실학교와 평양신학교를 졸업해 목사로 일했다. 일본에 유학하여 도쿄제국대학 철학과를 졸업하고 귀국하여 숭실전문학교 교수를 지냈다. 일제 말기 신사참배 강요 문제에서 신사참배는 일본 국인으로서의 의례라는 입장으로 일제에 동조, 징병제 실시 감사 예배 집전이나 전쟁 지원 모금 운동 등 전시체제에 협조하는 장로교의 대표적 인사로 활동했다.

43) 김성업(金性業, 1886-1965): 언론인. 동아일보사 평양지국장이다. 대성학교를 졸업하고 안창호의 영향을 많이 받았다. 조선물산장려회를 발기하고 동우구락부를 조직했으며 신간회 평양지회에도 참여했다. 1937년 동우회 사건으로 옥고를 치렀다.

〈2〉 1930. 9. 20.

일반 산업: 발전 요건 몇 가지

김성 그러면 민간에서 금융기관을 설립할 가능성은 없습니까?

정 이제라도 백만 원에서 2백만 원쯤은 성의껏 운동하면 되겠지요.

오 불가능합니다. 차라리 지금 평양에 있는 각 저축조합을 망라하여 그 자금이나 단결하면?

채 저축조합을 전부 합하면 얼마나 됩니까?

오 아마 20만 원은 되리다.

정 그러나 25만 원(기자 주=총자본 백만 원에 대한 1회 불입금) 가지고는 은행이 안 될걸요.

오 물론 어떤 은행의 지점이라면 천만 원이라도 어렵지요마는, 평양은 원래 은행이라고는 지점뿐이니까 지방을 중심으로 말하자면 중앙은행처럼 평양을 본위로 한 은행으로 운동하면 완전히 불가능하지도 않을 줄 압니다.

채 그러나 백만 원 은행으로 넉넉할까요?

오 부족한 것은 말할 것이 아닙니다. 그러나 주금(株金)만을 이용하는 것이 아니라 예금 수입이 주금보다 많을 수 있고 다른 은행과의 연락도 있으니까, 원래 은행업이란 예금 수입이 없고야 이익을 낼 수 없는 것입니다.

김성 그러면 결국 여러분 말씀을 종합하면 평양 산업계는 진보입니까 퇴보입니까?

오 물론 진보지요. 특히 공업계의 발달은 놀랄 만합니다.

평양 좌담회의 광경

한 그러나… 그 자본이 말이지요, 우리 평양의 자본이 아니니까 결국 공업 발달이래야 임금을 얻어 쓰는 것뿐인 줄 압니다. 요컨대 산업 발달이 어느 정도에 이른다 하더라도 결국에는 자본주나 노동자나 마찬가지란 말씀입니다.

김동 어느 분도 말씀했지만 대동강의 수운과 무진장의 석탄이 산출되는 평양은 말하자면 공업지대로서의 충분한 요소를 가졌습니다. 그러나 지금 우리의 처지로는 산업 발달은 불가능하니 우선 금융의 원활을 기대치 못하는 까닭이외다. 따라서 평양의 공업이 적극적 발달은 불가능하고 겨우 소극적으로 10에 2, 3이 패하고 7, 8이 견딘다 하더라도 다행이나, 이도 결국은 자본주는 자금의 이자, 노동자는 노임 외에 얻을 것이 없습니다. 그렇다고 우리가 손 묶고 앉아 있을 수도 없는 것은 물론입니다. 평양에서 노동자가 총인구의 2할이라고 잡더라도 그들의 생계는 오직 기업자의 손에 달려있으니 나가다가 넘어지는 자는 넘어지더라도 새 사람이 또 나와서 꾸준히 진출해야 할 것입니다. 또 은행 설립이 필요하다는 논지에는 평양의 체면상으로도 찬성합니다만 20만 원이니 50만 원이니 한 대야 별수 없습니다. 차라리 특수한 산업은행이 필요한 줄 압니다. 소자본 은행이 대자본 은행과의 경쟁을 감내할 수 없기 때문입니다. 그리고 평양에서 중요 산업인 '고무공업'과 양말공업의 연산액은 무려 4백만 원을 불하할 것이요, 그 직공이 4천 명 이상에 달할 것이나 당국은 이들을 위해 하등의 시설을 갖추지 않았습니다. 적어도 인구의 몇 할이 어떤 공업에 종사한다면 당국은 마땅히 그 기업에 적극적 원조를 해야 할 것임에도 불구하고 이것이 없습니다. 아울러 금융기관의 혜택을 입지 못하는 참상입니다. 그러나 우리는 공업을 단념할 수 없습니다. 여기에 꾸준한 진보가 없으면 장래는커녕 당장에 생로(生路)가 막연하기 때문이외다. 그리고 우리가 중국이나 일본산의 잡화를 아니 쓰면 몰라도 그것을 일용하는 이상 그것도 직접 우리 손으로 원산지에서 구입해야 할 것입니다. 평남 각 군만 하더래도 일본인이나 중국인이 근소한 자금으로 우리에게 잡화를 공급하고 얻은 이익으로 이제는 모두 최대의 자벌로서 각 지방에서 군림합니다. 평양도 상공도시라고 자임만 하지 말고 꾸준히 진보해야 할 것입니다.

김성 진보의 요건은 무엇이겠습니까.

김동 우선 금융기관과 기술자가 필요하겠지요.

한 김동원 선생께 묻습니다. 10에 2, 3이 넘어지고 7, 8이 견디면서라도 다행히 생산능률이 나아졌으면 진보라고도 하겠지만, 결국 7, 8의 견디는 사람도 은행업자에게 이자 물고 남는 것이 무엇이겠습니까? 지금 우리의 공업은 결국 자본주와 노동자의 공제 목적(기자 주=당면의 생활문제나 해결하는 점에서)에 불과하겠지요. 요컨대 우리가 오늘의 정세에서 외래의 대자본을 압도할 수는 없지만, 다만 앉아서 죽는 것보다는 소극적으로라도 견디어 나가자는 것이겠지요.

조 그런데 평양에서 조선 사람들은 왜 연와(鍊瓦)와 자기(磁器) 제조에 유의하지 않는지 모르겠습니다. 일본인 공장 4, 5개가 미처 생산을 못 해서 절절매는 모양인데 조선 사람은 거기 착안하지 않는지? 적어도 일본인보다 공장은 많을 필요가 있을 듯한데요.

김동 연와는 모 씨가 경륜(經綸)한단 소문은 있습니다. 한데 자본이라야 만 원에서 2만 원이면 넉넉한 것이고 이익도 관계치 않을 것 같습니다. 해볼 만하지요.

(정정) 어제 보도한 본란 출석자 중 평양상공협회장 오윤선(吳胤善) 씨가 누락되었음을 사과하오며, 따라서 '오(吳)'라 한 것은 모두 오윤선[44] 씨의 말씀이니 양해 바랍니다.

---

44) 오윤선(吳潤善, 1893-1960): 민족운동가. 평양의 유지로 포목상 등 사업을 경영했고, 조선물산장려회에 참여했다. 조만식·김동원과 함께 평양 산정현교회 장로로 절친했다. 김경옥(金京鈺)의 한국근대풍운사 『여명팔십년(黎明八十年)』(창조사, 1964)에서는 "오윤선의 사랑방이야말로 서울과 서북의 지사들을 연락하는 교류지점"이었다고 평했다. (최덕교, 『한국잡지백년』 1, 현암사, 2004) 극작가 오영진은 오윤선의 막내아들이다.

〈3〉 1930. 9. 21.

교육 문제: 보고 설치는 여하

김성　평양에 사립중등학교가 좀더 필요하지 않을까요?

채　일본은 지방마다 중등학교가 상당히 많으니까 도시에 그다지 많지 않아도 좋지만, 조선의 사정으론 평남하면 평양만을 보게 되니까 증설의 필요를 통절히 느낍니다. 산업계에 비해서는 교육계의 진전이 좀 낫다 할 수 있으나 입학자는 지원자의 4분의 1밖에 안 되는 실정이니 교육문제를 이야기하지 않을 수 없습니다.

김득　교육자보다도 제삼자의 의견을 듣고 싶습니다.

김성　제삼자는 결국 막연히 느낄 뿐이겠고, 국(局)에서 담당하시는 분들이 겪은 체험담을 말씀해 보시지요.

채　부내 모교는 과거 승격 못 된 학교로서 대개 자격 있는 학교에서 입학시험에 낙제한 사람들이 대부분 그곳으로 가는 모양이더니, 이번 봄에 그 학교가 갑종(甲種) 사업학교로 조직이 변경된 뒤에는 거기서도 지원자의 초과로 낙제생이 많은 것을 볼 때, 자격 있는 고등보통학교만 볼 것이 아니라 차라리 자격 없는 낙제생을 수용할 학교가 필요하다는 것을 통절히 느꼈습니다. 동명학관이 폐지당하지 않았다면 하는 안타까움이 더욱 커집니다.(기자 주=동명학관은 평양대성학교 후신으로 동교 학우회에서 경영하던 것인데 작년에 당국의 명령으로 폐쇄되었다.)

김득　고등보통학교라는 것이 중등교육의 본의를 떠나서 상급 학교 입학 준비에 열중하는 감이 없지 않습니다. 누구든지 이제 학교를 세우려면 몇 해 안에 졸업한 후에 실제적으로 직접 자기 손으로 생활할 수 있는 공업이라든가 상업이라든가 기타 어떤 기술을 가르치는 학교, 말하자면 도제학교가 필요할 줄 압니다.

조 이곳에서 고등보통학교를 또 설립할 수 있다 하더라도 그만두고 상업학교 같은 것만 열중할 것이 아니라, 웬만한 중등 정도의 지식만으로 어떠한 한 가지 기술을 가르쳐서 직접 생활문제를 해결할 수 있게 할 학교가 필요할 것이외다.

김동 나는 언제 한 번 대판(大阪) 공업학교를 시찰한즉, 300명 수용할 수 있는 학교 건물에서 1,200명을 가르칩니다. 오전, 오후로 나누어서 오전에는 600명의 학생 중 300명은 교실에, 300명은 실습공장에 수용하고, 오후에 또 600명을 그렇게 하는데, 내가 학교를 설립할 수 있다면 이런 종류의 학교를 해 보겠다는 생각이 있습니다.

김성 평양에서 실업전수학교 같은 것을 설립할 수 없을까요?

정 되기만 한다면 그것은 문제 아닐 줄 압니다. 하지만 그 설립 자금으로 적어도 몇 백만 원이 있어야 할 것입니다.

채 그거야 차차 가급적으로 하더라도 좋겠지요.

김성 그러면 실현책이 없을까요?

채 그것은 상공업가가 연구해야 될 일인데 정도는 전문 정도보다 중등 정도가 더욱 필요할 줄 압니다.

김득 그러나 중학 졸업생을 수용하게 된다면 자연히 전문 정도 될 테니까.

채 그래도 고등지식이 그다지 필요하지 않을 것입니다.

오 사립고등보통학교는 재단이 있어도 불허가의 방침이지요?

정 실업학교이면 허가는 문제없겠습니다만 고보(高普)는 아마 안 될 것입니다.

오 그러니까 돈만 있으면 고보보다 실업 방면의 잡종학교를 설립하는 것이 좋겠습니다. 학생은 얼마든지 있으니까 그렇게 시작해서 점진적으로 발전시키면 좋겠지요.

김성 민간 교육의 협의기관을 조직하여 교육 문제라든가 학생의 풍기 문제라든가 방침을 세우는 것이 어떨까요?

채 서울은 교장회(校長會)가 있는데 평양은 없습니다. 그 필요는 물론 절실한데 말하자면 등한한 탓이겠지요.

김성 어렵지 않은 일인데 실현하는 게 좋지 않을까요?

김득 내 경험을 말해 볼까요. 우선 평양학교는 그만두고 몇 학교만이 해 보았는데 처음에는 모이기도 잘 하고 이야깃거리도 좀 있더니 차차 안 모이기 시작하는 것으로 그만 슬그머니… 허허.

〈4〉 1930. 9. 22.

교육 문제: 보고 설치는 여하

김성 민간 교육자의 협의기관은 특히 조선어 교수 같은 문제에 있어서 필요하지 않을까요? 말하자면 한글 선생을 학교마다 전문으로 두지 못할 바에 이런 기관이 전문 선생 한 분을 초빙해서 각 교에서 교수를 시키는 것이 좋지 않을까요?

한 그도 그렇겠지만 이 기관은 제삼자로서는 그 필요를 절감합니다.

동맹휴교가 결코 학생에게만 책임이 있지 않습니다. 교수의 결합이 있는 것도 사실입니다. 그러므로 이런 기관하에서 교육 능률을 증진하고 학생의 풍기 문제 같은 것도 일정한 방침을 세워 각교 당국자의 체험과 연구를 교환할 필요가 있겠지요. 그리고 나는 중등교의 증설은 반대합니다. 그것은 조선인에게 교육비 부담이 태과(太過)한 점에서 그렇습니다. 총독부의 통계만 보더라도 우리는 직접 교육비의 부담 또 간접으로 지방비로의 부담(기자 주=지방비 예산에 교육비가 계상되는 것) 거기에 다시 사립학교 경영비의 부담이 있으니, 이 모든 것만으로도 벌써 그 이상의 부담은 도저히 우리 부력(富力)으로 견딜 수 없다고 봅니다.

채 한 선생 말씀은 의문이외다. 평양은 몰라도 전 조선을 통해서 학교는 얼마든지 더 요구됩니다.

한 그러나 현재의 중등교가 실제 상급교의 입학 준비에만 그치지 말면….

조 결론 삼아서 몇 마디 하겠습니다. 첫째로 여러분이 말씀하신 실습학교가 필요하고 교육자의 통일 기관도 필요한데 나는 그것이 어째서 아직까지 조직되지 않았는지가 의문입니다. 이것은 평상시에도 여러 방면으로 필요하거니와 비상시에 더욱 그렇습니다.

그리고 공업학교라든가 기예학교 같은 것을 실현하는 데 일본의 직공학교가 공장 속에 있는 것처럼은 조선에 대공장이 없으니까 불가능하다면, 독지가들의 정신을 좀더 고취하는 것이 좋을 줄 압니다. 상공업자와의 연락보다도 먼저 독지가의 돈이 필요하기 때문입니다.

오 은행 돈이면 더 좋겠는걸.(일동 하하…)

김성 학생 풍기 문제의 대책은 어떨까요?

오 교 당국과 사회의 제재가 좀 엄할 필요가 있지요.

채 사회 제위의 편달을 바랍니다.

정 가정과 연락하여 학생 감시에 좀더 치중하는 것이 좋을 것 같습니다.

채 그야 하느라고 한답니다.

김동(金東) 과오의 제재보다 그 방지가 필요한데 교장이나 학감들의 생도 훈련이 부족하지 않은가 생각됩니다.

채 하기는 하지만은 관립보다 권위가 부족하지요.

김득 또 부형들이 자제의 편애에 흘려서 그 과오를 덮어만 주는 폐단이 없지 않아요. 외국인의 학생 가정 훈련에 비하여 조선 학생의 가정 훈련은 너무 부족한 감이 있습니다.

조 풍기 문제에는 세 가지의 요건이 있다고 봅니다. 첫째로 훈련, 둘째로 성의 있는 감독과, 셋째로 엄책주의(嚴責主義)를 단행하면 될 줄 압니다.

김동 종교학교에서 아침 기도회 시간보다 특별한 시간에 특별한 훈련이 필요하겠지요.

채 앞으로 실현될 교육자회에 맡기시지요.

김성 야간중학제를 실시하여 속성과로 무산 아동과 직업 청년을 위하여 기성 학교의 교사(校舍)를 이용함이 어떨까요? 경비는 월사금의 수입만으로 부족하다면 사회의 원조를 받더라도.

채 그것은 일본과는 사정이 다릅니다. 조선의 교원은 일주일에 보통 23~24시간을 교수하니 이러한 과로 위에 또 다시 야간중학까지는 불가능합니다.

오 그야 성의 있으면 될 일이지요.

김득 시험해 보려고 타산을 해 보았더니 숫자가 맞지 않습니다. (경비 문제에서)

정 중학 졸업자를 표준하면 어떨까요?

한 1년이나 2년 동안에 중등교육의 골자만 가르치라면 못할 것도 없을 텐데요.

김성 결국은 불가능하다는 편이 많습니까?

채 불가능하지는 않습니다. 성의 있는 이가 시작해서 비교적 주간에 교수 시간이 적은 이를 모으면 될 듯하나 난중난사(難中難事)외다.

조 그야 먼저 경영하는 사람이 있으면 구태여 주간에 교수 시간이 있는 이를 구할 것이 아니라 야간중학 교원을 따로 구한다 하더라도 경비는 넉넉할 줄 압니다. 문제는 당국이 허가하겠느냐 하는 것과 기설 학교의 교사를 차용할 수 있겠느냐 하는 것뿐인데 뜻 있는 이가 먼저 분기할 것이외다.

[교육 문제 완(完)]

〈5〉 1930. 9. 23.

풍기 문제: 기생학교의 가부

김성 평양을 예부터 색향(色鄕)이라 일러 오는데 그 대책은 없을까요?

오 정말 서울을 가보면 기생애비 오래비 갈보장사는 대개 평양 사람이 많은 모양이야… 별수 있나 외성(기자 주=평양 부외) 산다고 하지… 하하.

정 원래 '서도(西道) 놈'이외다그려… 위정자와 협력해서라도 이 따위 종류(기자 주=기생, 창부 등)는 부외에 부락을 특정하고 내몰아 버렸으면 어떨까 합니다. 원 기생학교(기자 주=평양기생학교)란 세계 유일일 것이외다.

한 왜 그러시오. 예술을 가르친다는데. 사실 그것은 당국이 장려하는 듯합니다. 학교 운운 하는 것부터가 벌써 그 증거가 된단 말이오. 특정 부락을 만드는 데는 일시에 몰아낼 수는 없고 기한을 정해서 그 안으로 이주하게 하는 동시에, 새로 허가하는 경우에는 특정 부락 내에 거주하는 자에 한하면 될 것입니다. 그것이 법령상으로 어떨까 해서 참고해 보았더니 경찰서장의 직권으로 가능합디다.

정 그럼 한 번 운동해 보지요.

한 글쎄 지난여름에 몇몇이서 계획이 있었는데 경찰서에서 솔선하여 부내에 몇 곳을 지정해 주었습니다.

오 아니 관람자가 오는 경우에 당국자는 이들에게 기생학교를 자랑삼아 관람시키는 것을 보면, 몰라서 그런 것이 아니라 성의가 없다고 할 수밖에 없지요.

김성 개인의 이익을 도모하여 명승 지대에 요정을 허가해서 공원지대를 오손(汚損)시키는데 퇴치책은 없을까요 ?

정 여론을 환기해야지요. 유람객의 편의를 보는 것이라면 한 개로 족할 일이지 네 개, 다섯 개, 무슨 필요겠습니까.

조 평양을 상공도시니 역사고도니 하면서 한편으로 유흥도시를 삼아 무제한으로 요정 허가를 남발하는 것은 단연코 부 행정의 과실입니다. 앞으로는 이런 폐단이 없도록 여론을 일으켜야 할 줄 압니다.

김성(金性) 여론은 어떻게 환기합니까?

정(鄭) 각 단체의 연합 기관이 있어서 반대운동을 했으면….

채(蔡) 그야 언론기관과 기성 단체의 힘이면 될 일이지요.

위생 문제 : 위생 사상의 보급

김성 부민의 위생 사상의 보급은 어떻습니까.

정 상당히 보급되었습니다. 그러나 우리가 절실히 느끼는 것은 계절마다 전염병이 발생되는데 이것을 엄폐해야 한다는 것입니다. 그러나 그 이유는 위생 사상이 보급되지 못한 데 있는 것보다도 대정 3년 이래 통계상으로 보아 전염병 환자의 입원자 중 8할이 사망하였다는 무서운 이유가 있습니다. 이로 인한 공포가 있는 데다가 입원비가 과중합니다. 무산자는 무료 시료(施療)를 하느라고 하지마는, 매월 도립의원의 취급은 10명 내외에 불과한데 그 대우는 실로 환자 취급이 아니요 목불인견(目不忍見)의 참상입니다. 그런 데다가 8할은 죽습니다. 또 입원비가 하루 3, 4원이면 웬만한 사람으로서도 힘든 일입니다.

부에서 격리병사만 건축해서 도립의원에 치료를 위탁했더니 도립의원은 여기 대한 전속의를 한 명도 두지 않고 성의는 조금도 없습니다. 전속의가 없고 보니 시간을 다투는 전염병을 토요일 반휴(半休), 일요일 종일 돌보지 않으니 그 속에서 환자의 사망률이 높은 것도 사실입니다. 그래서 부가 직영으로 하자는 여론이 부협의회에 대두하여 입원비를 1등실에 1원 50전 2등에 1원으로 하자는 의견이 있으나 아직 계획뿐으로 부민의 여론이나 높아지면 3년 내에 실현될는지, 내 생각으로는 입원비를 유산자에게 1원, 무산자에게 무료로 함이 좋을 듯합니다. 그렇게 한다면 경비는 매년 약 3만 원이면 될 수 있는데 총독부에서 5분의 1은 보조하니까 보조금 6천 원을 제하면 2만 4천 원만 주면 됩니다. 이렇게 하면 전속의를 둘 수 있어서 사망률이 감소할 터이므로 따라서 부민이 여기에 대한 공포증도 줄어들

것이니 매년 3만 4천 원이라는 돈이 많은 것이 아닙니다. 그러나 사회가 문제를 치지도외(置之度外)하는 것이 그 실현성을 희박하게 하는 것입니다.

김성 그것뿐 아니라 다른 병에도 무산계급은 의료기관의 혜택을 입지 못하니 그 방책이 없을까요?

정 독지가가 있어서 자선 의원이나 세우면? 그 전에는 어렵지요.

한 공공단체에서 의사를 둘 필요가 있겠고, 적어도 부 당국에서는 10여 명을 두어 각기 구역을 맡게 해야 할 줄 압니다.

정 그것은 이상이지 사실로는 힘든 문제이외다.

김성 평양이 색향이라니 화류병(花柳病)은 어떻습니까?

정 오히려 다른 도시보다 적은 셈이외다.

조 평양에는 공동변소가 적습니다. 하수도가 변소화하는 것도 이 때문인 줄 압니다. 공동변소를 증설할 필요가 있지 않아요?

김동 결국 위생 사상의 보급이 문제지요.

정 사실상 위생 사상은 서울보다 낫습니다.

김성 그 보급책은 어떻게 할까요?

정 부 당국을 편달해야지요.

채 민간으로서도 필요하지요.

김동 의사회 같은 데서 생각할 문제인 줄 압니다.

정 의사회에서도 하느라고 해 보았는데 위생 강연이라면 잘 와 주지를 않습니다.[위생 문제 완(完)]

〈6〉 1930. 9. 24.

전기 문제

김성 평양 전등이 부영(府營)이니만큼 공설 전등이 골목마다 있었으면 좋겠는데요.

한 아마 계획하나 봅니다.

정 신시가(기자 주=일본인 중심 지대)에는 필요 이상으로 많습니다만 구시가(기자 주=조선인 중심 지대) 일대는 좀 정확한 조사를 했으면 좋겠는데.

김동 조선인 부협의원들이 좀 부 당국자를 데리고 구시가의 어두운 골목으로 순회를 해 보시오.

김성 전등료와 동력요금이 다소 감하되었으나 좀더 감하할 여지는 없겠습니까?

정 여지가 충분하지요.

김동 부 당국자에게 누차 말한 일도 있지마는 1호에 10촉광(燭光) 1개에 한하여 1개월 30전을 받아도 좋지요.

한 그런 것으로 일본인 부협의원은 극력 반대합디다. 그나마 조선인 협의원의 주장으로 6촉 전등은 부활되었지요.

김동 30전 더 받아도 손해가 없을 겁니다.

정 물론 감하의 여지가 충분하나 총독부로서는 타지방의 전기업자를 싸고도니까 일평양전료(一平壤電料)의 감하를 불허하는 모양입디다. 하지만 평양은 공영이라는 특수 관계를 몰각(沒却)하는 점에서 부민의 여론 여하에 있지요.

한 수도와 전등에서 얻는 이익을 다시 이 사업에 돌리는 것이 부영의 근본 뜻입니다. 그런 것을 여기서 다대한 이익을 얻어서는 다른 사업에 소모하는 것이 무리한 일이지요.

기타

김성 평양에 공정한 여론이 확립되지 못해서 공정한 비판이 없습니다. 대책이 어떠합니까?

정 아마 모두 근신을 하는 모양이지요.

채 언론기관의 불충실, 단체의 불충실, 개인주의, 이 세 가지가 원인일 줄 압니다.

김성 그러면 여기에 대한 대책으로 어떤 기관이 필요하며 그 방책은 어떻겠습니까?

채 또 사람 문제, 돈 문제로군요.

김동 전 평양 부민을 망라한 단체가 있으면 합니다.

한 그저 여론이라면 막연한데 어떤 여론을 의미하는지요?

김성 어떤 문제에나 제 발등에 불이 떨어지지 않으면 가만히 있기만 하지 않습니까?

한 어떤 방면의 여론이거나 당국에 대한 문제가 따릅니다. 무슨 여론을 어떻게 환기합니까. 예를 들면 장계(張繼)가 평양을 통과할 때(기자 주=수개월 전 중국 북평(北平) 시장 장계의 평양 통과를 이름) 우리는 그를 청하여 중국의 정세와 조선에 대한 감상도 들을 겸 강연을 하고 싶다 하면 먼저 경찰서에 계출(屆出)하고 그 허가를 기다려야겠으니 잠깐 다녀가는 사람을 어떻게 합니까? 요컨대 우리가 여론을 발표치 못할 뿐 잠재해 있는 것은 사실입니다.

정 기성 단체의 단합이 필요한 줄 압니다.

한 차라리 신문 기관이 필요하지요.

채 그러나 신문만으로 치우칠 우려가 있지 않습니까?

오 정치 문제는 별문제라 하더라도 만 근래 20년 내에 세금이 매년 높아져서 우리는 그대로 이 가혹한 부담을 걸머지고 있는데 여기에 대한 검토와 비판이 필요한 줄 압니다.

조 여론 기관이 없다는 것보다도 '사람'이 없습니다. 이론 투쟁이 너무도 없고 꾀만 부리는 사회가 되어 가는 듯합니다. 그리고 사회문제연구회 같은 것은 필요할 줄 압니다.

김성 우리의 풍속에 취사(取捨)할 점은 없겠습니까?

정 구체안은 없으나 혼상에 이중 삼중의 폐단이 많습니다. 어떤 방식을 세웠으면 좋겠습니까?

김동 아따, 내버려두구려.

채 비용을 너무 많이 내는 것은 고려할 문제이나 방식 여하, 특히 종교 예식 같은 것은 어쩔 수 없을걸요.

한 어느 민족이나 그 고유한 풍속이 있는 것인데 관혼상제에서 20여 년을 지켜 온 우리 풍속을 내버릴 것은 아니겠고 비용이나 절약하면 좋겠지요. (하략)[오후 10시 산회 완(完)]

숙천 일대(肅川 一帶) 박재 상보(雹災詳報)

―《동아일보》, 1930. 10. 5.

피해 면적이 4,500정보 ┃ 손해는 무려 30만 원 정도
팔십 노인이 처음 보는 ┃ 전고(前古) 미증유(未曾有) 재변

　평원군 숙천 일대에 우박이 쏟아진 것은 이미 보도하였는데, 피해지 현장을 답사한 기자는 우선 그 참상이 예상 이상이어서 놀라지 않을 수 없었다. 80살 된 노인으로서 이런 변은 말도 못 들었다 하니 이 지방으로서는 가히 100년 이래에 초유의 사태라 할 수 있겠다. 상세한 피해 정도는 별항과 같다. 그 총액이 군 당국에서 최소한도로 집계한 것이 28만여 원이므로 장차 판명될 피해액은 적어도 30만 원을 훨씬 넘을 것이다. 쏟아진 우박이 보통 직경이 1촌이나 되었다는데, 이것이 비에 섞여 두 시간 동안을 퍼붓는 중에도 30분 동안은 폭주하여 처참하기 짝이 없었다고 하며, 농작물은 물론이거니와 '아카시아' 나무 등이 모두 껍질이 벗겨졌고 산에서는 꿩과 토끼들, 들에서는 익은 곡식을 탐내던 참새가 수없이 맞아 죽어서 지금은 들에서 새라고는 그림자도 볼 수 없게 되었다. 풍성한 곡식의 파도가 물결치던 일대는 이제 와서 극히 적은 일부분이 겨우 볏짚이나마 서 있어서 이삭마다 벼알 몇 알갱이가 붙었을 뿐, 남아 있는 볏짚조차 쓸 수 없이 짓이

겨 놓아 볏짚이나마 가축의 먹이로 주거나 불 땔 소용밖에는 되지 않을 것이다. 배추 등속은 줄기만 남아 있어서 근년에 드문 풍작을 느끼던 큰 기쁨에 정비례한 비명과 처참한 기운이 가을바람에 싸여 돌 뿐이다.

5면에 긍(亘)한 피해지 ┃ 지상 곡류는 모조리

이번 피해지는 ▲숙천면 동송면 전부 및 조운면 해소면 각 일부로서, 그 중에도 심한 곳이 ▲숙천면=통덕, 도덕, 당하리 ▲동송면=송현, 백석, 용담, 청룡리 등 7개 리인 바, 그 피해 면적은 ◇쌀=3,400정보 ◇콩류=274정 2반 ◇면화=466정 6반 ◇잡곡=122정 3반 ◇과수=89정 ◇채소=207정 7반으로서, 그 피해액의 계산은 ◇쌀=20만 원 ◇콩류=3,700여 원 ◇면화=11,761원 ◇잡곡=5,641원 ◇과수=41,800여 원 ◇채소=21,940원으로 그 총계가 피해액 27만 80여 원.

수전(水田) 전멸 700정보 ┃ 면화 두류(豆類)도 3~4할

그런데 농작물의 피해 상태를 조사하면 ◇쌀=700정보 전멸, 2,700정보 3할 수확 감소 ◇메밀 전멸 ◇채소 전멸 ◇과수 전멸 ◇면화 4할 수확 감소 ◇콩류 3할 수확 감소인바, 벼로 말하면 이상 피해지의 평년작이 24,000여 석으로 올해는 3할 이상의 수확 증가를 예상하였으므로 결국 3만여 석을 잃어버렸으며, 콩류는 채 성숙치 않았던 관계로 성숙한 부분만 피해를 당하였기 때문에 3할 감소에 그쳤다. 면화도 6할은 이미 추수하였으므로 남은 4할만이 전멸한 것이며, 채소류가 전멸이나 이후 날씨 여하에 따라 다소 소생할 희망이 있는데 과수와 메밀은 아무 희망도 없다.

근 2천 호 피해 농민 ┃ 당면하여 생도(生途) 막연

같은 참화를 입은 농업자 수는 대략 숙천면 800호 동송면 900호로서 그 중 700호는 자작농 이상으로 지주 계급에 속하고, 나머지 1천여 호 5천여 명은 가장 참담한 소작인으로서, 이들은 1년 동안 피와 기름을 부어 놓은 농작물을 하룻밤에 전멸시키고 앞으로 살길이 암담하다. 도 당국은 대체로 7할 이상이 전멸된 한도에서(1개 면 전체를 표준으로 그 7할) 지세(地稅)를 면제하고자 방금 세무과에서 현상을 답사하는 중이나, 이것은 지세를 부담하는 지주 계급의 구제책이고 당장부터 살길이 끊어진 소작인에게는 아무런 혜택도 되지 못하는 것이다.

수지상(收支上)으로 본 농촌의 풍년 수확(상, 하)

―《동아일보》, 1930. 10. 16.~10. 23.

〈상〉1930. 10. 16.

조선에 대풍년이 들었다. 실로 유사 이래의 대풍작이라고 한다. 하늘의 구름 한 조각이 동에서 서로, 혹은 높았다 낮아졌다 하는 것도, 비 한 방울이 내리다가 멎는 것도 모두가 농민으로서는 가슴 조이는 일이요, 잠시도 마음 놓이지 않는 관심사이다. 구름 한 조각 비 한 방울에도 그들의 생명을 좌우하는 풍흉의 조짐이 있기 때문임은 거듭 할 말이 아니겠다. 이렇게 해마다 그들은 말없는 하늘의 푸른 구름에서부터 바람을 따르는 구름 조각, 별 하나에 이르기까지 여기에 모든 희망을 붙이고 살아온다. 그런데 올해는 풍년이 들었다. 올해야말로 밀려오는 채무에 이자나마 시원히 끄고, 만주 좁쌀밥으로나마 기아의 함정에서 헤어나와 볼 수 있는 기쁨이 마치 옛날 그들의 선조의 입에서나 불려지던

격양가(擊壤歌)를 부르게 한다. 조선 인구 8할의 기쁨이 이것이니 이는 마땅히 조선 사람 전체의 기쁨이요, 경사가 아닐 수 없다 하거늘, 방방곡곡에서 이제야말로 죽는다고 흉년보다 더한 차마 못 들을 비명이 산과 들을 덮었으니 우리의 눈앞에 저 풍성한 곡식의 파도는 누구의 기쁨이 될 것인가? 볏금이 좀 내리기로니 설마 흉년보다야 낫지 않을까?

여기에서 이 의문을 풀어 볼 필요를 통감한다. 탁상공론으로 쌀값이 한 근에 3전까지 떨어지면 농촌은 과연 파멸이라는 막연한 이론에서 농민의 실생활을 해부할 필요가 있단 말이다. 그래서 아래와 같은 비참한 숫자를 얻었다. 이것은 현재 수세(水稅) 연납(延納) 운동의 봉화를 들어 전 조선의 이목을 모으고 있는 대동군 미림(美林)수리조합의 몽리(蒙利)구역 내에 있는 지주 모 씨 및 그 소작인의 병작농(竝作農) 수지의 대조이다.

◇수입(300평작농)

금액(원)	적요(摘要)	단가	수입자
21.00	조(租) 600근(斤)	35리(厘)	지주 및 소작인
1.60	도초(稻草) 40속(束)	40리	지주 및 소작인

수입계: 22원 60전 / 지주수입: 11원 30전 / 소작인수입: 11원 30전

◇지출(300평작농)

금액(원)	적요(摘要)	비고	부담자	금액(원)	적요(摘要)	비고	부담자
0.60	종자 약 9근(斤)	1근 7전	지주 및 소작인	1.20	이식비(移植費)	임금	소작인
0.30	묘대(苗垈) 제작비	임금	소작인	1.60	제초비	임금	소작인
0.80	묘대 금비대(金肥代)	유안(硫安)	소작인	1.60	예입 및 반입비	임금	소작인

금액(원)	적요(摘要)	비고	부담자	금액(원)	적요(摘要)	비고	부담자
0.24	공동묘대 차용료	1평에 조(租) 7합(合)	소작인	1.05	150속 타곡비	매 속에 7리(厘)	소작인
0.80	기경비(起耕費)	동우료(銅牛料) 및 임금	소작인	8.40	수리조합비	매 평 2전 8리	지주 및 소작인
6.00	금비대	1평에 2전	지주 및 소작인	0.50	공과 외 잡비	-	지주 및 소작인

지출계: 23원 9전 / 지주부담금: 7원 75전 / 작인부담금: 15원 34전

비(比) 수입: 지주=수입잔금 3원 55전 / 작인=지출초과금 4원 4전

여기서 우선 이상의 숫자로써 지주의 현상을 살펴보면 그는 7원 75전의 생산비를 들여서 11원 30전의 수입을 얻은 것이니, 그 실수입이 앞에서 본 바와 같이 3원 55전에 불과하다. 이것을 토지 가격에 비교할 때 평당 35전으로 잡고 보면 토지 가격이 105원이다. 상술하건대 105원의 자본금에서 얻은 이익이 3원 55전, 즉 연 3푼에 해당한다. 이것은 실로 기막힌 일이다. 지주들의 경제적 궁핍은 직접적으로 경제계의 큰 파동의 주원인이 되고야 말 것이기 때문이다. 여기에 대책이 없다는 것은 결국 조선인을 살릴 도리가 없다는 말이 될 수밖에 없을 것이다. 다음으로 자작농의 현상으로서는 수입 22원 60전에 비하여 지출 23원 9전은 결국 49전의 지출 초과를 보인다. 즉 지주는 토지 가격의 연 3푼 이익이라도 얻었지만, 자작농은 지대의 이익은커녕 49전의 손실을 당한 것이다. 자작농은 이미 토지 가격에 대한 이윤은커녕 49전을 더 내놓아야 하는 경우에 봉착한 것이다. 특히 여유 있는 자작농은 좀 낫겠지만 그렇지 못한 자로서는 49전 그것이 그대로 부채가 되어야 할 것이다. 3천 평을 농사지었다고 하면 4원 90전이다. 그러나 이들은 대체로 평소의 저축이 없다고 하더라도 그 경제적 신용으로 기아의 위협까지는 당하지 않는다. 그래도 이들은 잡혀 먹을 땅이라도 있기 때

문이다. 이제 기자는 소작인의 참상을 살펴보고 싶다.

〈하〉 1930. 10. 23.

소작인의 상태로서는 상기한 숫자의 표시와 같이 1년 농작의 결산이 4원 4전의 지출 초과이다. 만일 3천 평을 농사지었다면 44원의 지출 초과이니, 소작인으로서는 그의 전 재산까지 내놓아도 44원의 신용을 주지 않을 현실에 서서 어떻게 해야 할 것인가? 이제 억지로 위의 지출을 축소해 볼 생각으로 소작인의 부담이 되는 15원 24전 중에서 소작인의 노동을 노임으로 환산한 것을 계산하니 5원 90전이다. 이러한 형편에서 농사를 위한 농업자 자신의 노임까지는 계산할 수 없다는 점에서 그 5원 90전을 공제하고 소작인으로서 현금 또는 현물로만 지출한 9원 34전만 계산한다고 하더라도 수입에 비하여 남는 것은 1원 96전, 3천 평 농사로 보면 노임도 되지 못하는 19원 60전이 1년 수입이다. 노임으로서도 부족한 것은 물론 직접 근육노동을 한 사람을 말하는 것이니, 가족 5명 중 2명이 노동을 하였다면 그 두 사람의 노임으로서도 부족하다.

그러면 이들은 어떻게 살아가나. 5인의 가족으로 일가가 성립되었다고 하면 그들의 식량이 만주산 조로도 최소 5석이다. 기자는 이들이 평소 먹는 것이 만주산 조이기 때문에 그것으로써 표준을 잡는다. 그러면 만주산 조 5석의 가격이 아무리 해도 100원, 거기에다 옷값, 기타 식료품, 공과금, 부채 이자, 기타 여러 비용을 하면 5명의 가족은 최소한도로 최저의 생활을 하더라도 연 200원의 생활비를 필요로 한다.

그런데 소작인의 수입은 1년 분을 반년 동안에, 즉 춘분에서 추분까지,

고쳐 말하면 농사 시작에서 수확까지의 6개월 동안에 버는 것으로 1년을 살아가야 하므로, 결국 소작인은 가족 5명 중 2명이 노동하면 이 2명은 5인 가족의 2일간 생활비를 하루에 벌어야 한다. 그런데 실상은 5인 가족의 수입은커녕 노동하는 2명의 노임도 못 되고, 다만 6개월 동안(농사 시작에서 수확까지) 노동자 2명은 무임금으로 '밥만 얻어먹고 노동한 셈'밖에 되지 못한다. 위의 19원 60전의 수입이 그것이다. 간단히 가족 5명 중 노동자 2명이 각기 반년씩 밥만 얻어먹는 농업을 한 셈이다. 다시 말하면 올해의 소작농은 가족 5명 중 1명의 1년 양식을 겨우 얻었을 뿐, 그 나머지 4명은 먹을 것도 없고 입는 것과 기타 식료품, 잡비 및 공과금 등도 '0'이다. 교육 문제는 만 리 밖에 있다. 여기에 겨울철에 부업의 수입으로 다소를 완화하더라도 결국 소작농의 수입은 5인 가족 중 2인 이하의 1년간 '단순한 호구책'밖에 되지 못한다.

그러한 중에서 엄동설한이 오는 것이며 채귀(債鬼)가 문을 두드리는 것이요, 지불 명령이 오는 것이요, 공과 독촉이 오는 것이다⋯. 그러나 기자는 더 쓰고자 않는다. 그 이유는 이것이 어떤 외국의 농촌 이야기도 아니며 또 조선이라도 어느 일부분만 그런 것이 아니라, 우리의 생활 원천이요 우리의 대동맥을 움직이는 심장인 조선 농촌의 전반이 기자가 쓴 바에서 최소한도의 숫자적 차이가 있을 뿐이기 때문이다.(끝)

황해수리조합(黃海水利組合)은 당연히 해산하라(1~3)

—《동아일보》, 1930. 10. 23.~10. 26.

〈1〉 1930. 10. 23.

황해수리조합 문제는 그 중대성으로 인해 본사에서 기자를 파견하여 사실을 조사하고 이미 그 대략을 보도한 바 있다. 그러나 이 문제는 일시적인 신문 보도만으로 덮어 두기에는 너무도 중대하여, 날로 위축과 궁핍으로 기울어가는 우리의 경제 상태에서 적어도 천만 원에서 1천 4백만 원 이상의 거금이 왔다갔다하는 일견 배부른 흥정이면서 사실상 이 문제의 와중에 빠져 있는 4천 명의 지주 및 소작인과 이들의 가족까지 아울러 10만 명에 가까운 다수 민중의 사활 문제일 뿐 아니라, 이에 간접적으로 절대의 위협을 느끼고 맹렬히 반대운동을 펼치고 있는 연해(延海)수리조합의 관계 지주 및 소작인과 그들의 가족을 아울러 무려 17~18만 명의 휴척(休戚)에 관한 문제이다. 기자는 이제 다시 한 번 이들의 정당한 여론을 근거하여 당국자의 냉정한 반성

을 촉구하고 황해수리조합은 당연히 해산할 것이라 주장한다.

산업 제일주의의 정책을 수립하고 수리조합을 실시한 목적은 박토를 옥토화하고 수운(水運)의 편리를 얻어 간석지를 개척하게 함으로써 산미증식의 국책을 수행하려 함에 있는 것이다. 따라서 하늘이 준 혜택으로서 수운의 편리가 있기에 인공적으로 수리조합을 설립하지 않더라도 소기의 수확을 얻는 곳에는 구태여 수리조합을 설립하여 거대한 비용을 소비하고 농민으로 하여금 20년에서 30년씩 채무의 노예를 만들 까닭이 추호도 없을 것이다. 하물며 과중한 수세(水稅)의 부담을 20년에서 30년간 짊어지고 허덕이는 동안에 수확은 증가하나 저렴한 토지가 되어 버려서 소유권을 식산은행, 동양척식주식회사의 손에 넘겨 버리는 비극이 도처에 연출됨에 있어서랴. 따라서 당국자는 마땅히 수리조합 설립의 취지를 철저히 체득하는 성의 있는 태도로써 국책을 남용하지 말고 부득이한 경우에 최소한도의 경비를 투자하여 최대의 수확을 얻는 합리적 방침을 엄수하고 과다한 중간 이익을 위하여 농민의 빈혈을 기울이게 하지 말아야 한다.

그런데 최근 조선에 수리조합이 우후죽순처럼 생겨나는 경향이 있다. 기자가 이에 전문적 기술이 없는 한 당국자는 마이동풍의 잔소리 삼아 들을지는 모르나, 기자의 소견으로서도 구태여 수리조합이 필요하지 않은 곳에도 설립된 것을 보게 된다. 연백군 황해수리조합이 가히 좋은 예라고 생각한다. 그러면 황해수리조합은 어떤 것인가? 총독부 당국은 지주의 승낙서와 모든 조건을 구비한 청원서에 의하여 그것을 인가하였을 뿐일지는 모른다. 그것이 아니라면 이 조합의 설립을 인가할 아무 이유도 없기 때문이다. 그러나 국책을 잘 이용하는 의식 있는 태도로써 신중 또 원만한 조사 및 고려 후에 이것을 인가하였다면 기자는 일대 회의를 금할 수 없다. 왜 그런가? 이제 황해수리조합 발기에서부터 인가 후 1년 남짓을 경과한 오늘에 이르기까지 문제가 문제를 낳는 모든 경위를 상술해 보자.

황해수리조합은 일찍이 안강장장(安岡莊藏)이 해주농업학교의 교원 자리를 사직하고 선만개척회사(鮮滿開拓會社) 이사의 의자를 내어놓고 밥벌이를 궁리한 끝에 국책 이행의 간판하에 발기했다. 일찍이 연해수리조합이 생겨날 때에도 필요가 없으리라고 하여 제외되고 설계자의 안중에도 두지 않았던 연백군 연안 배천 등 14개 면 13,000정보를 몽리구역[45]으로 하여 1천만 원의 예산하에 설계하여 지주의 승낙을 얻고자 안강의 활동이 시작된 것은 재작년부터였었다. 물론 지주들의 승낙이 용이할 것이 아니다. 왜? 수리조합이 필요하였다면 먼저 연해수리조합 발기 당시에 당연히 여기에 편입되었을 것이고, 그렇게 되었으면 1개 군 내에 2개의 수리조합이 아니라도 그리고 황해수리조합이 또다시 1천만 원씩 소비하지 않더라도 연해수리조합 예산을 다소간 늘렸으면 충분했을 것이기 때문이다. 그러나 안강은 대지주에게는 조합장 평의원 등 '명예로운 공직'의 솔깃한 말과 자제 또는 친족을 사무원으로 채용한다는 교환 조건을 제시했고, 소지주와 자작농은 몇 번이든지 이들의 방문을(특히 야간에) 받지 않을 수 없었다. 그런데 여기 먼저 써 둘 것은, 안강의 당시 설계의 발표에 의하면 예성강을 가로막아 저수지로 하고 공사비의 부담은 반보(反步)당 7원이라고 했다.(계속)

---

45) 물이 들어와 관개의 혜택을 입는 곳.

〈2〉1930. 10. 24.

 황해수리조합은 마침내 지주의 승낙서를 구비하여 인가원을 제출할 수 있었다. 지방에서 군 당국과 경찰 당국의 권력은 실로 위대한 것이다. 그런데 이 인가원에 첨부된 설계도에 의하면 당초 안강 씨가 말했던 예성강 저수지 안은 날아가 버리고, 갑자기 구암지, 호국지, 남대지, 예의지 등 4개 저수지가 홀연 나와서 설계되었다. 창립위원들의 눈이 멀지는 않았지만 이런 것을 발견할 눈이 없었으니 안강 씨의 계획이 순조롭게 진행된 것은 더 길게 쓸 필요도 없다. 이리하여 작년 4월 황해수리조합은 인가되었다. 그러나 조합장은 안강 씨의 머리 위에 있으니 조합장의 꿈을 꾸던 대지주 몇 분은 실망하고 낙담하였을 것이다. 안강 씨로부터 제시된 교환 조건대로 대지주의 자제 혹은 지주의 승낙서를 받는 데 공이 있는 면장의 자제 등으로서 사무원 10여 명이 채용되었다. 또 굉장한 2층 사무소를 건축하고….

 이제 와서 지주들은 수세 납입고지서나 배부되면 그것을 납부할 걱정뿐이었다. 다른 아무 간섭도 주의와 감시도 없었다. 이 중에서 안강 씨의 획책이 자유자재가 아닐 수 있는가. 그러면 그 저수지의 예성강 안은 어떠한 것이며 구암지 등 4개 저수지 안은 어떤 것인가를 검토해 보자. 먼저 예성강 안은 설계 그대로 상술하면 예성강을 가로막아 현재 공사 중인 황해선 사철(私鐵)의 철교를 저수지 제방으로 대신 활용한다는 것이다. 일견 이상적 설계이고 위대한 공사라 할 것이다. 그러나 이에 미치는 영향은 어떠한가? 예성강을 가로막으면 연안 개풍군 북면 전부와 금천군 일대에 침수되는 토지가 3,200정보, 호수가 1,600여 호로서 이 안대로 실행하려면 황해수리조합은 당연히 이들에게 토지와 가옥을 주어 다른 곳에 이주시킬 책무를 져야 한다. 이렇게 보면 예산 1천만 원은 1천4백만 원으로서 4백만 원이 초과다. 철교를 제방 위로 부설하는 조건이라야 철도 당국은 50만 원 정도의 보조를 하겠다고 했으니 1,350만 원은 물론 지주의 어깨에 지워지는 빚이다. 반보당 7원의 부담이라는 당초 안강의 언명은 이제 안강의 머리에서 사라진 지 오래이다. 기자가 안강 조합장을 방문하였을 때 그는 예성강 안에 대하여 "인간으로서 한번 해 보고 싶은 생각이 있다."고 호언을 하였다. 이것은 그 스스로 일종의 몽상이라는 것을 폭로하는 것이니, 기자가 "내가 돈을 모으면 4백만 원을 보조하겠다."고 비웃는 대답을 던진 것도 그러한 때문이었다.

다음으로 구암지 등 4개 저수지 안을 보자. 우선 독자는 이 4개 저수지의 저수를 수백 년 전부터 부근 농민이 자유롭게 관개하던 것임을 알아 두어야 한다. 이 4개 저수지에 의하여 현 황해수리조합의 몽리구역은 자연의 혜택으로 농사를 지었던 것이다. 이것을 민중의 손에서 빼앗아 수리조합 저수지라는 명칭을 붙이고 이들 농민에게 1천만 원을 부담시킬 까닭이 무엇인가? 수리조합이 아니라도 이들은 이 4개 저수지의 물을 마음대로 관개하는 것이 아닌가! 물론 수리조합 시설 전에 비하여 다소의 편익이 없지 않을 것이다. 그러나 다소간의 편익을 위하여 1천만 원을 없애는 것은 지나치게 비싼 희생이라 하지 않을 수 없다. 더욱이 그중에도 문제는 구암지와 호국지이다. 우선 호국지의 형편으로 보면 이것을 저수지로 하고 관개할 면적은 700정보인바, 공사에 특별히 많은 비용이 들게 되어 다른 저수지의 3배에서 4배의 비용이 들므로, 결국 이 저수지로 인하여 다른 저수지에서 물을 끌어오는 지주에게까지 부담을 많게 하는 악성 결과를 초래한다. 차라리 호국지를 저수지로 하지 말고 여기에 의한 몽리구역 700정보는 제외하여 달라. 그것이 직접 관계되는 지주로서 보든지 다른 지주의 입장에서 보든지 통틀어 황해수리조합 전체의 이익을 위하여 제외가 당연하다는 의미로 배천 일대 관계 지주들이 일찍부터 이 제외 운동을 펼치고 도 당국과 총독부에까지 진정한 바도 있었다. 이 제외 운동이야말로 황해수리조합 자체의 입장에서 볼 때 가장 당연하다고 하지 않을 수 없는 합리적 운동인 것은 물론이다. 구태여 몽리 면적만 광대히 하고 부담만 과중히 하는 것은 국책의 남용이 아닐 수 없다. 먼저도 말했거니와 수리조합의 운용은 가장 부득이한 지역에 한하여 최소의 경비로써 최대의 이익을 얻는 데 합리적 본의가 있기 때문이다. 그런데 당국이 이들 제외의 진정을 듣지 않는 뜻은 어디에 있는가? (계속)

〈3〉 1930. 10. 26.

다음으로 호국지보다 더 중대하게 나쁜 결과를 낳는 것은 구암지다. 구암지는 현 연해수리조합 제1저수지로부터 30리의 상류에 있는 것으로 그 면적이 1천 정보로서 이에 의하여 관개할 황해수리조합의 몽리 면적이 9,840정보이다. 여기서 주의할 것은 구암지 하류에 있는 연해수리조합 제1저수지이니, 그 면적이 1,800정보로서 이에 의한 연해수리조합의 몽리구역이 7,500정보라는 것이다. 즉 현 황해수리조합이 계획하는 바 구암지보다 연해수리조합 제1저수지는 그 면적이 800정보나 광대함에 반하여 몽리 면적은 황해수리조합보다 2,340정보나 작다는 것이다. 그러면서도 연해수리조합은 설립된 지 4개월에 올해같이 강우량이 풍족할 때는 도처에서 수리조합이 귀하지 않은 것이니 말할 것이 없고, 과거 3년간은 해마다 강수량이 부족하여 곳곳이 물싸움으로 비극이 연출되었던 것을 알아가지고 구암지 안의 옳고 그름을 검토해야 한다는 것이다.

요컨대 1,800정보의 저수지로서 7,500정보의 관개에도 부족하였는데 이제 다시 이보다 작은 1천 정보로서 9,140정보를 관개하겠다는 것은 어불성설이다. 이것은 보통학교 3학년 이상의 상식이면 판단할 수 있는 문제이다. 물론 안강 씨는 그렇게 어리석은 인간은 아니다. 그렇기 때문에 여기다가 얼마쯤 단청칠을 하였다. 즉 구암지에 지금보다 6척 가량 높이 제방을 쌓으면 6천 정 척의 저수량을 증가시킬 수 있다는 것이다. 그래서 현재 구암지의 수량으로서 황해수리조합에 관개하여도 부족하지는 않으나 거기다가 6천 정 척을 더 저수하여 만일의 경우에 안전책을 삼는다는 것이다. 그러나 당초에 6척 이상이 아니라 6촌이라도 저수할 물이 어디 있냐는 것이 문제다.(특히 가뭄의 경우에) 하류 연해수리조합이 제1저수지의 수량이 부족하여 물난리가 나는 판에 상류의 구암지의 물이 황해수리조합 몽리구역으로 빠져나가면 연해수리조합은 무슨 물을 끌어 쓰느냐는 것도 문제다. 간단히 말하면 구암지를 저수지로 하면 이에 의해 황해수리조합의 몽리구역에도 수량이 부족할 것이고, 하류 연해수리조합 제1저수지에서 관개하던 7,500정보는 다시금 황폐함의 운명을 당하지 않을 수 없다는 것이다. 물론 여기에는 기술 문제가 따른다. 구암지를 현 상태에서 6척만 제방을 쌓으면 6천 정 척의 저수량이 증가하여 황해, 연해 두 수리조합이 공존의 이상적 목적을 달성할지 못 할지 그것은 일반적 시각으로 판단할 수 없는 바이다. 전문적 기술로 연구하기 전에는 가능성을 논하지 못할 것이라고 당국은 말한다. 그런데 기술적 연구 그것을 신뢰하는 것도 정도의 문제이다. 기술자는 일시적 수량을 측량하고 기타 연구를 하겠지만, 수백 년 전해 오던 토지를 경작하는 지방 주민의 비문법적 경험도 전혀 무시할 바가 못 된다고 할 것이다. 하물며 이것이 20만에 가까운 인민의 사활 문제임에 있어서랴.

만일의 재난, 이것은 예측을 불허하는 것이다. 그런데 이 구암지 안은 위험천만의 계획이라 하지 않을 수 없다. 잘되면 평범히 살아갈 것이요, 못 되면 20만 명이 사경에 빠지는 무서운 계획이다. 위에 말한 호국지는 황해수리조합 구역 내의 주민에게만 나쁜 결과를 주지만, 구암지는 나아가 연해수리조합에까지 무서운 누를 끼치는 계획이다. 이런 것을 왜 고집할까? 먼저 말하였듯이 이 문제의 4개 저수지는 자연 그대로 두었을 때 주민으로서 행복의 근원이었다. 여기다가 1천만 원이라는 돈을 들여놓으면 주민의 생활을 위협하는 결과를 낳는다. 이는 당연히 수리조합 정책의 악용이라 할 것이다. 하물며 인가를 얻은 지 1년 남짓 경과하도록 저수지도 결정하지 못한 주제에 조합장은 도지사와 같은 6천 원의 연봉을 받고 이미 30만여 원을 소비했다니, 이것이 무죄한 백성의 고혈을 뽑는다는 원성을 면할 수 있는가.

오히려 당국자가 인민의 뜻을 돌보지 않고 황해수리조합을 고집하며 과반 연해수리조합이 구암지 안에 대하여 절대의 위협을 느끼고 그 대책을 강구하고자 할 때, 연백 군수는 이들의 회합 장소(연안농업학교)의 대여를 불허하고 경찰은 그 집회를 금지하는 등 실로 민중의 정당한 여론을 엄폐한다고 비난해도 변명하기 어려울 것이다. 따라서 우리는 수리조합의 핵심이 저수지라고 할진대 안전하고 또 신뢰할 만한 저수지가 없는 황해수리조합을 이미 인가되었다는 구실만으로써 고집하지 말고, 황해수리조합의 계획을 파기하여 예정 몽리구역 중 온정, 해월, 호동 및 유곡 일부 등 4

개 면만을 연해수리조합에 편입함으로써 1천만 원 중 대부분의 거액을 살리고 20만에 가까운 인민을 도탄에서 구하는 것이 최선의 방책이라 생각해서, 기자는 당국이 수리조합 정책을 올바르게 사용하는 진실된 뜻으로써 단연코 황해수리조합을 해산해야 한다고 주장한다.[완(完)]

강서대관(江西大觀)(1, 2)

— 《동아일보》, 1930. 11. 25.~11. 26.

⟨1⟩ 1930. 11. 25.

1,400년 전 고구려 시대의 고분 속으로 세계의 고고학자를 불러들이고 300년 동안 솟아나고도 오히려 그 끝을 모르는 약수(藥水)로서 만인의 병을 고치는 강서, 일찍부터 불우한 정치가를 해외에 보내고 사상계로 교육계로 법조계로 중진 인물을 낳은 강서, 이제 와서는 서해안 일대의 이권(간석지)으로 일본인의 이민 계획으로 인해 장차 일대에서 수백 년 전해 온 살길이었던 어획지대를 잃고 사활의 기로에서 방황할 수만 민중의 비명을 품고 있는 강서. 3년 전 주마간산 격으로 대절 자동차를 달려 서해안에서 불의의 뭇 죽음을 지은 파도에 뜨거운 눈물을 뿌려 20여 명의 원혼을 위로하고 돌아왔던 기자는 다시금 강서를 해부하여 음미하고 싶은 생각이 있었던 지 오래이다. 다행으로 소망에 이르러 10월 25일 이른 아침에 강서로 출발하였다.

원래 강서는 작은 고을이더니 함종, 증산 두 군을 폐합하고 평양의 일부가 편입되어 14면 160리로써 지금의 강서를 이루었으니 작지 않은 고을이다. 동으로 대동군에, 서로 용강군에 접하고, 남으로 대동강, 북으로 서해를 면하여 그 면적이 47방리 707, 길이가 동서로 40여 리, 남북으로 120여 리에 달하고 인구는 10만으로 계산된다. 고구려 시대의 고분 등의 유적만 보아도 강서가 근세의 개척지가 아님을 알 수 있다. 교육 정도의 진보와 경제사상의 발달은 평양을 곁에 둔 것도 원인의 하나가 되겠지만, 교육 사상의 발달에 한말의 선각자 이우영 씨가 군수로서 절대적인 공헌을 했음을 잊지 못할 것이다. 사회운동에 뒤떨어진 것은 차라리 개인주의에 충실했기 때문임을 알 수도 있으나 배출한 인물 중 어느 하나도 강서를 지키는 이가 없는 것도 한 가지 원인이 될 것이다. 그러나 서해안 일대의 어획지대가 일개 일본인 재벌의 수중에 넘어가 장차 논이 되는 날에 살길이 막연할 수만 민중의 모습을 생각하면 이곳에 일찍이 민중의 의식을 환기하고 그 머리를 깨우치지 못한 한이 없지 않다.

누구나 강서읍에 가는 이는 읍내를 안고 주저앉은 무학산(舞鶴山)을 보고 일견 명산의 감을 받는다. 기자는 명산이 어떤 것인지 잘 알지 못하지만 아마 이런 것을 명산이라 할 듯싶다. 이름 그대로 산 모양은 바야흐로 두 날개를 벌리고 날아다니는 학의 형상이다. 원래 산 이름을 등구산(登龜山)이라 하였다가 지금으로부터 100여 년 전 군수 조근이 산 이름을 무학산이라 바꾸고 이 학이 날아가면 강서의 운이 다할 것을 걱정하여 안하평야(眼下平野)에 널려 있는 여러 언덕을 학란구(鶴卵丘), 이름하여 무학산의 '알'로 만들어 이를 못 잊어 날지 못하게 하였다. 강서가 자랑삼는 인물들은 이 산의 '정기'를 받았음인가.

3년 전 기자가 잠깐 본 강서읍은 지금 보는 강서읍과 큰 차이가 있다. 지금은 도로변 가옥이 모두 깨끗해지고 전등이 번쩍거리며 시내전화가 가설되었다. 이것을 가리켜 외적 화려함이라 할까? 그 이면에서 강서수리조합이 불량 조합으로 낙인이 찍혀 구내 토지 가격이 절반 이하로 저하되었으며 이것만으로도 그동안 강서의 부유함이 증가하지 못하였을 것으로 짐작하기 어렵지 않다. 외면의 허례에 몰두하였음은 한심한 일이다. 음식점 간판이 늘고 노상에서 추부(醜婦)를 자주 보게 되는 것도 강서의 부유함을 좀먹는 인간의 도량이 수월치 않음을 알게 하지만, 다행이랄까 그 발달된 개인주의와 경제사상에 근거하여 좀처럼 그 부유함에 상처는 주지 않은 듯싶다.

강서의 첫인상을 쓴다는 꼴이 뚱딴지 수작을 늘어놓았다. 이제 다시 교육으로 산업으로 옛 유적으로 인물에 이권에까지 이르는, 기자가 보고 듣고 생각한 대로 만문(漫文)을 시험해 보려고 한다.

〈2〉 1930. 11. 26.

산업

물론 농업이 주업이다. 인구의 8할 5푼이 농업자인데, 전업자가 9할이요 1할쯤이 겸업자이다. 그중 지주가 1천여 호, 자작농이 약 3천 호, 자작 겸 소작농이 약 8천 호, 소작농이 4천5백여 호이다. 농산물에서도 벼가 주산물이고 다음으로 보리류, 콩류, 조, 수수, 면화 등이 중요 산물이다. 다음은 광업으로 무연탄갱이 있어서 1년에 일하는 연인원이 20여 명에 가깝다. 또 군의 적송, 증산, 신정, 함종 등 4개 면이 서해안에 접한 만큼 수산물이 상당하다. 수산물 중 중요한 것은 조기, 숭어, 잉어 등이라고 하는데 연간 20만 원에 달한다. 어업자는 순전히 조선인뿐으로서 전업자가 많지는 않으나 위 4개 면의 주민 대부분이 여기를 살길로 삼고 있다고 볼 수 있으며, 군

내 경제의 한 축을 맡고 있는 것도 무시 못 할 사실이다. 어업에 관하여는 아래의 이권 문제에서 다시 논할 기회가 있겠으니 중복 서술을 피한다. 농민의 생활상을 보면 어디는 다르겠는가마는 그래도 좀 나은 듯싶어서 현격한 빈부의 차를 보기 어렵다. 비교적 균등한 생활상이라 할 수 있다.

먼저 말했듯이 강서수리조합이 불량 조합으로 낙인이 찍혀 몽리 예정 면적의 축소에 정비례한 조합원의 예정 부담 초과는 수많은 비극을 연출하였다. 최근 수년 동안 군에서 지주가 자작농으로, 자작농이 소작농으로 변한 경우가 격증하고 소작농 중 흩어지는 자가 많았던 것은 강서수리조합의 '부수확'이라 할지, 어쨌든 강서수리조합이 강서의 부유함을 좀먹은 것은 부정하지 못할 사실이라 할 것이다. 더구나 토지 가격이 종전에 비하여 반으로 떨어진 것이야말로 강서수리조합에서 원인을 찾을 수밖에는 없을 것이다. 각지에서 벌떼처럼 일어나는 수세 운동과 기채금리(起債金利) 인하 운동이 동 수리조합 내에서는 아직도 코를 골고 있는 것은 이 고을에 사람이 없다고 할 것이 아니라 너무도 기진맥진한 탓이 아닌가 싶은 생각까지 일으킨다. 일본인이 아닌 탓으로 연봉 5, 6천 원을 받지 못하고 겨우 수당으로 월 20원(?)을 받는다는 조합장 김의선 씨는 그래도 농민을 생각하는 애정이 있음을 믿으매 강서수리조합은 올해와 같은 '풍년의 흉년'에 조합원을 구할 방도를 어떻게 찾을지!

군내 세금 일반을 뒤져 보매 주세(酒稅) 납부액이 1년 약 3만 원! 전군의 호세(戶稅)보다도 약 2천 원이 많다. 기자는 이를 슬퍼하지 않을 수 없다. 물론 타군에 비하여 그렇게 많은 주세는 아니지만 왜 우리는 이렇게 찌그러져 가는 현상에서 경제적으로 패한 민중으로서 이렇게 비싼 주세를 내지 않으면 안 되나? 주세를 이렇게 내고서는 양주업자는 먹고 쓰고 남을 터이니 통틀어 주류의 소비액이 이보다 얼마나 많을 것인가?

　강서의 수많은 사립학교 대부분이 경제난에 신음한다는 말을 듣는데 "술값을 교육비로!"의 절규가 전혀 공상으로만 그칠 법도 없는 것이다. 우리는 다만 실제적으로 술값의 몇 분의 1이라도 절약할 수 있으면 좋을 것이다. 또 담뱃값이 그러하고 기타의 사치품이 그러하다. 남들이 산업 합리화를 부르짖는 이때 우리로서는 우선 소비 합리화를 외치지 않을 수 없다.

발랄한 평양의 신생 면(新生面)

― 일기자,《동아일보》1931. 1. 3.

   경오년은 평양에 용기와 자신, 비약과 양기의 힘을 주고 그 속에서 위대한 족적을 남기고 간다. 상공의 도시 평양은 사해가 전율하는 불황의 폭풍에 흔들리지 않고 용감히 난중의 난관을 돌파하려 하며, 위축에서 위축으로 나날이 기울어 가는 것이 우리의 경제 상태이지만 평양의 교육계는 경오를 기하여 70여만 원에 가까운 거재(巨財)가 이 계에 집중되어 획기적 신장과 확충을 완성하였으며, 조선 노동운동사상에 남겨 놓은 양대 쟁의의 하나라는 평양의 고무쟁의가 그 하나를 드러낸 경오이다.

   평양은 살았다. 생동하는 사회다. 그리고 적극적이다. □□□□□□□ □□□□□□□ 조선이 갱생하는 날 가장 먼저 갱생할 평양에 어떤 역사적 비료를 주었나? 1년 또 1년, 그해가 그해이지만, 이제 구태여 경오의 평양을 다시 회고 음미하려는 것도 이 때문이다. 이제 가장 통속적으로, 과거 1년, 우리가 다시금 돌아볼 만한 자취와 그 기관만을 들어서 산 평양의 일면을 보이고자 한다.

민간교육계의 비약, 6개 교가 교사 신축

여자고보와 도립사범은 총독부 방침
사립으로 6개 교 신축이 가장 이채 ❙ 숭인의 조직변경이 이체(異體)

경오년은 평양에 있어서 어느 방면보다도 교육계에 가장 큰 기쁨과 만족을 주고 간다. 각 중등학교가 경오년에 앞 다투어 신축에 착수 준공하였다. 실로 경오의 평양 교육계는 대운을 만났다고 할 것이다. 그중 공립여자고보는 화재의 불행을 당했기 때문에 부득이 교사를 신축하게 된 것이요 도립사범은 총독부의 방침 하에 모든 계획과 예산이 세워진 바이매 이상 관립 양 교의 신장은 그렇게 장하다 하지 않겠지만은, 민간기관으로서 숭전을 필두로 광성고보, 정의여고, 숭의여교, 맹아학교, 봉명 등의 신축은 오직 오래된 껍데기를 벗은 일대 비약적 혁신이요 확충인 점에서 관립 양 교의 신축비 30여만 원에 비하여 사립 각 교의 30여만 원이 더욱 귀하고 큰 것이라 아니할 수 없다. 또 숭인학교가 그 조직체를 변경하여 상공도시로서의 평양에 있어서 초유의 상업학교가 출현하게 된 것은 결코 이상 각 교의 신축 확장에 뒤지지 않는 경사라 할 것이다. 이제 각 교를 통하여 그 건축 등 제반 설비의 내용을 잠간 보고 지나가자.

평양 교육계의 완전한 설비

교육 정도로 제일 자랑 ❙ 최고학부인 숭실전문

숭전은 1928년 7월에 기공한 대강당이 3월경에 낙성되고 다시 4월에 기공한 기숙사가 10월에 낙성되었다. 대강당은 실내운동실을 겸한 것으로

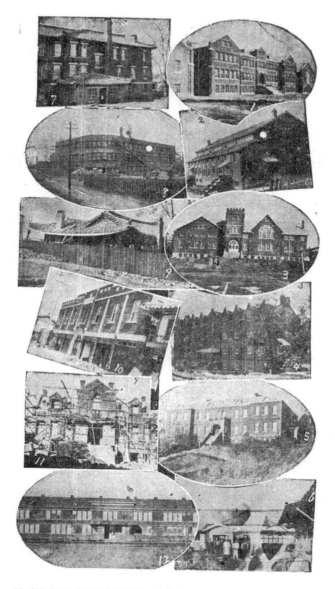

(1) 평양여고 (2) 숭전강당 (3) 광성고 대강당 (4) 숭전 기숙사 (5) 숭인상교
(6) 평원고무공장 (7) 숭의교 기숙사 (8) 여자고보 (9) 맹아학교
(10) 근우지회관 (11) 봉명학원 (12) 사범학교

그 건평이 3,003평, 연평이 756평, 그 구조는 2층 연와제로서 6,000명을 수용할 수 있으며 일반 집회로는 음악회, 강연, 가극, 활동사진 등과 실내운동회 등을 개최할 수 있다. 그 공사비가 6만원. 3년에 다다라 겨우 준공되니만큼 회집당소로서는 제일 큰 집이라 할 것이요 소규모의 음악회 등은 차라리 너무 장소가 넓어서 부적당할 것이다. 아래층에는 400여 명을 수용할 대식당과 50명씩 수용할 목욕탕이 3개나 설비되어 평양 교육계의 완전한 설비로서는 효시를 만들었다. 기숙사는 4월에 기공한 것으로 그 구조는 4층 연와제, 건평 72평, 연평 288평, 공사비 3만원으로서 58실에 100명을 수용하게 되었고 식당, 목욕실, 구호실 등이 설비되어 평양 유일의 최고학부로서 그 면목을 더욱 갱신하였다. 이제 와서는 차라리 대강당과 기숙사에 비하여 학교 본관이 초라한 감을 자아낸다.

유일의 상업교로 민간경영이 귀중

1학년부터는 갑종자격 ▮ 갑종자격인 숭인상교

숭인상업학교는 과거 숭인학교의 후신으로서 숭인교 당시의 경영 곤란은 그 존폐 문제가 누누이 입에 오르게 되었더니 우연이라 할는지 4월에 갑종상업교의 인가를 얻게 되어 현재 1학년은 갑종상업교생으로 입학된 자이다. 이에 경영기관인 장로교 측으로서도 활기를 얻어 새로 재단법인을 완성하여 확고한 기초를 세우고자 설립자 오봉선 씨 이하 12인의 위원이 불면불휴의 활동으로서 20여만 원 재단법인 완성을 목표로 진행 중, 현재 재산 12만여 원을 제한 8만원 기부금 모집에 착수하여 불과 2, 3개월 내에 이미 3만 5천원에 달한다. 동교야말로 평양에 있어서 유일한 상업학교로 이것이 민간의 손에서 경영된다는 것은 실로 귀하다 할 것이다. 앞으로 동교의 기초완성을 향하여 전 평양부민은 모름지기 있는 성의를 다하기 바란다.

3월 1일 건축, 기다(幾多) 건물을 능가

음악, 도서, 오락, 체조장 등 평양의 자랑인 정의여고

동교는 미국 선교인으로부터 기부된 15만원을 투(投)하여 3월 1일 남산현 언덕 위에 신교사를 기공하여 가지고 10월 5일에 준공되니 공사비 14만여 원, 광성고보교장 김득수 씨의 설계한 바로 건평이 3,421평, 4층 연와제 양옥으로서 그 미관은 평양의 다른 건물들을 능가하는 바이며 학급수가 8, 그 외로 음악실, 도서실, 오락실, 체조장 등 완전한 구비는 평양에 있어서는 교육계의 최대 건물인 것은 물론 아직 전 조선을 통하여 여자교육기관으로서는 가장 큰 건물일 것이요 남자교육기관으로서도 어디도 빠지지 않을 집이다. 실로 동교가 남산현 언덕 위에 우뚝 서서 전 평양을 굽어보는 위관은 평양의 신구시가를 위압하는 기세가 있고 그 속에서 기르는 수백 처녀는 교사(校舍)의 기품만을 배워도 장지(壯志)를 품을 것에 틀림없다. 더욱 여기 따르는 반가운 소식은 동 교사를 낙성하고 보매 운동장이 수축 설비가 미진하여 이것만도 6,000원의 경비를 요하는바 이는 동교 학부형 일동이 자진 의연으로써 공사를 시작할 계획 하에 의연을 모집 중에 있다는 것이다.

실내체조장

동교는 이로써 자랑, 광성고 효시

광성고보는 대강당과 더불어 체조실을 신축하였다. 공사비 4만여 원으로서 중등학교로서 이만한 대강당과 실내체조실은 평양에 있어서 동교가 효시다. 이것도 동교장 김득수 씨가 설계한 것으로 건평 3백 평, 1천여 명을 수용할 수 있다 하며 동교는 이로써 더욱 그 굉대한 외관을 자랑하게 되었다.

일체가 서양식

구조는 조선식으로, 맹아학교

원래는 현 정의여교 신축교사의 부지에 있는 것으로 정의여교가 신축하면서 동교는 대찰리로 이전 신축하였는데 4월 30일에 기공하여 가지고 8월 말일에 준공하였다. 구조는 조선식으로 건평이 32평, 공사비 5천원, 현재 수용인원이 20여인이다. 내용의 목욕실, 세면소, 변소 등 일체는 서양식으로 되었고 현재 4학급을 수용하고 있다.

연와제 이층

대식당과 세탁장, 숭의여학교

숭의여교의 기숙사는 5월에 기공하여 12월 4일에 준공하였는데 건평이 150평, 공사비 17,000원으로서 50여 명을 수용할 수 있고 구조는 연와제 2

층으로서 아래층에는 200여 명을 수용할 대식당과 세탁장, 취화장이 설비되었다. 2층에는 친목회실까지 설비되고 방마다 변소와 세면소 장치가 구비하였다.

설비가 완성

아직은 강습소 규정, 봉명학원

봉명학원은 평양에 있어서 유일한 불교의 경영기관이다. 거금 십년 전에 창립되어 창전리 유참사 포교소의 법당으로 차용하여 오다가 현 교사 신축장의 기지 280평을 4,500원에 매수하여 가지고 6월 15일 신축 기공하여 신미년 3월에 준공 예정으로 방금 공사 중이다. 공사비는 7,000원, 구조는 2층 연와제로서 아직은 강습소 규정에 의한 것이나 신축교사가 완성되면 학교 인가를 얻어서 6년제를 실시하고자 방금 학무 당국에 수속중이라한다.

도립의 후신

공사비 17만원, 관립사범교

도립사범을 폐지하면서 생겨난 관립사범의 신교사로 선교리에 건축하였다. 5월에 기공하여 11월에 준공한 것으로 공사비 17만원, 교사가 537평, 기숙사가 431평으로서 11학급을 수용하게 되었고 실습지가 3,800평이다. 그 구조는 목제 2층으로서 체조실, 이과실 등도 설비되어 있으며 그 부지가 20,240여 평이다.

화재로 신축

방금 신축중이다, 평양여고보

1월 10일 평양여고는 화재의 불행을 당하여 전교를 소실하고 그동안 상수보교의 구 교사를 차용하면서 신 교사의 낙성을 고대하는 바이다. 신 교사는 6월에 기공하여 방금 건축 중으로 연평 950평, 공사비 12만원으로서 구조는 3층, 8학급이며 음악실과 체조실 등의 설비까지 예산되어 있으며 준공은 1931년 5월경일 듯하다.

고무직공쟁의, 노동운동의 일면

노동계 공전의 대쟁의 ┃ 경오 평양의 일대 사건

노동운동! 긴 말을 쓰기 전에 고무쟁의를 연상한다. 과연 경오 평양의 노동운동사상에 있어서 공전의 대투쟁이라 할 것이다. 그 승패는 어찌되었든 오인은 이 쟁의를 경험하면서 평양의 노동자계급이 쟁의를 전개함에는 민족차별이 없었다는 사실을 본다. 이것을 필연적 사실이라고만 간과할 것이 아니다. ▢▢▢▢▢▢▢▢▢▢▢▢▢▢▢▢▢▢▢▢▢▢▢▢ ▢▢▢▢▢▢▢▢▢▢▢▢▢▢▢▢▢▢▢▢▢▢▢▢ ▢ 그 성패를 논하고 싶지 않다. 자본계급에게 떨어진 경고와 노동계급의 통감한 투쟁의식 그것이 체험상 사실화한 것은 경오년 평양 노동운동에 일대 사실이라 아니할 수 없다.

공제 고무 공장 ▮ 노동투쟁 계속

비록 노동자 참패의 자취를 남기었다 하나 저 공제생산조합의 공제고무 공장은 이들이 측면으로 그 투쟁을 의연히 계속한다는 것이 아니냐? 공제 고무의 울리는 웅대한 싸이렌 소리는 때때로 평양의 천공을 울리우고 있다. 그 공기파동! 이것은 1초 동안에도 몇 번씩 이 지구를 선회하고 있다. 노동자의 핏속에 울리고 있다. 그밖에도 양화직공맹파와 그 외의 부분적 맹파가 두세 번 있었다. 평양의 노동운동은 이제 와서 일부 '인텔리겐챠'의 운동이 아니다. □□□□□□□□□□□□□□□□□□□□□□□□ □□□□□□□□□□□□□□□□□□□□□□□□ □□□□□□□□□

근우회관 신축 여자실업장려회 조직

평안도 여자의 남성적 기운 ▮ 괄목할 평양여성운동

평안도 여자의 남성적 기백! 이것은 조선 사람의 공통적 상식으로서 알고 남은 바이다. 과연 각 방면을 통하여 생장하는 평양의 여성운동이야말로 가장 장족의 진보와 최대의 수확이 있었다. 여성운동의 총본영이요 유일한 권위단체로서 이제 와서는 전 평양 여성의 지지를 받고 있는 근우회 평양지회는 일절로 사생활을 돌봄이 없이 늙은 몸의 여명을 근우회의 기초 공사에 달게 바치는 조신성[46] 여사를 중앙집행위원장으로 옹립하여가

---

46) 조신성(趙信聖, 1873-1953) : 민족운동가, 교육인. 평안북도 의주 출신으로 기독교도로서 일본에 유학했고 이화학당 교사로 재임, 이어서 평양 진명여학교 교장에 취임했다. 3·1운동으로 교장을 사

지고 회원 5백여 명은 오로지 선생의 지도와 통제 아래서 어느 남성의 사회단체보다도 꾸준한 투쟁을 계속하고 있다. 더욱이 경오년, 이 해야말로 근우회 평양지회가 대사업을 완성한 해다. 그것은 물을 것 없이 지회관의 건축 낙성이다. 동 지회관은 평양의 번화가인 서문통을 등지고 웅립하여 그 건평이 60여 평의 2층 연와제 양옥으로서 그 위관을 자랑하고 있다. 이 집을 누가 작은 집이라 하랴! 이 집이야말로 조선에 있어서 백여 근우회 지회 중에 효시가 아니냐? 이 집이 생기기까지 조신성 여사의 피와 기름이 얼마나 흘렀으며 여사는 의(義)로 발(發)한 격분과 노호가 한두 번이었느냐? 그러나 선생에게는 여전히 그 가슴 속에 끌던 사업열과 어느 남자가 따르지 못할 웅도가 경륜되고 있나니 이제 다시 선생은 여자의 생산기관 조직을 목표로 "여자의 경제적 의식을 촉진함, 실업 여자의 직업 획득을 도모함"이라는 강령을 걸고 여자실업장려회를 조직하였다. 우리는 선생의 그 꾸준한 노력과 일로매진에 퇴보를 최대의 참괴로 삼는 그 기백을 잘 아는 바이매 경오년에 고고(呱呱)의 소시를 친 여자실업장려회가 신미년이 가기 전에 그 형태를 갖추어 출현할 것을 확신한다. 앞으로 동회에서 우선 메리야스 공장 설립에 뜻을 둔다 하니 불원한 장래에 부녀의 손으로 부녀의 공장이 생길 것을 믿어 둔다. 우리가 때로는 조선 정세를 말하여 회사운동의 비관론을 흔히 듣는다. 그러나 우리는 오늘날 비관을 금물 삼지 않을 수 없다. 평양의 여성을 배우자. 그들도 낙망할 조건과 실패할 이유가 많다. 그러나 그들의 손으로 되는 일을 보자. 그들은 오늘날까지 유약한 인

임한 후 군자금 모집 등 항일민족운동을 전개하여 투옥되었다. 1928년 근우회 평양지회 회장이 되었으며 1930년에는 근우회 중앙집행위원장에 추대되었다. 안창호와는 의남매 관계였으며 수양동우회에도 참여했다.

간으로서 경제적 활동권 내에서 제적된 사람이 아니냐? 그래도 그들의 손으로 평양 어느 남성단체보다 먼저 남성단체가 사위(四圍)의 사정을 한탄하고 있는 사이에 6천 원의 기금을 거둬 훌륭한 회관을 건립하고 그들의 손으로 또다시 공장 출현을 기대하게 되지 않았나? 우리는 여기서 경오년 평양의 여성운동이 그 주지로 삼은 부녀계급의 계몽운동에서 일보 나아가 경제적으로 진출 활약하는 것을 보게 된다. 이것이 경오년 평양 여성운동의 괄목할 진출이다.

경찰의 석방 언질로 헛강도 자백이 사실?

—《동아일보》, 1931. 2. 17.

복심판사가 현장에 출장조사
의운(疑雲) 중의 풍천강도(?) 사건

풍천 강도 사건에 의혹을 가진 평양복심법원에서 그 진상을 밝히고자 12일 동 법원 등촌(藤村) 재판장, 석천(石川) 검사, 김익진,[47] 김필응 두 변호사 일행이 현장 검증을 행하고자 송화군 풍해면 성상리를 향해 떠났다는 것은 이미 보도한 바와 같다. 기자도 일행과 함께 13일 현장에 도착하였다. 재판장은 먼저 피해자 고두희의 집과 피고의 집, 동리 김치선의 집 등을 검사하는 동시에 증인 10명을 불러서 각기 선서식을 행한 후 비밀리에 14일까지 심문하였다. 원래 변호사 측은 문제인물 소야사(小野寺) 송화 경찰서장(송화지청검사사무취급)과 형사 홍석빈도 증인으로 신청하였었는

---

47) 김익진(金翼鎭, 1896-1970) : 법조인. 1917년 제1회로 경성전수학교를 졸업하고 재판소서기로 경성, 공주 등에서 근무했다. 1920년 판사특별임용시험을 통과해 평양지방법원 등 여러 지방법원과 평양복심법원 판사를 거쳐, 1927년 평양에서 변호사로 개업하여 20여 년간 활동했다. 해방 후 조만식을 중심으로 한 조선건국준비위원회에 참여했고, 대한민국에서 1948년 대법관, 1949년 제2대 대검찰총장 등을 역임했다.

데 재판장은 그들은 심문하지 않았다. 기자도 소야사 씨를 만나고자 송화 경찰서를 방문하였으나 마침 그는 출장하고자 나오는 길에 길에서 만나게 되었으나 그의 입으로 이 사건의 진상을 듣지는 못하였다.

문제의 "삼백오원!" 출처 거처를 탐사
현장에서 복심판사 세밀조사 ▮ 증인 10명도 호출 신문

먼저 13일에 재판장은 피고 김제헌의 처남이고 피해자인 고두희의 집에 이르러 강도 맞은 현장을 검사하는 동시에 고두희와 그의 처를 심문하고 다음에 피고의 집에 이르러 피고의 처 고두경을 심문하는 동시에 현준용 이 시키는 대로 증거물로써 현금 305원을 주선하여 감추었다가 경찰의 가택수사에 의하여 발견, 압수되는 "형식"을 치렀다는 피고의 집 부엌문 밖 처마 끝을 검사한 후 다시 고두희의 집에 강도가 침입한 작년 11월 24일 오후 11시에 피고 김제헌이 놀고 있었다는 동리 김치선의 집을 검사하는 동시에 그를 심문하였다. 14일까지 심문한 사람은 아래와 같은 10명인데 그 결과에 있어서 재판장이 얻었을 심증은 이 사건의 판결을 좌우할 것으로 써 아직 추측할 바가 되지 못하지만 증인 중 이 사건의 의혹을 빚어낸 고두 희, 고두경, 임현풍, 현준용, 홍석빈 등을 기자가 방문하고 그들의 말을 들 은 바에 의하면 다음과 같다.

◇신문된 증인 성명

▲피해자 고두희, 처 이두칠, 피고의 처 고두경, 피고의 첩 송용녀, 취조 순사 하형구, 풍해주재소 영목(鈴木) 순사, 피고의 벗 김치선, 벗 유창기, 자

백 권유한 풍해면장 임헌풍, 현준용

"남매간 일이라면 피고가 석방"
"그래서 거짓말을 한 것이다" ┃ 피해자 고두희 씨 담(談)

피고의 처남이자 피해자 되는 고두희는 기자에게 다음과 같이 말한다.

강도를 맞은 다음 경찰서에서는 "여러 가지로 보아서 네 매부가 의심되는데 어떠냐."고 묻자 "나는 혹시 매부를 가린다고 아니라 할지는 모르나 우리 아내는 매부와는 원수 같은 사이며, 더구나 그때 없었었던 어린애를 보고 물어보아도 알 것"이라고 했습니다. 그러나 필경 매부를 잡아 가둔 다음 예전부터 내게 보내던 편지(기자 주=동업관계로 인한 분쟁 끝에 돈 내라는 협박적 서신)를 압수해가고서는 나까지 송화읍으로 불러들여 장날에만 집에 오는 것을 허락하고는 10여 일을 송화읍에 억류시켜 두었습니다. 그러나 며칠 후에 면장(기자 주=풍해면장 임헌풍)이 와서 말하기를 내가 매부인 줄 알고 주었다고만 하면 놓아져 나올 수 있다고 합디다. 그다음에 다시 현준용이 매부를 면회하고 와서 매부는 그렇게 자백할 생각이 있으나 내가 어떨지 모르겠다더라 하면서 돈 2백 원을 꾸어갔습니다(그것이 이제 증거물로 압수되어 가지고 다시 경찰서에서 내게 돌려준 것입니다). 내가 강도 맞은 돈은 10원짜리 31매와 1원짜리 몇 장이었는데 경찰서에서 돌려준 돈은 10원짜리 30매와 5원짜리 1장이었습니다. 그러나 이 돈은 당초에 내가 현준용에게 꿔준 돈 200원을 다시 현준용 조(條)로 장부에 넣고 나머지는 도로 현준용에게 내어주었습니다. 형식은 내가 피해금을 찾은 것으로 되었으나 나는 실상 현준용에게 꾸었던 돈 200원을 받은 것이요, 피해금은 1전도 못 찾았습니다. 그다음에 매부의 공판 때에 한상범 변호사가 찾아와서 "매부인 줄 알고 주었다고 공판에 가서 증언하면 친족 간의 일이니까 무사히 석방된다"고 합디다. 그러니 나야 면장 임현풍이나 현준용이나 한상범 변호사나 모두가 우리 매부를 위해서 하는 일이니 내가 어떻게 매부가 아니라고 할 수 있습니까. 그래서 공판 때(기자 주=송화지청의 1심 공판)에 증인으로 가서 매부인 줄 알고 주었다고 말하였습니다. 오늘 재판장(기자 주=복심법원의 등촌판사)이 물으니 나는 사실대로 1심 공판 때 거짓 증언한 것을 말했습니다. 나는 도저히 무슨 영문인지 모르겠습니다. 그때 내 집에 왔던 강도는 결단코 우리 매부가 아닙니다. 나는 다만 임헌풍, 현준용 한 변호사가 시키는 대로 거짓말을 했습니다.

"면장 말대로 석방을 기대 당자를 면회하고 권고했소"
자백 권고한 현준용 씨 담(談)

김제헌을 면회하여 자백을 권고하고 또 증거물로 현금을 주선한 현준용은 아래와 같이 말한다.

면장이 서장의 말대로 고두희에게 전함을 들은 후 고 씨로서는 알고 주었다고 하기가 어렵지 않지만 김제헌이 그때까지 부인하던 것이라 어떻게 하려는지 알 수 없어서 그를 면회하고 자백하면 친족 간의 일이니 무죄가 된다는 말을 했습니다. 그때 김제헌의 말이 강도질을 했다고 하면 뺏어온 돈이 있어야 하지 않느냐고 하니까 옆에 있던 홍석빈 형사가 김제헌에게 "그런 것은 '겐상'(玄様)이 있으니까 염려 말라고 합디다"(실상 나는 거기까지는 생각도 못하고 면회하였던 것입니다.)

그다음에는 홍 형사와 김제헌 사이에 돈을 어디다 두자, 어쩌자 하면서 의논하는 것을 듣고 있다가 나왔을 따름입니다. 나와서 생각하니 거의 일이 그쯤 된 뒤에야 또 돈을 주선해서 두는 것이 옳다고 생각해서 김제헌의 부인에게 그 말을 했더니 도무지 65원밖에 주선하지 못했기로 내가 고두희 씨에게 200원 또 다른 사람에게서 40원을 꿔다가 주었습니다. 그 돈은 나중에 피해자에게 환급하는 형식으로 경찰서에서 고두희에게 내주고 나는 고두희에게서 도로 찾았습니다.

면장의 간곡한 권유로 현금 주선 후 은닉
"이러면 석방된다 해서 그랬소" | 피고 처 경로를 진변(陳辯)

피고의 아내 고두경은 다음과 같이 말한다.

우리 아이 아버지가 잡혀간 다음에 너무도 답답해서 면장님(기자 주=풍해면장 임헌풍)을 찾아가서 답답한 사정을 말했습니다. 그러나 처음에는 면장도 어쩔 수 없다고 하더니 그다음 번에는 자기가 면장회의가 있어서 중화읍에 가는 길에 서장을 만나보고 오겠다고 하더니, 다녀와서 하는 말이 "서장을 만나보았더니 서장의 말이 고두희만 자기 매부인 줄 알고 주었다고 하면 친족 간의 일이니까 무죄로 놓아주겠다고 하면서 법률책을 내어 보이더라고" 해요. 그래서 내가 무식한 소견에 면장님께 말하기를 "법률책이 두 개가 있으면 어쩌겠느냐" 했지요. 그랬더니 면장 말씀이 "서장이 무슨 원수가 김제헌과 있어서 정말 법률책 거짓말 법률책을 만들어 두고 속이겠느냐"고 합디다. 그다음에 현준용이 아이 아버지를 면회하고 와서 하는 말이 이제는 서로 다 자백을 하기로 했으니 증거물 삼을 돈 317원을 주선하라고 해요. 그래서 집에 있던 돈 55원과 이장근에게서 5원, 김치선에게서 5원을 꿔서 겨우 65원밖에 만들지 못했습니다. 그나마 현준용의 말은 꼭 10원짜리로만 만들라고 하는 것을(기자 주=고두희의 강탈된 현금이 10원짜리만이었다) 5원짜리 1원짜리를 섞어서 주선했습니다. 그래서 할 수 없어서 현준용 씨를 찾아가서 사정을 했더니 그가 240원을 어디서 주선해 왔습니다. 그래서 모두 합하니까 305원밖에 되지 않아서 아직도 317원이 되려면 12원이 부족하여 걱정이 되었으나, 현준용의 말이 "뭐 형식이니까 이만큼이면 된다"고 합디다.

(실상 그때 주선은 뜻대로 되지 않고 이제 저제 경찰서에서 가택 수색은 나올 것 같아서 미처 돈 주선이 되기 전에 경찰서에서 나올까봐 애타던 생각을 하면 기가 막힙니다) 돈을 신문지에 꾸려서 내 손으로 처마 끝에 넣고 물러선 지 얼마 안 돼서 하 부장(기자 주=송화경찰서 순사부장 하형구)이 와서 수색해 갔습니다. 그다음에는 오늘이나 내일이나 무죄 석방이 될까 하고 기다렸더니 재판일에 가서 본즉 3년 반 징역 판결이 나요. 어떻게나 놀라고 떨리는지 그 자리에서 당장 임헌풍과 현준용을 청년들이 데리고 노정현의 집으로 가자 쫓아가 물었더니 두 사람이 하는 말이 투서가 경찰서에 들어가서 무죄가 되지 않았다고 합디다. 판결 날은 나올 줄 알고 음식도 준비하고 의복까지 준비했었습니다. 면장과 현준용을 붙들고 당신이 징역을 가든 김제헌의 누명을 벗겨주든지 하라고 청년들이 덤비니까 저희들이 힘써서 누명을 벗기겠다고 합디다. 글쎄 이런 무서운 일이 다시 어디 있겠습니까.

청맹원(靑盟員) 검거
격문 다수 압수

— 오 특파원,《동아일보》, 1931. 2. 18.

60명 석방 30명은 취조 중
평양면옥 쟁의 속보

평양면옥 노동조합원의 동맹파업과 폭동 사건으로 말미암아 검속되었던 90명 중 60명은 어제 16일 밤에 석방되었고 30명만 현재 남아서 취조를 받는 중이다.

동 파업이 일어난 후 수차의 격문이 배부된 사실이 있어 경찰에서는 눈에 불을 켜고 범인을 수색하다가, 어제 16일 오후 4시경에 서기산 부근에서 주범인 청년동맹원 옥인석(21)과 공범인 이인길 외 1명을 검거하였다.

동시에 아청리 109번지 옥인석의 집에서 격문 449매와 등사판과 기타 부속품을 압수하였다.

백일하 폭로된 강도 위조 '연극'

— 오생,《동아일보》, 1931. 3. 9.

등장한 인물도 여러 사람
풍천 허구 강도 진상

별항 풍천 괴강도 사건의 무죄판결이 났음을 기회로 다시 이 사건의 진상을 그 관계자들의 말과 기자가 조사한 바에 의하여 기록하면 다음과 같다.

작년 11월 24일 오후 11시경 송화군 풍해면 성상리 고두희 가(家)에 복면강도 1명이 침입하여 현금 317원을 강탈 도주하였다. 송화경찰은 피해자 고두희의 매부 김제헌이 고두희와 금전 관계를 상쟁(相爭) 중 김제헌은 그 처남에게 582회나 협박문을 발송한 사실이 있음을 혐의로 삼아 강도범의 혐의자로 김제헌을 체포하였다. 그러나 김제헌은 강도 발생 당일 그 시간에는 동리 김치만 방에서 한유(閑遊)하고 있었다고 강도 사실을 부인하였다. 또 피해자 고두희 역시 자기 매부가 강도가 아니었다고 증인신문에서 부인하매, 송화경찰은 김제헌을 체포한 수일 후부터 피해자 고두희를 풍해면 성상리에서 송화읍 지정 여관에 억류하고 김제헌이 범인임을 시인하라 요구하였다.

그러나 피해자와 피의자가 공(共)히 부인함에 불구하고 송화경찰은 피

의자 김제헌을 유죄 의견으로써 검사국 송치의 형식을 구한 후 해주지방
법원 송화지청 검사 사무취급인 동 서 소야사(小野寺) 서장이 피의자를 신
문케 되었다.

한편 피의자의 가족은 풍해면장 임헌풍을 사이에 넣고 김제헌의 석방
운동을 하였다. 이때 소야사 서장은 임 면장에게 대하여 "범인은 김제헌임
이 분명하나, 피해자 고두희가 자기 매부인 줄 알고도 돈을 주었다면 강도
가 되지 않고 친족 간의 일이므로 무사할 수 있으니 고두희에게 그렇게 권
하도록" 하였다.

이에 임 면장은 고두희와 만나서 그 말을 전하매 고두희는 매부의 의사
가 어떠한지 모르겠다 하여 그의 앞으로 일보는 현준용으로 하여금 김제
헌을 면회 타합(妥合)케 하였다.

이때 송화서에서는 검거 이래 가족까지도 면회를 불허하다가 현준용만
은 형사 홍석빈 입회하에 면회케 하였다. 그때 현준용은 "사실은 유무(有
無) 간 자백만 하면 석방하기로 서장의 양해가 있으니 자백하라."고 권고하
였다. 이에 김제헌은 "자백코자 하나 사실 강도질을 아니하였으므로 강탈
한 돈이 없으니 어쩌겠느냐." 걱정하였다. 현준용 말에 의하면 이때에 입
회한 홍 형사는 "그런 일은 '현양(玄樣)'이다. 주선할 터이니 염려말고 자백
하라." 하고 증거품인 강탈금액 317원은 현준용이 주선하여 김제헌 집 처
마끝에 감춰 두도록 교사하였다.

이후 현준용은 물러나와 김제헌 처에게 그 뜻을 전하여 김제헌 처는 자
택에 있던 현금 55원과 동리 김치선에게 5원, 이장근에게 5원을 차입하여
65원을 주선하고, 현준용은 피해자 고두희에게 그 뜻을 전하고, 현금 200
원, 다시 타인에게 40원을 차입하여 계 305원을 김제헌 집 처마끝에 김제

헌 처 고두경의 손으로 감추고, 김제헌은 강도 범행을 자백한 후 가택수색에 의하여 현금 305원이 압수되었다가 다시 고두희에게 반환되어 다시 현준용에게 반환되었다.

그 후 김제헌은 결국 1심에서 징역 3년 반의 판결을 받고 공소케 되었는데 이때 소야사 검사 대리는 공소하면 자기도 부대(附帶) 공소를 할 것이요, 복역하면 가족은 고두희가 부양하도록 되었으니 복역하라 강권하고 피고의 공소 수속을 행하자, 송화에 출장한 변호사 김익진 씨에게 소야사 경부(警部)는 피고가 이미 공소권을 포기하였다 허언을 하였다.

마침내 변호사 김 씨의 추급(追及)에 소야사 경부의 허언이 발각되어 피고는 공소 수속을 하였는데 소야사 씨도 부대 공소를 하였다. 이것이 마침내 평양복심에 와서 복심 검사는 소야사 씨의 부대 공소를 취하하고, 판사가 현장 검증 및 증인 신문을 행한 다음 검사가 무죄를 논고하고 판결에도 무죄가 된 것이다.

더욱 소야사 씨에 대하여 의혹이 있는 점은, 씨가 검사 대리로서 피의자를 신문하였으면 그 조서는 당연히 검사국 서기의 손으로 작성되어야 할 것인 데도 불구하고 그 조사의 필적은 분명히 송화서에서 피고를 취조한 하형구 순사의 필적과 추호의 상위(相違)가 없는 점이다.

수세(水稅) 연납(延納) 운동과
미림수조(美林水組) 항쟁기

― 『동광』 20호, 1931. 4. 1.

풍년기근이라는 이 현상이 조선에 나타나자 그 필연적 결과의 하나로서 소위 산미증식의 계획하에 커다란 의문 속에서 조선 농촌에 생겨난 수리조합의 조합비 연납(延納) 운동이 봉기하였다. 평남 대동군 미림수리조합은 이 연납 운동의 첫 목소리를 낸 곳으로 또 해를 넘겨 가장 꾸준한 항쟁을 아직까지 계속하고 있다. 필자는 이런 일을 따라다니면서 보도하는 것으로써 직업을 삼는 탓으로 작년 가을 미림수리조합이 시작한 수세(水稅) 연납의 첫 목소리에서부터 최근에 이르기까지 그 항쟁을 친히 보고 들어 온 바이다. 편집자가 그 항쟁기를 쓰라 명하시기에 이에 붓을 드는 바이다. 이것이 미림수리조합에 국한한 문제가 아닌 점에서 필자는 조선수리조합이란 것의 정체의 일각을 거듭 알아볼 수 있다고 생각한다.

미림수조가 작년 10월 5일 수세 1년 연납 운동을 제창하니 각지에서 이에 호응하여 삽시간에 전 조선적 중대 문제화하고, 신문은 이 사실을 사설로 논하고 기사로 앞다투어 보도에 열중하게 되었다. 그만큼 농촌에서 중대한 문제인 것이다. 글에 순서로 보아서 현재 수리조합은 수세의 연납을 하지 않을 수 없는 이유가 무엇인가를 알아볼 필요가 있다. 올해의 농촌 수입은 어떠한가? 특히 수리조합 몽리(蒙利)구역 내의 지주 및 소작인은 과연

손실을 보았는가? 이에 대하여 필자는 평남 8개 수리조합 몽리구역 내의
실수확고와 생산비를 숫자적으로 조사한 바를 제시하면 아래와 같다.

▲조합별 수확고

조합명	평안	미림	강서	동화	순남	대동	망일	은산	계
몽리면적 (정)	2,229	395.8	1,210.3	4,024.5	300	350.4	75	42	8,627
수확(석)	71,328	13,965	43,267	16,687	8,262	12,904	3,000	1,714	171,127

〈주〉1석은 160근(1단보 380근, 평당 1근 1합약 소출), 평남도 농무과 조사에 의함.

위 수확고를 매 근 4전의 시세로써 환산하면 109만 5,212원 80전이다. 그
런데 이 109만여 원의 수입을 얻기 위하여 소비된 일체의 생산비는 어떠한
가?

▲ 생산비 환산액

1. 제반 생산비 69만 7,924원 30전(내역=1단보에 대하여 종자대 60전, 묘판대
30전, 묘판 비료대 80전, 공동 묘판 차용료 24전, 기경비(起耕費) 80전, 이식비(移植
費) 120전, 제초비 160전, 예입(刈入) 및 반입비 160전, 타곡비 150전, 계 8원 9전. 소
작인의 노역비도 일체를 환산함.)

2. 수세 29만 원(작년도는 평안수리조합 2,200여 정, 순남수리조합 300여 정, 미
림수리조합의 일부가 개답(開畓) 첫 해라 그 부분으로 하여 수세의 5할에서 8할이 부
과되지 않기 때문에 단보당 3원 36전 1리 가량의 평균이 된다.)

3. 비료대 51만 7,620원(매 단 6원 평균)

4. 공과금 4만 3,135원(매 단 50전 평균)

총생산비 환산액 150만 8,679원 30전

위 계산을 보면 수입 109만 5,212원 80전에 비하여 지출은 150만 8,679원 30전으로서 초과된 지출액, 즉 작년 평남 8개 수리조합 몽리구역 내의 지주 및 소작인의 몽해(蒙害)가 45만 3,319원 97전이다.

그러나 회계는 여기서 그치지 않는다. 지출액 즉 생산비는 대부분이 소작인의 부담이기 때문에 절반하는 수입에 비하야 소작인의 손실은 더욱 크다. 세분하여 보면, 생산비 150만 8,679원 30전 중 ▲ 지주 부담 47만 2,759원 60전 ▲ 소작인 부담 107만 5,873원 17전.

사실에서 수지의 계산은 상기한 바와 같이 45만 3천여 원의 지출 초과임에 불구하고 상기 생산비 부담에 의하여 지주 및 소작인의 수지를 구별하면, 지주는 74,846원 80전(1단보 80전 가량)의 이익을 보았다. 원칙상 손실된 계산인데 한쪽이 이익을 보매 한쪽은 전체의 손실 위에 한쪽의 이익까지 손실이 되어서, 소작인의 손실은 지주 이익까지 겸하여 52만 8,266원 77전(1단보 6원 13전 가량)에 달한다. 이에 의하면 지주는 소작인에게서 1단보 86전 가량의 손실을 덧입히고 자신의 이득을 취한 것인데, 사실상 이 86전 가량이라는 것이 토지 가격(투자액)에 대한 금리도 되지 못하는 것이다.

이로써 수세 연납 운동이란 것이 시세에 비추어 필연적 산물임은 긴 말을 할 것 없다. 풍년이 들면 격앙가(擊壤歌)를 부르던 것은 옛적 역사책이나 뒤져야 알 일이요, 이제는 풍년이 들어서 농촌이 파멸에 달한 것이다. 그 원인을 어째서 자연에만 돌리랴. 무모한 산미증식 계획과 수리조합의 발생 그것이 중대한 원인의 하나가 되지 않을 수 없다. 더욱이 수세 그것을 정조(正租)로써 납부한다면 차라리 문제는 없을 것인데, 이것을 꼭 현금으로써 납부하게 하기 때문에 곡가가 폭락한 현상에 현금 납부는 생산된 정조를 모두 쓸어 넣어도 계산이 맞지 않는다. 그러고 보면 무엇을 먹고 지낼 것인가? 이와 같은 사실적 근거 외에 조합 규정에 뚜렷한 법적 근거가 있다. 조선수리조합령 시행규칙 제36조에 의하면, "조합장은 조합비의 부과를 받는 자 또는 가입금을 납부하는 자로서 특별한 사정이 있는 자에 대하여는 그 납부의 연기를 허락할 수 있다. 단 회계 연도를 넘을 경우에는 평의원에 자문할 것. 조합장은 특별한 사정이 있는 자에 한하여 평의회에 자문한 후 조합비를 감면할 수 있다.…"

붓이 제목에서 벗어난 감이 있다. 이제부터 간단히 미림수조가 아직까지 연납 운동의 본뜻을 관철하고자 항쟁한 것을 써 보기로 하자. 연납운동을 일으키는 동시에 미림수조 지주회가 조직되었다. 그 태도가 하도 강경하여 정조 대납안, 정조 담보 등 조합 당국의 고심에서 나온 묘책도 모두 실패하였다. 납입고지서를 지주에게 발송하였으나 지주회장의 명의로써 반환되었다. 다시 발송하면 또 반환하야 애꿎은 우편배달부의 심술을 돋아 주었을 뿐. 제3단으로 나온 독촉장은 독촉이라기보다도 애원에 가까운 것이었다. 그러나 지주들은 확고부동이다. 최근 동 지주회가 결의한 바는,

　1. 최후 강제집행을 각오하고 조합비 연납 운동의 철저를 기함.

　2. 조합비 상환 기한 22개년을 연장케 할 것.

　3. 몽리구역 확장 등을 절대 반대함.

　4. 급수 불능 및 침투지에는 대용작물을 경작키로 함(주=대용작물을 경작하고 수세 부담에 불응하자는 것)

　△ 선언

지주 중 여러 개인이 금년도 조합비로 절반을 소작인에게서 징수하였음은 본회의 연납 운동의 근본정신에 위배되므로 이는 즉시 소작인에게 반

환키로 함.

이 결의 및 선언은 동 회의 운동 방침이 얼마나 철저하다는 것을 말한다. 동시에 미림수조 평의원 10명 중 연납 운동이 성공되지 못하여 지주를 대할 면목이 없다는 이유로써 2명이 연몌 사직을 단행하였다. 사직원을 받은 조합 당국은 실로 어쩔 줄 몰라 대외로는 전연 풍설(風說)이라 꾸미고 사표 철회를 구걸하는 모양이었으나 성공하지 못한 듯하다.

총독부 당국으로서도 회계연도 말인 3월 말일까지는 적극 수단을 피하는 모양이다. 그러나 3월까지에도 지주의 태도가 의연강경하면 어찌하려는지? 현재 평남에 있는 수리조합은 특별히 미림뿐이 아니고 다른 수리조합도 그 납부 성적이 극히 불량하다고 도 당국은 알고 있다. 잠시 붓을 멈추고 그 결과를 주목하여 보자.[완(完)]

의열단 사건
김한을 검거

— 평양 특파원,《동아일보》, 1931. 6. 25.

평양에 잠복한 걸 검거
4차공산당에도 관련

어제 23일 밤에 평양경찰서 고등계에서 돌연히 대활동을 개시하여 시내 모처에 숨어 있던 김한을 검거하고 엄밀한 취조를 진행 중이다.

사건의 내용은 알 수 없으나 동인은 제4차공산당 검거 당시에 외지로 탈출하였고, 그전에도 무산자동맹과 의열단에 연락되어 8년간이나 복역하다가 출옥하여 또다시 공산 운동에 참가하였던 인물이니만큼 중대시된다고 한다.

평양 모 사건 21명 송국(送局)

— 평양 특파원,《동아일보》, 1931. 6. 25.

신체의 구속은 9명
금 24일 오전 10시에

평양서에서 검거 취조하던 평양서로 사건은 금 24일 오전 10시경에 구속 9명, 불구속 12명, 총계 21명을 평양지방법원 검사국으로 송치하였다.

평양서 검거된 김한은 동명이인

— 평양 특파원,《동아일보》, 1931. 6. 26.

　작보=평양서에서 검거한 김한은 의열단 관계의 김한이 아니요, 동성동명의 무정부주의 계통의 인물이라 한다.

　동 무정부주의 계통인 동 김한은 본적을 강원도 양양 출생이라 하며, 동서는 검거 즉시 20일간 구류에 처하고 취조 중이라 한다.

을밀대상의 체공녀(滯空女):
여류 투사 강주룡 회견기

— 무호정인, 『동광』23호, 1931. 7. 5.

평양 명승 을밀대 옥상에 체공녀(滯空女)가 돌연히 나타났다. 평원 고무
직공의 동맹파업이 이래서 더 유명하여졌다. 작년 중 노동쟁의의 신전술
을 보여준 일본 연돌남(煙突男)[48]과 비하여 대조하기 좋은 에피소드라 할
것이다. (중략)

"우리는 49명 우리 파업단의 임금 인하를 크게 여기지는 않습니다. 이것
이 결국은 평양의 2,300명 고무직공의 임금 인하의 원인이 될 것이므로 우
리는 죽기로써 반대하려는 것입니다. 2,300명 우리 동무의 살이 깎이지 않
기 위하여 내 한 몸이 죽는 것은 아깝지 않습니다. 내가 배워서 아는 것 중
에 대중을 위하여서는 (중략) 명예스러운 일이라는 것이 가장 큰 지식입니
다. 이래서 나는 죽음을 각오하고 이 지붕 위에 올라왔습니다. 나는 평원
고무 사장이 이 앞에 와서 임금 인하의 선언을 취소하기까지는 결코 내려
가지 않겠습니다. 끝까지 임금 인하를 취소하지 않으면 나는 자본가의 (중

---

48) 연돌남(煙突男): 1930년 11월 공장 굴뚝에서 고공농성을 전개한 일본의 다나베 기요시(田邊潔,
1903-1933)를 지칭한다. 다나베 기요시는 일본 노동운동사에서 처음으로 고공 농성 투쟁을 한 인
물이다. 일본 후지가스방적 가와사키 공장 노동자들의 쟁의 중 굴뚝에 올라가 6일 동안 농성했다.

략) 하는 노동대중을 대표하여 죽음을 명예로 알 뿐입니다. 그러하고 여러분, 구태여 나를 여기서 (지붕) 강제로 끌어내릴 생각은 마십시오. 누구든지 이 지붕 위에 사다리를 대 놓기만 하면 나는 곧 떨어져 죽을 뿐입니다.”

이것은 강주룡[49]이 5월 28일 밤 12시 을밀대 지붕 위에서 밤을 밝히고 이튿날 새벽 산책 왔다가 이 희한한 광경을 보고 모여든 산보객 100여 명이 앞에서 한 일장 연설이다. 이 연설을 통해 체공녀 강주룡의 계급의식의 수준을 엿볼 수 있다. 이 여성은 어떤 사람인가. 그녀의 생애는 어떠했으며, 어떠한 환경의 지배를 받았나? 이것이 편집자가 내게 발한 명령이다.

6월 7일. 부외(府外) 선교리 평원고무직공 파업단 본부로 강주룡 여사를 방문하였다. 유달리 안광을 발하는 작은 눈, 매섭게 생긴 코, 그리고 상상 이상의 달변은 첫인상으로 수월치 않은 여성이라는 느낌이 들었다.

그러나 그보다도 그의 과거 생애 이야기가 나를 놀라게 하였다. 오늘 그의 의식과 남성 이상의 활발한 성격이 우연한 바가 아님을 알 수 있었다. 이제 잠깐 붓을 돌려 그의 입에서 나오는 대로의 그의 과거 생애의 독백을 속기한다.

---

49) 강주룡(姜周龍, 1901-1931): 노동운동가. 1901년 평안북도 강계(江界)에서 태어났다. 14세 때 아버지의 사업 실패로 서간도로 건너가 1920년 결혼하였으나 남편의 죽음으로 24세 때 귀국, 평양 평원고무공장 직공으로 취직했다. 1931년 5월 16일, 회사측의 일방적인 임금인하 통고에 반발해 여공 파업이 일어났는데, 강주룡은 같은 달 28일 여공 49명과 함께 파업과 시위를 주도하였다. 그러나 일본 경찰에 의해 강제 해산당하자 목숨을 끊어 세상 사람들에게 평원공장의 횡포를 호소하는 마음을 먹고 광목 한 필을 사가지고 을밀대(乙密臺) 지붕 위로 올라가 100여 명의 산행객을 상대로 일제의 노동착취와 수탈을 고발하며 9시간 30분 동안 규탄 연설을 한 뒤 일본 경찰에 체포되었다. 연행된 뒤에도 76시간 동안 단식 농성을 하다가 검속 기간 만료로 풀려났으나, 그해 6월 9일 다시 동료 노동자 최용덕과 함께 검거되어 옥중 단식을 하던 중 정신쇠약과 소화불량으로 보석되었다. 그러나 옥중에서 얻은 병마로 같은해 8월 13일, 평양 서성리 빈민굴에서 31세의 나이로 죽었다. 한국 최초의 여성노동운동가로 평가받는다.

나의 고향은 평북 강계입니다. 14살까지는 집안이 걱정 없이 지냈으나 아버지의 실패로 가산을 탕진하여 내 나이 14살에 서간도로 갔습니다. 거기서 농사지으면서 7년 동안 살았는데, 20살 되던 해에 통화현에 있는 최전빈이라는 사람에게 시집갔습니다. 남편은 그때 겨우 15세의 귀여운 도련님이었습니다. 나는 남편의 사랑을 받았다기보다도 남편을 사랑하였습니다. 첫눈에 아주 귀여운 사람, 사랑스런 사람이라는 인상을 얻었습니다. 부부의 의도 퍽 좋았습니다. 동리가 다 부러워하였답니다.

　시집간 지 1년 후부터 우리 부부의 생애에는 큰 변동이 생겼습니다. 그것은 남편이 ○○단 수령 백광운(지금은 그이도 죽었습니다) 씨의 제2중대에 편입된 것입니다. 물론 나도 남편과 같이 풍찬노숙하며 ○○단을 따라다녔습니다.

　6, 7개월 ○○단을 따라다녔는데 나중에는 "거치적거려서 귀찮으니 집에 가 있으라."는 남편의 명령을 받고 나는 본가에 돌아와 있었습니다.

　남편이 백광운 씨의 제2중대에 편입된 지 1년 만이었습니다. 그때는 내가 본가에 돌아온 지 5, 6개월 후였는데, 우리 본가에서 100여 리나 되는 촌락에서 남편의 병이 위독하다는 소식을 듣고 달려갔을 때는 벌써 틀렸습니다. 손가락을 잘라서 피를 먹이니 좀 정신을 차렸으나 그날 밤으로 죽었습니다. 밤에는 단지 나 혼자 그를 간호하고 있었는데 잠깐 사이에 숨이 끊어졌습니다. 죽었는지 살았는지 몰라서 바늘로 살을 찔러 보고야 아주 죽은 줄 알았으나 이미 죽은 사람이라 시신 옆에서 한잠 자고 이튿날 아침 병문안 왔던 사람들의 손으로 묻었습니다.

　그리고 나는 시집으로 돌아갔습니다. 좀 창피한 이야기지마는 시집에서는 나를 의심하여 남편 죽인 년이라고 중국 경찰에 고발하여 1주일이나

을밀대상의 체공녀

갇혀서 고생했습니다. 하도 원통하고 또 돌봐 주는 이도 없어서 1주일을 꼬박 굶었습니다.(그런데 이번 사흘쯤 단식이야 쉽지 않아요?)

서간도에서 귀국한 것은 내가 24살 되던 해였습니다. 처음에는 사리원에서 1년쯤 지냈는데 부모와 어린 동생을 데리고 내가 밥벌이를 하면서 아들 노릇을 하였습니다. 그러다가 평양에 온 것이 벌써 5년째 됩니다. 처음부터 고무직공으로 밥벌이를 했지요. 고무직공 조합에는 작년 파업이 일어나기 바로 전에 입회했습니다.

을밀대에 올라갔던 얘기요? 그야 다 아시지 않아요? 5월 29일 밤 우리는 전술을 고쳐 단식동맹을 조직하고서 공장을 사수하기로 하고 공장을 점령하였습니다.

그러나 밤 1시나 되니까 공장주는 경관에 의뢰하여 우리들을 공장 밖으로 내몰았습니다. 동무들이 대성통곡하면서 쫓겨나올 때 나는 차라리 이 목숨을 끊어서 세상 사람에게 평원공장의 횡포를 호소할 마음을 먹었습니다. 그래서 나는 공장에서 쫓겨 나오는 대로 거리에서 밧줄 한 필을 사 가지고 을밀대로 올라갔습니다. 그러나 '사쿠라' 나뭇가지에다 밧줄을 걸어 놓고 생각하니 내가 이대로 죽으면 젊은 과부년이 또 무슨 짓을 하다가 세상이 부끄러워 죽었나 하는 오해를 받을 듯하여 기왕이면 을밀대 지붕 위에 올라갔다가 아침에 사람이 모이면 실컷 평원공장의 횡포나 호소하고 시원히 죽자고 마음을 돌렸습니다.

그러나 을밀대 지붕 위에 올라갈 길이 망연하였습니다. 궁리 끝에 밧줄 한끝을 올가미를 지어서 지붕마루에 걸어 보려고 애썼으나 실패하였습니다. 마지막의 묘책에 나는 성공하였습니다. 밧줄 한끝에 무거운 돌을 달아서 지붕 건너편으로 넘겨 놓고 줄을 당겨 보았더니 괜찮았습니다. 그래서 처음에는 줄에 매달려 '그네'를 뛰어서 안전함을 시험한 후에 이 줄을 타고 지붕으로 올라갔습니다.

그때가 아마 새벽 두 시는 되었을 것입니다. 사면이 고요한데 기생을 끼고 산보하는 잡놈을 두 번이나 보았습니다. 아직 날이 밝기는 멀었는지라 밧줄을 걸어 올려 몸을 가리고 한참 잤습니다. 동이 트기 시작하면서 내가 요란한 소리에 놀라 깬 때는 벌써(중략).

그는 벌써 일개 노동자가 아니라 노동자 49명을 거느리고 투쟁의 선두에 나선 '리더'의 한 사람이다(하략).

평양 폭동 사건 회고

— 『동광』 25호, 1931. 9. 4.

7월 5일 밤. 그 밤은 진실로 무서운 밤이었다. 역사를 자랑하는 평양에 기록이 있은 이래로 이런 참극은 처음이라 할 것이다. 아름다움의 수도 평양은 완전히 피에 물들었다.

하기는 우리가 인류사를 뒤져서 문명과 야만의 구별이 없이 피 다른 민족의 학살극을 얼마든지 집어낼 수가 있다. 그러나 유아와 부녀의 박살난 시신이 시중에 산재한 일이 있었던가?

나는 그날 밤 발밑에 질척거리는 피와 널려 있는 시신을 뛰어넘으며 민족의식의 오용을 곡하던 그 기억을 되풀이하여(내, 비록 늙어 망령이 들려도 이 기억은 분명하리라!) 검열관의 가위를 될 수 있는 데까지 피하면서 거두절미의 회고록을 독자 앞에 공개한다.

사건 전야에 부내에서는 만보산사건[50]을 빙자하여 중국인을 힐난, 협박, 구타하는 등 경미한 충돌이 6건이나 발생하였다. 그러나 이것이 다음날 밤

---

50) 만보산(萬寶山) 사건: 1931년 7월 중국 지린성[吉林省] 만보산 부근에서 일제의 술책으로 중국인과 한국인 사이에 벌어진 유혈사태. 일제는 7월 1일과 2일 한인과 중국인의 충돌사건을 과장·왜곡하여 대대적인 허위기사를 만들어냈다. 이 과장 보도로 인해 한·중 양 국민 사이에 격렬한 반감이 생겼고, 조선에서는 한인에 의한 화교 습격 사건이 잇달아 발생했다.

중국인 대학살이라는 인류 혈사의 한 페이지를 더하게 하는 장본인일 줄이야 누가 알았으랴. 중국인은커녕 폭동 군중조차도 몰랐으리라.

5일 밤의 폭동은 오후 8시 10분경, 평양부 신창리 중국인 요정 동승루(東昇樓)에 어린아이 10여 명이 투석을 시작한 것에서부터다. 이것이 1만여 군중의 미련하고 비열한 폭동에의 동원령이 되었다기에는 일백 번을 고쳐 생각해도 내 이성이 부인한다. 누구나 한 번 생각해 볼 일이다. 어쨌든 일은 여기서부터 확대되었다. 어린아이들 10여 명의 투석이 장정들 60여 명의 투석으로 변하고 동승루의 정문과 유리창이 부서지면서 큰 돌을 안고 옥내에 침입하는 자가 생겼다. 어느덧 군중은 수천 명을 헤아리게 되고, 고함은 점점 부근 사람을 모여들게 했다.

"이 집의 소유주는 조선인이다. 집은 부수지 말자."는 함성이 구석구석에서 터져 나왔다. 가구 집기를 모조리 부순(전화 한 개가 남았다. 2층 한구석에 붙었기 때문에) 군중은 그다음 집으로 옮겨 가며 시시각각으로 모여들면서 순차로 대동강변의 중국인 요정을 전부 파괴하고 대동문 옆 대로로 몰려나왔다.

대동문 거리에서 남으로 서문통, 여기가 중국인의 포목, 잡화의 무역상들이 집중된 상가다.

군중은 2, 3백 명씩 떼를 지어 굳게 닫은 중국인 상점을 향하여 투석을 시작하였다. 심한 데는 어디선가 굵은 재목을 몇 명이 둘러메고 와서 '엉치기' 소리에 장단을 맞추며 닫은 문을 부수는 데까지 있었다고 한다.

기관총 난사와 같은 투석은 삽시간에 굳게 닫은 문을 깨뜨렸다. 가게 내로 침입한 십 수의 장정들은 마치 화재 장소에서 물건을 집어내듯 손에 닥치는 대로 상품, 집기 등을 길 밖으로 내던졌다. 군중은 함성을 지르며 내던지는 상품을 밟고 찢고 뜯고⋯ 어느덧 남문정에서부터 종로통까지에 노도와 같이 움직이는 군중은 1만여 명을 돌파하고, 노상에는 주단 포목, 화양(和洋) 잡화 등등⋯ 찢어지고 깨진 상품이 산적하였다. 전차, 자동차 등의 교통 두절은 말할 것도 없고 어느 한 사람도 군중의 물결에 싸여 마음대로 통행할 수 없었다.

오후 11시, 이때는 벌써 평양에서 북에서부터 남으로 중국인 상점과 가옥이 한 개도 남지 않고 전부 부서진 때였다. 누구의 입에선가 무서운 유언이 퍼졌다.

"영후탕(永厚湯, 중국인 목욕장)에서 목욕하던 조선인 4명이 자살(刺殺)당했다!"

"대치령리에서 조선인 30명이 중국인에게 몰살되었다!"

"서성리에서 중국인이 작당하여 무기를 가지고 조선인을 살해하며 성안으로 들어오는 중이다!"

"장춘에서는 동포 60명이 학살당했단다!"

비상 시기에 군중을 선동하는 유언비어는 실로 위대한 힘이 있다. 냉정해지면 상식으로써 판단할 수 있는 허무맹랑한 소리가 마침내 전율할 살인극을 연출하고야 말았다.

집을 부수고 물건을 찢고 깨뜨린 것으로써 그만인 줄 알고 일시 피했다가 제각기 잔해만 남은 가구 등을 수습하려던 중국인은 이때부터 그야말로 혼비백산하여 다리가 뛰는 대로 달아날 수밖에 없었다.

죽은 어린아이를 죽은 줄도 모르고 힘껏 껴안은 채 경찰서로 도망쳐 와서 비로소 자식의 시신을 발견하는 모성⋯ 젖 빠는 어린애를 껴안은 채 부축되어 경찰서로 와서 땅바닥에 누이자 숨이 넘는 모성. 시내는 완전히 ××

×상태다.[51]

곳곳에서 살인은 공공연히 ××의 ×××에(!) 감행되었다.

군중은 완전히 잔인한 통쾌에 취해버렸다. 3, 4명에서 6, 7명씩 피 흐르는 곤봉을 든 장정을 앞세우고 2, 3백 명씩 무리를 지어 피에 주린 이리떼처럼 맞아 죽을 사람을 찾아서 헤맨다.

"여기 있다!" 한마디의 외침이 떨어지면 발견된 중국인은 10분이 못 지나서 살려 달라고 두 손을 합장한 채 시신이 되어 버린다.

늙은이의 시신 안면에 굳어 버린 공포의 빛! 고사리 같은 두 주먹을 예쁘장하게 쥔 채 두 눈을 말뚱말뚱 뜨고 땅바닥에 엎어져 있던 영아의 시신!

날이 밝았다. 간밤의 무참은 숨김없이 드러났다. 길 위에는 부서진 상품과 가구가 산적하여 보행이 곤란하고 전선에는 찢어진 포목류가 걸려서 새벽바람에 건들거린다. 폐허다! 무너진 로마인들이 여기서 더하였으랴. 곳곳에서 중국인 시신은 발견되었다. 서성리 조성암(曹成岩, 중국인)의 집에서는 일시에 10구의 시신을 발견하였다. 피살된 자, 적어도 백을 넘으리라는 나의 예상은 들어맞고야 말았다.

아침부터 경관은 무장을 하였다. 중대가 출동하고 인근에서 응원 경관대가 오고, 그런 중에서도 백주에 다시 재습(再襲), 삼습(三襲), ××의 ××로 피난 장소에 가던 중국인이 중도에서도 타살되고 8, 9명이 한곳에 숨었다가 몰살당하는 등. 재습, 삼습에서 공책 한 권이라도 그대로 내버려진 것이 있으면 마저 찢어 버렸다. 잉크병 한 개라도 거저 내버리기 아까웠는지 쓰레기통에다 맞장구를 쳐서 죄 없는 쓰레기통이 붉고, 푸른 땀을 흘리고 섰다.

---

51) 이하 ××는 원문에도 마찬가지로 표기되어 있다.

이날 오후에는 천여 명 군중이 깃발을 선두로 '용감한 정예병(!)' 30여 명을 태운 화물자동차를 앞세우고 기림리로 재습의 '장도(壯途)(!)'를 떠났다. 여기서 마침내 총살자 1명과 중상자 2명이 발생했다.

그러나 이것은 경관의 발포에 의한 것이었고 중국인은 결코 반항치 않았다. 군중은 반항 없는 약자에게 용감하였던 것이다. 이날 밤에는 다시 부외의 중국인 가옥을 닥치는 대로 불 질렀다. 밤새도록 평양성 밖에는 불꽃이 뻗쳐 있었다.

사망자 119(경무국 발표), 중상 163, 생사불명 63(평양 화상총회 조사), 방화 49, 가옥 파괴 289, 중국인 측 피해 약 250만 원(평양 화상총회 조사).

손해는 이뿐만 아니다. 조선인 측 피해액도 20여 만 원을 넘을 것이다. 오사카의 일본인 상업자는 속 곯는 사람이 있을 것이다.

사건 다음날 밤부터 검거의 바람이 일어났다. 평양, 대동 양 경찰서 총검거 인원이 1,200여 명에 달하였다.

경성에서 응원 경관대까지 와서 행차 뒤의 장엄한 나팔을 한 달을 두고 불었다. (이하 6행 하략)

애인의 변심에 격분
현대의 악마로 돌변
— 오생, 《동아일보》, 1931. 11. 6.

남녀 선생까지 사랑을 하다가
여자가 변심함에 연적 죽이고 악마 노릇
살인강도 김봉주 범죄 이면

살인과 강간죄로 무기징역을 선고받아 복역하다가 12년 만에 가출옥되어 다시 지난달 26일 밤 부내 선교리 임극환의 집에 침입하여 부부를 살해한 흉악범 김봉주(38)와 종범 심종성은 4일 평양지방법원 검사국 재등(齋藤) 검사가 강도살인 절도죄로 예심을 청구하여 월미(越尾) 예심판사의 손에 회부되었다.

수범 김봉주는 일찍 강도살인죄로 무기징역을 받았던 몸으로 또다시 강도살인을 범행한 흉한이라 하여 세상은 그를 무섭게 알고 그 역시 이제 와서는 생의 미련을 끊고 교수대에서 스러질 것을 각오한다고 하나, 그의 가슴에는 남다른 사정이 숨어 있다고 한다.

그는 원래 중학 정도의 지식을 가졌고 14년 전에 사범학교를 마치고 강원도 모 군 보통학교의 교원으로 있었다고 한다.

교원으로 근무 중 같은 학교에 근무하는 모 여교원과 사랑을 속삭이게 되어 이십당년의 젊은 심장은 끝없는 희망 속에서 뛰놀던 때도 있었다고 한다.

그렇게 뜨겁던 사랑도 깊지 못한 여자의 가슴에 피었던 것이라 어느 틈엔가 다시 한 학교 안에 있는 다른 교원에게로 사랑을 옮기자, 희망에 뛰던 그의 가슴은 온통 질투에 타 버려 연적을 찔러 죽이고 변심한 여자의 정조를 강제로 빼어 버린 것이 범죄의 시초라 한다.

살인강간으로 무기징역을 지고 감옥에서 12년 만에 작년 6월 다시금 세상에 나온 그에게는 아무 달가움도 없었던 것이었다.

극도로 타락한 그는 하루하루 먹을 것을 절도 행위로 구해 오다가 한번 큰돈을 얻고자 올해 6월에는 용강군 진지동 금융조합의 습격을 계획하였다고 한다.

그러나 이것은 음모 중에 발각되어 한때 경찰에 잡혔다가 검사국에서 증거 불충분으로 석방되어 다시금 이리저리 강도 절도로써 먹고살아 왔다고 한다.

지난달 26일 그는 이 세상을 하직할 마지막 행위의 충동을 받았으니, 선교리 임극환의 집에 침입하였다가 반항하는 주인 부부를 쇠줄로 목을 매어 죽이고 말았던 것이 그것이다.

그리하여 그는 한천 금융조합을 습격하려던 끔찍한 계획을 미수한 채 붙들린 몸이 된 것이라 한다.

이제 아마 그가 다시 세상에 나올 때는 교수대를 거쳐 관에 담겨 나올 것임에 틀림없다. 한 여자의 가슴이 더웠다 식었다 한 지극히 평범해야 할 사실이 이렇듯 무서운 결과를 지어 놓은 것이다.

1931년의 평양 사회상(상·중·중·완)

— 평양 일기자, 《동아일보》, 1931. 12. 28.~12. 31.

〈상〉 1931. 12. 28.

강산으로, 냉면으로, 기독교로, 공업으로, 노동쟁의로, 기생으로 유명하고, 금년 7월 돌발 사건으로 또 한 가지 유명한 이름을 올린 평양으로서 1931년, 즉, 과거 1년간에 낸 업적이 어떠한가? 일 년 열두 달을 다 보낸 세말에 한 번 총결산이 없을 수는 없는 일이다. 총결산을 하여 본 결과 이익이 있다면 다행 중 다행이지만 만일에 손해가 있다면 평양으로 일대 손실, 아니 우리 조선인으로 크게 맹성(猛省)할 일이요, 금후 1932년에는 크게 노력할 일이다. 이익과 손해, 이 모두 다 원인이 있어 결과를 낸 것일 터이니, 그 원인이야 자동에도 있고 피동에도 있을 터이다. 피동으로 된 것이라면 금후에는 모든 이해와 비판을 세밀히 하여 모든 것에 의식적 태도로 취할 것 같으면 그리 큰 과오를 범하지 않는 동시에 큰 손해를 초치(招致)치 아니할 터이다.

반성할 점은 아직 무엇 무엇이라고 말하기 어려우나, 평양이 가진 바 공정한 여론이 없다.

노동쟁의가 나도 직접 자기가 관계되지 않았으면 무소관언(無所關焉)하고, 동맹휴학이 나도 자기 자제에게 관계가 안 되었으면 다행으로 알고, 사회적으로 연속되는 점을 망각하여 버린 듯하고, 각자가 나는 나대로[我自我], 남은 남대로[人自人] 하여 뭉치고 다시 뭉치는 그 무엇이 점점 박약하여 가는 감이 없지 아니하다. 대체로 보아서 두루 자기를 돌아보는 것[反求諸己]을 게을리하지 못할 터이다. 이제 결산하여 본 결과로서 각자가 반성할 점이 발견될 줄 알고, 연간에 전개되었던 제상(諸相)을 일일이 감정하여 볼 터이다.

수리조합 문제

신년 벽두인 1월 7일에는 대동군 미림수리조합 소작인 200여 명이 평남 도청에 쇄도하여 수세(水稅) 연납(延納)을 진정하였고, 14일에 와서는 동 수리조합 소작인 남녀 200여 명이 다시 도청에 쇄도하여 자기들의 사활 문제를 크게 부르짖고, 동 조합 지주들로서는 12일에 지주대회를 열고 수리조합에 관한 대책을 결의하였다. 5월 6일에는 미림수리조합 지주 400명과 평안수리조합 지주 1,000여 명과 망월수리조합 지주 대표 16명이 도청에 쇄도하여 형세가 매우 삼엄하였으므로, 경찰부에서는 경관대를 출동시켰다. 16일에는 미림수리조합 지주 대표 오윤선, 조종완 양 씨의 토지를 수세 불납 조건으로 경매를 개시하였으나, 원매자(願賣子)가 없어서 그만 보류되었다. 7월 13일에는 미림수리조합 지주 몇 명이 수확으로는 수세만 납입하여도 부족할진대, 조합 당국이 원매를 감행하는 데 대하여는 차라리 소유권을 포기함만 같지 못하다 하여 소유권 포기를 언명하여 버렸으니, 그 얼마나 고통과 불평이 심하였던가를 추측할 수 있다.

노동쟁의 문제

이 역시 신년 벽두인 1월 6일에 임금 감하 문제로 평양 목공조합원이 동맹파업을 결의하였고, 작년 12월 말부터 동맹파업을 시작하여 지구전에 들어가 있던 평양 면옥노동조합원들이 14일 밤에 시내 7개소의 면옥을 습격하여 면옥주들이 중상을 입었다. 16일에는 면옥노동조합원 90여 명이 검거되어 결국은 7명이 투옥되었고, 3월 1일에는 그만 임금 1할 감하로 면옥쟁의가 해결되었다. 3월 14일에는 수상운수노조원 400여 명의 임금 감하 대책준비회가 있었고 22일에는 결국 임금 감하로 목공노조의 동맹파업이 해결되었다. 5월 17일에는 평원 고무공업소 여직공들이 동맹파업을 단행하였고, 30일에는 동 직공 강주룡이 을밀대 옥상에 올라가 죽음을 각오하고 끝까지 한다는[以死爲限] 신전술을 썼고, 6월 2일에는 강주룡이 74시간의 단식을 하여 가면서 강경히 임금 감하를 반대하는 판에 희생적으로 실직자를 냈으나 결국 공장 명으로 임금 감하안을 철회하는 것으로 문제는 해결을 고하였다. 7월 29일에는 세창 고무직공 200여 명이 동맹파업을 단행하였고, 30일에는 동 여직공 7명이 동맹단식을 하여 가면서 대항하였으나, 결국은 공장주가 감하하는 임금률로 돌아가고 말았다.

〈중〉 1931. 12. 29.

상공 문제

1월 상순경에는 양화상(洋靴商) 대 피혁상(皮革商)의 가격 문제로 크게 갈등이 일어나 한때는 양화상들이 비매(非賣) 동맹을 결의까지 하여 지정 피혁상을 설정하였고, 27일에는 조선인 포목상들이 중국인 무역상들의 전횡에 크게 궐기하여 전횡을 정복하였고, 4월경에는 두세 사람의 상점 저지가 있었으나, 살인적 불경기 속에서도 꾸준히 나아갔다. 이는 다른 도시에서는 찾아보지 못할 평양 상인들의 견인불발(堅忍不拔)의 정신과 은인자중(隱忍自重)함 때문에 가능했다. 공업계로 말하면, 가장 번성하다고 자타가 공인하던 양말, 고무 등 공업의 부진은 경아(驚訝)할 일이나, 일반의 구매력이 감퇴됨에 따라 자연히 생산업이 정체될 것이다. 그러나 고무업에 대하여는 금년에도 공장 몇 개가 신설되었고, 하반기에 와서는 임시 공장 2~3개까지 설치되었으니, 고무라면 평양에서 유일한 생산업이라 할 수 있다. 그러나 대체로 보아서는 업적이 그리 양호하다고는 말할 수 없고, 대공장 중 하나이던 서경상공주식회사가 그만 해산하는 비운에까지 처한 것은 평양 상공계로 보아 큰 손실이다.

교육 문제

3월 6일에는 숭실전문학교 농과가 인가되어 다년간 현안으로 되어 있던 문제 중 하나가 해결되니, 동교로서의 환희는 물론 평양 학계 아니 서조선 일대에서 크게 축하할 바이다.

2월 4일에는 부외 동대원리에 있는 관립사범학교가 전소되어 임시 교실을 전(前) 도립사범학교로 이전하였고, 5월 1일에는 공립평양상업학교가 개교되었다. 11월 11일에는 공립평양고등보통학교 학생들의 동맹휴학 사건이 돌발되어 결과로는 17명의 무기정학과 48명의 묵학자(黙學者)를 내었고 최후 결과로는 소위 독서회라는 관계로 12명이 검거되어 검사국에까지 송치되었던 바, 결국 12월 5일에 와서는 검사국에서 기소유예로 전부 석방 처분을 하고 말았다. 그리고 일반 학계로 보아서는 예년보다 특히 이채를 낼 만한 업적을 가진 데가 없고 오직 상궤(常軌)를 밟아 나아간 것뿐이요, 다만 숭인상업학교에서 동교 재단법인 설립 기성으로 5만 원의 모집인가를 얻어 1년간에 꾸준히 활동한 결과 연말에 와서 결말을 지은 업적은 약 3만 원을 모집했다 하니, 이 불황한 재계에서 그만한 업적을 낸 것은 크게 치하할 일이다.

12월 18일에는 숭의여학교의 지정인가가 있었다.

〈중〉 1931. 12. 30.

일반 문제

1월 24일에는 관서체육회[52] 주최로 대동강 위에서 전 조선 빙상경기대회가 개최되었고, 25일에는 백선행기념관에서 청년총동맹 평안남도연합대회가 개최되어 중앙위원 불신임안이 가결되었고, 26일에는 전기(前記) 장소에서 청년운동자대회가 열렸다. 30일에는 권총 든 청년 한 명이 강서 지방에서 순사를 사살한 후 도주하였고, 31일에는 강서군 신정면 방면에 권총을 가진 청년 두 명이 출현하였다.

2월 7일에는 잡지부제생활사(雜誌部制生活社) 주최로 백선행기념관에서 전 조선 졸업생 강연회가 개최되었고, 17일에는 조선물산장려회 주최로 선전기(宣傳旗) 행렬 운동이 있었고, 18일에는 중화군 지방에서 이용식 부

---

52) 관서체육회(關西體育會): 1924년 평양에서 설립된 관서지방의 체육단체이다. 조만식을 회장으로 하고, 평양 동아일보사 지국 안에 본부를 두었다. 전조선빙상경기대회, 전조선축구대회 등 여러 연중행사를 진행했다. 서울의 조선체육회와 함께 조선에서 쌍벽을 이뤘다고 하는 체육 단체였다.

부가 자살(刺殺)된 사건이 발생하였다.

3월 1일에는 과격한 격문이 각 학교 부근에 나붙었으므로 평양경찰서에서 대경실색하여 그 출처 여부를 수사하였다.

4월 6일에는 조선감리회 평양성 7교회의 연합 주최로 작년 12월에 합동된 남감리회 합동축하회를 개최하였고, 6일에는 청명절임에도 불구하고 대설이 내려 은세계를 이루었고, 7일에는 장로교회 평양노회에서 소비합리화를 결정하였고, 19일에는 대동문 안에 있는 연초매팔회사(煙草賣捌會社) 총전실부(塚田實夫) 내외가 참살된 사건이 발생하였다.

5월 11일에는 신간회 해소파계의 조기두, 명덕상 등이 검거되고, 14~16일 3일간에는 평양공설운동장에서 관서체육회 주최로 전 조선 축구대회가 개최되었고 20일에는 모 사건으로 노동운동자 9명이 검거되었다.

6월 11일에는 모 사건의 용의자 검거가 확대되었고, 13일에는 순천 지방에 대박재(大雹災)가 있어 5천여 정보의 막대한 농작물 피해가 있었고, 25일에는 모 사건 관계자 21명이 송국(送局)되었고 관서체육회 주최로 숭전(崇專) 강당에서 전 조선 씨름대회가 있었다.

7월 5일에는 이른바 만보산사건으로 수천 군중이 중국인 습격을 시작하여 상점 등을 파괴하고 살상자가 90여 명이나 되는 대참상을 연출하기 시작하여 익일(翌日) 6일에도 재습격을 하였는데, 7일부터 폭동자 검거가 시작되어 그 수가 3백여 명에 달하였다. 10일에는 다시 백여 명이 검거되었고, 11일에는 중국인 3,700여 명이 귀국하였고, 14일 현재로 평양, 대동 두 경찰서에 검거된 인원이 980명에 달하였으며, 30일에는 사건 관계자 2백 명을 공판에 회부되었고, 31일에는 반제전쟁 기념 격문 소동이 있었다.

〈완(完)〉 1931. 12. 31.

8월 3일에는 시 전체를 암흑세계화하려는 전기공 파업 선동 계획이 발각되어 21명이 검거되었고, 22일에는 순천군 지방에서 5명이 살해되는 사건이 발생했고, 18일에는 7월 사건의 대공판이 개시되었고, 26일에는 7월 사건에 무기징역의 중형 판결이 있었다.

9월 3일에는 관서체육회 주최의 전 조선 수상대회가 대동강에서 개최되었고, 10일에는 공산당 공작회(工作會) 관계자가 검거되었고, 19일에는 만주사변으로 평양비행대가 출동하고, 24일에는 중국인 150인이 귀국하였다.

10월 1일에는 평양고아원 신축 낙성식이 있었고, 10일에는 배위량[53] 박사의 선교 40주년 기념식이 숭전 강당에서 개최되었고, 17일에는 관서체육회 주최의 체육대회가 개최되었고, 21일에는 대동군 대동강면 남정리에서 고구려 시대의 대고분이 발굴되었다.

11월 4일에는 앞의 고분에서 정교한 진품 38점이 발견되었고, 5일에는 관서협동조합 경리사(經理社)에서 관서 일대에 산재한 경제단체들의 기본 조사에 착수하였고, 28일에는 배위량 박사가 별세하였다.

12월 3일에는 인정도서관의 개관식이 있었고, 5일에는 백선행 여사의 동제(銅製) 초상의 제작에 착수하였고, 4일에는 ㅁ ㅁ 격문이 각 학교와 단체에 산재되었다는 것으로 평양서가 범인을 정탐하는 것에 열중하였다.

---

53) 윌리엄 베어드(William M.Baird, 1862-1931): 종교인. 한국명 배위량(裵偉良)으로 미국 북장로교 선교사이다. 1891년 한국에 와서 선교활동을 시작했다. 평양에서 숭실학당을 개설하고 이를 근대적 교육기관으로 발전시켰다.

이상의 업적을 보아 이익이라면 금년 중에 관서협동조합 경리사가 탄생하였고, 숭전 농과가 신설되었고, 인정도서관[54]이 창립되었고, 숭의학교가 지정인가되었고, 관서체육회의 활동이 많이 있었으며, 기타 각 방면에 걸쳐 약간의 신설이 있었으며, 노동쟁의에서 평원 고무공의 파업으로 결국은 맹파공(盟罷工)은 대부분 실직했고 그 반면에 어부지리를 취한 자들이 있었으며, 면옥쟁의나 목공쟁의 같은 데는 다수의 실직자를 내고 7명의 투옥자를 냈으며 세창 고무쟁의도 실패했고, 평고보(平高普) 맹휴에는 퇴학자가 60여 명 생겼다. 상공계로는 서경상공주식회사가 해산을 당하였고, 평양 외에도 심각한 불경기로 일반 상공업이 대부진하였다. 특히 7월 돌발 사건이야말로 무이해하고 무비판한 저돌적 만용이라 말하지 않을 수 없으니, 그것은 평양으로서만 일시적 손실이 아니라 우리의 역사에 오점 하나를 크게 찍어 놓았다. 아! 평양아, 무엇으로 이 크나큰 오점을 흰 눈과 같이 씻겨 놓을 것인가. 만용을 감행한 자들은 형사상 책임을 지고, 그 권외의 일반은 일시 형사상 책임보다 더 큰 책임을 져야 한다. 그 책임은 말로 못 한다. 돈으로도 못 한다. 오직 의미 깊은 실천적 사업으로서만에 있다. 깊이깊이 마음에 새겨 두고 잊지 말아라. 그러고 보니 손해와 이익을 상쇄하고 보면 손해에 대차가 생긴다.

이 대차야말로 무엇으로 보충할 것인가? 문제이다. 이 손실은 평양이 낸 것인즉 평양이 책임을 지고 보충하여 놓아야 한다. 평양은 금년에도

---

54) 인정도서관(仁貞圖書館): 1931년 김인정(金仁貞)이 평양시 창전리에 설립한 사립 공공도서관. 한국 여성에 의하여 건립된 최초의 사립 공공도서관이라는 특징을 가진다. 김인정이 평양시민을 위해 당시 8만 5천원을 희사하여 만들어졌다. 개관 후 1년간 4만 7천여명이 도서관을 이용하여 개관시간을 연장하는 등 높은 이용율을 보였다.

있고 내년에도 있으니 내년 평양의 업적으로 금년의 손실을 일시 상환해
야 한다.

평양 신년 좌담회[55](1)

— 오생, 《동아일보》 1932. 1. 2.

평양 좌담회 광경

지구 전면에 넘쳐흐르는 미증유의 대공황은 과거 1년간 조선을 수난과
고민 속에서 허덕이게 하였다. 아직 자본주의가 초창기여서 난숙치 못하

---

55) 오기영의 주선으로 개최한 신년좌담회. 1932년 1월 1일부터 12일까지 총 11회 연재되었다. 참석
   자는 조만식, 김병연, 오윤선, 조선성, 이훈구 등 평양의 재계, 교육계, 학계, 여성계, 법조계 등 각계
   대표들이다. 오기영은 좌담회에 배석하였으나 발언은 하지 않았으므로 좌담회 내용은 생략하고, 직
   접 작성한 개최 기획사만을 수록하였다.

였고 농촌 사회의 형태가 봉건시대의 잔존임은 무시하지 못할 사실이지만, 이러하면서도 조선은 전대미문의 풍년기근에 울게 되는 것은 후진 조선의 큰 고민이 아닐 수 없다.

그러나 우리는 새해가 가지고 오는 희망을 거부할 이유가 없다. 그것은 조선이란 동체(動體)가 그 생을 포기할 이유가 없기 때문에!

공황 그것이 비록 세계적이라 할지라도 우리는 가능한 범위에서 조선적으로 축소해서 그 타개를 꾀하여 이 세계적 일대 사실을 부단히 정시(正視)할지언정, 힘이 미치지 못한다고 하여 회피할 까닭이 없다.

또한 우리는 한 걸음 나아가서 이 난관을 뚫을 용감을 갖는 동시에 농촌계발과 상공계를 진흥시킬 방책이 필요하다.

교육의 보급화, 의무교육 실시의 요구며 일상생활에 막대한 영향을 주는 부정(府政) 문제를 좌시 묵과만 할 것이 아니다.

우리는 이상의 제 문제에서 세계와 조선에 대한 지식의 상식화하고 그 정곡을 비판할 필요가 있다는 사실은 췌설(贅說)이 필요없다. 오는 새해의 희망을 살리기 위하여 본사는 특히 이하 제 문제에 대하여 각계 당국자의 귀중한 연구와 체험을 일반 독자에게 소개함으로써 다대한 실익이 있을 것을 깊이 믿는 바이다.

이것이 신년좌담회를 개최하는 뜻이다.

◇출석자(순서 不同): △내빈측 = 평양상공협회장 오윤선, 동 전무이사 김병연, 평안고무공업 사장 김동원, 삼공양말공장주 손창윤,[56] 숭전(崇傳) 문

---

56) 손창윤(孫昌潤, 1890~?): 기업가. 상점 점원으로 시작하여 점차 성공하여 양말제조업에 뛰어들어 삼공양말공장을 경영했고, 삼공철공소 사장, 평안남도 양말생산조합 조합장, 평양상공회의소 특별

학과장 채필근, 광성고보(光成高普) 교장 김득수, 숭인상업 교장 김항복, 인정도서관장 정두현, 관서협동조합 경리사 이사장 조만식, 이사 우제순, 숭전 농과 교수 이훈구, 수조(水組)문제 연구가 조종완, 평양부 회원 이기찬, 동 김능수, 기성의사회장 정세윤, 동 회원 변인기, 평양변호사회장 한근조, 근우회 중앙집행위원장 조신성 △본사원 3명 △일시 = 1931년 12월 24일 오후 6시 △장소 = 평양 춘일식당

상공진흥책

◇설문

1. 불경기와 그 타개책
2. 외래 자벌(資閥)에 대한 대항책
3. 금융기관의 설립 문제
4. 금후 평양에 적당한 신기업
5. 상공협회의 기능을 발휘할 구체적 대책[57]

회원이 되었다. 전시체제기에 일제에 군용기 등을 헌납하고, 반도섬유공업주식회사 사장, 조선임전보국단 발기인, 조선직물협회 이사 등을 거쳤다.

57) 이하 기사 내용은 하략함.

동양 초유의 대도난 78만 원 사건
완연한 일장(一場)의 활동사진

—『신동아』 2권 3호, 1932. 3. 1.

조선은행 평양지점의 78만 원[58] 도난 사건은 1932년 벽두의 대범죄 사건
이다.

1월 18일 오전 10시 이 사건이 발견되자 10시간이 못 되어 세계 각국은
라디오를 통하여 이 동양적 대도난 사건에 경동(驚動)하고, 조선의 방방곡
곡은 물론 일본과 만주에 이르기까지 범행 수단과 시간, 범인의 인상조차
모르면서 막연한 지급(至急) 수배는 빗발같이 날았다.

사건의 발생지 평양은 전 시가에 일대 충동을 일으켜 공황의 심저(深底)
에 침윤(沈淪)된 적막한 가두에는 속살 없는 활기가 횡일(橫溢)하는 듯하였
다.

도난된 금액뿐인가, 그 치밀하고 대담한 범행은 지금은 영어의 몸으로
신음하는 미국의 밤 대통령이라는 범죄 대왕 카포네를 사가(唆駕)하고 남
는 바 있다.

---

58) 1932년 조선은행 평양지점 78만원 도난 사건에 대한 취재 보도와 후기를 두 개의 잡지에 나누어 게
재했다. 『동광』에 실린 기사가 사건의 전말에 대한 취재를 요약적으로 보도한 것이라면 『신동아』에
실린 이 글은 취재 과정에 대한 경과보고이자 취재 후기다.

그 치밀함과 주도한 용의가 겨우 성공 후 76시간 30분 만에 사건 발각 후 42시간 만에 운이 다하다니! 이것은 일반의 너무도 쉽게 해결된 사건 앞에 그 흥미를 포기치 않을 수 없는 실망의 탄식이다.

나는 신문의 발행지를 원거리에 둔 지방 주재 기자로서의 고민을 이번처럼 통감한 적은 없었다. 왜냐하면 찰나찰나 있다 없어지는 뉴스의 생명은 사건의 급속도적 전개와 게재 금지 처분 등으로 사건 전부를 독자에게 알리지 못하고 귀한 자료를 그대로 묵살당했기 때문이다.

이래서 『신동아』 편집국장 족하(足下)는 이 사건을 위하여 나에게 지면을 허락하는 듯하다.

사건을 알기까지

1월 18일 오전 10시경 나는 전과 같이 평양서 사법실에 몸을 나타내었다. 처음 사법 주임이 자리에 없는 것은 심상히 알았으나 수사계 주임도 없고 형사실도 텅텅 빈 데는 좀 이상한 냄새가 나는 듯하였다. 2층에 올라가 경무계 주임에게 서장이 간 곳을 물었다. 그의 대답은 서장은 경찰부에 갔다고 한다.

내 머릿속에는 번개가 지나갔다. 내가 방금 서에 오는 도중에 서장이 구시가로 자동차를 모는 것을 보지 못했다. 경찰부는 신시가에 있지 않으냐.

사법 주임이 없다. 수사 주임도 없다. 형사도 한 명도 없다! 경무계 주임은 서장의 행방을 정반대로 속이고 있다.

무슨 일이 났나? 음력 세말이라 강도? 그러나 강도 사건쯤에 서장까지 출동할 일이 없다. 무슨 일이 있다! 그리고 그것은 큰 사건일 것이다(이런 것을 소위 육감이라 한다던가?). 경찰서에서 30분 동안을 위층으로 아래층으로 돌아다녔으나 알 길이 없다(그때는 사건 발각 후 1시간도 못 되어 아직 서원들도 다 알지 못하고 있을 때다).

조급한 마음에 나는 경찰부로 달려갔다. 경찰부에는 또 보안과장실에 주인이 없다. 차석(次席)과 전속형사도 없다. 나의 의혹은 점점 더 커져 갔다. 그러나 태연히 지나가는 말로 과장이 간 곳을 옆에 앉은 순사에게 물었다.

"과장은 조은 평양지점에…."

이때 말하는 순사를 부르는 노기 띤 목소리가 내 귀를 울렸다. 말하다 입을 다물어 버린 순사의 당황한 얼굴. 그에게 함구령을 내린 경부보(警部補)의 노기 띤 얼굴. 이 두 얼굴을 잠시 번갈아 바라보면서 내 머릿속에 떠오르던 모든 의혹은 단정을 내릴 수 있었다.

조은 지점에 큰일이 생겼다. 아까 서장이 가던 곳도 조선은행이었구나. 더 앉아 있을 필요가 없다. 인사 한마디 없이 나는 경찰부를 뛰쳐나와 전차를 집어탔다.

지국을 들러서 연락을 취해 놓고 다시 나와서 조은 지점으로 가는 길에 나는 모 은행으로 지배인을 방문하였다. 사건을 조은에서는 비밀에 부칠지 모르매 우선 눈치부터 가지고 사건 조사의 각도를 조금 비틀어 본 것이다. 그러나 이것은 실패였다. 조은에 도난 사건이 있다는 것만은 그의 입을 빌어 내 짐작을 사실로 단정케 되었으나 그 이상은 그도 알지 못했다. 할 수 없다. 조은 지점으로 가자. 그에게 인사 한마디를 똑똑히 던지지 못하고 뛰어나와 나는 조은 지점으로 달려가면서 머릿속으로는 "누구의 밸을 뽑아야 될 것인가?" 하는 작전 계획에 어지러웠다.

대동문통을 꼬부라들면서 은행 문전에 놓여 있는 자동차 두 대는 서장과 보안과장의 자동차인 것을 얼른 알아볼 수 있었다.

거금의 거처 불명

은행에 이르러 도난당한 액수가 78만 원이라는 것을 듣고 나는 내 귀를 의심치 않을 수 없었다. 78만 원! 78만 원! 대체 금고 속에는 얼마나 돈이 들어 있나?

"오늘도 평상시와 같이 지불할 것은 합니까?"

"아니, 4백 수십만 원이나 있는 중에서 78만 원쯤 없어졌기로 지불에 지장이 있을 리 있겠소?"

대답하는 행원은 빈한한 신문기자가 은행 속내를 모르는 것을 몹시 빈정거리는 태도로 말했다.

그러나 나는 그 빈정거림에 조금도 불쾌할 까닭이 없었다. 내가 그에게 물은 뜻은 일체 불언주의(不言主義)를 고수하는 행원의 입으로 재고금(在庫金)의 액수를 알기 위한 포전(抛戰)에 불과하였기 때문이다. 그의 빈정거림이 나의 계획을 성공시키지 않았나. 당장 출납계에서 지폐 뭉텅이를 쌓아 놓고 여전히 지불할 것은 하고 있는 것을 보면서 나는 일부러 미욱한 체하고 물었던 것이 아니었나.

은행 안에는 기자와 형사의 떼로 수성수성하였다. 형사대가 검증한 결과로는 두 가지 사실밖에 판명된 것이 없으니, 하나는 78만 원이 도난되었다는 것이요, 또 하나는 금고 정문 옆에 있는 비상구의 쇠빗장[鐵扉]이 없어진 것이다. 범행은 진실로 절묘하였다. 금고 밖을 형사 20여 명이 혀끝으로 핥아 보다시피 하였으나 지문 하나 남긴 것이 없었다. 쇠빗장을 어떻게 뜯어 가지고 갔는지조차 알 길이 없었다.

　나는 내 자신이 '범인이 되어' 은행 정문 동편에 있는 쪽문으로부터 물치실(物置室) 창을 넘어 수형(手形) 교환실을 거쳐서 사무실 복판을 통과하여 금고에까지 이르러 본 후, 지국으로 달려와서 제1보를 본사에 보내고자 전화통을 쥘 때는 분에 넘는 달음박질 때문에 거의 질식할 지경이었다.

　평양경찰부의 수배 전보와 전화도 각지로 퍼져 나갔다. 범행 수단과 시간 및 범인의 인상조차 알지 못하는 '엉터리 수배'가 조선 각지는 물론 일본과 만주에까지 미쳐, 일본 경찰의 팔이 닿는 곳은 18일 오전 10시 사건 발각 후 수 시간 내에 경계망이 펼쳐져서 저마다 바라는 고기가 걸리기를 기다렸다. 각 도회에는 호외가 날고 라디오는 이 초유의 동양적 대범죄를 10시간 내에 세계 각국에 보도하여 지구 덩이를 경동케 하고 진원지 평양 시가는 물 끓는 듯하였다.

　78만 원, 78만 원. 말할 줄 아는 사람치고 몇 번씩 이 말을 해보지 않은 사람이 누군가. 이 말을 듣고 꿈을 꾼 사람, 잠꼬대한 사람도 많았으리라.

　78만 원의 구멍을 메워 놓으려면 배당에 영향이 있으리라 하여 과민한 재계는 조은 주권(株券)을 51원 80전에서 31원으로 폭락케 하였다. 평양시가 전폭(全幅)에 배치된 200여 명의 경관들. 이들은 월 30원에서 50원 내외 박봉에 허덕이면서 생전에 만져도 못 본 78만 원과 그 범인을 찾으러 두 눈에 불을 켜고 어두운 밤을 쏘다니는 것도 풍자할 만하지 않나. 오오 금력(金力)의 위대함이여!

범인은 어디 있나?

범행 일시를 모르는 것쯤이야 범인이 일본 사람인지 조선 사람인지, 단독 행위인지 공모자가 있는지, 외부에서 침입하여 금고 비상구를 파괴하였는지 토요일 금고 폐쇄 전에 금고 내부에 미리 들어가 숨었다가 훔쳐 가지고 나갔는지, 하나에서 열까지 모두가 막연할 뿐이다.

내부설과 외부설은 둘 다 상당한 근거와 이론이 있었다. 금고 내부에 철가루가 떨어져 있었다. 비상구는 철판 두 겹으로 되어 있고 그 중간에 암호 장치가 있는데, 비상구 안쪽 철판은 박혀 있던 못 10개가 한 개도 없이 다 빠져서 현장에 유기되어 있다. 안쪽 철판은 금고 내부에서가 아니면 못을 뽑아낼 수가 없다.

이것은 내부설, 즉 토요일 금고 폐쇄 전 금고 속에 잠입해 있다가 내부에서 비상구 안쪽 철판의 못을 뽑아 뜯어내고 암호를 맞춘 후 비상구를 열고 달아났으리라는 것이다. 그런데 외부설은 이렇게 반대하였다.

철가루는 금고 외부에도 있었다. 내부에서 나왔으면 비상문 쇠빗장을 가지고 달아날 이유가 없다. 이것은 쇠빗장을 파괴하였기 때문에 그 범적 (犯跡)을 감추기 위해서 가지고 달아난 것이다. 내부에 있는 철판은 3년 전 금고 수선 당시 불필요하다고 하여 다시 못을 박아 두지 않고 그대로 내버렸던 것이다. 만일 못을 박아 두었다고 하면 범인은 일부러 내부에서 나온 것처럼 하기 위하여 그 철판만은 유기하고 간 것이다.

내부설, 외부설이 다 그럴 듯하다면 그럴 듯하고 막연하다면 둘 다 막연한 것이다. 18일 밤을 새워 가며 동분서주한 경관들도 이튿날은 어디로 가야 범인을 찾을지 새삼스럽게 범행의 절묘에 경탄하였다. 그리고 첫날의 흥분이 가라앉으면서 범인 체포가 용이치 못할 것을 너나없이 알았다.

범인… 그는 사람이었나 바람이었나. 문제는 쇠빗장을 찾는 데 있다. 쇠빗장만 찾으면 범행의 10분의 8은 짐작할 수 있을 것이다. 그렇게만 되면 범인을 반쯤 잡은 것이나 마찬가지다. 그런데 쇠빗장이 없다. 쇠빗장, 쇠빗장! 이것을 가지고 간 범인은 과연 지혜로운 자다.

19일에는 다시 경관대 중에서 거의 반이나 나누어 새로이 쇠빗장 수색대가 3대로 조직되었다. 1대는 대동강 인도교에서 능라도에 이르기까지에 있는 얼음 구멍(빨래하느라고 뚫은 구멍) 등을 반사경으로 비춰 보고 막대기로 찾아 보았다. 또 1대는 부내의 하수구와 소방전 있는 밑구멍 등을 전부 뒤졌다.

남은 1대는 노변으로 똥 치우는 구멍을 내놓은 변소를 전부 뒤져 보았다. 그러나 이것도 허사였다. 쇠빗장은 없었다. 범인이 범행 후 국외로 탈출하려면 그 시간이 30여 시간이나 있었다. 또 그들은 발행했을 뿐인 새 지폐는 사용 중에 발각될 것을 알고 묵은 지폐만 골라 갔으니 만주 방면으로 탈출했다면 그 소비도 용이할 것이다.

쇠빗장이나 두고 갔으면 잡지는 못해도 궁금증은 덜할 것이 아닌가.

범인은 잡혔다!

19일 밤도 나는 평양서에서 새기로 하였다. 서장실 수사본부는 문을 꼭 닫고 경찰부장, 각 과장, 평양서장, 각 주임이 들어앉아 쏟아지는 졸음에 화를 내면서 범인 검거의 꾀를 짜내고 있다. 신문기자 4, 5인도 서의 한구석을 점령하고 경관 1명의 동정도 무심히 간과하지 않고 있다.

새벽 1시 반 경무과장이 평양역에 도착하기 직전 수사본부로 일본 형사 1명이 불려 들어갔다. 그는 조금 후에 긴장으로 창백해진 얼굴을 하고 나왔다. 그의 심상치 않은 태도는 내 눈에 걸렸다. 나는 변소에 가는 체 다른 기자들의 눈을 피하면서 그 형사의 뒤를 따랐다. 그는 다른 동료 1명을 데리고 다시 수사본부로 들어갔다가 나왔다. 그들 등뒤로는 내가 슬슬 따르고 있었다. 두 사람은 아래층에 내려가 외투와 모자를 꺼내 걸치면서 문 밖으로 나갔다. 나는 물론 쫓아 나가면서 미행의 필요가 있음을 깨달았으나 혼자의 몸이라 수사본부를 떠나서 한 형사대의 미행만을 할 수도 없다.

형사 2명은 서를 나와 수정(壽町) 공설 시장 앞으로 갔다. 따를까, 서에서 견딜까 어찌할 줄을 모르고 잠시 주저할 때에 동료와 교대하려고 오는 평해의 주 군을 발견하였다. 나는 외쳤다.

"주 군, 저 두 사람을 추격하게, 어디까지든지 따라가게."

내 소리를 들은 까닭인가, 두 형사는 돌연히 뛰기 시작하였다. 주 군은 추격하였다.

나는 아무 일 없었다는 듯이 다시 서 안으로 들어가 다른 기자들과 잡담을 하고 있었다. 30분 후, 주 군은 돌아왔다. 형사 2명이 특급열차로 신의주에 간 것임을 알았다. 나는 잠시 동안 경과를 주 군에게 맡기고 지국으로 올라와서 신의주지국에 긴급 전화를 걸었다. 지국장이 마침 외출하였기 때문에 그를 찾다가 다시 통화를 하기는 새벽 3시였다.

이때는 아마 신의주로 가는 형사 2명이 안주에까지도 못 갔을 것이었다. 통화를 마친 다음 피곤한 몸을 되는대로 눕혔다가 깜박 잠이 들었던 모양이다. 새벽 5시, 경찰서에 있던 주 군에게서 전화가 왔다.

범인을 검거하기 시작하였다!

범인 송국 광경

X표가 주범

나는 다시 뛰쳐나갔다. 달음박질로 서에 이르렀더니 문번(門番) 순사 2명이 서 안에 들어가기를 금했다. 아무리 떼를 써도 소용없다. 할 수 없이 그중 1명에게 자동차 1대를 불러 달라고 부탁하여 서 안으로 들여보낸 다음 남은 순사에게 검거지의 방향을 물어서 알았다. 자동차가 이르니 미처 정차도 하기 전에 집어타고 진정(賑町)! 진정! 하고 나는 외쳤다. 진정 유곽 어귀에 들어서면서 마주 나오는 경관대의 자동차를 만났다. 상대편에서는 벌써 나를 알았음인가 범인 얼굴을 감추기 위하여 차 안의 전깃불을 꺼버리고 만다.

나는 그대로 차를 달려서 범인이 체포된 '송(松)의 가(家)'에 이르러 처참한 포박 현장을 목도하였다. 범인은 등루객(登樓客)이 아니라 주인 좌내전(左奈田) 부부인 것도 알았다.

다시 서로 달려왔으나 역시 들어가기를 불허한다. 문 밖에서 주저하는 동안에 또다시 사법 주임이 인솔한 형사대 10여 명이 나와서 자동차에 올랐다.

나는 다시 그리 추격하였다. 새벽 거리는 죽은 듯이 고요했다. 안개는 자욱하여 전등조차 희미했다. 앞에 가는 자동차 속의 경관대는 공명심에 불타고 있으나 나는 어떤가. 어젯밤에 기송(記送)한 원고는 아직 차 안에 있을 것이다. 그것은 벌써 범인 체포와 동시에 뉴스의 생명을 상실하였다. 밤을 새며 활동한 기사가 차 안에서 그 생명을 잃고 지면에 나타나기 위해서가 아니라 휴지통 속에 들어가기 위해서 서울로 가고 있을 생각을 하니 속상하지 않을 수 없다.

나의 추격을 받은 경관대는 행정(幸町) 공설 시장에서 주범과 함께 최후 성공을 한 범인 성대오부(城臺五夫)의 체포 현장을 내게 들키고야 말았다.

때는 새벽 6시, 성대를 마지막으로 범인 6명은 전부 검거되었다. 그래도 서 앞의 순사는 우리가 들어가는 것을 금했다.

영하 20도의 새벽 추위에 떨면서 기자 4, 5명은 문 앞에서 출입 금지의 해제 시각을 고대할 수밖에 없었다.

6시 반, 경찰부장은 문 앞에 떨고 서 있는 신문기자들을 서 내로 불러들여 사건의 게재 금지 해금 전 우선 경찰부장 담화의 형식으로 범인 전부를 체포하였다고 간단한 발표를 하고 압수해 온 78만 원의 뭉텅이를 보여주었다. 이것이 사건 발생 후 신문기자에게 한 최초의 발표다. 이때까지 기자는 오로지 자기의 손발과 머리를 움직여 사건을 독자에게 보도한 것이었다. 본사에 긴급 전화로 보도하고 나니 오전 7시. 날은 아주 밝았다.

범행에서 검거까지

주범 좌내전심길(左奈田甚吉)이 범의(犯意)를 가진 것은 작년 8월 그가 재계의 불황으로 부채 8만여 원에 눌린 궁상을 탈출하려는 데서부터다. 그는 우선 친동생 목야정남(牧野正男), 처남 겸자전길(兼子傳吉), 그의 벗 빈전복이랑(濱田福二郎) 등과 공모하고, 금고 파괴용으로 작년 8월 하순 경성에서 60여 원짜리 천공기 1대를 일부러 겸자를 보내어 사 왔다. 이것은 전기를 이용하는 것인데 자택에서 시험한 결과 소음이 심하여 범행에 부적당하다고 여겨 한때 단념하였다.

그 후 11월경에 이르러 주범은 그의 친동생 목야와 소학교 동창이요 또 조은 지점에 급사로 있다가 부정행위가 있어 형사처분을 받고 해고된 성대오부를 목야로 하여금 유인케 하였다. 성대도 싫다고 할 인간이 아니었다. 그들은 밤낮 모여 어찌하면 성공할 수 있을까 모의하였다.

그러는 중에 주범의 처 마쓰노가 감지하고 말리게 되니 목야, 빈전, 겸자 등은 물러나고 좌내전과 성대는 여전히 그 궁리에 몰두하여, 우선 조은지점의 주위를 야음을 타서 정찰하고 어느 정도 자신을 얻고 12월 초순 '곁쇠'를 10여 개나 만들어 가지고 2회나 오전 0시경에 잠입하여 '곁쇠'를 가지고 비상구를 열고자 하였으나 실패하였다.

그들은 곁쇠 10여 개를 대동강에 던져 버리고 방법을 달리하여 1척 5촌이나 되는 '가위'와 철봉 등을 가지고 1월 초순에 다시 2회나 잠입하였으나 또 실패하였다. 그들은 다시 연구한 결과 '핸드볼' 1개를 구입해서 1월 7일 밤 또 침입하였으나 금고 비상구와 맞은편 벽과의 사이는 겨우 1척 5, 6촌밖에 안 되는데 그 사이에 사람이 끼어서 작업하기에는 핸드볼이 너무 컸다. 그리하여 그들은 1월 9일에 다시 그보다 작은 놈을 사 가지고 침입하여 비상구 천공에 성공하였다. 이에 크게 자신감을 가진 두 사람은 11일, 14일, 15일의 사흘 밤에 계속 침입하여 요소마다 천공하였다. 현장에 떨어진 쇠부스러기는 자석으로 묻혀 가고 뚫어 놓은 구멍에는 종잇조각을 발라 놓고 먹칠을 하여 어두운 구석에 있는 이 비상구의 이상이 행원에게 발견되지 않았다. 최후의 날 16일 밤 그들은 다시 침입하여 다시 수 개소에 천공한 후 비상구를 열기에 성공하였다. 전후 침입 9회! 금고 속으로 뛰어들어가 돈뭉치를 움켜쥔 성대오부와 밖에서 내주는 대로 돈 뭉텅이를 꾸리는 좌내전이나 흥분과 환희의 정도는 마찬가지였으리라.

얼마나 될지 액수도 모르는 거금을(그들은 신문 호외를 보고 비로소 훔친 돈이 78만 원이나 되는 줄 알았다고 한다.) 은행 안에 있는 자동차에 실어서 골목으로 가면 도리어 수상할까 하여 일부러 전찻길로 돌아갔다가 다시 두 번째 침입하여 쇠빗장과 사용 도구 전부를 집어내 왔다고 한다.

빈전과 겹자, 목야 등은 여기저기 돈을 감춰 두고 쇠빗장과 사용 도구 전부는 대동강 중 양각도 북단 모래밭 속에 파묻어버렸다.

주범 좌내전! 그는 대금(大金)을 훔쳐낸 후 이것을 감쪽같이 먹기 위하여 기미취차점(期米取次店)까지 범행 1개월 전에 차려 놓고 투기에 의한 치부(致富)로 가장할 것까지 만반 준비를 갖추었다. 이렇듯 치밀한 범행인데 어찌하여 발각 후 겨우 42시간 안에 검거되었나?

이것은 좌내전에게 뼈에 맺힌 숙원을 가지고 있는 동 루(樓) 창기(娼妓)의 밀고라는 말도 있다. 밀고를 받고 좌내전 일파를 중심으로 철저하게 수사하여 손쉽게 검거한 것이란 말이다. 그러나 경찰은 이것을 부인한다. 평양서에서 말하는 검거 단서는 이러하다.

처음에는 내부설과 외부설로 구구하였으나, 재삼 검증한 결과 범행 시에 떨어뜨린 듯한 6개의 철가루를 발견하고 외부에서 어떤 기구를 사용하여 침입한 것을 확신하고 쇠빗장의 발견, 사용 흉기의 종류, 패물의 처분, 흉기를 갖게 된 경로 등 물적 방면과 조선은행 지점 내부에 정통한 자, 금고에 관한 지식의 소유자 등의 인적 방면 등 30여 항으로 나누어 수사하였다 한다.

이리하여 18일 심야 평양 남문통 이승상회에서 4원 50전짜리 '핸드볼'을 안주(安州) 사람의 부탁이라며 사 간 사람이 있음을 알고, 19일에는 원 은행 급사로 있다가 부정행위로 형사처분을 받고 해고된 자, 재정적으로 몰락되었던 자가 이번 사건 후 대금을 지불한 일 등을 발각하여 이들을 연결시켜 연구 수사한 결과 검거케 되었다는 것이다.

주범 좌내전은 모든 점에 용의주도하였다. 그러나 그는 과연 경찰의 과학적 수사 방침에 지고 말았는가? 그런 것이 아니라 평소의 적악(積惡)으로 창부의 원한을 샀던 소치인가? 이것은 우리의 알 바가 못 된다.

20일 오후 2시 사건의 개략을 본사에 전화하고 나는 중국인 목욕탕에 가서 이틀 동안 물 축인 수건으로 겨우 씻었을 뿐인 얼굴과 몸을 씻고 피곤함을 풀고자 담배 한 개비를 피면서 누워 있었다. 내 머릿속에서 여러 가지 생각이 피어오른다. 4백 수십만 원의 돈이 썩어나던 금고 속에서 78만 원쯤 시원한 바람을 쐬러 나와 이틀 동안 간 곳을 몰랐기로 세상은 왜 그리 떠들었나. 나는 왜 이틀 밤씩이나 새지 않으면 안 되었나.

돈. 돈. 어느 날이나 이 만물의 영장은 돈의 마력과 그 횡포에서 해방될 것인가.(1월 28일)

78만 원 범죄 비화(秘話):
절도 사상(史上)의 신기록

— 무호정인, 『동광』 31호, 1932. 3. 5.

78만 원의 도난

1월 18일 오전 9시 50분 평양경찰서 사법실에 전화가 왔다. 평소와 같이 한 순사가 받았으나 상대는 조선은행 평양지점장이라 하면서 책임자와의 통화를 요구하였다.

심상치 않은 전화인 줄 짐작한 사법 주임은 사법계의 전화를 내려놓고 서장실로 들어가 이 전화를 받았다.

"금고의 비상구가 파괴된 것을 발견하였다. 재고금(在庫金)이 도난된 듯하니 좀 와서 검사하여 달라."

이것은 오전 9시 45분, 조은(朝銀) 지점의 금고 책임자 정구(井口) 지배인 대리가 평상시와 같이 금고문을 열어 놓으려 들어갔다가 비상구가 파괴되어 있음을 발견하고 금고를 열지 않고

그대로 경찰에 알린 것이다.

돈의 지배 아래 있는 사회에서 더구나 조선 최대의 은행인 조은의 지점에서 금고가 파괴되었다는 것은 큰일이 아닐 수 없다. 시간을 지체하지 않고 서장 이하 사법 주임, 수사 주임, 사법계 형사 전부가 조은 지점으로 달려갔다. 금고 속에서 78만 원이나 없어진 줄, 이들인들 어찌 예측하였으랴.

경관대 도착 후 금고문은 터질 듯한 긴장 속에 정구 지배인 대리의 떨리는 손으로 열렸다. 그리고 출납계 주임의 손으로 재고금을 헤아려 보았다. 재고금 4백 수십만 원 중에서 78만 원이 없어진 것이 판명되었다.

순간 금고를 둘러싸고 있던 경관과 은행원 등 수십 명의 가슴에는 일시에 물결이 일어났다. 보고 전화가 경찰부로, 검사국으로, 다시 경무국으로, 조은 지점으로 오가는 곳마다, 알게 되는 사람마다 경악하였을 것이다. 신문기자의 입으로는 곧 동양적 대사건이라는 말이 나오고 그들이 급히 돌린 붓대는 각지에서 호외를 날려 세간을 놀라게 하였다.

검사국에서는 검사 2명, 경찰부에서는 보안과장과 과원, 전속형사, 대동경찰서의 응원대가 조은 지점으로 달려왔다.

혀끝으로 핥는 것과 다름없이 금고를 수십 개의 눈과 손끝으로 검증하였다. 그러나 돈이 78만 원 없어졌다는 것과 파괴된 비상구 철비도 없어졌다는 것밖에는 알 길이 없었다. 지문 하나 남은 것이 없었다. 범인은 지극히 침착, 대담하고 또 유례없는 지능범인 것 등 알 수 있는 것은 상식 수준의 것뿐이었다.

범인의 인상과 범행 수단과 시간도 알 수 없는 막연한 수배가 일본과 만주에까지 날아가 수사망이 퍼져지고 라디오는 세계에 향하여 이 놀라운 사실을 전하였다. 수형(手形) 교환실을 수사본부로 제1단의 수사 방침이 수립되어 변장 경관대 200여 명이 전 평양 시가에 흩어졌다.

78만 원이나 없어졌으니 배당이 줄어들 것이라 하여 조은 주식은 51원 80전에서 31원으로 폭락하여 재계의 충동을 일으켰다. 이 모든 것이 사건 발각 후 10시간 이내에 일어난 현상이니 대체 78만 원이라면 얼마나 많은 돈인가?

은행에 예금해 두고 이자를 따먹는 것은 별개의 문제로 하고 그대로 곶감 꼬치처럼 뽑아 먹기를 하루 100원씩 계속할지라도 21년 8개월은 쓸 수 있다.

절정에 달한 공황, 실업 홍수 시대의 가두에 78만 원의 행방불명은 얼마나 떠들썩한 이야깃거리인가. 적막하던 거리가 활기를 띠는 것도 무리가 아니다. 생전 가도 구경도 못할 78만 원, 그 바람같이 없어진 78만 원. 이것이 모든 사람의 입에 오르내리고 이상한 홍분 속에 잠이 들면 꿈을 꾸게 한 것도 무리가 아니다. 저녁 굶은 실업자가 78만 원 소리를 잠꼬대로 외쳤던들 비웃을 일이 되는가.

철비(鐵扉)! 철비는 어디 있나!

범행은 과연 절묘하였다. 범행 시간은 물론 모른다 하나 이것은 대체로 토요일 밤에 행한 줄 추측키 어렵지 않다. 그러나 범인은 한 사람인가 두 사람인가 혹 세 사람 이상이었나? 또 범인은 외부에서 침입하여 금고 비상구를 파괴하고 수행하였나 혹은 토요일 금고에 쇠를 채우기 전에 금고 속에 은신해 있다가 돈을 가지고 탈출한 것인가? 범인은 일본 사람인가 조선 사람인가? 이러고 보면 범인은 사람인가 귀신인가? 실로 이렇게 어이없는 사건은 드물 일이다. 내부설(금고 속에 은신하였다가 탈출했다는)과 외부설은 제각기 그럴 듯하였다. 그러나 이것은 모두 막연하다는 말도 될 수 있다. 비상구의 내측 철판은 금고 내부에 버려져 있었다. 이 철판은 못을 10개나 박은 것이었는데 그 못을 뽑자면 내부에서가 아니면 불가능하다. 그러나 이 문제의 철판은 이번에 범인이 뜯어낸 것이 아니라 3년 전 금고수선 당시에 불필요하다고 뜯은 채 내버려두었던 것이다. 만일 3년 전 수선 당시에 도로 못을 박았던 것이면 내부설을 유도하기 위하여 범인은 일부러 버린 것이다. 이것은 내부설과 외부설의 구구한 이론이다. 현장에 떨어진 철층(鐵層)도 이론의 근거가 되지 않는 것은 아니나, 이것은 내부에도 떨어져 있고 외부에도 떨어져 있는 것을 두세 차례 검증에서 5, 6개 발견하였으니 어떻게 종을 잡을지 모를 일이었다.

범인이 가져간 쇠빗장[鐵扉]을 찾아야 한다! 그것에 의하여 범행의 경로를 연구 추정치 않고는 범인의 검거는 바람을 잡는 것과 다를 것이 없다. 그러니까 범인은 쇠빗장을 가지고 달아난 것이다. 18일 밤을 새며 활동하였으나 아무 소득이 없었던 경관들 자신도 범인은 범인(凡人)이 아님을 알았다.

19일에는 다시 쇠빗장 전문 수사대가 3반으로 나누어 조직되었다.

제1대는 대동강반, 제2대는 변소(便所)반, 제3대는 하수구와 소방전의 수사대다.

오후 5시까지 인도교로부터 능라도까지 대동강 위에 있는 얼음 구멍은 전부 반사경으로 비춰 보고 막대기로 찔러 보고 갈고리로 건져 보았다. 그러나 이것은 물고기들을 놀라게 하였을 뿐이다.

변소반은 부내의 노변으로 똥 치우는 구멍이 있는 변소통은 전부 뒤져 보았다. 그러나 쇠빗장은 없었다. 나리님들의 코에 똥내가 배었을 뿐이다. 제3대는 하수구와 소방전의 밑구멍을 전부 뜯어 보았다. 그러나 이것도 실패였다.

쇠빗장을 찾지 못하고 범인을 잡기는 어렵다. 그러나 범인을 잡지 못하고는 쇠빗장을 찾을 수 없다.

질풍적 검거

그렇게도 묘하게 실로 바람처럼 사라진 범인도 운이 다하여 잡히고야 말았다.

20일 새벽 4시 반. 안개 낀 새벽 거리로 경관대의 자동차가 사방으로 달렸다. 신문기자의 자동차도 달렸다.

모든 사람이 신기한 78만 원의 행방을 꿈으로 찾고 있을 때 벌써 범인은 잡히고 말았다. 아직 사건 발생 후 이런 꿈조차 꿔 볼 틈이 없던 경관의 손에 범인 7명이 잡히고야 말았다. 그들은 2년이나 두고 꾸던 꿈을 이루고 손에 쥔 돈을 어떻게 쓸까 하는 새 꿈을 꾸기도 전에 잡혀 버렸다.

범인이 잡혔으니 수수께끼는 풀릴 수밖에! 그러면 이들은 어떻게 무슨 재주로 이 돈을 훔쳐냈나? 그리고 어느 구석의 재간이 모자라서 잡히고 말았나?

주범 좌내전심길(左奈田甚吉)이 보지도 못한 조선은행 평양지점 금고 속을 노리기 시작한 것은 작년 8월 그가 부채 8만원 때문에 경영 사업이 궁지에 빠진 때부터였다.

처음에는 동생 목야정남(牧野正男), 처남 겸자전길(兼子傳吉), 그의 친구

빈전복이랑(濱田福二郎) 등과 모의하였다. 그리고 겸자를 경성에 보내 전기천공기 1개를 구입하였다 한다. 그러나 이 천공기는 자택에서 시험한 결과 소음이 심하여 단념치 않을 수 없었다. 더욱 그때는 주범 좌내전의 처 되는 마쓰노가 알고 울며 말리는 통에 목야, 겸자, 빈전은 모두 꽁무니를 빼고 말았다. 그러나 좌내전은 단념할 수 없었다. 그는 당장 8만 원의 빚을 진 궁상에서 일확천금이 아니면 벗어날 길이 없었기 때문이다. 그리하여 그는 동생 목야를 시켜서 그의 동창으로서 조은 지점에 급사로 있다가 서투르게 돈을 먹으려다 쫓겨나 감옥살이를 한 성대오부(城臺五夫)를 유인해 왔다. 그도 같은 위인이었다. 저보다 큰 마음을 가진 스승에게 경의를 표하면서 그는 좌내전과 함께 계획을 세웠다. 그러나 꽁무니를 빼는 목야, 겸자, 빈전 등에게는 비밀을 지키지 않을 수 없었다. 11월 경 두 사람은 우선 성대의 기억을 짜내어 조은 지점 비상구의 쇠를 짐작하여 가지고 곁쇠 10여 개를 만들었다. 12월 초순 조은 지점 주위를 야음을 타서 정찰한 이들은 같은 달 하순 성대가 앞서서 지점 정문 동편에 있는 쪽문을 넘어서 물치실(物置室) 수형(手形) 교환실을 거쳐 사무실을 지나서 금고에 이르러 곁쇠질을 하였으나 성공치 못하였다. 그다음 침입하여 곁쇠를 시험하였으나 완전히 실패하였다. 곁쇠를 대동강 속에 투입한 두 사람은 다시 '가위'(길이 1척 5촌 가량)와 철봉 등을 가지고 1월 초순 밤중에 다시 두 번이나 침입하였으나 금고 비상구에 근소한 상흔을 내었을 뿐 소용없었다.

4회나 침입하여 실패하였으니 웬만하면 단념할 것이었다. 그러나 그들은 그러할 인물들이 아니다. 최후의 지략을 다하여 그들은 '핸드볼'을 구입하였다. 이것은 성대가 조은 지점에서 해고된 후 평양에서 이승상회라는 철물점에 고용되었던 덕택에 얻은 지식이었다.

이 최후의 지략은 1월 7일 오후 12시 제5회의 침입에 최초로 시험하였다. 그 결과 그것으로는 비상구를 넉넉히 열 자신이 있었으나 너무 크기 때문에 작업상 곤란하여 또다시 나와서 그보다 작은 것을 다시 사서 1월 9일 밤에 침입하여 비상구 요소(要所) 천공에 성공하였다.

이에 자신을 얻은 두 사람은 11일, 14일, 15일 사흘 밤을 계속하여 침입했다. 매번 요소마다 천공하고 새벽녘 나올 때는 뚫은 구멍에 종이를 붙여 놓고 먹칠을 해 두었다. 현장에 떨어진 쇠부스러기는 자석으로 모조리 묻혀 갔다.

비상구가 있는 곳은 어두컴컴하고 또 좁아서 여기를 가자면 정문이 닫히기 쉽다. 정문이 닫히어 손잡이가 조금만 비틀어져도 이튿날 아침 금고 책임자 정구 지배인 대리는 누가 금고 곁에 갔었느냐고 은행원들 앞에서 우물거렸다. 이 때문에 숙직 은행원까지도 금고는 곁으로만 돌 뿐이요 정문을 지나서 어두컴컴한 비상구까지는 살피지 않았다.

이래서 두 사람의 최후의 16일 밤은 온 것이다. 16일 밤 다시 몇 곳에 구멍을 뚫은 범인은 마침내 비상구를 열어젖힐 수 있었다. 이리하여 금고 내부에 정통한 성대오부가 금고 속으로 들어가 새 지폐는 내버려 두고 쓰던 지폐로만 100원 권 10원 권 되는대로 뭉텅이째 밖에 있는 좌내전에게 내보내 가지고 달아났다. 이들은 이 돈 뭉텅이를 들고 가는데도 은행 안에 있던 급사의 자동차에 실어서 큰길 전차선로를 따라 모두 거침없이 돌아갔다고 한다.

우선 돈을 나른 후 이들은 다시 침입하여 사용 도구 등등 범죄 흔적을 모두 감추기 위해 다시 수고스럽게 비상구 쇠빗장을 아주 떼어서 달아났다.

사용 도구와 쇠빗장은 빈전, 겸자 두 사람의 손으로 대동강 중 양각도 북단 모래밭에 평토장(平土葬)을 지내고 꺼내 온 돈은 좌내전, 목야, 빈전의 집에 나누어서 감췄다.(그런 것을 양각도 위에 잇는 인도교 밑에서부터만 찾았으니 쇠빗장이 있을 까닭이 있나)

함원(含怨)한 한 창기(娼妓)의 밀고?

그들의 범행은 대담하고 절묘하고 침착하였다. 그것이 어찌하여 범행 후 76시간 반 경찰이 안 지 42시간 만에 잡히고 말았나? 검거 단서를 경찰은 이렇게 말한다.

처음에는 내부설도 없지 않았으나 두세 번 검증한 결과 금고 내부에 떨어진 쇠부스러기 6개로 외부설을 확신하고 쇠빗장의 발견, 사용 흉기의 입수 경로와 그 종류, 장물의 처분과 금고 지식이 풍부한 자 등으로 수사한 결과 남문통 이승상회에서 안주(安州) 사람의 부탁이라 자칭하고 '핸드볼'을 사 간 자가 있음을 18일 심야에 알고 19일에는 성대오부를 주목하는 동시에, 사건 후 빚을 지불한 좌내전심길 등을 주목하여 전후를 연결 수사한 결과에서 과학적 이론 수사는 성공하였다고.

또 일설은 좌내전이 경영하는 유곽 '송(松)의 가(家)' 창기가 밀고를 했기 때문에 좌내전심길의 신변을 철저 수사한 결과라고, 이것은 경찰 당국이 부인한다.

어느 것이 정말인지는 모르지만 좌내전이란 자의 사람됨과 그 범행이 그렇게 쉽게 잡힐 만한 실책이 없었던 것만은 사실이다.

꿈은 깨졌다

좌내전 일파의 꿈은 깨졌다. 모든 세상 사람의 꿈도 깨졌다. 조은 당국의 악몽도 깨졌다. 조은 지점장실 내에서는 안심의 한숨이 흘러나오고, 사무실에서도 애매한 혐의로 부질없이 고생하던 은행원들의 입에서 한숨이 흘러나왔다. 경관들의 입에서도 큰 짐을 벗어 놓은 한숨이 나왔다.

유치장에서는 먹다가 못 먹은 78만 원을 눈에 그리면서 이 돈을 감쪽 같이 먹으려고 기미취차점(期米取次店)까지 벌여 놓았던 좌내전의 입에서도 한숨이 흐른다. 갈보장사도 못 해 먹게 되고 남편과 같이 유치장에 끌려 들어온 마쓰노도 애처롭게 한숨짓는다. 다른 범인들도 한숨짓는다. 신문기자들의 입에서는 사건이 너무도 급속도로 귀결되어 미처 뉴스를 소화할 새도 없이 그대로 침묵을 당하였으니 심술 사나운 한숨이 나온다.

이 모든 것이 손바닥만 한 종잇조각에 장난처럼 채색해 놓은 개도 먹지 않는 악취 심한 뭉텅이가 빚어 놓은 연극이다. 돈! 네 재주는 과연 얼마나 많으냐?(1월 29일)

강동 대박산에 있는 단군릉 봉심기(奉審記)(상·중·하)

—《동아일보》, 1932. 5. 6.~5. 12.

〈상〉 1932. 5. 6.

5월 2일 정오 평양 선교리역에서 경편차에 올랐습니다. 강동에 있는 단군릉[59]을 찾아가는 길입니다.

강동을 가자면 바로 평양에서 강동으로 가는 자동차도 있습니다마는 나는 길을 안내해 줄 강동지국장 김중보 씨를 찾아 승호리로 돌아서 가기로 노정을 정한 것입니다.

봄도 짙었습니다. 나를 태운 경편차가 달리는 이 넓은 벌은 동쪽으로, 끝없이 맑고 고요히 흐르는 대동강을 낀 대동뜰입니다. 얼었다 녹아 물이끼까지 난 흙덩이는 저마다 향기가 날 듯하고 연한 풀에 큰 배를 불리며 영각하는 누렁소의 울음도 봄의 노래입니다.

봄은 이 땅에 다시 찾아왔습니다. 작년 가을에 추수 마당에서 흘린 눈물

---

59) 고조선의 시조인 단군의 능으로 전해지는 무덤으로서 현재 평양특별시 강동군 강동읍 문흥리 대박산 기슭에 위치한다. 1530년 『신증동국여지승람(新增東國輿地勝覽)』에 이 무덤에 대한 기록이 있다. 조선 역대 왕들의 보호를 받았고, 일제시대에도 수축한 일이 있었다.

이야 어쨌든, 봄이 왔으니 우리 농촌은 다시 땅을 갈아야 합니다.

우리는 4천 년 동안을 이렇게 봄이면 밭을 갈아 2천만 명의 한식구가 살아왔습니다. 나는 이제 우리 조상에게 밭 갈기와 씨 뿌림이며 옷 입는 법과 모든 살림 범절을 가르쳐 주시고 우리를 가장 먼저 다스리신 한배님의 능을 찾아가는 길입니다.

오후 2시 승호리에서 김중보 씨와 함께 다시 자동차로 강동에 도착했습니다.

이번 단군릉 수축과 수호각(守護閣) 건축을 위하여 온 정성을 기울이는 김상준 씨를 찾았습니다.

김 씨는 나를 반갑게 맞아 주었습니다. 여기서 점심을 마치고 우리 일행은 곧 대박산으로 갔습니다. 대박산은 강동읍 북쪽에 동리와 거의 맞붙어 있는 산입니다. 단군릉은 이 대박산 밑 기슭에 있습니다. 우리는 상원(上元) 갑자(甲子) 10월 2일, 태백산 밑 단목 아래 하늘에서 단군이 하강하셨다고 알고 있거니와 이 대박산이야말로 속칭 태백산입니다.

읍지(邑誌)에도 대박산이라고만 쓰지 않고 이와 함께 태백산이라고도 썼다고 합니다.

단군께서 태백산에 내려오신 것은 조선의 피를 받은 백성치고 모를 사람이 누구일까만 강동 태백산 밑에 단군릉이 있다는 것은 상식화하지 못한 것이 사실인가 합니다.

혹은 말할 것입니다. 강동의 단군릉이 확실히 단군의 능인지 알 수 있냐고.

단군께서 신인으로서 세상에 내려오시고[檀君以神人降世], 다시 신이 되셔서 편안히 능에 잠드셨다[復爲神安有陵寢之爲乎]고 한 대종교에서도 단군의 이름은[檀君之稱] 즉 단국 왕의 이름인 까닭에[即檀國君之號故], 뒤이은 임금들이 모두 단군을 칭하여[其嗣君皆稱檀君則], 강동의 무덤에[江東之陵], 뒤이은 임금의 무덤이 없으니[無乃嗣君之陵耶], 처음 내려온 단군의 무덤이 아님은 명백하다[非始降檀君之陵則明矣]라고 했습니다.

그러나 세상에 이 강동의 단군릉이 단군릉이 아니란 증거를 들 사람은 한 사람도 없는가 합니다.

기록에 2백 년 이래 단군릉을 나라에서 봉심(奉審)하였고 강동군이 송양(松壤, 고구려 시대의 강동을 송양국이라 일컬었다고 합니다) 적부터 단군릉을 위해 왔다고 합니다.

오후 4시 10분, 나는 태백산 밑 성지에 다다랐습니다. 세상이 강박해져 가면서 이 능의 위엄을 몰라보고 야박한 밭주인의 염치없는 '보습'이 능 바로 밑까지 범하여 밭을 갈아 놓았습니다. 나이 먹은 소나무가 능을 지킬 뿐 비록 얕은 담으로 둘러 있어도, 평범한 고총으로 지나쳐볼 바는 없습니다.

나는 지극한 경건함과 온 정성을 갖고 능에 나아가 두 번 절하였습니다.

내 눈에서 줄줄 흐르는 눈물을 구태여 막을 생각도 않고 엎드려 있습니다.

설혹 이 무덤 속에 그의 뼈와 살이 묻히지 않았던 들 어떻습니까.

평양에 기자릉[60]은 분명코 기자의 능이라 해서 위하는 것이며, 중화의 동명왕릉[61]은 무슨 실증이 있는 것입니까?

---

60) 평양시 기림리(箕林里)에 있는 기자(箕子)의 무덤. 1102년(숙종 7) 제사를 지내고 성종・고종 때 중축하였다. 그러나 후세에 봉묘(封墓)된 이 무덤이 과연 기자의 무덤인지 확실한 근거는 없다.
61) 고구려의 시조인 동명왕의 능으로 전해진 무덤으로 당시 행정구역상 평안남도 중화군에 위치한다. 동명왕의 무덤이 압록강 유역의 졸본이 아니라 평양에 있다는 인식이 후세에 자리를 잡아, 조선의

기자묘와 동명왕묘를 봉심하면서 이 단군릉은 오늘날까지 이렇듯 초라하게 겨우 대대로 전하는 조상의 말씀이 범상치 않은 고총으로만 여겼으니, 내가 비록 보잘것없는 일개 서생이로되 그의 피와 살을 전해 받은 후손이니 이 초라한 선조의 무덤 앞에서 한 줄기의 눈물을 바침이 어찌 정성 없는 일이라고 하겠습니까. (계속)

〈중〉 1932. 5. 11.

능의 주위는 400여 척으로 상당합니다. 옛적부터 410척이라 일컬었으니 옛 조상이 잰 척수가 크게 다르지 않습니다.

능의 북쪽 담 밑에서부터 동리 집이 7호 있습니다. 이 동리는 일찍부터 이름을 단군전(檀君殿)이라 했답니다.

기록으로 보아서 2백여 년이 넘었으니 몇 천 년 전부터 이 동리를 단군전이라 했는지는 모를 것입니다.

능에서 동쪽으로 20정 가량 들어가면 태백산 중턱에 청계굴이 있습니다. 일명 단군굴입니다.

입구가 매우 좁아 기어들어가게 되어 있으나 굴속에는 넓은 마당이 있고 종유석과 거암괴석이 볼 만하다고 합니다.

기어코 들어가려고 하면 못할 바도 아니나 옛날부터 이 굴을 사람이 범하면 폭풍이 일어 재해가 심하여 흉년이 진다고 하므로 구태여 들어가 보

역대 왕들이 동명왕릉을 관리하고 보호하였다. 일제시기에도 이러한 인식이 이어져 1917년에도 중수되었다.

기를 그만두었습니다. 묘향산에 단군굴이 있고 황해도 구월산에서 단군이 신이 되어 하늘을 다스린다(化神御天)고 했으니 구월산의 속칭이 '아사달산'이요, 이 태백산과 마주 대하고 선 조그만 산이 '아달뫼'라는 것도 사학자들의 연구거리가 될까 합니다.

평양에 단군전, 묘향산의 단군굴, 구월산의 '아사달산', 이런 것들을 모두 모아도 이 강동의 태백산을 당할 것입니까.

몇 곳의 문헌을 캐어 보면 이런 것들을 찾아볼 수 있습니다.

『江東邑誌』

在縣西□里, 太白山下周四百十尺諺傳檀君墓, 自本縣封修守護矣, 正宗丙午 縣監徐公, 瑩修, 奏, 啓, 命本道監司趙瑍巡路親審, 本官春秋奉審

『大東紀年』

(第二卷九十一頁) 秋八月(正宗丙午)에, 承旨徐瑩修啓言 □東縣에 有周爲 四百十尺之塚하니, 故老相傳爲檀君墓요, 至登於與地志니라 王이 命道臣修 治하고 附近民戶로 永定守護하고 邑倅春秋進審케하다.

『眉叟記』

松壤西有檀君陵, 註, 松壤今江東縣

『文獻備考』

檀君墓在平安道, 江東縣西三里, 周四百十尺

『輿地勝覽』

俗傳檀君墓, 在江東縣

이 기록에 비추어 정종 병오년부터 나라에서 매년 보살핀 것을 알 수 있고, 이 동리 노인들이 대대로 전한 말에 의하면 옛적부터 백성이 자진하여 매년 단군릉을 보살폈더니 정종 병오년에 이르러 나라에 알려져 공식적으로 모시게 되었다고 합니다. 또 연대도 알 수 없고 누구란 것도 전하는 바가 없으나, 어느 관찰사가 송양에 이르러 지사(志士)를 찾았는데 동네 사람들이 단군전에 사는 스승을 아뢰니 관찰사가 놀라 단군전의 근지(近地)를 알아보고자 단군릉에까지 이르러 다시금 의심하여 무덤 훼손을 명하였더랍니다. 그랬더니 놀랍게도 안에서 옥관(玉冠)이 나타나 크게 놀라 다시 무덤을 만든 후 모시고 돌아갔다고 합니다.

태백산에서 서쪽으로 17정 가량 내려가면 작은 시냇물이 흐르고 시냇가에 바위가 층층이 놓여 있어 이를 임경대(臨鏡臺)라고 합니다. 단군께서 태백산에서 임경대로 건너뛰실 때 신이 벗겨져 맨발로 임경대 바위를 디디셨다고 합니다.

그 발자국 두 개가 있으니 하나는 몇 년 전 이 시내에 다리를 놓으면서 무지한 청부업자의 손에 깨어져 없어지고 하나는 아직도 남아 있습니다.

건너뛰실 때 벗겨진 신은 땅에 묻었다고 전해져 옵니다. 그 신을 묻은 곳이 지금 내가 참배한 단군릉이란 말도 있습니다. 또 단군께서는 백성을 모아 모든 범절을 가르치실 때 함박산(태백산 뒤쪽 봉우리) 꼭대기에 쇠몽둥이를 내려박아 그 힘을 보이신 일이 있었다고 합니다.

이 두 가지 전하는 말이 우리 선조의 과인하신 힘을 말하는 것이겠습니다.

〈하〉 1932. 5. 12.

정종 병오년 이래로 모시던 것도 한일합병 이후로 폐지되었습니다.

이제는 그저 황폐한 산기슭에 외로이 큼직한 무덤 하나가 풀을 깎을 주인도 없이 바람과 비에 시달리고 있습니다.

계해년 11월에 강동명륜회에서 200여 원의 경비로써 능 주위에 담장을 둘러쌌으나 이것으로써 어찌 단군릉의 위엄을 다했다고 하오리까.

평양의 기자릉과 중화의 동명왕릉에 비해서는 일개 보잘것없는 고총의 신세이니 통탄할 일이 아닐 수 없습니다. 차라리 단군릉이란 말조차 없게 하여 한낱 주인 없는 무덤을 만들어 버리거나, 그렇지 않다면 우리 조상의 능으로서 위엄을 갖추고 후손의 정성을 보여야 할 것입니다.

평남연합유림회에서도 수년 전부터 여기에 수호각을 세우기로 하여 수호계(守護契)를 만들어 돈을 모으는 중이라고 하나 아마 흐지부지되는 모양입니다.

이번에 다시 강동 유림을 핵심으로 하여 수호각을 세우자는 논의가 기운차게 일어났습니다.

이들이 원하는 바는 이 일이 비단 강동군의 일이 아니라 전 조선 민족의 일이 되기를 바라는 것입니다.

우리는 단군의 후손입니다. 그에게 농사짓기를 배워 4천 년을 살아오며 그를 시초로 동방에 빛나는 민족이었습니다.

이제 어찌 단군을 몰라볼 것이며 그에게 향한 정성이 없다고 할 것이겠습니까.

단군릉에 수호각을 세운다는 것은 큰일이 아닙니다.

그 속에 우리는 그의 뼈와 살이 있고 없음을 캐어 볼 필요가 없습니다. 다만 우리는 우리 조상의 능을 수축하고 우리 조상의 능의 소재를 밝힘으로써 족할 것입니다.

그가 가르치고 전해 주신 유업은 4천 년 동안 이 지구상에 빛났습니다.

그런데 그의 능은 얼마나 초라합니까. 우리는 몇 대 조상의 한 일 없이 태어났다 죽은 이의 뼈다귀 묻을 자리로 명당을 구하고 석물을 바쳐 있는 정성을 다하였습니다.

그 짓을 하기에 조선이 쇠하였고, 이 민족의 첫 임금이요 첫 조상의 무덤은 거친 산기슭에서 바람과 비에 시달리며 담 밑까지 '보습'을 들이대고 땅을 파먹었으니, 그의 혼백이 있다면 후손에 대한 섭섭함이 오죽할까 합니다.

강동의 몇 사람의 입에서 나온 단군릉 수축은 이것이 몇 사람의 일로 그쳐 버릴 수 없는 일이겠습니다. 나는 이제 다시 한 번 이 능을 찾는 날 갖추신 위엄 앞에서 오늘 초라한 고총의 신세를 풀 때가 있을 것을 믿으며, 구태여 억한 감정으로 그대로 눈물만을 뿌릴 것도 아닌 듯해 앞날을 바라보고 돌아섰습니다. 봄날이라 그가 가르치신 유업 그대로 능 바로 앞 밭에서는 소 두 마리가 멍에를 메고 밭을 갑니다.

재정 독립 문제로 평안협동 수(遂) 분규

―《동아일보》, 1932. 6. 17.

본부, 개천파 간의 암투 폭로
총회 석상에서 대논란

평안협동조합은 13일 제8회 정기총회를 덕천유치원에서 개회하였다. 석상에서 각지의 영업소가 각기 계산독립(計算獨立)을 하자는 주장이 생겨 15대 5로 압도적 가결을 하였다.

이것은 평안협동조합이 조선 유일의 최대 조합인 만큼 그 추이는 전 조선적으로 영향을 끼칠 바가 많아 그만큼 주목할 가치가 있는 것으로, 이날 총회의 경과를 보도하면 다음과 같다.

이 총회는 7,055명(6월 13일 현재) 조합원의 의사를 대표한 38명의 총대(總代)로서 구성된 최고 의결기관으로써 당일 출석한 총대는 28명이었다.

오후 2시에 개회하여 작년도 결산보고가 감사의 의견을 첨부하지 못한 것 때문에 3시간이나 문제가 되었다가, 결국 추후로 감사가 검사한 후 총대의 승인을 구하기로 하고 정관 개정에 들어갔다. 여기서 동 조합장과 간사장이 제안한 정관 수정안 심의를 미루고, 개천 김명진 씨가 나서서 혼성자벌(混成資閥)의 폐해를 절규하고 그 폐해를 바로잡기 위해서는 현 조합제도를 고쳐야 한다는 결론을 짓고, 각 영업소는 계산을 독립하여 진정한 협동조합 운동에 들어가야 한다고 동의하고 여기 이동혁 씨 재청으로 동의가 성립하니, 본부 측은 별것 아닌 것으로 여기는 듯하였으나 투표 결과 15대 5로서 독립안이 가결되어 버렸다.

그런데 별항 개천 측의 계산독립론은 제안자의 의견과 같고, 평안협동조합으로서 계산독립안이 성립되기까지의 이면에는 간과하기 어려운 착잡한 사정이 많은 듯하다.

이는 사실상 주식회사 제도의 변태적 혼성자벌로서 개천 신진협동 운동자와의 암투가 적지 않던 중 경찰 당국은 항상 개천 측 간부를 개체하도록 본부에 종용해 왔다고 한다.

그리고 개천 측은 각 영업소마다 계산독립을 희망한다고 말하고 본부 측은 이것이 순전한 개천파의 책동이라 주장하는데, 이것은 결국 내포해 있던 암투가 폭발한 것으로써, 분규는 더욱더 계속될 모양이다. 결국 이 조합은 본부의 위치 문제, 간부 선출 문제 등으로 영업소의 분포 상태에 미루어 덕천읍에서 남쪽으로 30리 거리에 있는 덕안면 주일령이라는 고개를 경계로 하여 둘로 분열될 위기에 직면해 있다.

정기총회는 13일로 끝날 예정이었으나 재정 독립 문제가 일어나 14일까지 계속될 터이다. 14일의 회의 결과야말로 이후 평안협동조합이 갈 길을 좌우하는 것으로서 주목할 가치가 있다.

결국은 해체? ┃ 개천파 6개소는 별개 행동
덕천파 재조직 선언

해산을 선언한 평안협동조합은 어제 14일 오후 5시에 재정 독립을 찬성하지 않는 덕천파를 중심으로 한 11개소의 총대가 모여서 조합 재조직 선언의 준비에 착수하였다고 한다. 그런데 덕천파에 가담할 것으로 인정되는 곳이 5개소가 더 있다. 결국 재정 독립을 주장하는 개천파만 제외하고 조합은 재조직의 형식을 취하게 될 것이라고 한다. 그리고 개천파를 중심으로 한 6개소는 재조직에 가담하지 않고 따로 조합을 조직할 모양이라고 한다. 협동조합은 덕천파와 개천파가 분열할 것이라 한다.

쌍방의 주장 ┃ 제안자 김명진 씨 담(談)

각 영업소의 계산독립이 평안협동조합의 분열을 말하는 것은 아니다. 어떤 영업소는 이익이 났는데 어떤 영업소는 손해가 나는 경우, 이익 본 영업소도 배당을 받지 못하는 불평이 있다. 또는 혼성자벌이란 명칭일 뿐이요, 사실상 상품 구입 등에서 중앙의 신용보다도 각 영업소 주임의 신용이 앞선다. 자금이 많아지면 그런 폐해가 없을 것이라고 말하나 현 제도 앞에서는 또다시 출자할 이가 없다.

또는 현 평안협동조합은 장차 전 조선적으로 연합 운동을 예상할 때 폐해가 많습니다. 혹은 결의권에서 예를 들면 협동조합을 단위로 하면 영업소가 23개소인 우리 조합으로서도 조그만 조합과 같아지고, 만일 비례제로 한다고 하면 우리 조합 같은 것이 기울어진 우세를 장악하게 될 것입니다.

그리고 현재는 각 영업소의 중앙 의존이 강하여 모든 것을 중앙만 믿고 있으나, 계산독립

재정 독립안 제창자 김명진 씨

이 되면 각 영업소는 그만큼 책임이 막중해져서 협조 운동을 발전시키는 데에도 큰 도움이 있을 것입니다.

동시에 협조 운동의 3대 어려움이라는 장부난(帳簿難), 자금난, 인물난이 모두 완화될 수 있습니다.

내가 주장하는 바는 현 본부를 연합회 조직으로 하여 장차 전 조선적 연맹이 생길 것을 전제로 훈련을 받자는 것입니다. 이는 영업소마다의 희망으로서 내일 계속되는 회의에서 형세가 역전된다면 이것은 본부 측의 책동이겠지요.

조합장 서준석 씨 담

조합장 서준석 씨는 다음과 같이 말한다.

"계산독립이란 말은 좋으나 내용은 우리 조합을 분열 파괴하자는 무서운 책동입니다.

그것을 왜 13대 5로 가결하게 되었느냐 하면 다른 총대들은 우리 조합에서 가장 괴로운 존재인 개천영업소를 떼어 버리겠다는 마음에 찬성한 것입니다.

개천영업소에는 경찰 측이 불길하게 여기는 인물들이 모인 관계상 그들을 내쫓지 않으면 협동조합을 해산시키겠다는 말까지 경찰 측이 누누이해 온 터로, 이번 총회가 지나면 개천 측 간부는 일신할 작정이었습니다.

개천 측의 계산독립이란 결국 개천만이 떨어져 나가는 결과를 초래할 것이고, 다른 22개 영업소는 여전히 평안협동조합의 기치 아래에서 운동할 것입니다.

그리고 우리 조합의 장래 방침은 적극 정책을 버리고 영업소의 증설보다 이미 설립한 기관의 충실을 도모하고, 장차 평양에다 영업부를 두고 종래 무역상을 거쳐 상품을 구입하던 것을 우리가 직수입하는 것입니다."

황평(黃平) 양도(兩道)에 동섬서홀(東閃西忽)!
단신(單身) 경관대와 충돌 사차(四次)

—《동아일보》, 1933. 6. 17.[62]

은행, 금조(金組) 습격 모자차(慕資次)로 잠입
평양, 봉산, 중화 등지에서 경관 향해 사격
서원준 필경(畢竟) 평원서 피체(被逮)

　공산 운동의 자금을 얻으려고 은행과 금융조합을 습격할 목적으로 조선에 잠입하여 평양 상수구리에서 그 기회를 엿보고 있던 서원준(25)[63]과 안영준(24)이 조사하던 형사대에게 권총을 난사하고 달아난 후, 평남북 경찰은 물론 인접한 황해, 경기 등 각도 경찰이 활동한 결과 지난 4일에 경성역에서 공범 안영준을 경성 본정(本町)서원의 손으로 검거하기에 이르렀으나, 서원준은 그 후 자취를 감추어 수천 경관의 가슴을 졸이게 하더니 지난 10일 오후 2시경 그는 돌연히 황해도 봉산군 서종면 대한리 대한촌 다리에

---

62) 서원준 검거 사건에 대해《동아일보》는 1933년 6월 17일 호외를 발행했다. 호외 4면 중 1~2면이 모두 관련 기사로 서원준의 도주경로 등 각종 내용을 보도했다. 3면은 사진 화보, 4면은 광고이다.

63) 서원준(徐元俊, 1908-1935) : 독립운동가. 평양의 상점에서 일하며 평양점원상조회를 조직, 활동하다가 1926년 경찰에 붙잡혀 옥고를 치렀다. 이후 만주로 건너가 국민부와 조선혁명당의 무장항일투쟁에 참여했고, 국내에 잠입하여 1933년 5월 조선은행 평양지점을 기습하려다 일제 경찰의 습격에 총격전으로 맞서며 도주하다가 검거, 평양형무소에서 사형되었다.

 ① 범인 서원준

② 서원준의 공범 안영준을 호송하던 당시 광경

③ 사리원경찰서(상)와 부전 형사부장(원 안)과 저격당한 현장(하, X표)

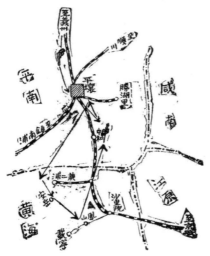

① 봉산 이종훈 상점 부근
② 트럭으로 이동되는 수사경찰대
③ 서원준이 탈주한 경로도

서원준 사건 화보: ① 주범 서원준(어렸을 때의 얼굴) ② 종범 안영준 ③ 수사본부인 평양경찰서 앞=총출동하는 무장경관대 ④ 사리원서 앞에 출동한 소방서원 ⑤ 평양사건 발생지인 수구교 ⑥ 안영준의 집 ⑦ 평양사건의 발포한 지점 ⑧ 중화군 양정면 한교리 12번지 원철의 음식점 ⑨ 서원준이 자고 간 안악 학산리 박문효의 집(X표가 자던 방) ⑩ 중화사건 발생지(X표가 촌민을 쏜 지점) ⑪ 서원준에게 총 맞은 원대복(X표가 탄환 지나간 곳) ⑬ 서원준의 모친 채 씨(55) ⑭ 서원준의 아우 형준(15) ⑮⑯서원준의 집(평양부 창천리 2번지의 14) ⑯ 무장한 경관이 자동차를 검색하는 광경(나무에 거적 싸놓은 것은 경관들의 철야하는 곳) ⑰ 이번 수사에 사용한 전서구 ⑱ 통행하는 농립모 쓴 사람을 신체 수색하는 광경

나타나 조사하려는 순사를 향해 권총을 난사하여 부전(富田) 순사부장을 중상을 입혀, 기절하게 하고 다시 자취를 감추었던 바, 그는 또다시 11일 오전 11시경에 중화군 당정면 후장교리에 나타나서 추격 경관대와 교전한 후 산을 넘어 자취를 감추고 말았다.

무장 경관대 수백 명이 그를 잡고자 눈에 불을 켜고 날뛰던 중 그가 17일 오전 1시경에 또다시 평원군 동송면 청룡리에 나타난 것을 출동한 경관이 탐지하여 체포해서 지금 숙천주재소에 유치되어 있다.

이리하여 전후 10여 일을 두고 단신으로 황해도와 평안도 양 도에서 경관대와 4번이나 충돌한 평양 권총 사건의 주범 서원준도 잡히고 말았으므로, 경무국에서는 그동안 신문 게재 금지한 것을 해제하였는데, 그가 잡히기까지의 경로는 다음과 같다.

노청(勞靑) 사건으로 복역까지 ∣ 소속은 만주공산당원
수월(數月) 전에 잠입하여 지리를 정사(精査)
4년 전에 도만(到滿)한 범인의 정체

범인 서원준은 평남 중화군 양정면 입석리 출생으로, 지난 대정 12년에 평양부 내 창전리 14번지에 이사한 후 광구리 윤세식 상점에서 점원으로 있으며 점원상조회에 가입하면서부터 사회운동에 투신하기 시작하여 신간회 위원 노동조합 청년동맹 간부로도 있었는데, 소화 2년에는 평양노동청년회 사건으로 8개월 징역까지 복역한 일이 있었고, 4년 전에 표연히 만주로 건너가 만주공산당에 가입하여 활동하다가 이번에 직접 행동할 목적으로 잠입한 것인데, 범인은 이같이 범행을 할 계획으로 부근 지리를 정사하기 위하여 금년 2월에 평양에 들어왔었고, 또 2개월 전에 들어와 비밀히 자기 집을 다녀서 사리원의 75번지 범인의 숙부 되는 서정현의 집에서 하룻밤 자고 간 일까지 있었다 한다.

관계 공범 ┃ 여자도 한 명

범인 서원준의 정체는 별항과 같은데, 그의 공범으로는 지난 3일 밤에 평양사건이 돌발되자 대동역에서 원산 가는 차표를 사가지고 피신을 하다가 4일 정오에 경성역에서 본정서원에게 잡혀 방금 평양서에서 취조를 받고 있는 안영준(25) 한 명뿐인데, 잠입할 때에는 동지 한 명과 김정숙이란 여자와 같이 들어왔다 한다.

황해도 봉산에 돌현(突現) 순사 2명을 저격
부전(富田) 순사부장은 입원 중 절명 ┃ 제2차=10일의 대사건

범인 서원준은 10일 오후 2시 봉산군 서종면 대한리 사리원에서 서남으로 20리 대한천교 앞 주막에서 통행인을 일일이 신체 수색을 행하던 사리원서 부전 형사부장과 김봉기 순사 2명을 만나 신체수색을 당하게 되자, 자기 스스로 자기 주머니의 물건을 전부 꺼내어 형사 2명에게 주고 형사들이 그 물품을 조사할 즈음에 돌연히 권총을 꺼내어 형사 2명을 향하여 발사한바, 피하려던 부전 형사부장은 등을 맞아 복부를 관통하여 현장에 넘어졌고 김봉기 순사는 그 길로 피하였는데 부전 순사부장은 그 후 12일 아침에 사망하였다.

사격이 능란 ┃ 변장도 교묘

목격한 사람들의 말을 들으면 범인은 사격이 매우 능란할 뿐 아니라 주머니 속에서 탄환을 꺼내어 연방 호신을 방비하며 또한 변장술도 매우 교묘히 하더라는데, 그가 평양 상수구리에서 탈주할 때는 '런닝셔츠'만 입고 나선 것이 대한천교에 나타났을 때에는 농립모자에 흰 옷을 입고 고무신을 신었었고, 한교리 음식점에 나타났을 때에는 농립모자에 흰 바지에 조끼적삼을 입고 흰 정구화를 신었었다 한다.

제1차 평양에서 추격 형사에게 전광같이 발포

범인 서원준은 평양부 상수구리 167번지 공범 안영준의 집에서 잠복하여 있다가, 지난 3일 오후 10시경에 돌연히 습격을 간 평양서원 안락, 김원열 두 형사를 만나자 번개같이 수구교 부근으로 도망하다가 갑자기 추격하는 두 형사에게 향하여 권총을 발포한 후 번개같이 자취를 감춰 버렸는데, 평남경찰은 의외에 돌발한 이 사건으로 인하여 범인을 잡기까지 무한히 애를 써 왔다.

제3차 사건

부전 형사부장을 넘어뜨린 서원준은 그대로 사리원 방면을 향하여 현장 대한천교를 건너서서 들어와 가지고, 거기서 30간 가량 되는 한골장(한동시)에 들어가 동리 이종훈 상점을 습격하여 자전거를 잡아타고 달아났다고 한다.

그때 이를 발견한 주인 이종훈은 어떤 사람이 남의 자전거를 타고 가려할 때에 그 집 주인이 소리를 질렀던 바, 범인은 또 다시 권총을 꺼내대고 "나는 이 앞다리에서 순사를 쏘아 죽였는데 자전거를 줄 테면 주고 싫으면 그만두라"고 위협했으므로 주인도 혼비백산하여 자전거를 내어주었다.

범인 일지

권총범인 서원준은 지난 3일 밤에 평양 상수구리 167번지 안영준의 집에서 평양서 형사들에게 발포하고 도주한 이래 평안남도와 황해도 등지로 전광같이 나타났다가 석화같이 없어지기를 전후 ○회나 되는데, 그 일자와 범행경로는 다음과 같다.

◇3일 오전 10시 - 평양부 상수구리 167번지 안준영 집 잠복 중 경관대에 발포 도거(逃去)

◇4일 오전 1시 - 평양부 항정 건너 뇌가로방(瀬家路傍)에 있는 자전거를 잡아타고 대동교를 향하여 잠적

◇4일 오후 7시 - 중화군 당정면 입석리 친척 서정익 집에서 여비 3원과 의복 등을 얻어가지고

◇9일 밤 - 황해도 안악군 안곡면 학산리 엿장수 박문효 집에서 투숙

◇10일 정오 - 동창시장 부근 가로(학산리)에서 동창시 가기 약 10리에서 경관을 만나 박문효 집을 가르쳐주고

◇10일 오후 2시 - 동해도 봉산군 서종면 대한리 대한천교 부근에서 부전 부장을 저격

◇10일 오후 2시 10분경 - 한동시장 이종훈 상점을 습격, 자전거 탈취 도주

◇11일 오전 11시 - 평남 중화군 양정면 한교리 12번지 임원철 음식점에 들러 묵을 사먹고

◇11일 오전 11시 10분경 - 중화군 당정면 후장교리 거리에서 밀고자 원대복 사격, 경관대와 교화(交火) 후 잠적

피해자 측 경과

부전 순사부장

10일 오후 2시에 범인에게 저격을 당하여 복부에 관통상을 당한 부전 순사부장은 사리원 도립병원에 입원하여 응급의 수술을 받았으나, 원체 출혈이 심하고 소장 7개소가 상하였으므로 수혈까지 하였으나 12일 오전 7시에 필경 절명되었다.

원대복

원대복은 범인이 발사한 탄환이 하나는 속저고리만 뚫고 나갔고 하나는 머리 위로 지나가며 머리털만 약간 태우고 별로 상한 곳은 없으나, 혼이 나서 넘어지는 바람에 부상을 당하여 선제의원에서 입원치료 중이다.

자전거 견탈자(見奪者)

자전거 하나는 한골장에 있는 이종훈의 것이고 또 하나는 얼마 전까지 평양서 순사부장으로 있던 항정(港町) 도뢰모(渡瀬某)의 것이라 한다.

밀고한 촌민(村民)을 저격 ┃ 추격 경관대와 교화(交火)
11일 오전 11시 발생 사건 ┃ 제4차=평남 충화에 홀현(忽現)

한동시장 이종훈 집에서 자전거를 잡아타고 간 서원준은 그길로 사리원리를 향하여 자취를 감추었었는데, 11일 오전 10시 경에 평남 중화군 양정면 한교리 12번지 원철(54)의 음식점에 나타나 묵을 사서 벽을 향하여 앉아 먹더니 반쯤 먹고 돈 10전을 내놓으며 엿을 사오라고 하여 그것을 먹으며 평양 쪽을 향하여 갔는데, 그 음식점 주인은 하도 그 행색이 수상하므로 손자 원대복(34)를 시켜 그 근처 당곡 주재소에 비밀히 통지하였던 바, 그 주재소에서는 홍, 삼포(三浦) 두 순사가 장총과 권총을 휴대하고 전기 원대복을 앞세우고 급히 추격하여 평양 쪽으로 약 10리쯤 가다가 중화군 당정면 후장교리 신작로에서 발견하고 경관대가 총알을 받으라고 소리를 지른즉, 범인은 번개같이 달려들어 먼저 원대복을 향하여 2발을 발포하여 그 자리에 쓰러지게 하고 다시금 경관대와 교화하다가 그 옆에 있는 보리밭 속을 기어서 총구에서 연기가 나는 것을 들고 동리 가운데를 통하여 뒷산을 넘어 어디로인지 잠적하였는데, 경관 측은 장총을 8발, 권총을 2발이나 발사하였으나 범인은 하등 손해를 받지 않았다 한다.

안주군 용호리에 출현 ▮ 순사 양명(兩名)과 교화(交火) 잠적
16일 오후 4시경에 돌현(突現) ▮ 제5차 만성역 대사건

금 16일 오후 4시 반경에 평남 안주군 대이면 용호리 경의가도에 수상한 청년 한 명이 지나가니, 만성주재소 순사 이학전과 명용하가 발견하고 즉시 신분을 조사코자 하였으나 아무 대답도 없으므로 혹시 서원준이나 아닌가 하여 권총을 내대었던 바, 범인은 돌연 권총을 발사하므로 쌍방이 권총 약 6발을 쏘아 교화하였는데 부상은 피차에 없었고 범인은 즉시 도주하였는데 그 뒤를 쫓으니 만성주재소로부터 약 40미터 가량 떨어진 소류산으로 몸을 숨겼는 바, 이때 만성역 역부 영목(鈴木)이란 사람이 다시 쫓아갔으나 산 깊이 몸을 숨겨 행방이 불명케 되었다 한다.

이 뒤로 약 세 시간이나 지나서 급보를 접한 평양 수사본부에서는 즉시 자동차로 경관대가 출동하였고, 부근의 응원 경관과 아울러 범인 수사에 전력을 기울이고 있던 것이다.

서원준 인상

각도(各道)에 수배된 내용

1. 본적 평양부 창전리 7번지의 2

2. 명치 41년 5월 25일생(당 26년) 이병(李炳)

3. 별명 김정일, 서복손(아명)

4. 인상

　　1) 신장 5척 3촌 4분

　　2) 얼굴은 둥글넙적하고 빛은 희다.

　　3) 눈썹은 3일 월형(月型)으로 두텁다.

　　4) 눈알은 백미(百味) 많고 날카롭다.

　　5) 입술은 두텁다.

　　6) 어금니에 금니 2개가 있다,

　　7) 머리칼은 숱이 많고 하이칼라인데 수일 도주 중

　　8) 수염은 없다

　　9) 특징

　　　　(1) 왼쪽 눈꼬리 2개, 오른쪽 눈 아래 1개의 약점(臖點)

　　　　(2) 좌후두부에 크고 작은 2개의 화상흔

　　　　(3) 왼팔에 2개, 오른팔에 1개의 종두두(種痘痘)

　　　　(4) 배꼽 오른쪽 위에 종흔(腫痕)

　　10) 풍채는 일견 상인 또는 외교원 풍

　　11) 언어는 평양과 개성 사투리 병용

총성에 사라진 삽화

범인 서원준이 평양에서 탈주한 후로 이곳을 습격하고 저곳에 나타났다가 또 다시 없어지기를 무릇 십수 번이나 하여, 범인의 발자취 닿은 곳에는 선풍혈우가 끔찍끔찍하게 뿌린 곳도 있다. 또 한편으로는 독자 여러분이 상상하기도 어려울 만큼 그럴듯한 사실도 그중의 몇 가지만 이에 기록해 보려 한다.

곤양강상(昆陽江上) 일엽주(一葉舟) ▮ 선부(船夫)가 밀사 노릇

범인 서원준이 3일 밤에 평양을 탈출하여 가지고는 그길[64]

중화(中和) 사건 ▮ 입원 중인 원대복 담(談)

나는 무심코, 주재소에서 앞서서 가자기에 따라서 후장교리 길거리에서 만났는데, 남 순사가 손을 들려니까 그는 곧 총을 내게 향하고 쏘았습니다. 나는 그만 놀라서 당장 엎어졌는데 또 머리 위로 모기 우는 소리를 내면서 총알이 또 지나갔습니다. 나는 그때 벌써 내가 죽은 줄 알았습니다.

봉산(鳳山) ▮ 도로 공부(工夫) 박치준 담

순사 2명은 주막에 앉아 있고 나는 길 감독을 하러 갔다가 왔는데, 마침 재령 쪽에서 웬 젊은 사람이 농립모를 쓰고 지나가려는 것을 김 순사가 이리오라고 부릅디다. 그러니까 처음에 그는 태연히 순사 앞으로 왔는데 몸을 좀 뒤지자고 하니까 그러라고 하면서 가슴을 내밀더니, 순사가 그의 몸

---

64) 이후 원문 부재

에 손을 내자 어느 틈에 벌써 그는 꽁무니에서 권총을 내대면서 "억" 소리를 지릅디다. 그러더니 부전 부장을 향하여 총을 쏩디다. 거리는 5척 가량밖에 안 되었습니다. 부전 부장이 엎어지자 범인은 나를 한 번 돌아보더니 그대로 사리원으로 향하여 갑디다. 나는 급히 부전 부장 앞으로 가서 내 각반을 끌러서 동여매주고 그를 업고 서종 주재소로 가려고 서호교를 넘었다가 내려놓고 그대로 주재소에 가서 알려주었소.

한동(韓洞) 사건 ┃ 상점주인 이종훈 담

오후 2시 40분 좀 지났을까 할 때인데, 어떤 농립모에 흰 바지저고리 입은 젊은 사람이 와서 주인을 찾기에 나는 옆집에 있다가 나갔습니다. 그는 갑자기 꽁무니에서 권총을 꺼내들면서 나는 지금 저쪽 다리에서 순사를 쏘았는데 자전거를 좀 빌립시다, 자전거는 내가 갈 수 있는 데까지 가서 버리겠으니 거기 가서 찾아가시오, 하기에 나는 그만 겁이 나서 어서 타고 가라고 했더니 자전거를 타고 사리원 쪽으로 달아납디다.

공산계 직접 행동은 조선 내에선 효시(嚆矢)
경찰도 긴장하여 사건을 수습 ┃ 금반(今般) 사건의 특이성

범인의 소속한 단체와 그가 조선 안에 있을 때에 관계한 단체의 주의로 보아 그는 순연한 공산계통의 좌익분자인데, 이 계통의 범인으로 무기를 휴대하고 직접 행동을 한 것은 이번 사건이 조선 안에 있어서는 처음 되는 사실이라 하여 경찰 측에서도 매우 이상한 눈으로 범인을 취조하는 중이라 한다.

또한 범인이 평양시내에 있는 은행, 금융조합, 덕력 등 금융기관을 습격하려고 계획한 것도 이 계통의 범인으로 처음이라 하여, 이 앞으로 범인 취조를 따라 과연 어떠한 사실이 발각될지 모른다 한다.

공산운동 자금 얻고자 은행, 금조(金組) 습격 계획
미연에 발각된 전후 계획 ┃ 평양에 잠입한 목적

범인 서원준이 잠입한 목적은 이미 본보에 보도하였듯이 이번에 들어올 때에는 권총 2정과 실탄 다수를 갖고 왔는데, 이번에 들어온 목적은 평양 시내에 있는 각 은행과 금융조합 등 금융기관을 습격하여 공산운동의 자금을 모집코자 한 것이라 한다.

이러한 목적을 세우고 비밀히 들어온 서원준은 그 즉시로 안영준을 찾아가지고 전후 사실을 협의한 후 은행과 금융조합 등의 내부를 조사하여 불원간 실행에 착수코자 하였다.

그는 은행과 금융조합을 습격하기 전에 평양 서문통에 있는 덕력(德力) 상점을 제일차로 습격하고 현금과 생금 등을 탈취할 계획까지 세우고 실행코자 하다가 미연에 발각된 것이라 한다.

수백 경관을 뒤에 달고 ┃ 서원준의 탈주 경로

서원준은 그동안 어디로 어떻게 경계망을 피해 다녔을까. 이것은 체포 후 취조가 끝나기까지는 확실히 알 길이 없으나 지금까지에 판명된 바에 의하면 대략 다음과 같다.

중화군 양정면에 출현 ┃ 의복과 여비 구득(求得)
3일부터 7일 오후까지 황평도계(黃平道界)에서 내왕

그는 3일 밤 평양부 상수구리 167 공범 안영준(25)의 집을 뛰어나와 추격 형사 김원열, 안락 두 형사에게 권총을 난사하면서 북쪽 평양고등보통학교 마당과 오순정(五詢亭)을 거쳐 만수대에 자취를 감춘 이래 경관대가 북쪽에 밀린 틈을 타서 그는 다시 남쪽으로 내려갔다.

4일 새벽 1시 사건 발생 후 3시간 후 그는 부내 항정 길거리에서 도뢰 전 평양서 순사부장의 자전거를 집어타고 대동강 인도교를 거쳐 중화로 질주했다.

낮에는 어디에 숨었던 모양으로 그가 중화군 양정면 입석리 그의 5촌 되는 서인익의 집에 나타난 것은 오후 7시 반경이었다. 그는 거기서 의복 한 벌과 현금 3원을 얻어가지고 곧 그 집을 떠났다고 한다. 서인익의 집에 나타났을 때에는 이미 그가 평양서 도주할 때대로 속옷바람이 아니라 조선옷을 입었더라 하므로 그 의복이 어디서 얻었는지 아직 판명되지 않았다.

5일 새벽 2시경에는 다시 중화군 신흥면 상삼리 친지 한용순의 집에 나타났었다. 여기서 그 밤을 자고 떠나지는 않았나 하는데 어디서 잤는지는 불분명하다.

식발장변(削髮裝變)으로 목선(木船) 중 일야(一夜)
겸이포 노동장을 엿보다가 잠복을 단념 상륙

7일 오후 5시경에는 다시 평남으로 들어가 중화군 양정면 간성리 뱃사공 우현규((68)의 집에 나타났다.

그는 거기서 우현규에게 자기가 권총 가진 사정을 말하고 인상을 달리하기 위하여 하이칼라 머리를 빡빡 깎고, 우현규의 도움을 받아 그의 나룻배를 타고 황해도 겸이포와 평남 중화군의 사이를 흐르는 곤양강에 떠서 하류로 흘러내려 가다가, 중화군 해압면 간곡리 대동강 여울탄에 배를 대고 배 가운데서 우현규와 같이 저녁을 지어 먹은 후 그 밤을 쉬었다.

8일 오후 5시에는 그 배를 우현규와 함께 곤양강을 타고 겸이포로 들어가서 동 5시 반 겸이포 항구 밖에 배를 대고 우현규를 시켜 겸이포 곡정 94번지 그의 친지 김동현(22)의 집과 그의 친족 서관학(50)의 집에 보내어 형편을 알아보게 한 결과, 여기도 이미 경계망이 엄중하여 위험한 것을 알고 거기서 노동자로 변장하고 노동터에 숨어 버릴 계획을 단념하고 그날 밤 9시경 배를 돌려 십이포 선장(船場)에서 상륙하여 자전거를 타고 안악군 안곡면 학산리 엿장수 박문효의 집에 이르러 자기 사정을 말하고 그 집에서 그 밤을 잤다.

장꾼으로 변장 도주 중 문로(問路)하는 경관 앞에
서원준이가 잠복했던 자기 집 묻는데
시치미를 딱 떼고 대답한 박문효의 처 ┃ 안악 동창 간 40리

이때에야 경찰은 그가 중화를 거쳐 겸이포 방면으로 간 것을 알고 평양부 내의 수사망을 거두어 중화와 겸이포로 집중시키는 동시에 겸이포와 중화에 흐르는 곤양강과 대동강을 경비선을 출동시켜 경계하는 한편, 겸이포에서 김동현의 일가족 전부와 서관학의 일가족 전부를 검거하였다.

경관대야 있건 말건 서원준은 박문효의 집에서 9일 밤을 자고, 10일 아침 7시 반 박문효의 처와 그 아들과 함께 여전히 자전거를 가지고 동창 장거리로 장보러 가는 장꾼처럼 떠났다.

마침내 이것이 겸이포에서 따라온 경관은 경관대에게 판명되어, 안악에서 동창으로 동창에서 안악으로 40리 길에 서원준을 중간에 넣고 경계망

을 죄었다. 동창거리에 이르러 5리 밖에서, 서원준과 박문효 아내와 아들 3명은 경관대와 만났다.

경관대는 무심코 박문효의 처에게 여기서 박문효의 옆집까지 어디로 몇 십리나 되는가 물으니, 박문효의 처는 이미 깨닫고 태연히 거기서 20리길이나 된다고 대답하여 형사와 헤어졌다.

사리원 향하다 ┃ 봉산사건 연출

형사와 헤어진 후 서원준은 신변의 위험이 닥쳤음을 깨닫고 곧 거기서 의복을 갈아입고 자전거를 버리고 길을 변하여 사리원 방면으로 꺾어들어 박문효의 처자와 헤어졌다.

동일 오후 2시 40분 사리원에 못 미치기 20리 밖 봉산군 서종면 대한리 12번지 오진규의 주막집 앞에서 자기를 지키고 있는 사리원서 부전 형사부장과 김봉기 순사에게 몸수색을 당하게 되자, 권총을 발사하여 부전 형사부장을 쓰러트리고 한골장을 거쳐 이종훈 상점의 자전거를 잡아타고 사라졌다.

'독 안에 든 쥐'가 ┃ 중화에 돌현(突現)
검거 급보를 고대중에 이보 ┃ 이후는 폭풍 따라 묘연

수사대는 또 다시 사리원을 중심으로 사리원경찰서를 수사본부로 하여 경계망을 펴놓고, 이번에야말로 독 안에 든 쥐라고 요때 조때 체포의 보고를 초조히 기다렸다.

그러나 그 밤으로 잡힐 듯하던 이 '독 안에 든 쥐'는 그 밤이 밝도록 단서조차 얻지 못해 초조하는 수사본부에 이튿날인 11일 오전 11시경 다시 평남 중화군 당정면 한교리에 나타나서 음식을 먹고 동 면 후장교리 길거리에서 교전하고 잠적하였다는 급보가 날아와서, 수사본부는 다시 평양시로 옮기고 수사망은 중화를 중심으로 강서, 융강, 겸이포, 황주, 금천 일대에 벌어지는 동시에, 평양으로 들어오지 못하도록 실로 공전의 철통같은 경계망이 중화, 평양 사이와 대동강 일대, 강동 만달산 일대에 벌어졌으나 그 뒤의 소식은 때마침 일어난 폭풍우에 자취를 감추었다.

자전거 거취 ┃ 이것도 묘연

서원준이 중화군에 나타났을 때는 벌써 황해도 봉산군 서종면 한골장 이종훈 상점에서 집어탔던 자전거 황해도 1259호는 어디로 없애 버렸고, 의복은 봉산군에 나타났을 때와 같았으나 신은 그때 신었던 흰 고무신이 아니라 흰 정구화를 신었었다고 한다.

대동강안과 만달산 포위 ┃ 중화 나타났던 이후의 경찰수사의 중심

봉산군에서 부전 부장을 쏘아 넘긴 후 다시 평남 중화로 들어온 서원준의 수사본부는 이 사실이 판명되는 동시에 즉시 사리원 경찰서의 수사본부를 평양경찰서는 다시 옮기는 동시에, 이 호랑이를 다시 부내로 들어오게 하면 큰일이므로 중화, 평양 간의 1등도로는 물론 대동강안 일대와 부외 만달산, 대성산 일대를 무장경관이 주간이 멀다 하고 늘어서서 그 경계망은 진실로 삼엄하기 짝이 없다.

대동 율리면에 돌현 음식점 묻고는 잠적
승호리에 출현했다는 정보 있어 ▮ 수사대 수안에 집중

지난 20일에 돌연히 중화에 나타나서 밀고자 원대복을 권총으로 쏘고 수색경관대와도 교화를 하고 자취를 감추어 버린 후 소식이 묘연하던 서원준은 또다시 지난 14일 오후 5시 경에 대동군 율리면 무진리에 나타나서 동네 사람에게 음식점이 어디 있느냐고 묻고는 또 다시 자취를 감추었다 한다.

그런데 전기 무진리는 중화군 상원면에서 황해도 수안군으로 통하는 길 연선인 까닭에 동 방면으로 간 흔적이 농후하다 하여 수색대는 또 다시 동 방면으로 경계망을 총집중하고 밤을 낮 삼아 가며 필사적 수색을 하였으나, 다음날 15일 오후 10시까지도 한번 사라진 자취는 묘연한 채 수색대의 피로만 더욱 심하게 하였을 뿐이라 한다.

또다시 15일 아침에 강동군 승호리에 동 범인이 나타나서 평양으로 들어온 흔적이 있다는 난데없는 풍설이 평북경찰의 귀에 들어와 평북 경찰부와 평양경찰서에서는 즉시 비상소집을 하여 평양시내와 부근 일대를 파리 한 마리도 날 틈이 없을 만큼 뒤졌으나, 역시 묘연한 채로 잡지 못하고 말았다 한다.

움막을 치고 ▮ 폭우 중 경계

불철주야로 서원준의 수사에 노력하는 경관대는 그대로 길거리에 움막을 쳐놓고 겨우 비바람을 막을 뿐으로, 평양서의 200여 명 경관대는 11일 정오 경 중화에 다시 서원준이 나타난 이래 4, 5일씩 그대로 한잠도 자지 못하는 형편으로 경계 중에는 그대로 쏟아지는 폭우를 별 수 없이 맞고 있는 터이다.

음식은 전시의 준비로 배부되어 있던 건면포(乾麵麭)와 주먹밥으로서 건면포는 지금부터 31년 전에 제조한 것이다.

파창두옥(破窓斗屋)엔 노모 유제(幼弟) ┃ 노부는 목수로 전전
평양 인접지에는 친척도 산재 ┃ 서원준의 가정 상황

범인 서원준의 가정! 범인은 무슨 까닭으로 만주를 건너가 부평 같은 생활을 하였으며, 어떠한 동기로 이번 사건까지 범행하였을까? 범인을 낳고 범인을 기른 범인의 가정은 과연 어떠한가⋯. 평양부 창전리 2의 14 범인의 가정에는 범인의 늙은 부모와 어린 동생이 있을 뿐이다.

범인의 부친 서정벽(52)은 지금 평양경찰서에 검거되어 오랫동안 만나지 못한 그들의 아들인 범인 서원준의 얼굴조차 보지 못하고 지금까지 때때로 엄중한 취조를 받고 있다. 그의 노부는 본래부터 목공 노릇을 하는 까닭으로 집은 평양부내에 있지만 그날그날 살아갈 생계를 위하여 이곳에서 저곳에 정처 없이 부평의 생활을 하고 있다 한다.

범인의 노모 역시 이러한 환경에 있는 이만큼 남과 같이 조금이나 몸 편치 않게 지내왔다 한다.

범인의 집 형편은 대체로 이렇게 단순하고 이렇게 소소하다.

관계 친척

범인의 친척으로는 겸이포 읍내에 서관학(50)이 있고 중화군 양정면 입석리에 그의 오촌인 서정익이 산다. 이번에 범인이 평양에서 탈주한 후 이 집에서 이틀 밤이나 자고 간 일까지 있다. 그리고 또 사리원리 75번지에는

서정현이 있는데 이 집은 범인이 지난 3월에 한번 다녀간 일이 있었다 한다.

"원준이가 순사를 죽여요? 그치도 그럼 죽엇쇠다!"
4년 전에 작별 후 3일간 만나보고 ┃ 눈물 반 말 반의 친모 채 씨 담(談)

서원준의 모친 채 씨(55)는 나이보다 10년은 더 늙은 얼굴에 눈물을 흘리며 하는 이야기….

원준이가 순사를 죽였다죠? 그럼 이제는 그치도 나는 이미 내어 놓은 자식이니 가슴 아플 게 있겠소이까마는 저도 죽을 줄 알아야 하겠죠.

그래도 …… 팔은 들여 굽는다고 …… 글쎄 그 자식이 이 늙은 어미에게 무슨 업원으로 이다지 피앞꼴을 보게 하겠소.

지난 정월(음력) 스무하룻날이외다.

영감은 그새 병이 나서 누웠고 그날은 식구가 모두 저녁도 굶고 있던 땅어스름이나 되었을 때외다. 방문 밖에서 서 목수의 집을 찾기로 이 애(형준)가 내다보더니 약값 받으러 사람이 왔노라고 하는데, 웬 목도리 한 사람이 방으로 뛰어들어 왔소. 영감이 성이 나서 약값이면 약값이지 남의 방으로 들어오기까지 할 게 무어냐고 몸을 일으키는데, 문을 닫고 앉더니 "원준이외다." 하면서 영감에게 절을 합디다.

그때야 모두 온 식구가 서로 부여잡고 한참이나 울었지요. 나야, 4년 만에 찾아온 자식에게 경도 그치지 못해 밥 못 먹이는 게 목이 메어 울었더니, 그 녀석도 아마 맘이 비창했던가 보아요.

울고 나서 돈 5원을 내어 놓길래 나는 우선 국수를 사다가 저녁들을 먹인 다음인데, 주머니에 꾸린 묵직한 물건을 내게 맡기면서 뒤주 속에 넣어

두라 하고 저는 저 있을 집을 구하러 나갔다가 늦게 들어와 있을 만한 집이 없다고 가로누워 잠이 듭디다. 암만해도 맡긴 물건이 이상해서 원준이가 잠이 든 뒤에 뒤주에서 꺼내보았더니 닭다리 같은 것이 나오길래, 우리 영감이 미처 다 꺼내보지도 못하고 놀라면서 강물 속에 갖다 집어넣어야 한다고 야단을 치다가 아들에게 들켜서 빼앗겼습니다.

그다음에 우리 영감은 내가 어서 죽어야 어서 공동묘지로 가야 하면서 하루같이 아들의 할 일이 미심해서 걱정을 했지요.

그날 밤 지나고 아침을 일찍이 저 있을 집을 구하러 나가서는 이 집 저 집 아는 집으로 찾아다니면서 어디를 다니는지 밤늦도록 돌아다니다가 가서 자는 눈치였는데, 한번은 나는 멀리로 가니 어머니는 아무 생각 말고 벌이나 해서 지내시라고 하고 가 버렸습니다. 그랬는데 지난 5월 열하루 양력 6월 3일(사건 발생되던 날) 밤 형사들이 와서 우리 세 식구를 모두 잡아갔지요. 나하고 형준이는 사흘 밤을 갇혔다 나왔는데, 나와서 들으니 총을 쏘며 다니다가 순사를 죽였다고 신문에 났다고들 합디다.

그 애가 만주로 간 지는 4년이외다. 그 전에 밑천을 얻어서 장을 보러 다니다가 거기 밑진 다음에 돈 백 원이나 실히 가지고 4년 전 3월 스무이튿날 없어져 버렸는데, 그 후 4년 동안에 해마다 한 번씩은 편지가 왔소. 편지에는 신빈현 장방에 있느라고 하고 사진도 왔지요.

그저 그것이 어려서도 그리 미욱하지는 않았는데 그래서 동리사람들이 늘 원준이는 공부를 시켰으면 좋겠다고 늘 그래 왔답니다.

그러니까 이것이 귀담아들었던지 자꾸 평양으로만 가자고 해서 그 녀석 열세 살 적에 평양으로 왔지요. 와서는 여기저기 장사방에 다니면서 3년 동안 야학에 다니는데 밤낮 책을 손에서 놓지 않았습니다.

그러다가 양말직공 노릇을 하더니 열아홉 살 때 감옥에 들어가서 스무 달 만에 스물한 살 때 나왔습니다. 그다음에는 나하고 모자가 먹을 지고 다니면서 장사도 해 보고 저 혼자도 돌아다녀 보았습니다.

그건 내 자식이 아니어요, 경찰서에서도 형사들이 그따위 자식을 왜 낳아 이 고생을 하느냐? 합디다마는 자식이란 걸을 낳지 속을 낳소, 기위 저는 목숨 내놓고 돌아다니니 죽을 날이 있을 것으로 알겠지마는 공연히 딴 사람들이 헛고생을 하는 것이 안됐습니다.

내 맘속에 있는 말이야 왜 없겠소. 해도 사람 죽인 놈의 어미가 무슨 말을 하겠소. 그래도 그저 팔은 들여굽는다고! 그 자식으로 해서 내가….

밥은 굶어도 눈물은 있는지, 그의 옷 적실 따름이었다.

경관대 권총에 ┃ 경혼(驚魂)하는 농립(農笠)
서원준이가 벙거지 쓴 까닭에 ┃ 농번기 농부의 놀램

범인은 벙거지에 흰 조끼 적삼바지에 헌 고무신을 신었다. 이 인상에 비슷한 사람은 누구를 물론하고 경찰대의 권총 또는 장총을 가슴에 겨누고 신체 수색을 당한 것이다.

때가 농번기라 농촌에는 전부 벙거지를 쓴 농부들이라 그들은 이번에 누구나 할 것 없이 그 벙거지를 벗어 버리지 않은 한 몇 번씩 가슴 놀랄 경위를 당한 것이다.

부친도 피체(被逮) ┃ 모제(母弟)는 기아

서원준의 가정에는 위로 부친 서정벽(52)과 모친 채 씨(55), 아래로 동생 형준(15)이 있다.

가세는 적빈하여 13년 전 고향 중화군 양정면 입석리를 떠나 평양으로 들어와서 부친 서정벽이 목수 품팔이로 살아왔다. 서원준은 보통학교도 다니지 못하고 13세까지 부친을 따라 촌으로 장을 보러 다니다가 부친이 행상을 그만두고 평양으로 들어올 때 따라 들어와 평양에서는 윤세식, 김승기 등 상점에 점원 또는 양말직공으로 가세를 돕다가, 만주로 가기 직전에는 포목행상을 하였었다고 한다. 지금 그의 부친이 평양서에 검속되어 있어서, 모친과 형준은 끼를 굶고, 겨우 동리 사람들의 도움으로, 하루 한 끼 좁쌀죽으로 연명하는 형세이다.

서원준 수사로 일시 취조 중지 ┃ 공범=안영준

제1차로 평양 사건이 돌발되자 대동역에서 비밀히 차를 타고 원산으로 도망을 가다가 경성역에서 본정서원에게 검거되어 4일 새벽 2시에 평양경찰서에 압송되어 그 후로 취조를 계속하여 왔는데 일시는 사건의 내용을 전연 함구하고 자백을 하지 않았던 바, 6일 정오에 이르러 서원준과의 연락한 관계와 서원준이 평양에 들어와서 각 은행과 금융조합과 덕력 상점 등을 습격하여 공산운동의 자금을 얻고자 미리부터 의논하였다는 전후 계획을 일일이 자백하였는데, 평양경찰서에서 주범 서원준이가 권총과 실탄을 많이 가지고 갔다는 안영준의 진술에 한층 더 긴장하여 그때부터는 주범 서원준 체포에 노력하던 중 계속하여 봉산 사건, 한동 사건, 중화 사건 등이 발생하므로 안영준의 취조는 일시 중지하고 있다.

최초로 전서구(傳書鳩) 사용 ㅣ 수사대 배치 등 명령

대동강 중심으로 경비선 출동 ㅣ 자동차까지 징발(徵發) 활동

수사본부에서는 이번에 처음으로 수사용으로 전서구를 사용하였다.

이것은 대동서 남곶주재소, 삼(森) 순사가 기르던 두 마리로, 13일 수사
본부에서 남곶주재소로 경계망의 경관 배치 등 중요 서류를 실려 오후 7시
경 평양서 앞에 날렸던 바, 전서구로는 30분 만에 40리의 공중을 날아 남곶
주재소에 도달하였다.

평남에서는 수사용으로 전서구를 채용한 것은 이번이 처음이다. 그밖에
대동강을 중심으로 경비선의 출동, 자동차의 징발 등 경찰의 전 능력을 최
대한도로 발휘한 것이다.

장연면소(長淵面所) 포위 ㅣ 괴청년 1명을 검거

잡고 보니 호적등본 청구자 ㅣ 수사의 난센스 1막

평남을 중심으로 인근 각 도 경찰이 주야를 무릅쓰고 무장총출로 범인
을 수색하는 동안에 일어난 난센스의 희극 한 막이 있었다. 오른쪽 눈에 흠
이 있는 탓으로 호적등본하러 면소에 갔다가, 뜻밖에 중대 범인으로 잡혀
취조까지 당한 사실이 있었다.

때는 마침 봉산 사건이 생긴 그 이튿날 장연경찰서는 서원준이가 장연
면사무소에 들렀다는 밀보를 접하고, 불이야 불이야 부랴부랴 비상소집을
하여 전 서원이 출동을 하였다. 그중에는 비장한 최후의 결심까지 한 경관
도 있었다 한다. 주재소원 가족들로는 문을 잠그고 위급의 일각을 기다리
게 하고 장연 장터는 요소마다 무장경계 경관을 배치하고 번개같이 면사
무소를 습격하여 괴청년 한 명을 힘 안들이고 잡았다.

취조를 할수록 담임 경관의 손맥을 힘없이 풀리게 하였으니 이 괴청년은 현재 신천군 용진면 유천리에 있는 김덕성(23)으로, 평양에 있는 처가를 다니어 급히 쓸 호적등본을 본적지인 장연면소로 청구하러 왔던 것이라고 진술하였다.

이리하여 태산을 뒤엎은 한 막의 난센스 희극은 이렇게 끝났다.

터무니없는 정보가 난비(亂飛)

11일 오전 11시경에 중화군 당정면 후장교리 큰길가에서 원대복을 앞세우고 추격한 당곡주재소 삼포, 홍 두 순사를 만나 원대복을 향하여 발포한 후 계속하여 경관대와 교화하다가 후장교리 뒷산을 넘어 강원도 쪽으로 가는 방면으로 자취를 감추었던 서원준은 13일 오전 11시경에 또다시 대동군에 나타났다.

중화에서 사건을 발생시키고 달아난 방향이 강원도와 함경도를 통한 큰 산속이므로 수사하던 경찰대도 그쪽으로 주력을 넣어 엄중히 경계를 하고 있었는데, 범인은 평양이 멀지 않은 대동군 용연면 근처를 침입하였다.

그때 마침 그 근처를 경계하던 경관은 비가 쏟아지므로 마침 그 동네 촌민같은 젊은 사람이 지나가는 것을 보고 비를 가리겠으니 동리에 가서 거적자리를 좀 얻어달라고 하였더라는데, 그 사람은 그 요구대로 거적자리를 얻어다가 경관을 주고 다시 그 동네 민가에 가서 동네 앞에서 경계하는 순사가 점심밥을 좀 지어 보내란다고 하고 2인분의 점심을 받은 후 그 밥값은 경찰서에서 낼 터이니 조르지 말라하고 1인분 밥은 먹고 1인분 밥은 가지고 갔는데, 그 후 조금 있다가 경관들이 점심을 먹으러 또 그 동네로 갔던 바 그 사실이 있은 것을 탐문하고 그 사람의 인상과 행동을 대조하여 본 결과, 그것이 서원준인 것이 판명되어 또 다시 그 뒤를 추격하였던 것이다. 그러나 이것은 터무니없는 헛 정보였다.

4도에 철옹성 경계 ┃ 24서 경관 총동(總動) ┃ 매일 2천여 명 구치

6월 3일 밤 평양서의 서원준을 체포키 위한 고등계 형사대 척후 2명이 잡고자 하다가 그를 놓친 이후 체포하려는 수사망은 일찍이 조선 경찰계에서 그 기록을 찾을 수 없는 초유의 광대한 것으로서, 이 그물은 평남 평북 황해 경기의 4도를 위시하여 조선 13도와 일본 만주에 뻗친 것이다.

그중 평남과 황해 2도는 전 도의 전 능력으로 황해도의 북단, 평남의 남단인 평남 중화와 황해도의 황주 사리원, 봉산에 집중된 것으로, 특히

평남: 평양, 대동, 중화, 진남포, 강동, 강서, 용강

황해도: 황주, 겸이포, 안악, 사리원, 봉산, 금천, 서흥, 신천, 재령에는 공전의 철통같은 경계망이 둘러졌던 것이다. 그밖에 철도연선으로 경기도의 경성을 위시하여,

경기: 경성, 장단, 개성과 평북으로 신의주로부터 평북 신의주, 정주, 선천, 박천, 철산 등 4개 경찰부와 24개 경찰서의 총동원, 여기 각 군부의 응원수가 매일 움직인 경관대가 2천여 명에 달하고 수사비용이 매일 2천 원을 넘었다.

문제의 소화(昭和) 수조(水組)
과거, 현재와 장래 전망
—《동아일보》, 1934. 1. 1.

문제의 유래

창립위원회 조직

평안남도 4대 현안의 하나인 소화수리조합은 소화 2년 11월 총독부 방침에 의하여, 설게는 소화수리조합의 창립위원회가 조직되어 대지주 24명이 김인오[65] 씨를 위원장으로 하고 위원으로 뽑았다.

동 회는 소화 3년 9월 28일에 총독부로부터 몽리구역 예정지의 답사 계획서를 교부받고 사무소를 평양에 둔 다음, 동양척식주식회사와 측량 설게 대행 계약을 체결했다. 이것이 소위 제1안이라는 것으로서 거기에 의하면 개천 무진대에서 대동강 물을 끌어들여 희주천을 가로막아 만수 면적 1,300정보의 일대 저수지를 삼고 25,500정보에 관개하려는 총사업비 2,041만 원을 필요로 하는 것이다.

---

65) 김인오(金仁梧, 1868-?) : 실업가. 일제 식민지기 평양 갑부로 유명했던 인물이다. 상업을 경영하고 교육기관에도 원조해 많은 표창을 받았으며 평안남도 도회의원으로 활동했다. 전시체제기 일본에 국방헌금을 헌납하는 등 협력했으며 1941년에 발족한 조선임전보국단에도 평안남도 대표로 참가했다.

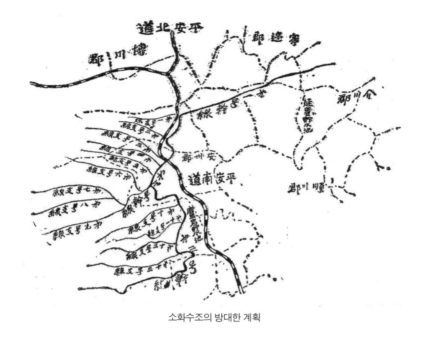

소화수조의 방대한 계획

지주 반대의 시초

그런데 이상의 제1안의 측량설계 중 제2안이 생겨나니, 그것을 순천군 북창에서 대동강을 가로막아서 저수지를 삼고 33,000정보에 관개하려는 총사업비 2,800만 원을 요하는 것이다. 여기는 그 유명한 꿈인 수력전기사업을 같이 일으키게 되어 유리하다는 것이었다.

그러나 이 안에 대하여 지주들의 반대운동이 일어나니, 이것은 소화수리조합이 지주들에게 승낙서를 받는 실로 비상한 난관을 돌파한 이래 처음 받는 화살이었다.

지주들이 제2안에 위험을 느낀 까닭인 바, 도 당국이 억지로 2안을 고집하여 결국 창립위원들이 이 안에 찬성하니 지주의 반대는 불 위에 기름을 부은 듯 더욱 맹렬해져서 창립위원의 불신임에까지 이르고 파란이 첩출하는 중에서, 제1안은 포기되고 다시 제2안의 설계와 측량이 지주들의 반대 운동과 함께 진행되었다.

사업 계획 중지

그러나 결국 제2안은 기술상 불가능한 막다른 골목에 다다랐다. 당국은 제1안으로 돌아가는 것이 체면 문제라 소위 제2안 을안(乙案)이라는 것을 또 만들어 놓으니, 지주들은 이를 기회로 맹렬히 제1안 복귀운동을 시작했다.

제1안으로 돌아가기를 원치 않는 당국은 제2안 을안에서도 기술상 실패하고 다시 병안(丙案)까지 만들었다. 지주의 반대는 필경 수리조합 중지운동에까지 전개되었는데, 그것을 모두 모른 체하고 승낙 서류의 뭉텅이 속에 숨어 병안 조사에 급급하던 당국은 기술상으로는 가능하나 계산상 맞지 않는 병안까지 버리게 되니, 막다른 골목에 밀려 할 수 없이 4년간 지주들과 싸우면서 해 보려던 소화수리조합 설계는 소화 6년 3월 30일에 중지하고 말았다.

재조사 성과

재차 기본조사

그러나 기어코 소화수리조합을 만들고자 하는 평남 당국은 창립위원회로 하여금 총독부에 두 번째의 기본 조사를 하도록 종용하여 토지대행회사에 1년간 설계 측량을 시켜서 얻은 것이 이번의 사업 설계이다.

이것은 안주, 평원의 15개 면, 144개 리의 25,206정보를 몽리구역으로 하

고 총사업비를 1,567만 5천 원으로 하여 조합비는

등급	지목(地目)	반(反)당 조합비	등급	지목(地目)	반(反)당 조합비
1	간석지(干潟地)	6원 97	2	임야 및 잡종지	6원 93
3	밭	6원 33	4	건답하(乾畓下)	5원 64
5	건답상(乾畓上)	3원 58	6	반습답(半濕畓)	3원 33
7	습답(濕畓)	2원 21			

으로써, 평균 5원 40전 강(强)이다.

이것이 성공하는 날, 평남은 미곡 50만 석을 증수할 수 있어 현재 연산액 80만 석을 일약 130만 석으로 올릴 수 있다는 것이다.

설계안의 내용

몽리구역은 상술한 바와 같이 안주, 평원 2개 군 15개 면에 25,206정보로서 그 지목을 나눠 보면, 논 22,604정 500, 밭 1,042정 900, 잡종지 885정 400, 임야 593정 200, 간석지 80정, 계 25,206정이다. 공사의 기간은 소화 9년 4월부터 소화 12년 9월까지 만 3년 6개월간이다.

1,567만 5천 원의 총사업비 중에 302만 5,330원을 국고로 보조한다는 것이므로 기채액은 1,251만 913원이다. 이 기채액은 4년간 거치 21개년 반에 연부원리금을 균등상환하는 것으로서 연부금은 106만 4,580원이다.

사무 위치 문제

이 조합은 이상과 같이 약 4년 동안에 총사업비 1,500만여 원을 쓰게 되므로 그 엄청난 금액을 사용할 조합사무소의 위치 문제는 지방 발전상 큰

의의가 있어서, 평원과 안주가 저마다 사무소를 유치하려고 쟁탈전이 일어나서 지난번 최종 창립위원회의 석상에서 사무소가 평원군 숙천으로 결정되기까지에는 적지 않은 파란을 일으켰다.

거기에 대하여는 그때 상세한 보도를 하였으므로 여기에서 재론을 피한다. 회원의 머리로는 안주군이 우세하였으나 안주군은 안주읍과 신안주 만성이 대립되어 양보가 없어 결국 사무소는 숙천으로 결정되었다.

만일 근본적으로 조합에 대한 반대운동이 없었던들 이 사무소 위치 문제는 오히려 그 싸움이 더욱 크게 벌어질 것이었으나, 근본 문제가 있었기 때문에 차라리 사무소 문제 같은 것은 책상 밑으로 기어들어 가고 만 형편이다.

평원 지주 호응

이것이 안주 지주들만의 운동일 적에 당국은 이것이 조합사무소 문제에서 발단한 감정 문제라고 했다. 그러나 조합사무소를 차지한 평원 측 지주가 안주파의 반대운동에 호응하여 운동에 가담한 것에서 지주의 총의, 지주의 열망에 의하여 소화수리조합으로 설립한다는 그 간판 밑의 색다른 점을 발견하게 된다.

문제의 전망

소화수리조합은 결국 어찌될 것인가? 지금 당국이 당하는 반대운동의 고통은 다만 산고에 그칠 것이냐, 아니면 필경 이것이 극약의 효과를 내어 소화수리조합은 유산될 것인가.

이는 중앙정부가 과연 이 조합의 지주 열망이, 지주 총의에 근거한 것인가 아닌가를 판단할 수 있느냐에 달린 것이다.

물론 지주의 운동이 이후에 어느 정도까지 진전되겠는가 하는 것도 문제지만, 무엇보다도 총독부 당국이 한 번 더 서늘한 머리로 이 문제를 차갑게 비판할 때에 새로운 방향을 보일 줄로 안다.

미간지 개간은 29,600정보
부근 연고 주민에게 불하 대부하라

―《동아일보》, 1934. 1. 3.

미간지

황해도에서 현재 가장 중요한 문제로는 광활한 미개간지의 개간 문제를 그 첫손가락에 꼽을 수밖에 없다.

도내의 인구 분포 상태로 보아 해주, 연백, 재령, 신천의 4개 군에는 호수 (戶數)가 조밀하지만, 그 외의 13개 군은 아직도 땅은 넓으나 사람은 적어

용당포 전경

광활한 미개간지의 개간 사업을 일으키려면 여기에 따라 대규모의 이민을
계획하게 된다. 도내 각 군별로 미개간지 중에 개간 가능한 면적을 지목별
로 조사하면 다음과 같다.

〈개간 가능 면적 조사〉[66]

군명	잡종지 (雜種地)	임야	공유 수면	만 간척지	계	군명	잡종지 (雜種地)	임야	공유 수면	만 간척지	계
해주	5	2,128	38	1,814	3,985	연백	77	1,497	16	875	2,465
금천	7	935	12		954	평산	2	1,645	76		1,723
신계	1	1,307	11		1,049	옹진	30	1,120	6	2,951	4,107
장연		1,344	35	450	1,829	송화	12	800	31	75	918
은율	7	559	1	275	841	안악	1,138	838	20	262	2,258
신천	155	884	26		1,065	재령	136	1,050	180		1,366
황주	368	1,055	45		1,468	봉산	137	1,059	189		1,385
서흥	36	915	23		974	수안	3	1,305	12		1,320
곡산	1	1,938	18		1,320	계	2,115	20,109	739	6,702	29,665

이상의 29,665정보를 개간하는 데 필요한 농가의 이민은 적어도 8천 호
에서 9천 호의 다수가 필요하다.

그중 특별히 밭으로 만들 만한 1만 정보와 논을 풀 만한 5천 정보의
15,000정보만 개간하려고 할지라도 농가 1호에 3보씩만 잡아도 5천 호의
이주가 필요하다.

이는 비단 황해도로서만 주요 문제인 것이 아니라 조선 농민의 생활 안
정도 일대 문제인데, 도 당국으로서는 이민 계획을 세우는 데 필요한 이주

---

66) 원문의 수치가 일부 맞지 않으나 그대로 표기했다.

비를 지방비로 지출할 수 없음은 물론 국고 보조를 청하는 문제도 아직 주저하고 있는 모양이다.

여기서 우리가 관심을 가질 만한 것은 이상 이민 계획을 실시함으로써 개간하고자 하는 적극적 사업이라는 측면에서 이런 원대한 사업 계획을 잠시 보류할지라도, 이 광활한 미개간지를 부근 주민과 연고자들에게 불하 또는 대부하여 그 목적을 달성할 수 있을 뿐만 아니라 도리어 토지조사 이전 상태의 연고자에게 그 소유권을 환급하는 것이 될 것이다.

기간지(既墾地)

그다음 아직 개간 못한 이상의 토지보다도, 이미 개간된 땅으로서도 그 소작인 수효가 부족하기 때문에 옥토로서 소기의 수확을 거두지 못하는 곡산평야가 있다.

이 곡산평야는 곡산, 신계, 수안 3군에 널려 있는 25,000정보의 광활한 평야로 1단보에서 3두에서 4두 이상의 수확을 거두지 못하는 터이다.

여기에 소기의 수확을 거두려면 적어도 2,500호에서 2,000호의 이민이 필요하다고 한다. 물론 이것도 도 당국으로서는 1호에 최저한도로 50원을 요하는 이주비 때문에 적극적 계획을 세우지 못하고 기름진 땅을 그대로 묵히다시피 하는 상태이다.

이처럼 황해도는 기름진 기간 미간 토지를 적어도 1만 호에 가까운 농가에게 나눠줄 수 있다.

농촌 궁핍이 날로 격화하는 오늘날, 이 문제를 들어 우리는 당국자에게 여기에 성의 있는 적극적 계획을 세울 것을 강조해 두는 것이다.

본 지국 주최
평양 차지차가(借地借家) 문제 좌담회(1~3)[67]

─《동아일보》, 1934. 11. 25.~11. 27.

〈1〉1934. 11. 25.

차지인(借地人)들이 참 억울 상고까지 했다면…
지주가 패소한 예가 있으니까

현재 평양의 사회문제로서 일대 암이 되어 있는 차가차지인(借家借地人)
대 지주, 가주와의 싸움은 최근에 이르러 더욱 악화하는 경향에 비추어, 일
반 여론에 그 정곡과 정당한 비판을 제공하여, 차가차지법이 없는 조선, 이
들을 두둔할 명문 한 줄을 갖지 못한 오늘의 법률제도에 최대의 위협에 울
고 있는 차가차지인들을 위한 구제책은 없을까? 여기 사회의 공정한 비판
과 여론의 환기를 기대하는 본사의 성의로 평양 사회의 유지 몇 분을 청하
여 이 문제의 좌담회를 22일 저녁 본사 평양지국에서 개최하였다. 여기서
결론으로 합치된 의견은 사회 각 방면 인물을 망라하여 차가차지인 문제

---

67) 이 좌담회 내용은 오기영이 작성한 기사는 아니지만, 좌담회에 배석하여 발언한 내용이 있으므로
본 전집에 포함시켰다.

협의회의 조직을 제창한 것으로서, 사회적 정의에 입각하여 차가차지인과 지주, 가주와의 분쟁에 가로서서 사회적으로 가장 공정한 판단을 내리고 여기 가장 타당한 조정책을 세워 문제 악화를 방지하고, 일체의 의리를 인정하는 해결을 짓도록 노력하기로 하였다.

좌담회의 기록은 별항에 상세히 보도한다.

출석자 이름(순서 없음): 조만식, 김동원, 조신성, 한근조, 이훈구,[68] 노진설,[69] 오윤선(결) 오기선(결)[70] 송창근(결).[71]

본사 측 김성업, 오기영, 한우성[72]

---

68) 이훈구(李勳求, 1896-1961): 교육자, 정치인. 수원농림학교 졸업 후 일본 동경제대 농학과를 수료하고 미국에서 캔자스주립농과대학 대학원을 거쳐, 위스콘신 주립대학에서 박사학위를 받았다. 1930년 중국 난징 금릉대학 교수가 되었다가 귀국하여 1931년 평양 숭실전문학교 교수로 농과과장을 지냈다. 해방 후 제헌국회, 제5대 국회의원 및 단국대학교 학장, 성균관대학교 총장을 역임했다.

69) 노진설(盧鎭卨, 1900-1968): 법조인. 평양고등보통학교 졸업 후 일본 유학, 메이지대학 졸업 후 1928년 평양에서 변호사를 개업했다. 1937년 중일전쟁 발발 이후 정치범으로 복역하며 변호사 자격을 박탈당하기도 했다. 해방 후 서울공소원 판사, 대법관, 1948년 5·10선거 위원장, 1949년 감찰위원장, 1952년 심계원장이 되었으며 1956년 변호사를 개업했다.

70) 오기선(吳基善, 1877-1946): 종교인. 감리교 목사로 서울 YMCA 청년운동에 참여하고 해주읍교회, 일본 동경 한인교회 목사 등을 지냈다. 3·1운동 당시 기독교와 천도교의 합동 거사를 추진하는데 앞장섰다. 1924년부터 15년간 평양 남산현교회 목사를 지냈다. 남산현교회는 장로교가 강했던 평양에서 대표적인 감리교회였다.

71) 송창근(宋昌根, 1898-1951): 종교인. 장로교 목사. 3.1운동 이후 옥고를 치르고 일본과 미국에 유학 흥사단에 가입했고 귀국해 1932년부터 1936년까지 평양 산정현교회의 목사가 되었다. 1937년 동우회 사건에 연루되어 체포되었다. 이후 전시체제기 일제의 기독교 동원에 협력했다. 6·25전쟁 중 납북되었다.

72) 한우성(韓佑成, 1904?-1968): 언론인. 1931년 《동아일보》 평양지국에 발령, 오기영의 후배로 총무 역을 한 것으로 보인다. 동우회 사건으로 김성업이 구속된 후 평양지국장이 되었다. 해방 직후 《동아일보》 판매부장을 지냈다.

좌담회 광경

문제의 유래

김성업　다망하신 중 여러분께서 출석하여 주셔서 감사합니다. 평양에서 사회문제가 되고 있는 차지인 문제가 최근 그 분쟁이 더욱 악화하여 차지인의 곤경은 극도에 달한 상황입니다. 차지차가법이 없는 현재 차지인으로서 대항책이 없으니, 이들의 구제책은 당장에서는 사회적으로 강구할 수밖에 없습니다. 여기 여러분께서 고견을 피력하시어 일반 사회에 정당한 여론의 환기에 기여해 주시기를 바랍니다.

이훈구　먼저 물어볼 말이 있습니다. 차지인이나 차가인은 작년에도 있었을 것이고 그전에도 있었을 터인데, 하필 최근에 이르러 문제화한 까닭이 무엇입니까?

오기영　그것은 올해 나타난 평양의 토지 경기의 정체를 살펴보면 알 수 있습니다. 저희 신문인의 눈에 비친 소위 평양 토지 경기라는 것은 다른 때 다른 곳에서 그 유형을 찾을 수 없는 특이한 경기로서, 이는 사장된 현금의 대출할 길이 궁한 금융업자의 손에서 빚어진 것입니다.

토지 또는 가옥 시가의 7할 이상까지를 대출하기 때문에 토지 가옥 브로커가 벌떼같이 일어나서 금융기관을 배경으로 적은 돈을 가지고서 그 이상으로 막 사 가지고 다시 팔아넘기는 중에 적지 않은 이익을 도모하고 그중에는 졸부도 생겼습니다. 그 결과 금융업자의 금고 속에서 남은 돈이 전부 대부금으로 나가자 금융업자는 금고를 닫아 버리고 경계를 시작했습니다.

대출이 없어지면서 한참 상승하던 경기는 내려가고 토지와 가옥 매매는 줄어들어 나중에 잡아쥔 사람들은 팔 곳이 없어지니, 그때는 할 수 없이 은행 이자라도 보충하기 위해서 지대와 집세를 함부로 올리는 것입니다. 요컨대 토지 경기가 생길 때부터 이 결과를 빚어낼 필연성을 배태한 것입니다.

이훈구 옳습니다. 나도 그렇게 생각합니다.

한근조 글쎄, 오기영 군 말씀이 이유의 전부는 아니겠죠?

김동원 이유 전부가 아니라고 해도 오 군 설명이 가장 중대한 이유가 될 것입니다.

노진설 어쨌든 토지 매매가 거듭될수록 값은 올라가고 지대와 집세는 올라갔으니까요.

조만식 지대가 올라가는 데는 그것이 원인이 되었을 것입니다.

이훈구 어쨌든 평양의 토지 경기라는 것은 놀랄 만했습니다. 결국 매매가 없어진 뒤에 토지 가진 사람은 은행 이자라도 꺼내 가려니까 지대를 올린다는 것이겠습니다. 그러나 경기가 아무리 좋아도 차지인과 차가인의 수익은 늘지 않는데, 지대와 집세만 올리면 문제입니다.

조신성 이 문제에 가장 심각한 예는 어떤 것입니까?

김성업 최악의 예를 들면 지금부터 반년 전에 기림리에 있는 토지를 사가진 누군가가 그전에는 1평에 8전 하던 지대를 일약 30전으로 인상하고, 여기 응하지 않는다고 토지 명도의 소송을 걸어 지주가 승소했습니다. 그 다음에는 강제 수단을 취하여 집달리(집행관)와 인부를 끌고가서 집을 막 헐어냈습니다. 여기에 반항하는 집주인과 동리 사람은 경찰이 단속했습니다.

조신성 원, 아무리 법률대로 하더라도 사람이 사람 사는 집을 백주대낮에 헐어 낼 수가 있나.

노진설 그 사건은 내가 자세히 아는데 차지인들이 참 억울하지요. 상고까지 했다면 혹은 차지인이 승소할 희망도 있었던 것입니다. 그와 같은 사건으로 교구정 토지 문제는 지주가 패소하지 않았어요?

오기영 그건 아주 판결문에다가 '사회제도의 교란자'라고 인정했습니다. 시가 이상으로 산 토지에 대한 손실을 차지인에게 전보(轉補)하고 이를 받기 위하여 차지인으로서 최대의 위협 수단인 토지 명도를 요구하는 것은 불가하다는 것이 판결 이유였습니다.

김동원 같은 성질의 사건으로 어떻게 그런 상반된 판결이 한 재판소에서 나올 수 있소?

한근조 그건 담임 판사의 인정에 따라 다르니 그의 법률 해석에 달린 것이죠.

노진설 교구정 지주 패소의 판결은 참 명판결입니다. 이것으로 차가차지법이 없는 조선 법률로서도 차가차주인을 어느 정도까지 두호할 수 있다는 결과가 됩니다.

조만식 그런데 신문지상으로 보면 평양에 차지인 조합이 10개나 된다고 하는데, 어디어디에 있고 현재 가장 문제가 많은 곳은 어딘가요?

김성업　창전리, 교구정, 신양리, 기림리 등지입니다.

오기영　차지인 조합이란 기림리라면 기림리 몇 번지의 지주 누구와 그의 토지 위에 건물을 가진 차지인 20명 혹은 30명이 뭉쳐 조합을 만든 것으로, 조합마다 지주 1인 혹은 2인을 상대하는 것으로, 차지인 전체가 아니라 현재 이해 충돌이 생긴 차지인들만 서로 이해 충돌이 공통되는 사람끼리 조직한 것입니다.

김성업　그런데 지금은 그들이 연합회를 조직하고 있습니다.(계속)

〈2〉 1934. 11. 26.

보통 지료(地料)로는 금리도 부족 ┃ 손실을 차지인에서 보충
차지차가법 없으니 별무도리(別無道理)

분규의 현상

한근조　내가 아는 일 중에 이런 것이 있습니다. 넓은 대지(垈地)를 가진 지주가 있는데, 거기 한쪽에 집을 지은 사람이 있습니다. 그런데 지대를 올리고는 토지를 내놓든지 인상한 지대를 내든지 하랍니다. 그래서 차지인은 자기가 쓰는 만큼을 사자고 하니까, 대지 전부를 한 번에 팔 것이니 전부 다 사면 몰라도 분할해서는 팔지 않겠답니다. 그러니 차지인으로서는 꼼짝달싹하는 수가 없는 처지이죠.

오기영　지금 문제가 제일 악화된 기림리만 하더라도 1평 8전의 지대를 30전으로 인상하고, 그 땅을 사자니 현 시가로 35원에서 40원이면 비싼 편인 것을 1평에 120원을 내라고 한답니다. 거기는 대동경찰서장이 조정을

해보라고 지주에게 사람을 보냈더니, 자기는 목숨보다 돈이 귀하니까 더 말할 필요가 없다고 해서 학을 떼고 왔답니다.

한근조 그런데 지주 중에 이런 의사를 가진 사람이 있습니다. 지대를 바짝 올리고 땅값은 비싸게 부르고, 그러면 결국 차지인이 기진맥진해서 건물을 헐값에 팔아버립니다. 이것을 지주가 싸게 사서 좀더 큰 이익을 도모한단 말이죠.

오기영 그런데 저희가 보는 이 문제의 요점은 이러합니다. 이들 차지인들은 원래 중산계급 이하에 속하는 자로, 일찍이 평양이 지금같이 발전하기 전에 번화한 시가의 중심지에서 쫓겨 나간 사람들입니다. 이들의 손으로 기림리라든가 신양리, 교구정 일대가 발전했고, 따라서 그 일대의 토지 가격은 몇 해 전까지도 1평에 20~30전 하던 것이 오늘은 20~30원 이상을 하게 되었습니다.

즉, 이들은 가난한 자요, 동시에 평양 시가의 외연적 발전의 개척자로서의 공로가 있습니다. 그런데 이들에게 건물을 세울 터를 빌려주었고 토지 가격으로써 벌써 막대한 이익을 본 지주들이 이제 이들을 다시 그곳에서 방축하는 것입니다.

이훈구 그 말씀은 퍽 흥미 있는 문제를 제공합니다. 개척자에게 지대를 인상한다는 것에 대해서, 미국이나 독일 등 외국에서는 지주에게 토지증가세를 받습니다. 사회 진보에 따라서 토지 가격이 올랐으니까 그 이익의 일부분을 세금으로 받아 내는 것입니다.

한근조 그거야 여기도 수익세가 있지요. 문제는 지대의 인상이 토지 가격의 증가에 따르는 이윤만을 요구하는 것이 아니라, 그 범위 이상을 욕심내는 것이니까 사회문제로서 논의하게 되는 것입니다. 차지인은 경제적으로 약자이다 보니 결국 자유계약에 맡기더라도 저절로 불리하게 됩니다. 경제 발전에 따르는 자연 추세로서의 분규는 어느 정도까지 타협이 용이하지만, 악심(惡心)에서 나오는 분규는 차지인을 구제할 길이 없는 것입니다.

이훈구 토지 수익을 자본화하는 데는 그 토지에서 나오는 지대로서의 이윤, 즉 수익 가치와 투기 가치라든가 경색(景色) 가치 등 여러 가지 점으로 볼 수 있을 것입니다.

노진설 그렇지요. 기림리 같은 곳의 토지 시가는 거기서 나는 수익만을 표준할 수는 없겠습니다.

이훈구 그렇습니다. 거기에 투기 가치의 중요성이 있는 것입니다.

오기영 옳습니다. 토지 경기 그것이 수익 증가에 근거한 것이 아니라 대부분이 소위 장래 평양을 목표로 한 투기적인 것이었으므로, 이제 토지 매매가 줄어들고 보니까 그 토지의 수익만으로는 은행 이자의 보충도 불가능하므로 지주는 그 손실을 가장 합법적으로 차지인에게 전가하는 것입니다.

조신성 신양리에서는 지주가 차지인들에게 땅을 팔기로 하고 값은 3년간 분납하기로 되었는데, 가격 평정 때문에 차지인끼리 시비가 있다고 하는가 봐요.

오기영 지주로서는 선덕(善德) 지주도 있지요. 이관준 같은 이는 브로커들이 비싸게 팔라고 하는 것을 아니라고 하고, 시가 이하는 차지인들에게 나눠주고, 그것도 지불 능력이 없는 차지인에게는 은행에 융통을 교섭까지 해 주었다는데요.

이훈구 그는 참 선덕 지주로군. 사회정책적 견지에서 사법 당국이 이런 문제에 판결을 내릴 때 악덕 지주나 악덕 가주를 응징한 예는 없는지?

노진설 없습니다. 교구정 지주의 패소를 아마 차지인을 두둔한 것으로 볼 수 있죠.

김동원 차가차지법이 있기 전에야 별수 있어요?

이훈구 그래, 현 제도 밑에서는 별수가 없어! (계속)

〈완(完)〉 1934. 11. 27.

사회적으로 권위있는 '차가차지문제협의회' 제창
그리고 농지령과 같이 차지령이 필요

해결책 여하

김성업 그러면 이 문제를 어떻게 해결할 것인가를 말씀해 주십시오.

이훈구 신문보도에 의하면 이 문제는 어디보다도 평양이 극심한 모양입니다. 이는 사실일 것이 최근 도시로서의 그 진보 팽창이 다른 도시보다 제일 더한 까닭이겠습니다. 다른 나라의 상공도시는 벌써 이전에 이런 문제를 경험했고, 또 그 결과 법률상 입법이 있었습니다. 그러나 조선은 아직 상공도시로서의 발전이 없고 이제부터 평양이 그 길을 밟으려는 즈음이라 차지차가인 문제도 평양이 더욱 심한 것일까 합니다.

우리는 여기서 우선 사회제도상 법률상 입법의 촉진을 전 조선적으로 일으켜야 합니다.

한근조 농지령은 이미 발포되었지만 차지령은 이보다 먼저 발포되었어야 했다고 생각합니다.

이훈구 동감입니다. 이런 때마다 사회 진보에서 제도상 질곡이 있으면 이를 벗어날 만한 새로운 입법이 있어야 할 것입니다.

한근조 농지령 그것이 사실상 소작농민층에 실제적인 이익을 어느 정도까지 주느냐 하는 것은 물론 문제입니다만, 그 정신만은 취할 점이 있습니다. 같은 의미로 차지령도 있어야 할 것입니다.

노진설 결국 차지법을 실시하도록 촉진하는 것이겠습니다. 내 생각으로는 차가법보다도 차지법은 더욱 시급하다고 봅니다. 차가법은 지금 당장에 없을지라도 누구나 가옥 매매가 있으면 차가인은 그 집을 내놓는다는 원칙을 시인하니까 차가법이 생기면 어떤 의미로는 가옥 매매의 원활에 결함이 생길지도 모르는 것이지만, 차지법만은 급속히 실현되어야 할 것입니다.

한근조 그럴 것 같지는 않습니다. 지금 농지령에 의한 소작조정위원회 모양으로 차지차가법에도 위원회를 설치하면 피차에 조정을 요구할 경우가 있을 것이니까 서로 안전할 것이고 그다지 큰 폐해는 없을 것이라 생각합니다.

이훈구 이런 때마다 사회 진보상 장해가 되는 제도에서 벗어나려는 운동은 이것이 벌써 사회 진보의 한 현상이라고 봅니다. 그러므로 이 운동이 일어난다 하면 이것이 벌써 이 사회 발전의 한 걸음으로 볼 수 있는 것입니다.

조만식 그런데 평양에서 이 문제가 악화된 이후로 혹은 사회적으로나 어떤 단체적으로나 쌍방에 나서서 조정해 본 일이 없지요?

김성업 없었습니다. 차지인 조합이 각기 지주를 상대로 대항할 뿐입니다.

조만식 차가차지법의 실시는 물론 찬성의 뜻을 표합니다. 그러나 시급한 장면 문제를 앞에 놓고 언제 생길지 말지 한 법령의 발포만을 앉아서 기다릴 수는 없습니다. 사회적으로 어떤 조정책이 있어야 할 것입니다.

노진설 차지인들끼리 지주의 최후 수단에 대항하는 데는 이런 방책이 어떨까 합니다. 즉 차지인끼리 일종의 보험조합을 만들어서, 장(張)이라는 지주에게 보험조합원 방(方)이라는 차지인의 가옥이 강제로 헐린다고 가정하면, 그에게 다시 집을 지을 자금을 준단 말입니다. 이는 결국 희생자를 위하여 차지인이 언제나 그 재정상 희생을 균일하게 당해 나가면서 대항하는 것이 됩니다. 이렇게 하면 합법적으로도 넉넉히 지주의 강제 수단에는 대항할 수 있을 것입니다.

조만식 아까 어느 분 말씀과 같이 지주 중에는 선덕 지주도 있습니다. 어쨌든 쌍방의 이해를 냉정히 고려하고 공정한 판단을 내릴 만한 사회적 기관을 만들고, 문제가 일어날 때마다 이 기관을 통하여 조정을 하게 하면 좋을까 합니다.

한근조 지주 중에도 착한 지주는 차지인에게 못 견디는 예도 있습니다. 창전리에서 누구는 1평 15원에 샀던 토지를 다시 팔려니 차지인들이 7원에서 8원밖에 보지 않아서, 제발 사정하고 겨우 11원씩에 팔아 버려 7천여 원을 손해본 이야기가 있습니다.

조만식 그러니까 사회적으로 조직되는 기관에서는 쌍방에 이해를 냉정히 고려하고 공정히 처리한다는 말입니다.

조신성 법적 권력이 없는데 힘이 있을까요? 가령 한쪽에서는 조정에 응한다고 하더라도 한쪽이 듣지 않으면 그만 아닙니까?

조만식 그것은 그렇습니다. 그러나 이 조정은, 사회적으로 조직된 기관에서 하는 만큼, 여기는 여론의 배경이 있습니다.

김동원 옳습니다. 공정히 조정을 해서, 쌍방이 들으면 성공이고, 차지인이나 지주나 어느 쪽이고 응하지 않기 때문에 조정이 성립되지 못하면, 그 내용을 사회에 공개하는 것입니다. 힘 있는 데까지 힘써서, 듣지 않을 때는 그 내용 전부를 공개하여 일반 사회 여론에 호소할 것입니다. 평양에 적지 않은 문제를 가만히 방관할 수는 없습니다.

조만식　이 문제는 평양 사람의 대다수가 당면한 고통이니 혹 우리 몇 사람의 제창이 외람될지는 모르겠으나, 그렇다고 가만히 있을 수는 없는 것인 줄 압니다.

노진설　연구회를 조직하는 것이 어떻겠습니까?

조만식　글쎄요, 연구회라고 하면 당면 문제에 대해 좀 완만한 듯하고 조정위원회라고 하면 어폐가 있고, 협의회라고 하는 것이 어떨지요?

이훈구　사회적으로 자꾸 이렇게 떠들면 당국으로서도 고려함이 있을 줄 압니다.

김동원　이것을 조직하는 데는 철저히 태도를 신중하게 가져야 합니다. 어느 편에나 치우치지 말아야 할 것이요, 공정을 잃지 말아서 사회적 기관 으로서의 권위와 일반의 신뢰를 받아야 할 것입니다.

조만식　그렇습니다. 여기는 오직 우리의 성의를 피력해야 합니다. 우리 의 성의와 주장하는 사회적 정의에 쌍방이 모두 열복(悅服)하게 해야 할 것 입니다.

김성업　그러면 문제의 초점인 지대의 표준은 어떻게 할 것입니까?

김동원　그것은 지역에 따라 다를 것이니까, 협의회로서 그때그때 정당 한 표준을 세우고 거기서 지대의 비율을 발견해야 할 것입니다.

김성업　감사합니다. 여러분께서 충분히 의견을 말씀하신 결과, 이제 이 문제를 해결하기 위해서 가장 권위 있는 사회적 단체로서의 '차가차지문

제협의회'의 조직이 제창되었습니다. 여러분의 성의로 이 조직이 급속히
촉진되기를 간절히 바랍니다. (끝)

신사참배 문제와 미션회 태도

—《동아일보》, 1935. 12. 10.

"선교 개시 50년에 이번 같은 고민은 처음
최선의 노력으로 문제를 해결하겠다" ┃ 윤산온 박사와 최초 회견기

신사참배 문제에 대하여 9일 총독부 학무국장
과 선교사 대표와의 회견에서 피차 의견이 달라
결국 결렬된 것은 이미 보도한 바와 같다. 이 문
제가 발생한 이래 누구와도 일체 면회를 기피하
고 이번에 입경한 이후에도 어떤 신문기자와도
일체 접견을 피하면서 각 방면으로 맹활동 중이
던 미션회의 대인물이요, 장로교파 경영의 최고
학부인 숭실전문 교장인 윤산온[73] 박사는 9일 총

윤산온 박사

---

73) 맥큔(George S. McCune, 1878-1941): 한국명 윤산온(尹山溫)으로 일제강점기 한국에 거주한 미국
북장로교 선교사이다. 1905년 한국에 와서 평안북도 선천의 신성학교 교장으로 있었으며, 1911년
105인 사건에 연루되어 일제로부터 추방되었다. 1928년 다시 한국에 와서 평양 숭실전문학교, 숭
실중학교의 교장을 겸임했다. 일제의 신사참배 강요를 거부하여 총독부에 의해 교장직이 박탈되고
국외 추방되었다.

독부와의 최후의 정치적 절충이 결렬된 직후, 특히 본사 기자 오기영 군과의 과거의 오랜 친교에 비추어 면회를 흔쾌히 승낙하고 다음과 같이 박사의 흉금을 열어 보였다.

이 의견 공개는 실로 이번 문제 발생 이래 선교사 측에서의 최초의 공개이고 문제는 이미 최후 계단에 닥친 만큼 의미심장한 것인데, 박사와의 약속에 의하여 그 의견 전부를 공개하지는 못하나 이 의견 진술은 과거 본사의 보도에서 이 문제를 신중히 취급하였다는 점에서 박사로서 경의를 표한 것이다.

일문일답

이 문제는 우리가 과거 50여 년간 조선에 와서 하나님의 뜻을 받들어 사업하는 동안 처음으로 닥친 중대한 문제요, 곤란한 문제이다.

물론 이 문제에서 나 개인의 의견을 말하기 어려운 것은 그대도 양해하겠지만, 사실상 이 문제가 일어난 후 교수회에서도 나는 일체 의견 공개를 피하였다. 그 진의는 교수회에서 나의 의견이 일반 교수들에게 영향을 미치기 때문에 그들이 내 의견을 듣고 따르는 것과 같은 결과를 내는 것은 곤란하다는 생각으로, 교수는 조선 사람이거나 서양인이거나 각자 예수교 신도로서의 의견을 진술해야 한다는 것에 있었던 것이다.

지금 내가 그대와 만나서 내 가슴을 툭 털어놓지 못하는 것은 이것이 귀 신문을 통해 발표될 때 일반 신도의 의사 또는 미선회 경영학교 당국자의 의사를 내가 좌우하는 결과가 생길 것을 우려하기 때문이다.

그러므로 나는 어떤 의견이나 자유롭게 발표할 만한 입장이 못 되는 것을 깊이 양해해 주길 바란다.

오늘 총독부 학무국장을 우리 몇 대표가 회견한 것과 그 결과가 어찌되었다는 것은 귀 신문 기자가 학무국장과 만나서 대강 알았을 것이므로, 나로서 새삼스럽게 말할 필요가 없다.

다만 오늘 학무국장과 회견 직후 우리 미션회 관계자들이 다시 모여서 의논한 것이 있고, 10일까지 이 회의는 끝마칠 작정이다.

아직 회의가 끝나기 전이어서 어떻다고 말할 수도 없지만, 또 먼저 말한 사정도 있으므로 회의가 끝나더라도 그것을 곧 공개하기는 어려우리라고 생각한다.

이 점에서는 미션회가 어떤 결정을 했다는 것은 행동으로 옮기는 때 보아주기를 바란다.

나는 10일 회의를 마치고는 곧 평양으로 돌아갈 예정이다.

그러므로 거기에 대해서는 더 묻지 말아주길 바란다.

여기 대하여 기자는 미션회가 경영하는 각 학교에 재적한 우리 조선 학생은 10만여 명이다. 조선 학생을 10만여 명이나 수용한 각 교육기관은 빈약한 조선에서 실로 거대한 존재가 아닐 수 없다. 이 거대한 존재가 귀하 및 미션회 여러분의 성경 해석 여하에 따라 그 운명이 결정될 것이니, 만일의 경우에는 현재의 10만 명, 장래의 몇 십만, 몇 백만, 몇 천만의 조선 학생이 학원에 들어갈 길이 끊어질 우려가 있으니, 그 희생이 너무나 크다. 이 점에서 귀하의 의견은 어떠한가?

하고 물으니 윤 박사는 두 손을 펴서 얼굴을 파묻고 노안에 진실로 괴로운 빛을 보이다가, 다만 우리는 하나님의 뜻대로 나아가는 신도라는 것을 기억해 주기 바란다.

우리가 조선에 온 것도 하나님의 뜻을 이루고자 함이요, 학교를 세우고 예배당을 짓고 병원을 낸 것도 모두 그 뜻을 이루려는 한 실천에 불과하다.

그러므로 우리는 하나님의 뜻에 어그러짐이 없으면 목숨을 바치되 아까움이 없을 것이요, 그 뜻에 어그러지면 어떤 희생도 각오하는 것이다.
라고 말하는 박사의 얼굴에는 갑자기 어두운 빛이 돌면서도 어떤 확고부동한 결의가 보여, 미선회의 태도가 현재 얼마나 강경한지를 엿볼 수 있었다.

이 이상의 질문은 대답하기 곤란하다는 박사의 의사와 또 저녁시간이 닥친 관계로 기자는 10일 미선회가 최후 결정을 낸 다음 어떤 표시가 있기를 바란다는 말을 남기고 일어섰는데, 박사는 친히 문을 열어 주면서, 우리가 하나님의 뜻을 받들어 이 땅에 올 때에 이미 조선을 위하여 정성을 다하기로 결심한 바가 있다. 이 문제도 우리로서는 최선의 노력을 다하고자 하니 어떻게든지 선처하게 될 것이라고 한 가닥 희망을 보게 하는 말을 하였다.

젊은 조선의 열(熱)과 기(氣)의 좌담회

― 《동아일보》, 1936. 1. 1.

세계제패의 정도전(征途前)
"초석" 세 선수와 웅지피력(雄志披瀝)
"최후 일각까지 최선을 다하라! 그리고 겸양의 도를 지키라"고 부탁

우리 스포츠계가 날로 나아가고 달로 길게 자라서 이윽고 세계적 무대에 등장한 지가 4년 전 일인데 이때에 늘어난 다수한 종목에 그나마도 우승을 목표로 세계 제패에 가장 충분한 자신을 가지고 국제무대에 오르게 된 이 신년을 우리는 더욱 의의 있게 맞이하고 아울러 이 쾌사를 힘 있게 만들고자 늘 뜻 두던 이 방면의 좌담회를 드디어 열었다. 본사가 체육조선의 억세고 굳센 표어를 내세우고 창간 17년 이래 양으로 음으로 꾸준히 노력하여 왔거니와 획기적으로 국제무대에서 활약하고 선수가 돌아온 지 만 4년, 주기적으로 열리는 올림픽의 기회는 금년으로서 제11회 대회를 열게 되었으므로 이에 활약할 선수의 장도를 더 힘 있게 돕고자 세계무대를 싸고도는 힘과 열의 모임을 본사는 지난달 3일에 열었다. 세계 올림픽에 이미 활약한 스포츠조선의 초석들을 모으고 앞으로 세계제패를 향하여 공격하는 제군을 청하여 선배의 경험을 듣고 신진의 의기를 들어 사회 인사의

부탁을 받들음이 이 좌담회의 본뜻이었다. 때가 마침 빙상 3선수 "가르미슈 파르텐키르헨"을 향하여 가는 정도(征途)에 경성에 하차한 한나절, 12월 3일 오후 5시 10분, 장소는 본사 사장실이요 당일의 설문과 출석자 씨명은 다음과 같다.

출석자 명단

윤치호 선생(체육회), 유억겸 씨(체육회), 황을수 씨(권투), 정상희 씨(빙상), 정문기 씨(축구), 장권 씨(농구), 김정연 군(빙상), 이성덕 군(빙상), 장우식 군(빙상), 손기정 군(마라톤), 유장춘 군(마라톤), 김준연(본사), 이길용(본사), 김은배 군(마라톤), 권태하 군(마라톤), 남승룡 군(마라톤), 오기영 속기자[74]

74) 《동아일보》 1936년 신년특집으로 실린 좌담회 기사로, 오기영이 배석하여 발언한 내용이 있으므

스포츠 조선의 세계적 등장과 제패의 쾌기록 조감

좌담회 전경

로 소개를 싣고 좌담회 내용은 생략하였다.

숙명적 천인(賤人)으로 하대받는 생활
서흥 장인부락(匠人部落)
서흥군 화회면 백동

—《동아일보》, 1936. 1. 1.

여기는 황해도 서흥 땅, 속칭 백동이라 일컫는 곳에 천인만이 모여 사는 집단 촌락이 있다. 이들이 이곳에 모이게 된 유래에는 웃어 버리지 못할 '시대의 반향'이 있다.

서흥 장인부락

즉 이들은 옛날에는 으레 나이 많은 늙은이라도 양반의 자손이면 코 흘리는 아이에게까지 하대를 받을 줄 알았으나, 요새 평등주의의 고취와 함께 이들이 양반에게도 자주 항거를 하게 되고 한동네에서 서로 충돌이 잦아질뿐더러, 또 양반의 편에서 보면 전에는 으레 존경을 할 줄 알던 천인들의 요새 태도가 아니꼬울 뿐 아니라, 무엇보다도 문제는 보통학교 다니는 자손들이 서로 애, 쟤 하고 트고 노는 것이 양반의 체면이 깎이는 일이라 하여, 백동을 두 동네로 나누어 이들 천인 14호 약 60명이 동네 이름을 월백동이라 하고 산 지는 최근 십수 년 내의 일이라고 한다.

이들이 당초 이 백동이라고 하는 곳에 모여 산 것은 200여 년 전이라고 하는데 200여 년간 자손이 퍼져서 지금은 14호나 된 것이요, 당초에는 필시 백동에 사는 어느 양반집 하인으로 한두 사람 들어왔을 것이라는 추측이 옳을 듯하다.

성은 청풍 김씨 그러고 보면 요새가 아니라도 원래 하대받을 사람들은 아니었는데, 그들이 천인으로 과거 수백 년 동안 학대받는 운명을 달게 받은 유래에는 추측이 구구하다.

이들이 요새 보통교육 실시 후의 자손 말고는 성년의 대부분이 문맹이라 어엿한 가보를 지니고 내려오는 것도 없어 그 유래는 그들 스스로도 알지 못하나, 고려가 망하고 이성계가 건국할 때 이에 반항하고 산간에 파묻혀 버린 두문동 70인의 자손이라고도 하고, 또는 원래 청빈한 양반의 자손으로 늦게까지 장가도 못 들고 방랑하다가 갔던 장가가 그만 천인의 데릴사위가 되어 그대로 천대를 받게 되었다고도 한다.

하여튼 나면서부터 천인일 까닭은 없는 것이고, 중간에 천인이 되기까지의 유래가 만일 두문동 70인의 자손이라는 것을 인정하고 보면, 당초는

충의와 절개를 지킨 값으로 이조 500년에 '쌍놈'으로 전락했다는 것으로 볼 것이니 차라리 그들의 과거 참담한 생애를 동정할 만도 하다.

이들의 생활은 과거에는 그저 남의 집 행랑살이로 지낸 모양이나 요새는 전부가 소작인으로서 아이 이외의 거의 전부가 문맹지옥에서 헤어 나오지 못한 처지다.

양반이 사는 백동과는 서로 교제가 피치 못할 정도로 있는 것이고, 양반 편의 양반 행세와 천인 편의 천인 대접 거부가 항상 충돌을 일으키는 상태이다. 그리고 관혼상제에서 월백동 천인 촌락에 잔치가 있으면 양반들도 가보는 경우가 없지 않으나, 제사 때나 초상 때는 결코 가는 법이 없다.

그 까닭은 묻지 않고도 혼인 같은 잔치 때는 관계가 없으나 제사나 초상 때는 서로 절을 해야 하므로 양반들이 자연히 그것을 피하는 까닭이라고 한다.

전 조선 철도 예정선 답사기: 동해선(1~5)

—《동아일보》, 1936. 8. 22.~8. 27.

〈1〉 1936. 8. 22.[75]

벽파만경(碧波萬頃), 명사천리(明沙千里) ┃ 양양비(兩兩飛)의 저 백구(白鷗) 떼
일폭 활화(活畵)인 동해의 풍광미 ┃ 포항에 발 디디던 난망(難忘)의 첫인상

[文] 오기영, [畵] 이상범[76]

포항, 여기는 이번 우리 여정의 출발점으로서 인연을 맺은 항구다.

이 항구가 바로 경북 유일의 상업 항구로서 공사비 36만 원을 던져 항만

---

75) '전 조선 철도 예정선 답사'는 새로 개설되는 철도선 지역을 답사한 《동아일보》 기획이었다. 제1대
는 혜산백무선(혜백선, 길주~무산), 제2대는 중앙선(영천~경성), 제3대는 경전선(전주~진주)이었으
며 제4대가 오기영이 집필을 맡은 동해선, 제5대는 평원선(평양~원산)으로, 각각 기자 2명(집필과
삽화) 1조로 파견되었다.

76) 이상범(李象範, 1897-1972): 화가. 근대 한국화의 대표적 산수화가이다. 1923년 동연사(同硯社)를
조직하고 전통 회화의 새로운 방향을 모색하였다. 조선미술전람회에서 1929년 최고상을 수상했다.
1936년 《동아일보》사 재직 시 일장기 말소 사건에 연루되어 옥고를 치렀다. 1950년부터 1961년
까지 홍익대학교 교수를 지냈다.

《동아일보》(1936.8.10.) 광고

시설을 하는 중이면서, 우리가 지금 답사하려는 동해간선이 완성되는 날에는 강원도 일대의 물자를 삼키기에 비좁다고 한탄하는 곳이다.

지금도 연 9백만 원의 무역액을 자랑하고 있고 동해선이 개통되면 이 선로가 비록 경주에서 중앙선과 분기될 것이라고 하나, 포항은 의연히 유일한 물자의 집산지로서 손꼽게 될 것이다.

어디나 항구마다 흔히 볼 수 있는 어색한 '게다'의 범람은 여기서부터 시작하여 동해안 일대의 특수한 풍경인데, 하필 이런 데 눈을 던질 것이 아니라 우리는 이 지방 여인들의 건전한 생활 태도에 감복하면서 장차 비약을 꿈꾸는 이 항구의 거리를 돌아본다.

"한 말이오, 두 말이오." 쌀가게도 여인들이 주인이고,

"이걸 사시게, 비싸지 않은기요." 채소가게는 으레 여인의 손 속에 들어 있는 모양이요

"참외 사소, 수박 아니 사실랑기요?" 과실 행상도 여인이 태반이다.

이것이 모두 빈곤이 가져온 근로라고만 보아 넘길 것이 아니니, 들에 나

　서면 풍작을 약속하는 믿음직한 곡식의 파도를, 바느질하며 일하는 여인들의 배고픔에서 졸아든 허리와 뼈를 녹이는 이마의 구슬땀을 잠시 모른 체하면 이것이 모두 볼만한 풍경의 하나이다.

　우리는 자동차에 몸을 맡겨 동해안을 달리기 시작한다. 시야에 전개된 하늘과 드넓은 바다의 장관, 장맛비를 실은 검은 구름 조각에 괴로워하는 하늘빛의 고르지 못한 푸름을 조소하듯 바닷물은 더욱 맑고 푸르다.

　천 리에 미친 듯한 절벽의 풍광마다 법열(法悅)을 느끼게 하고, 만경벽파는 파도마다 꾸밈없는 교태로써 해안에 뒹군다.

　가장 자연스럽게 이 풍광을 도와주고 이 천고의 흔들림 없는 법열에 길이 취하여 날아 왕래하며 춤추는 갈매기가 쉴 곳이 되어 주는 바위들, 파도의 재롱을 받을 때마다 천 개, 만 개의 구슬을 한 길, 두 길씩 튕겨 낼 때마다 아름다운 음악을 낳는다.

움직이는 곡선, 살아있는 빛이며 아직 사람으로서는 태초에서부터 아직 읊어 보지 못한 노래, 이것이 모두 창조자의 위대한 예술이 아닌가.

자연은 인간보다 너무나 크다.

천 리 파광(波光)이

제대로 그림이요

벽도(碧濤) 만경(萬頃)이

저마다 노래로다

사장(沙場)에 쉬던 백구(白鷗)는

진객(塵客) 꺼려 날더라

노래로 읊자 하니

흥은 길고 곡이 짧아

경(景)대로 그리런들

어이하리 파도성(波濤聲)을

어옹(漁翁)이 웃고 지나며

거저 가소 하더라

자동차는 그대로 해안을 끼고 달린다.

그러나 함경선보다도 차라리 난공사라 일컫는 이 동해선 철도는 10리마다 한두 개씩 굴을 뚫어야 할 모양이어서 바다 풍경을 볼 생각이면 철도는 부질없는 설비요, 바쁜 사람에게 자동차가 아니면 그야말로 죽장망혜에 지나지 않을 것이다.

그러나 이야말로 부질없는 생각이다.

어느 기차가 이곳 풍경을 천천히 감상하고자 놓이던가.

기차, 이 과학과 자본의 총아는 장차 이곳에 자본을 싣고 와서 태초에 장만해 둔 보고를 샅샅이 뒤지려는 것이다.

해산물을 모조리 건지려면 한 번에 바닷물을 말리고 싶을 것이 그들의 심정이요, 땅 속에 헤아릴 수 없는 모든 광물을 캐기 위해서는 할 수 있으면 산을 덩어리째 저 바닷물에 집어넣고 흔들어 걸러내고 싶을 것이 그들의 심보인 것이다. 아직 봉건색(封建色)이 다 벗겨지지 않은 이 일대에 자본이 침범하는 날 어떤 변화가 일어날 것인가?

후진자로서 문명에 대한 추종은 혜택에 앞서서 숙명적인 희생이 있는 것을 역사는 이미 경험하였다.

그렇다고 해서 영구히 문명을 거부할 수 없고 과학과 끝끝내 타협하지 않을 수 없는 봉건 조선의 자본과 늑혼(勒婚)!

이 늑혼은 벌써 우리가 서남조선에서 당해 본 일이니, 이제 다시 숙명적인 희생과 비극을 인조견에 싸서 혼구(婚具)로 들고 저 야심 발발한 자본은 동조선과 북조선으로 달려드는 것이다.

지금 우리를 태우고 달리는 자동차야말로 앞날에 기차를 타고 올 자본의 전초병이요 정찰대가 아니었더냐.

〈2〉 1936. 8. 23.

화평순후(和平淳厚)하던 어촌에도 │ 자본의 폭풍이 엄습
어업노동자로 전락한 강원도의 9천호 어민
조업 못 버려 유년 어부는 투망 실습

　자동차 속에 앉은 채 우리는 경북과 강원도의 경계를 넘어 강원도 땅에
들어섰다.

　바다는 보고 또 보아도 싫지 않은 풍경, 굽이굽이가 해금강의 속화(俗化)
를 웃는 듯, 파도의 장함이란 사람의 귀여움을 받을 경치가 아니라 사람마
다 그 품속에 뛰어들고 싶은 충동을 일으키는 것이다.

　곳곳에 10호, 20호의 어촌이 산을 등지고 엎드린 듯이 붙어 있다.

　두어 그루 늙은 소나무 그늘 아래서 송아지에게 젖을 물린 채 입에는 가

이상범 그림

득히 녹음을 물고 서서 노래하는 바다를 조용히 감상하는 암소….

집집마다 가늘게 뿜어 나오는 저녁연기, 일찍 어려서는 할아버지의 무릎 밑에서 서늘한 낮잠을 자고 어느새 늙어서 이제는 무릎 위에 어린 손자를 낮잠 재우며, 고목 밑 풀방석에 앉아서 바다의 경치를 바라보기엔 조금도 늙지 않은 눈을 들어 바다 저 끝의 두세 척 돛단배의 임자를 가려내느라고 한 손을 이마에 얹고 담뱃대를 무는 늙은이.

이 모든 고요함, 한가함, 그윽함을 창세기 적부터 누려오는 평화로운 마을들이다.

그러나 실상 그럴듯하게만 여겨 예사롭게 보아 넘길 것은 아니다.

현실은 정직하여 이 마을들이야말로 바다를 싸움터로 삼고 살아가는 바다 전사들의 병영인 것을 보여준다. 멀리서 배가 언덕을 찾아 들어오면 이 배에다 생활의 닻줄을 매고 있는 집집마다의 남녀가 모두 해안에 나와서 개선하는 전사를 환영한다.

그물 속에 걸린 채 펄떡거리는 포로들을 통 속에 주워 담기, 그물의 찢어진 곳을 보살펴 가며 모래 언덕에 널어 오기, 열 통 스무 통이 넘는 포획물을 아낙네는 이고 들고, 남정네는 지고 안고 집으로 들어간다.

집마다 뜰에는 낡은 돛대로 틀을 짜서 그물을 걸어 말리며, 해안 모래언덕마다 가마니 조각을 멍석 삼아 어물(魚物)을 널어 놓아 말리고, 곳곳에 정어리 기름을 짜고 찌꺼기로 거름을 만들어 내는 착박기(窄粕機)가 놓여 있다.

바닷가 모래언덕에서 뒹구는 파도를 짓밟으며 장난치는 예닐곱 살짜리 벌거숭이들은 찢어져 내버린 그물 조각을 물속에 던졌다가는 끌어올리고 또 던졌다가는 다시 끌어올린다. 투망의 연습이다. 바다와 싸우며 사는 이

자손의 후예로서 장차 아비의 업을 이어 바다에 출정할 것이니, 벌써 이 유년기의 병사들은 모의전을 시험하는 것이다.

이들은 이렇게 바다에 의해 길러지고 바다와 싸우다가 바다 때문에 늙어 버리는 것이다.

강원도에만 257리에 달하는 해안선을 끼고 크고 작은 어촌이 136곳으로 9,500여 호이고, 이들이 저렇듯 어려서부터 단련한 전술로써 건져 올리는 것이 연 485만 원에 달한다고 한다.

그러나 이것이 모두 이들 어업자로서는 가 본 일도 없는 동경, 대판으로 실려 가서 아무 인연이 없는 사람들의 식탁에 제공되는 상품이 된 날부터 산비탈에나마 곡식이 잘되겠다. 뽕나무 심어 누에 치면 옷이 되고 바다의 고기 낚아 반찬이 되어 먹고살기가 힘들지 않았더라는 조상의 후손으로서 이들의 거의 모두가 어업노동자로 전락되어버렸다는 것을 정직한 숫자가 분명하게 알려 준다. 이것이 모두 자본의 조화인 것이다. 실로 이들 자신으로서는 어느 결에 자기네가 한 품팔이꾼으로 전락했고, 또 어느 틈에 자유계약 밑에서 노예가 되었는지조차 모를지도 모른다.

이제 시설 도중에 있는 동해철도가 완공되어 육상 운수가 편해지고 곳곳의 항구가 축항(築港)을 완성하여 해상 운수가 더욱 쉬워지는 날, 그 화려(!)한 설계도가 현실로 나타나는 날 이들 어업 노동자에게도 생활의 윤택이 약속되었던가? 그것이 바랄 수 있는 일, 이루어질 수 있는 일일까?

〈3〉 1936. 8. 25.

노송(老松) 지대인 월송정 ┃ 앞 사장(沙場)엔 해당화 만발
백암(白巖)의 고혼(孤魂)이 묻힌 이곳에 ┃ 이 어인 피리 소린고

　열흘 남짓 계속되던 늦장마가 한 이틀 멈추어 우리에게 길 떠날 기회를 주고는, 또다시 위세를 부려 평해에 이르러서 외출 금지를 당하고 말았다. 원주, 횡성에 끔찍한 피해가 있었다는 것도 나중에야 안 일이다.
　산 너머 10리 밖에서 바람을 타고 와서 베개 밑으로 기어드는 파도 소리를 들으면서 첫 밤은 흥에 취해 잠들었으나, 그칠 듯 하다가는 다시 줄기차게 쏟아지는 비 구경 정도로 기나긴 여름날을 보내기에는 무료한 노릇이었다. 저녁때 겨우 빗줄기가 가늘어져 우리는 자전거를 타고 나섰다.

이상범 그림

관동 8경의 제1경인 월송정을 보기 위해서였다.

동쪽으로 5리, 범람하여 교통이 차단된 평해교에 다다라 바지를 벗고 자전거를 둘러메고 배꼽을 핥으며 출렁거리는 탁한 하천을 건너 등골을 적시고 이마에 구슬을 굴리는 찬비를 맞으면서 월송정을 찾아든 것은 월송리 작은 촌의 집집마다 저녁연기를 토할 때였다.

옛 성을 의지하여 늙은 다락은 한쪽으로 기울었는데 다락 밑은 점점의 모래언덕이 만발한 해당화 옷을 입었고 옹기종기 모여 맵시 있게 서 있는 소나무 포기 틈으로는 포구의 먼 돛을 바라볼 수 있었다.

소우(疎雨)는 그대로 조용히 내리는데 만일 수진사의 저녁 종소리까지 들을 수 있었다면 월송정의 또 다른 경치를 알 수 있었을 것이다.

예부터 일러서 월송 10경이 있다고 했는데 잠시 지나가는 손님이 이를 다 보기를 바랄 수야 있으랴.

이 정자가 자랑하는 옛 사람의 전함에 의하면, 신라 때에 네 신선이 있어[新羅時有四仙] 8경 사이를 왕래하고[往來於八景之間] 월송정을 가장 사랑하였다[而最愛越松亭]고 하였다.

네 신선이라 함은 저 안랑, 남랑, 영랑, 술랑을 말한다. 역사와 옛 기록을 따져 보아 이 네 신선이 자□□다는 것은 믿기 어려운 일인 채로 관동 8경이란 이 네 신선을 빼고서는 그 아름다운 이야기의 절반 남짓이 꺾이고 마는 것이다.

이 월송정 또한 그러하여 지금의 다락은 한말의 군청을 옮겨다 놓은 것이라고 하지만, 이 월송정의 옛 다락은 천여 년의 긴 역사와 온갖 아름다운 정서를 지니고 있음을 짐작할 수 있다. 숙종의 어제가(御製歌)를 받들어 읽건대,

仙郎古跡將何尋　　萬樹長松簇簇森

滿眼風沙如白雪　　登臨一望興難禁

이라 하였으니 내 서투른 붓재주로 다시 어찌 이 경치를 그리는 체, 더럽힐
줄이 있으리오.

　그러나 이 월송정을 싸고도는 것은 하필 우리의 심금을 퉁기는 정서와
감흥뿐이 아니다.

　저, 여말(麗末)의 대제학 이행이 이태조의 반교문(頒敎文) 짓기를 거절한
죄로 귀양살이한 곳이 바로 여기가 아니냐.

　그가 스스로 기우자(騎牛子)라 일컬어 소를 타고 이곳을 왕래하여 기우
고적(騎牛古蹟)을 끼쳐 놓은 곳도 여기가 아니냐.

　이와 전후하여 평해군수 백암 김수가 고려가 망한 것을 듣고 바다에 몸
을 던져 두 임금을 섬기지 않은 절개와 함께

呼船東問魯問津　　五百年今一介臣

假使孤魂不能死　　願隨紅日照中垠

이란 절구를 남겨 놓은 곳도 여기가 아니냐. 이조(李朝)의 영상(領相) 아계
이산해의 귀양지도 여기가 아니냐.

　의로운 혼이 묻힌 곳, 그 피눈물이 흐른 곳, 잠이 들면 꿈으로도 조국을
걱정하던 충성이 속절없는 탄식으로 쓰러진 곳이 여기로다.

　언덕 한끝에서 풀 뜯는 소를 놓고 아이가 피리를 부니, 어허 이 모든 슬
픈 옛일이 목동 피리에 부쳤을 뿐인가.

천추에 다하지 못한 고신(孤臣)의 원통한 눈물이 비가 되어 뿌린다. 세상
이 또 한 번 바뀐 오늘의 새 서러움을 품은 유심한 손님의 눈에서도 맞춰서
눈물이 흐른다.

> 충신이 눈물지으며
> 엎드려 울던 곳에
> 외마디 피리 소리
> 의혼(義魂)을 부르는가
> 천고에 못다 한 눈물
> 비가 되어 뿌리더라.

〈4〉 1936. 8. 26.

반천 년 여대(麗代) 풍류는 ┃ 희(噫)! 무주고총(無主古冢)으로 종언
축산 지대로 축복받은 강원도에 ┃ 연 생산우가 4만 두

사흘 만에야 우리는 평해를 떠날 수 있었다. 그나마 자동차업자에게 무
수히 절을 하고 골백번 사정을 한 값이었다.
평해를 떠나서 40리, 우리는 망양리에 이르렀다.
여기는 관동 8경의 하나인 망양정이 있는 곳이다.
운전수의 호의로 달리는 자동차를 잠시 멈추고 차에서 내렸다.
그러나 섭섭한 일이다.
이름만이 남았을 뿐 망양정은 간 곳이 없고, 억지로 그 이름을 따라 부르

면 이제는 망양봉이라 해야 할 정자 서 있던 봉우리 위에 늙은 소나무 몇 그루가 서로 뒤틀린 몸을 의지하고 섰다. 봉우리에 올라 보니 동남북 3면 으로 탁 벌어진 바다.

저 하늘과 닿은 물의 고개에서부터 비단결 같은 물결마다 햇빛을 받고 반짝이면서 바다의 아름다움을 보여준다. 언덕을 흡싸 안았다가는 물러서고, 다시 물결이 저 혼자 접혀 가지고 은구슬을 뿜으면서 해변에 뒹구는 파도 소리는 바다의 웅장함을 말해 준다. 바다 한끝에 크게, 작게 보이는 어선마다 저절로 경치가 되고 귓가를 스치는 맑은 바람은 알지 못하는 중에 가슴을 헤쳐 놓게 한다.

때는 한낮이 기울었으되 생각을 아침에 미쳐 일출의 장함을 상상해보면, 여기서 하룻밤을 새지 못함이 못내 아쉬운 일이다.

노래하는 산 그림, 아름답고 웅장한 이 모든 경치는 태초에 창조자가 일

이상범 그림

구어 놓은 그대로 길이 젊어서 늙지 않건만, 사람이 만들었던 정자는 어디로 갔는가. 잡초에 묻힌 초석 한 개가 덧없는 옛일을 생각하게 한다. 더구나 여기 서 있던 망양정은 울진과 평해 사람들의 경계 다툼으로 울진의 명승을 평해 땅에 둘 수 없다고 헐어다가 둔산에 세웠다더니, 그나마 비바람에 헐리고 말았다고 한다.

딱한 사람들이다.

정자 홀로 경치가 못 되거든 그 정자를 헐어다가 딴 곳에 세우는 생각은 설혹 그것이 고향을 사랑하는 정이라 할 법해도 가소롭다고 하지 않을 수는 없는 일이다.

이 동해안을 걸어 보는 사람은 누구나 산과 들에 소가 많은 것을 볼 것이다.

조금 가면 열 마리, 스무 마리씩 한가롭게 풀을 뜯거나, 혹은 늙은이, 어린애들에게 끌려 길을 걷는 소떼를 볼 수 있다.

20리, 30리의 높은 고개를 올라가도 그 드높은 산꼭대기에서 풀 뜯는 소를 볼 수 있고, 해변에도 풀밭만 있으면 소가 있어서 이것이 또 경치의 하나가 된다.

한가롭게 보면 이것이 모두 평화로운 풍경이 아니냐. 이들은 이렇게 바닷가의 어부의 피리와 목동의 피리로 부자의 호강을 모르되 또한 가난한 이의 배고픔을 모르며 살아온 것이다.

들으니 강원도의 소는 원래 유명하다고 한다. 천혜의 축산 지대로서 축복받은 이 강원도에서 해마다 생산되는 소가 4만 마리, 해마다 다른 곳으로 팔려 가는 소가 3만 2천 마리, 도내의 각 우시장에서 매매되는 소가 연 10만 마리, 그 값이 3백만 원이라고 하니 크다고 하지 않을 수 없다.

눈이 가는 곳마다 전개되는 경치에 황홀한 동안, 자동차는 울진과 삼척의 군 경계를 이루고 있는 갈령 20리 높이의 길을 치닫는다. 비행기를 타고 앉은 맛이다.

까마득하게 내려다보이는 해변, 작지 않은 어촌이 죽변, 여기서 울릉도를 간다고 하는데 가을날 맑은 날씨에는 300리 밖 울릉도를 이 고개에서 바라볼 수 있다고 한다.

이 고개를 넘어서 또 달리기를 얼마간, 삼척군 근덕면 궁촌에 이른다.

우리는 길가 조그만 산봉우리에서 공양왕묘를 볼 수 있었다.

저 화려한 500년 고려 왕업의 최후가 이 무덤 하나라고 한다. 이름만 좋아 왕묘요, 담을 쌓았나, 비석 한 개가 있나, 이태조에 쫓겨난 공양왕이 여기서 죽었다는 전설을 듣는 이가 유심히 바라볼 뿐인 주인 없는 오랜 무덤이다. 나라의 흥망이 유수해도 이렇게 초라한 무덤으로 끝을 막았는가.

그래도 순박한 이 마을 사람들에게는 궁벽한 산속에 쫓겨 와 살았어도 왕은 왕인 것이, 비록 그 살던 집이 한 칸 초라한 집이었어도 궁은 궁인 것이, 이래서 이 동리를 궁촌이라 일컬어 온다.

그러나 모두가 부질없는 일이 아닌가. 그 남은 위엄을 동네 이름에 붙여 궁촌이라 이름이 저 쓸쓸한 흙무더기에 무슨 호사가 될 것인가. 하늘에도 땅에도 부지할 길 없는 망국 군주의 원혼에게 무슨 위로가 될 것인가.

지존도 무상하다.

산중에서 붕(崩)하시며

반천 년 여대(麗代) 풍류는

고총으로 끝이구나

우습다, 여기를 일러

궁촌이라 부르는고.

〈5〉 1936. 8. 27.

대 '삼척'의 행진곡은 ▮ 봉건과 자본의 늑혼(勒婚)
비상시 물결에 통제의 돛을 달고 ▮ 경제 문화 점차 동진(東進)

밤 10시에야 우리는 삼척에 도착하였다. 우리를 위하여 '삼척의 지식'을
빌리고자 일부러 180리나 되는 강릉에서 드높은 고개를 둘이나 넘어 여기
까지 왔던 친구 백봉이 이틀 동안이나 기다리다가 돌아갔다고 한다.

우리는 삼척읍 어귀에 들어서면서 꿈을 깼다.

지금까지 보아 오던 모든 풍광, 아침 바다의 맑은 빛이며 한낮이 기울인
해변의 한가로운 풍경이며, 서쪽 하늘에 해가 기울어 잠시의 작별일지언
정 있는 정열을 다 쏟아 붉게 타오르는 구름이며, 이 구름마다 붉은빛을 잃
고 하늘과 땅과 바다가 모두 어둠에 싸였을 때 곳곳에서 볼 수 있는 고깃배
불빛의 명멸이며, 해 뜨기 전 바다에 나아간 남편이 밤이 들도록 돌아오지
않음에 애가 타는 듯이 해변에 나와 있는 여인네의 외로운 모양이며, 혹은
높은 고개를 넘을 때 첩첩산중에서 이 경치도 보고 가라는 듯이 잠시 내리
던 산비. 이 모든 시적 흥을 돋우고 사색에 이끌던 고요한 꿈에서 깨었다.

밤을 도와 함석지붕을 잇느라고 뚝딱거리는 일꾼들의 망치 소리, 확실
히 얼굴에 초조와 흥분과 살기에 가까운 긴장한 주름살이 잡혔음직한 사
람들의 오락가락하는 모양, 노동복 입고 쟁기 가진 사람들의 바쁜 듯한 걸

음걸이, 이 모든 새날을 맞으려는 소란스러운 장면이 우리의 고요한 꿈을 깨운 것이다.

이것이 모두 '신흥 삼척'의 행진보이다.

"만원이오."

피곤한 다리를 끌고 여관을 찾아드니 여관 주인의 손인사가 이 말이다. 돈과 인연이 멀어 돈 잡을 생각을 엄두에도 못 내는 우리 서생이 이 흥분한 경기(景氣)의 와중에 들어서서 당연히 받음직한 푸대접이다.

삼척은 지금 '대삼척'을 잉태하고 있다.

아니, 이 '대삼척'이란 문자는 요새 말일까 몰라 태초에 점지된 보고가 이제 개발되고자 하는 것이니, 대삼척을 낳기 위해 진통 중에 있다고 하는 것이 옳을 것이다.

다만 우리의 관심은 이 '대삼척'을 낳는 것도 분명 삼척이 낳을 것이지만,

이것이 누구의 총아일 것이냐 하는 것일 뿐이다. 매장량을 2억 9천만 톤으로 추정하는 삼척의 무연탄전은 너무도 유명한 것이다.

그것이 평양의 무연탄을 위압하여 산업정책의 그늘 밑에서 그 개발이 오늘까지 보류되어 온 것도 유명한 것이다.

이 무연탄은 삼척군 소달면과 상장면이 중심 지대인데, 109방리(方里) 428에 달하는 전군이 석회석으로 되다시피한 것도 유명한 것이다. 이것을 캐고만 보면 시멘트가 되고 질소가 되고 화약용 약품 '카바이드'가 된다는 것도 유명한 것이다.

더구나 삼척 전 군의 절반에 해당하는 50방리가 삼림지대로서 이 처녀림을 찍어 낼 계획을 세우고 보니, 그 추정량이 2,400만 재(才)라는 것도 일찍부터 유명한 것이다.

유명한 것이 어디 그뿐인가. 땅속에는 무연탄과 석회석만이 있는 것이 아니다. 금, 은, 동, 철이 고루고루 묻혀 있다고 한다.

이 광산은 아직 시험 시대라고 할 것이나, 결단코 그 매장량은 소홀히 여길 것이 아니라고 한다. 다시 눈을 바다로 돌려 보면 해산물 연 생산액이 157만여 원으로 강원도 전체 수산액 485만 원의 약 3분의 1에 해당하니, 이 삼척이야말로 그 땅 위에, 땅속에, 바다에 지닌 자원이 얼마나 큰 것인지 알 수 있다.

동해선 철도를 산업 개발의 견인지로 볼 때 그 설계의 의의가 실로 이 '대삼척'을 위한 것에 절반이 있음을 알 수 있다.

남조선, 서조선의 보고를 휩쓸어 삼킨 자본의 끝없는 식욕은 마침내 척량산맥(脊梁山脈)을 넘어 동북조선의 보고를 집어먹기 시작하는 것이다.

그중에도 동조선에서 삼척은 계란 중에도 노른자위이니, 자본의 식욕이

동하지 않고 배길 리 없는 것이다.

　다만 그동안에는 서남조선에 여지가 있었고 때가 평온했던지라 뺏을 자 없는 이 보고를 보류하였던 것이다.

　서남에서 삼킬 것을 다 삼키자 이른바 비상시국의 물결을 만난 자본은 통제라는 돛대를 달고 국책의 바람에 밀려 저 높디높은 분수령을 수고 없이 넘어서서 이 동해안의 보고에 그 식욕을 만족할 수 있게 된 것이다.

　우리는 먼저 자본과 봉건 조선의 강제 결혼을 경험한 대로 회고하였는데, 이제 이 결혼에서 출생할 '대삼척'이 누구의 총아일 것인가 함은 묻지 않은들 자명한 일이 아닌가.

병참기지 조선의 현지 보고: 황해도편(17~20)

—《조선일보》, 1939. 8. 20.~8. 24.

〈17〉1939. 8. 20.

황해 혼수화 신거점 **|** 해주의 국제적 등장

1. 명일에 등장할 자

피를 흘리며 홍아(興亞) 건설이 수행되고 있는 동아(東亞)의 신사태에 직면하여 병참으로서 어깨를 빌려준 조선은 부흥된 역사적 신사명을 달성하기 위하여, 조선부터가 먼저 산업, 경제의 지양성(止揚性)을 확인하고 새로운 각도에서 검토하는 동시에 이 신방향에 의한 일체의 개편을 요구하고 있다.

이리하여 동아의 신단계 객관적 정세가 요구하는 바에 의한 계획성의 부여에 따라 일제의 블록 내에서의 대륙 경제상 조선이 조달할 분야를 발견하는 것이 당면의 문제로 제출되고 있다.

원시적 산업 경제의 해탈을 명령하고 계획적이요, 통제적인 신경제기구 하의 대륙에로 발전과 활약을 약속하는 신과제의 제출에 대하여 그 실천의 첫걸음으로써 교통, 운수, 산업, 경제, 자원, 행정 등 각 분야에 대한 신중한 검토가 수행되고 이에 로컬 블록을 조정하여 한 걸음씩 전체적 산업 계열 속으로 진척되고 있는 신사태는 저 북조선 3항(港) 또는 4항론과 북진 루트, 또는 경인 일체 등에서 그 두각을 충분히 드러내게 되었고, 이와 함께 일본해 호수화의 결정적 구체화를 일보 앞에 놓고 현재 북조선 시대를 나타내고 있다.

그러면 이 북조선 시대에 제2계제(階梯)가 도달하는 날 신흥 산업진의 선두는 다시금 어느 방향의 침로(針路)를 보여줄 것이냐 하는 내일에의 전망에 이르러 여기 특기될 자는 아무래도 서조선이라 할 것이다. 오늘날은 일본해 호수화와 함께 북조선의 화려한 비약 발전이 천하의 이목을 집중하고 있어, 앞날 서조선의 황해 호수화와 풍부한 자원이며 공업 입지의 우월성이 고독하게 간과 방치되어 있는 감이 없지 않다. 그러나 지금 조선의 산업 경제의 개편은 통제적이요, 계획적이기 때문에 이 서조선의 내일의 비약도 명약관화의 확신을 가질 수 있는 당연한 공무(公武)인 것이다.

2. 황해 호수화 계획

황해를 대륙 정책의 중요한 무대로서 일만지(日滿支, 일본·만주·중국) 경제 블록의 내해로 만드는 데 중요한 임무를 띠고 등장한 거점은 묻지 않아도 서조선 그것이다.

평남북과 황해도의 자원 산업, 경제, 교통, 운수, 문화, 지리적 제 조건은 상호 마찰이 내포된 혼합체가 아니라 국책에 용해된 완전한 화합체로서 서조선 산업 거점을 형성하고, 적지(適地) 상업의 계획에 의하여 3도 각자의 성격에 맞는 사명의 수행으로 이 거점의 강화를 실현하려는 것이 내일의 황금시대를 설계하는 서조선의 준비 태도이다. 이 3도는 새삼스럽게 지적할 것이 없이 건너편 산동성과는 일의대수(一衣帶水)의 위치에 있고, 진황도, 천진, 청도로부터 다시 남진하여 농해선(隴海線)의 기점인 연운항까지 진출할 수 있는 지리적 조건의 우월성을 가졌거니와, 일본해 호수화가 공상도 아니요 헛소리도 아닌 것과 똑같은 이유와 필요에 의하여 황해의 호수화도 실현되고야 말 계획적인 숙제이다. 이 호수화에 의하여 서조선 3항(신의주, 진남포, 해주)이 대륙의 무한 대자원을 일런 해로를 사이에 두고 마주앉은 지리적 조건 하에 무난히 입수될 원료에 의하여 자체의 공업화가 촉진될 것은 다시 말할 여지가 없다.

3. 해주항의 재평가

그런데 서조선 3항 중에서 신의주, 진남포 두 항구는 사변 발발 이래 군수에 응하여 천진을 통해서 수출한 물자의 양이 이미 거액에 달하거니와 특히 지금까지 개항하지 않아 무역항으로서는 전혀 존재 가치가 인정되지 않던 해주항이 이제부터 특수 무역에 의하여 북지(北支, 북중국)에 진출하고 있는 것은 주목할 바이다. 즉 황해 호수화와 함께 서조선 일각이 대륙에 진격한다는 밀접성은 이 해주항의 비약적 발전에 따라 한층 금상첨화의 모습을 이루는 감이 있다.

이 해주항이야말로 종래는 연안 교역밖에 소용이 닿지 못하여 황해도 내의 물자 탄토(呑吐)까지 인천, 진남포에 9할 이상 양보하고 있었던 터에, 새로 개척된 황해 루트의 구도에서 해주항을 재인식, 재평가한 결과는 이것이 종래와 같이 하잘것없는 존재가 아닐 뿐만 아니라 기성의 신의주, 진남포보다도 더한 활발한 비약을 허락할 조건이 너무 뚜렷한 것을 알 수 있게 되었다. 즉,

첫째, 거국적인 대륙 진출의 일발 실천은 이미 설비된 몇몇 항구에만 위임할 것이 못되고, 동서 양안의 각 항구가 추호도 빈틈없는 철저한 연계로서만 소기의 목적을 달성할 것인 점에서 연쇄적 조건은 더 말할 것이 없고,

둘째, 서해안에서 신의주, 진남포항 등은 겨울마다 유수(流水)에 폐색(閉塞)되기 때문에 항구로서 일정 기간은 그 기능을 발현치 못하는 동면항(冬眠港)인데 유독 해주항이 부동항으로서 비록 엄동설한이라도 선박 출입이 가능하고, 포구의 대소 연평도는 자연의 방파제가 되어 구태여 인위적 방파 시설이 필요하지 않은 천혜적 조건을 갖추고 있으며,

셋째, 그 위치는 서해안의 최첨단에 있어 맞은편 청도까지 451킬로에 한 선을 긋고 보면, 이북 발해만, 요동만을 포괄한 일대 문전 호수에 이익이 되어 마주 바라보는 386킬로미터의 대련, 737킬로미터의 천진 223리의 □□ 등에 달하는 것이 바로 북지(北支), 만주 등 대륙으로 조선이 진출하는 가장 빠른 코스라는 지리적 조건이 또한 유리하다.

이상 수 항의 인식으로써 내일의 해주항의 존재 가치는 어느 기성 항만보다도 높으면 높았지 결단코 얕잡아 평가할 것이 아닌 것이다. 이리하여 지금까지 존재 없는 불개항(不開港)에서 국내 항만도의 출세와 연안 교역이나 이출(移出) 무역류의 미미한 증진에 급급하던 단소한 이상을 지나쳐 일거에 국제항으로 비약이 허락된 것이다. 이하 해주항의 장래를 전망하므로써 황해 루트가 규정될 성격을 이해할 수 있을 것이다.

<18> 1939. 8. 22.

국제항 해주 배양소 ┃ 보고 산동과 지호간(指呼間)

4. 해주항의 확충 계획

해주항의 수축(修築) 연혁을 보면 대정 12년 2만 원의 공사비로써 1,760
평을 매립하고 하역장 1개소, 둑 1기를 시설한 것을 시초로 한다. 그러나
이것은 아직 유아적 시대의 원시적 시설이라 거론할 바 못 되는 것이고, 소
화 3년도 이후 5개년 계획사업으로서 50만 원을 투자하여 해저 연락 설비
등 소위 제1기 공사를 시행하여 소화 7년 10월에 준공된 것부터에서 볼 만
한 것이 있다. 이 완성으로 2천 톤 급의 선박 2척이 거류할 수 있었는데, 그
후 소화 11년도 이후 5개년 계획 제2기 사업으로써 공사비 104만 원을 투
자하여 현재 시공 중으로 내년에 준공될 이 공사에 의하여 재래 계류안벽
(繫留岸壁)에 접해서 연장 250미터의 계류안벽을 증축하고 47,000평방미터
를 공사하여 규모로서도 현재의 수 배에 해당할 것이고 4천 톤 급의 계류
가 넉넉하게 된다. 겸하여 90미터의 계단 부호안(付護岸)을 축조하여 발동
기선의 하역을 편하게 할 터이며, 또 현재 매립지에 접해서 600,000평방미
터를 매립하고, 그중 축도로(築道路) 11,100평방미터를 짓고, 유효지(有效
地)는 창고, 하치장(荷置場) 등의 설비에 충당하게 할 예정이다. 제2기 공사
는 올해 14년 기공, 오는 16년 준공 예정인 공사비 50만 원의 3만 평 매립
과 하역장, 임시 호안(護岸) 공사가 있고 또 370만 원을 들여 내년 15년도
기공, 오는 17년 준공 예정인 19,545평의 매립 공사와 호안 공사, 거중기 설
치 등이 예정되어 있다.

이것만 완성되어도 8천 톤 급의 선박이 출입할 터요, 탄토력(呑吐力) 2백만 톤의 목표를 달성할 것이다. 동시에 포구의 암초 회피, 항로의 개척, 항로 표시의 설치를 추진하고 있으므로, 대체로 이상 계획의 완수를 기다려 해주항의 규모는 현재의 십수 배로 확대될 것이다. 그러나 이것이 모두 근래, 소위 다항주의(多港主義)의 혜택으로써 계획된 것이요, 장차 호수 황해를 이루는 때 그 중요 거점으로서의 비약 원칙이 전적으로 확인되기 전 계획인 것을 감안해야 한다. 그런지라 앞으로 대륙 경영의 국책이 크면 클수록 해주항의 시설은 확충되지 않으면 안될 대세의 약속이 있다. 이로써 항만의 계속 확충, 명령 항로의 기항(寄航), 개항의 지정, 기타 해주항의 이상은 그것이 강력한 추진력이 있는 국책 수행에 의하여 얼마든지 커져야만 될 것이다.

5. 무역항으로서의 해주항

항만 확장이 수차례 진척됨에 따라서 즉효를 발하고 또 해마다 증가하는 것은 두말할 것 없이 무역고(貿易高)다. 당초 용당포항으로 연안 교역 시대는 말할 것도 없지마는, 소위 제1기 항만시설이 완성된 소화 7년만 하더라도 근근 389만여 원이던 것이 작년 소화 13년에 이르러서는 2,539만여 원으로 7배 이상 증진했다. 저간(這間)의 숫자를 참고컨대 다음과 같다.[77]

연도	이수출류	이수입류	계	이수출원	이수입원	계
소화 7년	27,173.27	18,029.17	45,202.44	1,824,931.82	2,066,841.06	3,891,772.88

---

77) 표의 수치는 인쇄 상태가 좋지 않아 오차가 있을 수 있다.

연도	이수출류	이수입류	계	이수출원	이수입원	계
소화 8년	47,400.84	32,111.58	79,512.42	4,312,751.68	3,077,920.53	7,390,672.21
소화 9년	78,362.79	40,015.35	118,378.14	9,602,950.29	3,780,836.57	13,383,786.96
소화 10년	81,061.03	58,145.10	139,206.13	11,418,129.71	5,618,098.77	17,046,228.48
소화 11년	134,203.21	80,505.44	214,718.65	14,870,267.35	8,528,080.42	23,908,347.77
소화 12년	205,847.54	127,378.40	341,325.94	13,284,659.92	10,983,440.80	24,268,100.72
소화 13년	372,654.00	148,695.00	521,389.00	18,301,562.00	7,093,676.00	25,396,258.00

    그리고 이상 숫자를 다시 한 번 검토하면, 소화 13년부터는 벌써 관동주, 북지, 만지(滿支, 만주) 방면에 수출 133만 원, 수입 86만 원을 발견할 수 있다. 이것은 대외 무역항으로서 앞길에 광명을 보여주는 한 예시로 주목할 것이다. 이 해주항에서 가장 근거리 대안(對岸)으로 돌출해 있는 산동성은 그 면적이 66,000방 리요, 그 풍요한 지미(地味), 무진장의 천연자원이 있다. 석탄만 하더라도 매장량 7천억 톤이라니 굉장함을 알 것이며 금, 은의 매장량도 얼마든지 있는 모양이다. 농산물도 땅콩이 연 생산량 2억 석, 대두, 소맥, 면화 등의 연 수출액은 9천만 원보다 적지 않으리라고 한다. 이것이 모두 장래 해주항을 이용할 전면(前面) 자원이다. 따라서 다시 고개를 뒤로 돌려 도내 물산만 보더라도, 우선 농산물 경작 면적 56만 정보로 조선 제1위 경작 면적 14만 정보에 연 360만 석의 쌀 생산은 머지않아 400만 석의 목표를 돌파할 것이다. 현재 쌀 이출 240만 석이 앞으로 더 증진될 것은 물론이며, 소맥 생산 83만 석으로 조선 제1위요 전 조선 산액(産額)의 4할에 해당한다. 수산은 북조선과 같이 비록 정어리 경기는 없다 하나 연 600만 원에 달하며, 지하자원으로는 금, 은, 중석(重石), 기타 특수 광물이 풍부하여 그 개발상 해주항의 존재가치는 두말할 것도 없다.

〈19〉 1939. 8. 23.

만포선 종단항으로 ┃ 숙적 진남포를 예시(睨視)

6. 종단항으로서의 해주항

전술한 바와 같이 전면의 산동성 일대의 물자를 맞아들이고 후면으로 도내 물자를 탄토하는 동시에, 서조선 최남단에 위치하여 만포선의 종단항으로서 그 이용 가치는 더욱 중요함을 인정하게 한다. 만포선은 평북 오지의 자원 지대를 바느질하면서 압록강을 횡단, 통화현으로 진출하여 중부 만주를 관통한 국방상, 산업상 필요로써 시설된 것이며, 그 중요성의 설명은 두말할 필요가 없다. 그 종단항은 진남포와 해주이겠는데, 지리적으로 해주가 더 중시될 수밖에 없는 것은 차라리 상식에 속한 문제로서 관계 당국이 그 의도를 가까운 시일에 실행에 옮기리라 관찰된다.

그뿐만 아니라 만포 연선(沿線)에서의 자원 조사는 방금 총독부와 평북 당국이 예의(銳意) 진행 중이라고 얼핏 들리는데, 금광맥과 철광맥이 발견될 것은 이미 대체로 명료해진 듯하다. 이 지하자원을 개발하여 재생산할 때 그 적지(適地)를 구한다고 하면 평양, 진남포, 해주의 세 곳밖에는 없다. 그런데 만포선의 수송력은 국방상 긴히 중대한 것으로서 해상과의 연락의 긴밀화는 더 말할 것도 없는 바라, 당연 해주에 그 출구를 구하지 않을 수 없는 터이다. 또 평북 철도도 압록강을 건너서 동변도(東邊道)의 자원 지대로 돌입하게 되는 터이어서, 이 연선의 물자 남하 및 개발 자재의 북상은 앞으로 날마다 긴망(緊忙)을 더할 것으로써 이 역시 진남포가 아니면 해주에 출구를 구할 수밖에 없다. 그뿐 아니라 평원선의 횡단 루트도 개통되는 날에는 북지에의 연락을 진남포에 구할 것이냐, 해주에 구할 것이냐 양자 간에서 택해야 할 정세이다. 여기서 종래 도내의 물자 탄토까지를 진남포에 침식당하고 별도리 없던 해주가 이렇듯 괄목적 진출을 하되 사사(事事)에 과거의 숙적 진남포와 자웅을 다투게 된다면 양자 간 마찰이 없을 것이냐 하는 위구(危懼)도 많은 이들 사이에 여론이 되고 있는 모양이나, 물자의 유동은 교통망의 발달과 대륙 신무대의 개방으로 장래 가속도적 증가를 보게 될 것이니 피차 힘껏 탄토하고도 오히려 자력의 부족을 탄식할 날이 올 것이요, 또 각자의 특수 성격에 의하여 각자의 역할이 자명할 계획 경제, 통제 경제의 수행에 있어 이것을 한갓 부질없는 기우로 돌리려는 낙관론을 조성하고 싶다.

7. 공업항으로의 해주항

해주항으로 하여금 대내외 무역항으로 대성하게 하는 동시에 공업항으로의 현재와 장래를 검토함으로써 서조선 경제권의 중요성을 거듭 인식할 수 있다.

해주항의 장래를 간취(看取)하고 공업지대로서의 처녀지를 개척하고자 먼저 자리를 잡은 자는 조선시멘트공장이다. 자본금 1,400만 원, 계속하여 같은 계열 서선중공업주식회사가 3톤, 5톤의 전기□를 각 1기 운전하여 광산 기계를 위시하여 각종 공작기계를 제작하며 불원(不遠) 해주항 안벽(岸壁)에 인접하여 선집(船集) 건설 계획도 있다.

그다음으로 일본 화약계의 중외광업이 역시 1,400만 원의 자본을 들고 와서 13만 평을 매수하고 107만 평을 제련소와 기계제작소를 건설 중이다. 동 사는 이미 점령한 광대한 지대에 앞으로 강철, 기계, 금속, 유산(硫酸), 제련, 아연, 석탄액화, 화학, 화약 등 9대 공장을 건설하고자 방금 만반의 준비를 진척 중이라고 한다. 이들이 여기 진출한 이유를 듣건대 (1) 원료 산지의 근접성, (2) 연료 획득의 용이, (3) 저렴한 토지 가격 등을 들 수 있다.

그리고 이곳에 공장을 유치하기 위한 당국의 공업 기지 계획을 보면 조선시멘트와 중외광업의 공장 지대 매립으로 이미 일부 그 면모를 갖추었다 하겠거니와, 여기 인접한 매립 가능 간석지가 970만 평이 있다. 여기는 지금 내지(內地) 모 자벌의 진출 계획이 있어서 도 당국으로서 전면적으로 지원할 터라고 한다. 그 매립은 지금까지는 각기 기업자에게 방임하였던 것이나, 앞으로는 영리를 목적으로 하지 않는 매립회사 같은 것을 창립하려는 안도 있는 듯하다. 어쨌든 이 간석 지대는 우선 토질이 적당하고 또 안벽을 만들어야 할 지대에 급경사가 적기 때문에 안벽 공사에 비용이 크게 들지 않고, 안벽 후방의 매립지가 3킬로미터에서 4킬로미터나 되어 매립 공사비는 평균 평당 5원 내외면 충분하리라고 하므로 다른 지대의 매립 공사비의 절반 정도에 불과하다. 이것이 모두 완성되면 해주항 일대에는 적어도 천 수백만 평의 공업 구역이 생겨나고 여기 모여들 각 공장의 자본도 억대를 넘길 것으로서, 그때의 굴뚝 숲과 각 공장의 규모는 상상만으로도 주목할 만하다.

〈20〉 1939. 8. 24.

후방 교통망을 개비 ‖ 공업 입지의 해주항

8. 동력과 공업용수

  해주항을 공업항으로서 활성화하는 외곽적 조건으로서 공업입지 계획
은 전술한 바와 같이 해결될 문제겠지만, 동력과 공업용수 문제를 해결하
지 않고는 공장 유치가 불가능할 것이다. 현재 작업 중인 조선시멘트는 자
가 화력발전에 의하여 동력을 자급자족하고, 오히려 잔여 동력을 서선중
공업에 공급하고 있다. 그러나 머지않아 조선소 건설 계획이 실현되면, 현
재의 전력으로는 부족하여 화력전기를 늘리거나 전력을 구입하거나 해야
한다. 그런데 서선합동(西鮮合同)의 현재 동력대(動力代)는 비상한 고율이
어서 전력을 대량 소비하는 고도 공업은 서선합동으로부터 구입한 전력
으로서는 수지가 맞지 않을 모양이다. 압록강 수력전기를 구입할 길도 없
지 않을 것이나, 평남북에 공급하고 나서 잔여 전력으로 이 해주에까지 공
급이 가능할지는 미지수에 속한다. 그뿐만 아니라 조선시멘트의 화력발
전의 내용을 보면 사리원 탄(炭)이며 북지(北支) 석탄 등을 싼 값으로 쉽사
리 입수할 수 있는 지리적 조건의 혜택이 있어 1킬로그램에 단 7원의 생산
비로서 족하다 하므로 여기서 해주의 금후 소요 동력은 해주에서의 발전
력에 의해야 할 이유가 확연히 발견된다. 그러면 단지 석탄 구입이 어느
정도 무난할 것이냐가 문제로서 서선중앙철도의 화차(貨車) 이용이 가능
해진다고 하면 무연탄의 입수가 용이할 것이요, 둘째로는 무엇보다도 북
지의 석탄에 주목할 필요가 있다. 조선시멘트의 조사 계산에 의하면 청도

에서 해주 도착당 6원 정도면 가능하리라 하므로 이리되면 앞으로 북지의 석탄 개발, 수송망 준비에 따라서 해주의 화력 발전은 충분한 성산(成算)을 세울 수 있게 된다. 이리하여 해주의 공업항 계획이 완수되는 날 북지의 원료를 구입하여 재생산해서 다시금 북지에 배급하려는 해주항의 이상은 실현될 수 있다. 이미 지적해 둔 바와 같이 해주와 산동성은 가장 근거리에서 마주보고 있고 대련항과의 연락까지 된다고 하면 북지와의 산업 경제는 불가분의 것으로 된다. 이로써 황해 루트의 중축으로 등장하여 산동성의 개발에 착수하게 되면 무엇보다 먼저 화□의 적은 산동염(山東鹽)의 공업화다.

조선의 공업은 이제부터 발흥하려는 새벽닭이 울었을 뿐이므로 각 방면에 대하여 부족한 부분이 한두 가지가 아니나, 특히 소다 공업은 전무한 상태이다. 이것을 전시 공업에 수응(需應)하려면 무엇보다도 산동염의 재생산에 의한 화학공업을 일으켜야 할 것이요, 그 최적지를 해주로 시인하는 데는 누구나 이견이 없을 것이다.

물론 이에 따라서 석탄 이용 기타 철, 비철 등 지하자원 재생산의 화학공업도 해주가 가진 특수한 가능성일 것이다.

그리고 공업용수에서도 수양산에서 내려오는 읍천, 석택천, 어사천 등을 도마 위에 놓고 방금 중앙시험소, 총독부, 도, 부 등이 조사, 연구를 진행 중인데 이미 대체의 가능성을 발견하였다. 앞으로 조사의 완성을 기다려 도비(道費)로써 댐을 축조하여 상당량의 용수를 얻을 수 있을 모양이다. 현재 조선시멘트는 읍천에서 물을 끌어 쓰고 있으며 지금까지 조사로서는 읍천이 가장 유망한 듯하다.

9. 조철(朝鐵)의 국영 광궤화

이상 수 항의 지적으로써 대해주항의 면모와 그 자원이며 후방 지역 계획을 음미하였다. 우선 이편으로서는 이 해주항을 중심으로 한 과제로써 끝내고자 하는데, 그러면 이상 수 항에 제출된 심대한 이상이 유감없이 통제 있게 계획대로 이행될 만큼 모든 준비는 갖추어진 태세냐 하면 그렇지 못하다. 첫째로 해주항은 아직 불개항(不開港)이다. 명령 항로도 없다. 항로 표시도 완전치 못하다. 그러나 이것은 해주항의 금후 비약상 첫 조건에 속하는 것으로 이것의 완비를 조건으로 하고서 출발하는 계획인 한 구태여 촉진의 용설(冗舌)이 필요하지 않다. 그다음으로 무엇보다도 토성-해주 간, 해주-사리원 간의 사철(私鐵)을 경영에 이관하고 협궤를 광궤로 개수하는 문제다. 이것을 해결치 않고는 대해주항의 장래 약속은 역시 가공적(架空的)이요, 꿈속의 말에 불과하다. 이 조철의 경영선(經營線)이 운임의 고율 서비스의 나쁜 점은 현재 황해도의 고통이다. 조철 당국의 해주항 인식의 미흡은 국고 보조에 의한 배당의 보장하에 은둔하여 점진적 태도에 나가지 않고 있음은 방임할 수 없는 바이다. 그러나 이것은 현재의 일이요, 차라리 하루바삐 이 노선의 국영 이관에 의한 광궤 개수가 화급한 긴급 사업이라 할 것이다.

조선인의 각성

끝으로, 조선인의 각성을 제갈(提喝)함에 나아가 먼저 분명히 해 두려는 것은 이것이 결코 소국(小局)과 감정에 구사(驅使)된 편협한 주장이 아닌 점이다.

만주 사태 이래 싹트기 시작한 조선인 지식층, 유산층의 그 후 진로에 대한 고찰은 이번 지나 사변(중일전쟁)을 경험하면서 그 정치적 진로의 방향이 남 총독[78]의 내선일체론[79]에 의하여 명시되어 있다. 그러나 여기서 지적하려는 것은 내선일체는 결코 정신적인 실천에만 국한될 것이 아니요, 필경 경제적 일체에까지 나아가지 아니하면 안 될 것이다. 그럴진대 지금 신동아 건설이라는 대업의 일익을 맡은 조선이요, 남 총독이 언명한 바와 같이 이번 지나 사변을 통하여 가장 뚜렷하고 긴수(緊殊)한 변화를 경험하고 있는 조선 종래 대내 자력 갱생운동에서 대륙 진출의 거보(巨步)를 내딛는 조선, 이 조선에서 나서 조선을 가장 사랑하는 우리 조선인의 경제적 활동에 의한 내선일체는 유감이나마 아직 뚜렷하지 아니하다. 물론 내지에서 자본과 기술을 투자하고 조선에서 토지와 원료와 노력을 투자함으로써 전연 일체가 안 됨이 아니나, 그렇다고 결코 조선인의 자본(기술은 아직 부족하다 하더라도) 활약이 거부될 아무 이유가 없음은 물론이고 이것을 촉진하고 조장하는 것이 당국으로서도 바라는 바일 것이요, 현재의 정세로서도 의당(宜當)한 일일 것이다.

근래 북지로 만주로 조선인의 인적 진출이라던가 자본의 유동은 실로 놀라운 바이다. 그러나 눈을 다시 한 번 향토에 돌려 조선의 산업 경제의 개편에 적극 참가함이 또한 기쁜 일이 아닐까. 조선인의 경제적 각성을 제창하는 것으로 이 편을 끝맺는다.

---

78) 미나미 지로(南次郎, 1874-1955): 제7대 조선 총독(재임: 1936-1942)으로 재임했던 일본인 군인이자 정치가이다. 조선 총독을 지내면서 일본어 사용, 창씨개명 등 민족문화말살 정책을 추진했고, 지원병 제도를 실시해 많은 청년들을 전쟁터로 몰아넣었으며, 국민징용법에 따라 한국인을 강제 동원했다. 1945년 종전 후 국제군사재판에서 종신금고형을 선고받고 복역 중, 1954년 병보석으로 풀려났다가 다음해 사망했다.

79) 내선일체(內鮮一體): 내지 일본과 식민지 조선이 한 몸이 된다는 뜻으로, 미나미 총독 시기 제창된 슬로건.

[용어]

오기영 전집 편찬위원회

편찬위원장 정용욱 서울대학교 국사학과 교수
편찬위원   김민형 한국외국어대학교 지식콘텐츠학부 교수(오기영의 외손녀)
           김태우 한국외국어대학교 한국학과 교수
           장원아 서울대학교 국사학과 강사
편찬지원   박훈창 서울대학교 국사학과 대학원 재학중

동전 오기영 전집 5권

3면 기자의 취재 — 일제강점기 기사 —

등록 1994.7.1 제1-1071
1쇄 발행 2019년 5월 18일

지은이 오기영
엮은이 오기영 전집 편찬위원회
펴낸이 박길수
편집장 소경희
편 집 조영준
관 리 위현정
디자인 이주향
펴낸곳 도서출판 모시는사람들
       03147 서울시 종로구 삼일대로 457(경운동 수운회관) 1207호
전 화 02-735-7173, 02-737-7173 / 팩스 02-730-7173
홈페이지 http://www.mosinsaram.com/

인 쇄 천일문화사(031-955-8100)
배 본 문화유통북스(031-937-6100)

값은 뒤표지에 있습니다.
ISBN 979-11-88765-45-4   04080
세트   979-11-88765-40-9   04080

이 도서의 국립중앙도서관 출판예정도서목록(CIP)은 서지정보유통지원시스
템 홈페이지(http://seoji.nl.go.kr)와 국가자료공동목록시스템(http://www.
nl.go.kr/kolisnet)에서 이용하실 수 있습니다. (CIP제어번호:CIP2019015478)